汽车类教学改革系列教材

汽车电工电子基础

第 2 版

主　编　孔繁瑞　臧雪岩
副主编　崔　红　郭　庆
参　编　惠有利　吴清洋　苏　琼　杨洪庆
　　　　孙连伟　明光星　熊华波　赵　松

机 械 工 业 出 版 社

本书以电工电子的基本理论为主线，以汽车维修岗位需求为目标，以汽车相关专业后续核心课程为服务对象，将电工电子技术的基本理论、基本技能与汽车电控技术进行了有机融合。全书教学目标明确，理论与实践相结合，自学、测试方便。

全书分为5章，内容包括汽车基本电路与元器件、磁路与电机、常用半导体器件与应用、数字电路基础、常用测量仪表与使用。书后配有复习题和模拟试卷。

本书可用作高职高专院校汽车维修与运用专业、汽车电子技术专业的教材，也可供汽车维修相关人员学习参考使用。

本书配有电子课件，**凡使用本书作为教材的教师**可登录机械工业出版社教育服务网（www.cmpedu.com）注册后免费下载。咨询电话：010-88379375。

图书在版编目（CIP）数据

汽车电工电子基础/孔繁瑞，臧雪岩主编．—2版．—北京：机械工业出版社，2018.8（2024.2重印）

汽车类教学改革系列教材

ISBN 978-7-111-60542-3

Ⅰ.①汽…　Ⅱ.①孔…②臧…　Ⅲ.①汽车-电工-高等职业教育-教材②汽车-电子技术-高等职业教育-教材　Ⅳ.①U463.6

中国版本图书馆CIP数据核字（2018）第166237号

机械工业出版社（北京市百万庄大街22号　邮政编码100037）
策划编辑：张双国　责任编辑：张双国　责任校对：张晓蓉
封面设计：鞠　杨　责任印制：刘　媛
涿州市般润文化传播有限公司印刷
2024年2月第2版第9次印刷
184mm×260mm · 17.5印张 · 424千字
标准书号：ISBN 978-7-111-60542-3
定价：49.80元

电话服务	网络服务
客服电话：010-88361066	机　工　官　网：www.cmpbook.com
010-88379833	机　工　官　博：weibo.com/cmp1952
010-68326294	金　　书　　网：www.golden-book.com
封底无防伪标均为盗版	机工教育服务网：www.cmpedu.com

复习题与模拟试卷

年级：__________

班级：__________

学号：__________

姓名：__________

目　　录

复 习 题

第1章 复习题

一、填空题

1. 汽车电路中使用不同______或______的导线，主要是便于维修或检测时识别及定位。

2. 因为汽车上所有电气设备工作时所需要的电压相等，因此电气设备在连接时均为______。

3. 汽车电气系统的额定电压有______、______两种。前者以______为燃料，后者以______为燃料。

4. 汽车电路按有无使用______，可分为直接控制电路和间接控制电路。

5. 电压的测量需要用万用表的电压档，且将万用表______接入电路，同时要注意______。

6. 正弦交流电最大值 U_m 和有效值 U 的关系为______。

7. 电路空载时电源端电压等于______，此时外电路电阻可视为______，因此外电路电流等于______。

8. 理想电容元件两端电压与流过的电流频率大小______，相位______，______超前______ 90°。

9. 电阻是______元件，电感和电容都是______元件。(填“耗能”或“储能”)

10. 电器设备的3种工作状态为______、______、______。

11. 热敏电阻是电阻式温度传感器的一种。它包括______系数热敏电阻（PTC）和______系数（NTC）热敏电阻。

12. 选用电容器的主要依据是电路的工作环境、______和______，实际电压超过______时电容器会被击穿。

13. 电路中规定______定向移动的方向为电流的方向。

14. 汽车用导线按电压大小不同，分为______导线和______导线两种，二者均采用铜质多芯软线。

15. 在纯电感电路中，当电压有效值不变、频率增大时，电路中的电流将______。

16. 电容 C 的充电和放电快慢程度取决于______ τ，τ = ______，该值越大，充、放电越______。

17. 用______把______、______、过载保护器件、控制器件及用电设备装置连接起来，构成电流的通路，即汽车电路。

18. 在一个电路中，参考点选择位置不同，电路中各点______也不同，但任意两点间的______不变。

19. 电路有 3 种工作状态，即______状态、______状态和______状态。

20. 某交流供电的频率 $f=400\text{Hz}$，其角频率为______、周期为______。

21. 电路中电流的参考方向是假定的方向，当电流的参考方向与实际方向______时，电流为正值，反之则为负值。

22. 用万用表测电流时，必须与被测电路______联，且测量时必须先______电路，再将万用表接入电路。

23. 电感元件的感抗 $X_L=$______，电容元件的容抗 $X_C=$______。

24. 在汽车电路识读过程中，若电路中使用了继电器，则要区分______电路和______电路。

25. 汽车电路故障种类较多，常见的有______故障、______故障和______故障等。

26. 用万用表测量直流电流、电压时要注意极性，通常______表笔接电源正极，______表笔接电源负极。

27. 电容器的常见故障有______、______和失效。

28. 电器设备上标注的额定电压、额定电流等均指______值。

29. 用万用表检测电感元件时，可以测量电感元件的______值和______量。

30. 光敏电阻式传感器把______的变化转换成元件______的变化。

31. 维修实践中，若检查电路的断路故障，可通过万用表测量电路中各点对地的______来进行。

32. 在汽车电路中的导线一般用绝缘带把同一路径的若干导线包扎成束，称为______。

33. 汽车用______的主要功能是实现电气连接，相互配合的端子是其核心部件。

34. 汽车电路中开关种类较多，结构各异，最复杂的是______。

35. 额定值指电气设备在电路______状态下的值，如______、______、______等。

36. 电路中任意一点的电位就是该点与参考点之间的______，汽车电路中______点即为电位参考点。

37. 电动势的方向规定为：在电源内部由______端指向______端，即电位______的方向。

38. 当发电机工作时，由发电机向整车的用电设备供电，并同时给______充电。

39. 在我国工业与民用交流供电系统中，采用______制交流供电系统。工业标准频率为______ Hz，采用______ V 交流电压供电。

40. 电压的方向规定为：从______电位指向______电位，即电压______的方向。

41. 用万用表的电流档测电流时，需先断开电路将万用表连入电路。如果用______测电流，则不需要断开电路。

42. 汽车传感器电路中，传感器经常共用电源线、______线，但决不会共用______线。

43. 汽车电路图主要用于表达各电气系统的______及电器间的______。

44. ______电路是测量技术中的一种电路，利用直流______可以测量电阻，常应用于汽车电阻类的传感器电路中。

二、判断题

1. 早期汽车用低压导线除蓄电池导线外，都用绝缘材料缠绕包扎成束。（ ）
2. 角频率的单位是转/秒（r/s）。（ ）
3. 用万用表测得的交流电压值为该交流电的平均值。（ ）
4. 相位差通常指两个同频率正弦量相位之差，不同频率比较没有意义。（ ）
5. 汽车电路为直流供电，因此汽车发电机一定为直流发电机。（ ）
6. 理想电感元件两端电压与流过的电流频率相同而相位不同。（ ）
7. 实际电压源由一个理想电压源与内阻并联而成。（ ）
8. 电容元件在某时刻储存的电场能量，只与该时刻的电压的平方成正比，与电流无关。（ ）
9. KVL 只适合闭合回路，不适合求回路的开路电压。（ ）
10. 某电容器上标识为 103，则表明该电容器容量为 103F。（ ）
11. 在汽车点火线圈到火花塞之间的电路应使用高压点火线。（ ）
12. 电路断路器是利用双金属在受热时膨胀系数不同而使触点断开，从而断开电路。（ ）
13. 在汽车行驶途中如果熔断器熔断，可用熔断器盒中的相同规格的备用熔断器替换。（ ）
14. 电气设备运行时，其实际值和额定值不一定相等。（ ）
15. 电源短路时，电路中的电流为无穷大。（ ）
16. 电路中的电位是相对的，而电压是绝对的。（ ）
17. 电动势是描述电源中电场力对电荷做功本领的物理量。（ ）
18. 汽车用万用表既可以测量交流电压，也可以测量直流电压。（ ）
19. 常说的民用电 220V，是指交流电的幅值。（ ）
20. 我国统一规定汽车电器系统为负极搭铁。（ ）
21. 在使用指针式万用表测量电阻时，测量前需进行欧姆调零。（ ）
22. 负温度系数（NTC）热敏电阻在工作温度范围内，电阻值随温度的升高而减少。（ ）
23. 当电气设备的实际工作电流等于额定电流时，称为满载工作状态。（ ）
24. 用万用表的欧姆档可以判断电容器的短路、断路及漏电等故障。（ ）
25. 电阻在应用时，不但要考虑阻值的大小，还要考虑它所能承受的电压、允许通过的电流，同时还要考虑它的额定功率。（ ）

26. 电阻元件在电路换路时存在过渡过程，即电流和电压不能突变。（　　）

27. 当电阻元件出现异常时，可在电路板上直接测量其阻值。（　　）

28. 电容元件上通过的电流与元件两端的电压相对时间的变化率成正比。电压变化越快，电流越大。（　　）

29. 电源的等效变换只对外电路等效。（　　）

30. 电路中电位相等的各点，如果用导线接通，对电路其他部分没有影响。（　　）

三、简答题

1. 简述短路故障产生的原因、电路特点、危害及保护措施。

2. 汽车电路由哪几部分构成？各部分的作用是什么？

3. 什么是电路的过渡过程？电路产生过渡过程的内因和外因是什么？其本质原因是什么？

4. 什么是汽车电路的接触电阻故障？

5. 简述用指针式万用表测量直流电路中某元件两端电压的步骤。

6. 分析正弦交流电 $u=25\sin(500t+45°)$ V 的三要素。

7. 画出直流电桥的电路原理图，阐述平衡条件。

8. 断开正在工作的电感电路，就会在打开的开关处产生什么现象？试解释原因。

9. 试分析电感元件为什么具有“通直阻交”的特性？

10. 图 1.1 所示电路中，若将 S 断开，试分析 a、b 两点间的电阻及电流 I_1 如何变化。

11. 已知 3 个正弦交流电压 u_1、u_2、u_3 的有效值均为 220V，频率均为 50Hz，但初相分别为 90°，0°、-90°，试写出它们的瞬时值表达式。

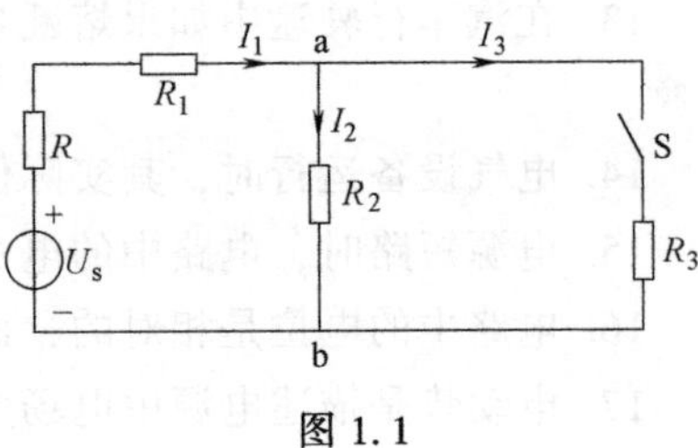

图 1.1

12. 简述基尔霍夫电压定律的内容。

13. 简述基尔霍夫电流定律的内容。

14. 从原理上阐述电容元件为什么具有“通交流隔直流”“通高频阻低频”的作用。

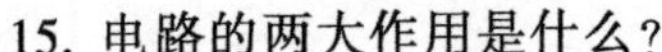

15. 电路的两大作用是什么？

16. 汽车电路有什么特点？

17. 汽车电路供电电源有哪两种？分析两种电源的能量转换形式。

18. 什么是换路？电路换路时遵循什么规律？元件的什么物理量在换路时具有过渡过程？

19. 用电压表如何测电源电动势？能否将电流表用同样的接法去测流过电源的电流？为什么？

20. 画出电流表内接法和外接法测电阻的电路原理图，并说明原理。

四、计算题

1. 如图 1.2 所示电路中，已知 $U_{S1}=14V$，$U_{S2}=2V$，$R_1=2\Omega$，$R_2=3\Omega$，$R_3=8\Omega$，试求 I_1、I_2 和 I_3。

2. 有一车用蓄电池的内阻为 0.5Ω，空载电压为 12V。座椅加热装置的加热丝电阻为 5.5Ω。问因内阻造成的电压损失有多大？加热丝电压为多少？内阻损耗功率为多少？加热丝功率为多少？

3. 求图 1.3 所示电路中的电流 I。

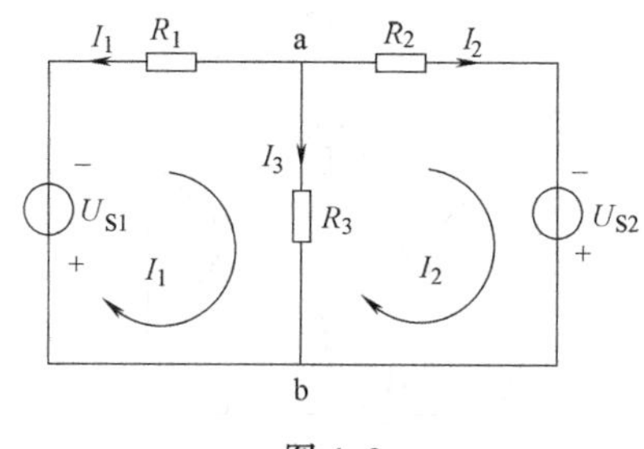

图 1.2

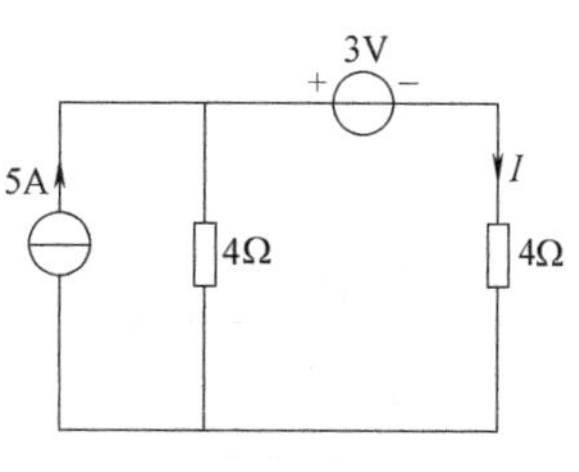

图 1.3

4. 如图 1.4 所示电路中，$U_{S1}=12V$，$R_1=2\Omega$，$R_2=4\Omega$，$U_{S2}=6V$，求 U_{ac}。

5. 如图 1.5 所示电路中，已知 $I_S=4A$，$U_S=10V$，$R_1=R_2=2\Omega$，求 I_1 和 I_2。

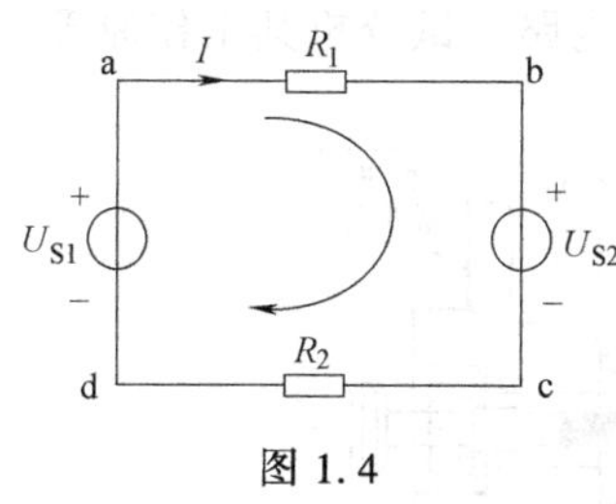

图 1.4

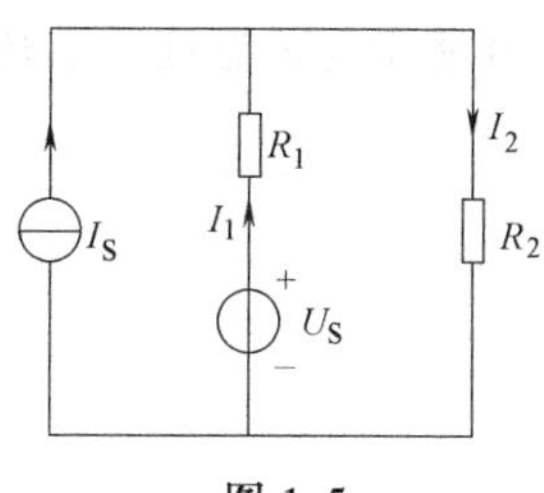

图 1.5

6. 计算如图 1.6 所示电路在开关 S 断开和闭合时 a 点的电位。

7. 如图 1.7 所示电路可供测量电源的电动势 U_S 和内阻 R_0。若开关 S 打开时电压表读数为 6V，开关闭合时电压表读数为 5.8V，负载电阻 $R=10\Omega$，试求电源电动势 U_S 和内阻 R_0（电压表的内阻可视为无限大）。

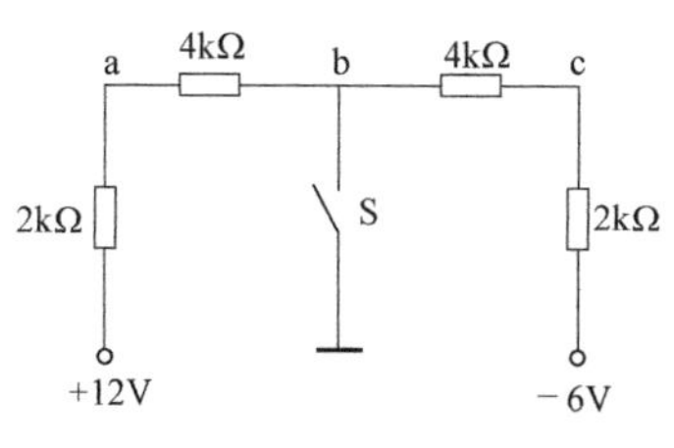

图 1.6

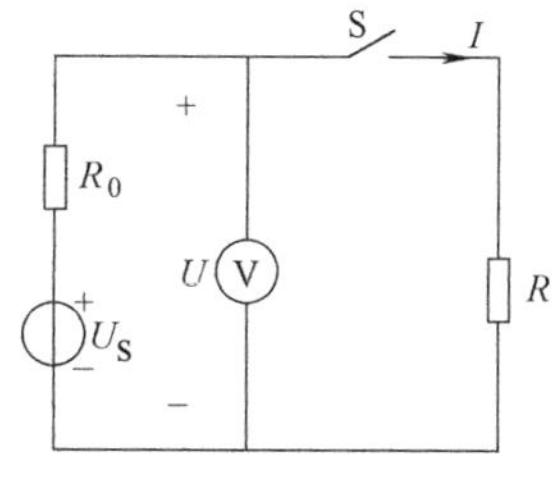

图 1.7

8. 有两只相同类型的白炽灯，一只上面标着 220V、40W，另一只上面标着 12V、21W。1）在额定电压下，哪一只白炽灯更亮些？为什么？2）哪一只白炽灯的电流大(通过计算比较得出结论)？

9. 如图 1.8 所示，求分别以 a 点、b 点为参考点时的 V_a、V_b 和 V_c 及 U_{ab}、U_{bc} 和 U_{ac}。

10. 如图 1.9 所示的直流电桥电路，假设 $R_3=8\Omega$，$R_2+R_4=68\Omega$；当检流计 G 示数为零时，$R_x=32\Omega$，试求 R_2、R_4 的阻值。

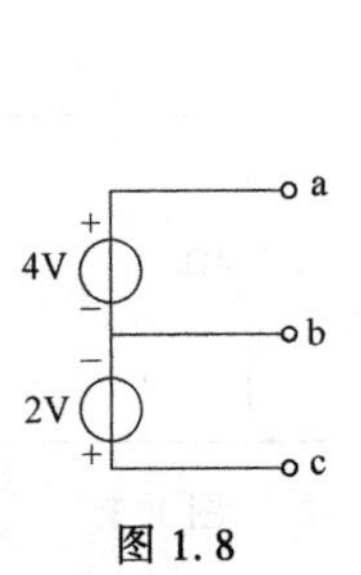

图 1.8

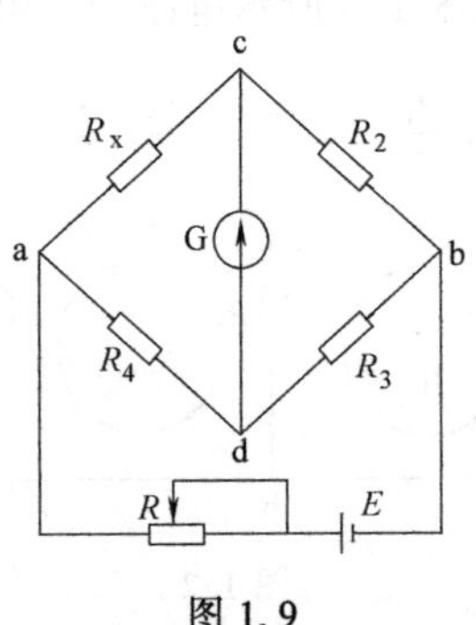

图 1.9

五、电路分析题

图 1.10 所示为负温度系数热敏电阻式燃油报警电路，试分析其工作原理。

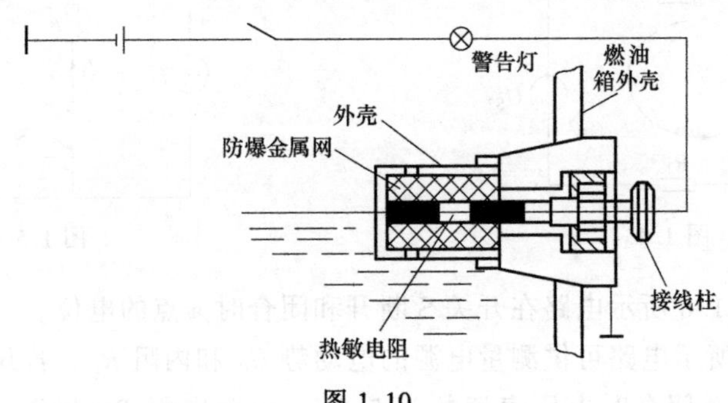

图 1.10

第2章 复习题

一、填空题

1. 在通电线圈产生的磁场中，______代表电流本身所产生的磁场的强弱，反映了电流的______能力，其大小只与电流成正比，而与介质的性质无关。

2. 交流铁心线圈电路的铁损包括______和______。

3. 交流发电机的定子是用来产生______的，由______和______组成。

4. 为了减小______，交流铁心线圈应选用磁滞回线狭小的软磁性材料（如硅钢等）作为铁心。

5. 电磁铁主要由______、______和______等部分组成。

6. 汽车用三相同步交流发电机由风扇、V带轮、______总成、______总成、元件板、端盖、______与刷架等部件组成。

7. 变压器的额定容量指变压器______侧的______和______的乘积。

8. 步进电动机是一种控制电机，它可以将脉冲电信号变换为______或______，所以又称为脉冲电动机。

9. 铁磁性物质具有______、______、______等性质。

10. 在通电线圈产生的磁场中，______代表电流所产生的以及介质被磁化后所产生的总磁场的强弱，其大小不仅与______的大小有关，而且与______的性质有关。

11. 交流发电机的转子是用来产生______的，主要由爪极、______、铁心、转子轴和集电环等组成。

12. 在交流铁心线圈电路中，把整块铁心改由顺着磁场方向彼此绝缘的薄钢片叠成，这是为了减小______。

13. 交流铁心线圈电路的功率损耗包括______和______。

14. 电磁铁是利用通电的______产生的电磁力或力矩吸引______的。

15. 继电器是自动控制电路中常用的一种元件，是用______的电流来控制______电流的一种自动开关。

16. 线圈通电后产生的磁场的磁感线在铁心所限定范围内形成的闭合路径称为______。

17. 汽车交流发电机的励磁方法是：先______励、后______励。前者由______给励磁绕组供电，后者由______给励磁绕组供电。

18. 根据磁性物质的3种磁性能可以把磁性物质分为______、______和______。

19. 直流电动机的电磁转矩是由电枢绕组通入______电流后在磁场中受磁力矩而形成的。（填“直流”或“交流”）。

20. 升压变压器的变压比 k ______，二次绕组匝数______。

21. ______是直流电动机的特有装置，它由许多楔形铜片组成，装在转轴上，在其表面压着______，以给电枢绕组引入直流电。

22. 直流电动机的定子由______、______、机座、端盖和电刷装置等组成。

23. 直流电动机主要由______、______、机壳、端盖、______与刷架等组成。

24. 发电机是利用发动机驱动而发电的，当发动机转速变化时，发电机的______也会变化，因此需要利用______来调节______值。

25. 汽车交流发电机的整流板也称为______，上面一般至少由______个硅二极管组成。

26. 磁性材料在交变磁化过程中存在的功率损耗称为______。

27. 感应电动势的大小与磁通的变化率______。

28. 由磁路欧姆定律可知；磁通量为______和______的比值。

29. 磁感应强度 B 的方向描述的就是该点的______方向，即该点磁感线的______方向。

30. 步进电动机工作时，每一拍转子转过的角度称为______，它与______和______成反比。

31. 在串励式电动机中，______绕组及______绕组串联连接。

32. 根据不同的励磁方式，直流电动机可分为______电动机、______电动机、______电动机和复励电动机。

33. 变压器是传输电能或信号的静止电器，它有______、______、______及电隔离作用。

34. 汽车交流发电机的两只电刷装在刷架的孔内，借弹簧的压力与______保持接触。

35. 电动机是将______能转换为______能的装置。

36. 步进电动机的转速取决于脉冲______，并与脉冲______同步，所以可以通过改变它来实现调速。

二、判断题

1. 变压器既可以变换交流电压，也可以变换直流电压。 ( )
2. 铁磁材料的磁滞性是交变磁化过程中形成的。 ( )
3. 对于给定的步进电动机，步距角的大小与通电方式有关。 ( )
4. 自耦变压器使用时一次、二次绕组可以对调使用。 ( )
5. 自感电动势的大小与线圈电流变化量成正比。 ( )
6. 汽车交流发电机的定子绕组产生的三相交流电幅值、频率、相位都相等。 ( )
7. 直流电动机安装换向磁极的目的是改变电流方向。 ( )

8. 磁性物质由于磁化所产生的磁场不会随着外磁场的增强而无限地增强。 ( )

9. 磁感应强度也称为磁场强度。 ( )

10. 磁滞损耗正比于磁滞回线所包围的面积。 ( )

11. 电流互感器的一次绕组接入一次电路之前，必须先把电流互感器的二次绕组连成闭合回路且在工作中不允许断开。 ( )

12. 串励直流电动机特性软，转速随负载变化明显。 ( )

13. 非铁磁性物质的磁导率近似为 1，而铁磁性物质的磁导率远大于 1。 ( )

14. 直流电动机的转动方向由电磁转矩方向决定。 ( )

15. 串励直流电动机拖动负载可以用传动带传动。 ( )

16. 传统的汽车点火电路中的点火线圈就是利用变压器的互感原理工作的。 ( )

17. 非磁性材料没有磁畴结构，所以不具有磁化的特性。 ( )

18. 铁磁物质的磁导率是常数，它不随线圈上通电电流的改变而改变。 ( )

19. 物质导磁性能好，指的是这类材料被磁化后能产生很大的附加磁场。 ( )

20. 直流电动机电枢由铁心、绕组和换向磁极等组成。 ( )

三、简答题

1. 磁导率的物理意义是什么？

2. 汽车起动机的电枢绕组中流过的是直流电还是交流电，换向器在起动机中起什么作用？

3. 简述什么是霍尔效应？

4. 为什么变压器的铁心要用硅钢片叠成而不是用整块的铁心？

5. 为什么空心线圈的电感是常数，而铁心线圈的电感不是常数？

6. 什么是磁化？

7. 什么是自感现象？产生的自感电动势大小与什么有关？

8. 汽车起动机为什么采用串励式直流电动机？阐述其特点。

9. 什么是磁性物质的磁滞性？

10. 铁心磁路中的涡流损耗是怎么产生的？

四、计算题

1. 已知汽油发动机点火线圈一次绕组匝数为 340 匝，二次绕组匝数为 23800 匝，一般要点燃混合气体，二次电压需 15000V，问点火线圈的变比 K 应为多少？点火时一次电压为多少？

2. 已知信号源 $U_S = 1.0\text{V}$，内阻 $R_0 = 200\Omega$，负载电阻 $R_L = 8\Omega$，如果负载直接与信号源相连，将获得多大功率？如果利用变压器阻抗变换作用使负载从信号源获得最大功率，如图 2.1 所示，试求变压器的变比。

3. 已知信号源的交流电动势 $E=2.4\text{V}$，内阻 $R_0=600\Omega$，通过变压器使信号源与负载完全匹配，若这时负载电阻的电流 $I_2=4\text{mA}$，则负载电阻应为多大？

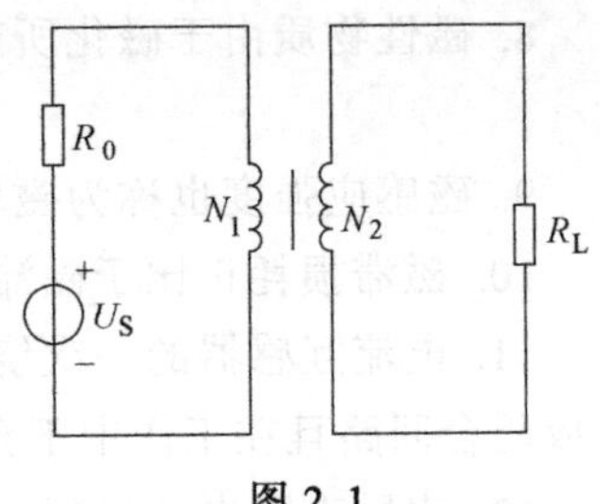

图 2.1

4. 有一单相照明变压器，容量为 10kVA，电压为 3300/220V，今欲在二次侧接上 60W、220V 的白炽灯，如果要求变压器在额定状态下运行，可接多少个白炽灯？一次、二次绕组的额定电流是多少？

5. 已知某单相变压器的一次电压为 3000V，二次电压为 220V，负载是一台 220V、25kW 的电阻炉，求一次、二次绕组中的电流各为多少？

6. 一交流信号源的电动势 $E=20\text{V}$，内阻 $R_o=180\Omega$，现有一个负载电阻 $R_L=5\Omega$。1）如果将 R_L 直接与信号源连接，求信号源输出功率（即负载获得的功率）。2）如果通过变压器实现阻抗匹配，使信号源输出功率最大，求该输出功率及变压器的匝数比。

7. 某机修车间的单相变压器，一次侧的额定电压为 220V，额定电流为 4.55A，二次侧的额定电压为 36V，试求：1）变压器的匝数比。2）二次侧可接 36V、60W 的白炽灯多少盏？

8. 单相变压器一次绕组匝数 $N_1=800$，现一次电压 $U_1=220\text{V}$，二次电压 $U_2=110\text{V}$。求二次绕组匝数。若二次侧接负载 $R_L=50\Omega$，求一、二次侧电流分别为多少？

9. 一交流信号源的电动势 $E=10\text{V}$，内阻 $R_o=16\Omega$，今利用变压器实现阻抗匹配，已知变压器的变比 $K=2$，求负载 R_L 等于多少？此时负载获得的功率 P_m 为多少？

10. 单相变压器一次绕组匝数 $N_1=1000$ 匝，二次绕组匝数 $N_2=500$ 匝，现一次电压 $U_1=220\text{V}$，二次侧接电阻性负载，电流 $I_2=4\text{A}$，试求一次侧等效电阻。

五、电路分析题

如图 2.2 所示为采用继电器控制起动机起动的电路原理图，试分析利用继电器控制的基本原理。

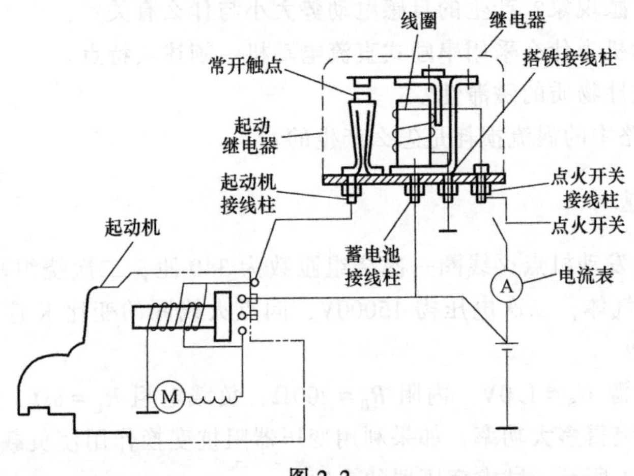

图 2.2

第3章　复习题

一、填空

1. 杂质半导体分为两大类，即______型半导体和______型半导体。

2. 由于热激发而在晶体中出现______的现象称为本征激发。

3. 半导体材料具有______特性、______特性和______特性。

4. 自然界的各种物质按其导电能力差别，可分为______、______和______三大类。

5. 基本放大电路中的基极电阻 R_B 的作用是控制______的大小，使放大电路获得较合适的______。

6. 负反馈能够改善放大电路的性能，具体说，可以提高______的稳定性、改善______、改变______。

7. 常用的半导体材料有______和______和金属氧化物等。

8. PN 结形成后，在其内部就形成了一个内______，其方向是由______区指向______区。

9. ______二极管是一种能将光能转变为电能的敏感型二极管。当______时，它就会有电流通过，利用这一特性可以实现各种控制。

10. 用数字式万用表的“二极管测试档”检测二极管时，测量显示为二极管的______值。如果显示573，则表明二极管的______值为______。

11. 由晶体管的工作特性可知，当晶体管在______和______转换时，即工作在开关状态。

12. 滤波电路的主要元件是______和______。

13. 工作在线性区的理想集成运放具有______和______的特点。

14. 晶闸管是晶体闸流管的简称，又称______，它是一种大功率______整流元件。

15. 在______型半导体中，自由电子是多数载流子，空穴是少数载流子，其中自由电子带______电，空穴带______电。

16. 在 P 型半导体中，______是多数载流子，______是少数载流子。

17. 发光二极管简称______，加______电压时发光。(填“反向”或“正向”)

18. 稳压管工作在______区，起稳压作用时需加______电压。（填“反向”或“正向”）

19. 汽车交流发电机输出电压的稳定可以用晶体管电压调节器实现，晶体管电压调节器就是利用晶体管的______（填“放大”或“开关”）作用来控制______电路的通断，达到调节电压的目的。

20. 晶体管工作在放大状态，则当 $I_B=20\mu A$，$I_C=2.0mA$ 时，电流放大倍数 β 为

______，I_E =______。

21. 共发射极电压放大器集电极输出电压与输入电压______（填“同相”或“反相”）。

22. 二极管的基本特性是______性，即正偏时______，反偏时______。

23. 当外加反向电压达到一定值时，反向电流将突然增大，二极管被______，二极管失去______性质。

24. 自由电子和空穴统称为______，本征半导体中的自由电子和空穴总是______出现，同时又不断______。

25. 本征半导体中，在电子挣脱原子核的束缚成为自由电子后，共价键中就留下一个空位，称为______。

26. 单相半控桥式整流电路将单相不可控桥式整流电路中的两个______换成______。

27. 晶闸管由______个 PN 结构成，它有______个电极，分别是______、______、______。

28. 车用整流电路采用______个二极管构成的桥式整流电路，同时导通的二极管有______个，它们将发电机的______（填“线电压”或“相电压”）加在负载两端，使负载得到脉动成分较小的直流，输出电压的平均值约为输入相电压有效值的______倍。

29. 按结构，晶体管可分为______型和______型两类。

30. 在 PN 结的形成过程中，内部载流子有两种运动，即多子的______和少子的______。

31. 在杂质半导体中多子的数量与______有关，少子的数量与______有关。当______升高时，少子的数量______。

32. 硅二极管的导通电压约为______，锗二极管的导通电压约为______。

33. PN 结的 P 区接电源负极，N 区接电源正极，称 PN 结______。

34. 晶体管有 3 种工作状态，即______状态、______状态和______状态。

35. 从晶体管制造工艺上看，发射区掺杂浓度______，用来______载流子；而集电区的掺杂浓度______，但______很大，有利于______从基区来的载流子。

36. 图 3.1 所示电路中二极管的作用是______。

37. 图 3.2 所示电路中二极管的作用是______。

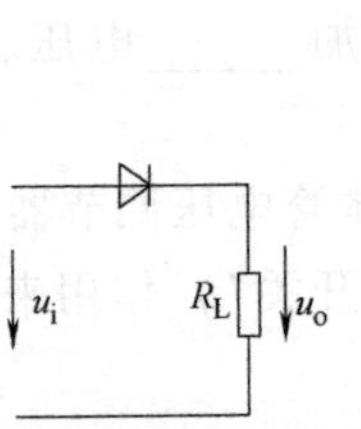

图 3.1

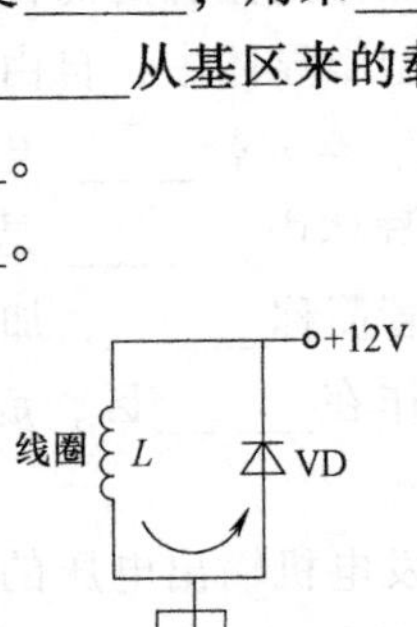

图 3.2

38. 图 3.3 所示电路中二极管的作用是______。

39. 图 3.4 所示电路中二极管的作用是______。

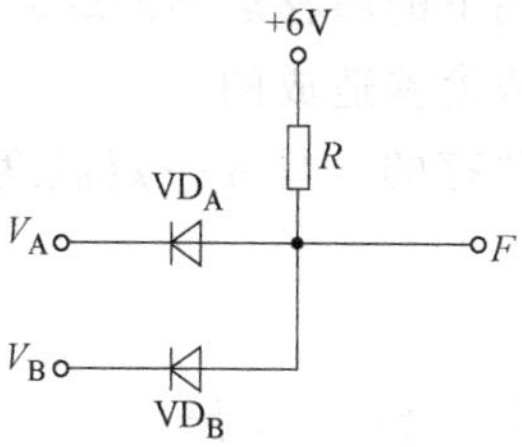

图 3.3

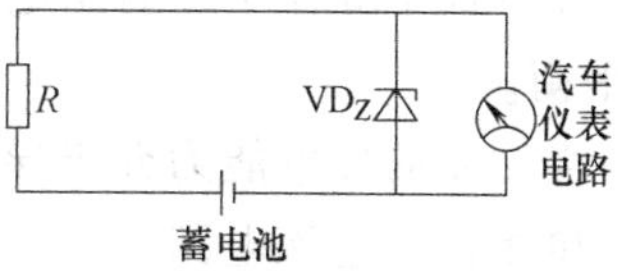

图 3.4

40. 判断电路中是否有反馈，看是否有将______与______联系起来的反馈元件。

41. 集成电路按其所处理信号的不同可分为______电路和______电路。

42. 对放大电路可以从两种状态进行分析，即______和______。

43. 光敏晶体管在原理上类似于普通晶体管，只是它的集电结为______结构。

44. 当用指针式万用表检测二极管时，若测得的正、反向电阻均为无穷大，则二极管内部已______；若测得的正、反电阻均很小或为零，则二极管内部已______。

45. 理想二极管加正向电压时相当于______状态，加反向电压时相当于______状态。(填“短路”和“断路”)

二、判断题

1. 理想集成运放的开环电压放大倍数趋近∞，输入电阻趋近 0，输出电阻趋近 0。（　）

2. 在直流稳压电源电路中，滤波电路的作用是将交流变直流。（　）

3. 可控整流输出的电压平均值大小与控制角有关。（　）

4. 集成运算放大器工作于线性区时，可构成电压比较器。（　）

5. 集成运放反相输入端表示输出信号与输入信号反相。（　）

6. 达林顿管就是连接在一起的两只二极管，又称复合管。（　）

7. 硅管的死区电压约为 0.2V，锗管的死区电压约 0.5V。（　）

8. 晶体管处于截止状态时，相当于短路；处于饱和状态时，相当于开路。（　）

9. 晶体管基极小电流对集电极大电流的控制作用，称为晶体管的电流放大作用。（　）

10. 光敏二极管是一种将电能转变为光能的敏感型二极管。（　）

11. 多个稳压二极管可以串联使用，也可以并联使用。（　）

12. 稳压二极管工作在反向击穿状态时，外电路必须加适合的限流电阻。（　）

13. 用指针式万用表的不同电阻档测同一个二极管的阻值时，其结果是相同的。（　）

14. 用指针式万用表的电阻档检测小功率二极管时，常选择×100 或×1k 档。（ ）

15. PN 结中反向电流是少数载流子在反向电压作用下的漂移运动形成的。（ ）

16. PN 结形成过程中的扩散运动是由于载流子的浓度差造成的。（ ）

17. 在本征半导体中，自由电子和空穴的运动是共存的，且在一定温度下可以达到动态平衡。（ ）

18. 半导体的导电能力介于导体和绝缘体之间。（ ）

19. 单相桥式整流电路中如果有一个二极管接反时，会引起短路。（ ）

20. 三端固定式集成稳压器 W7815 输出电压为-15V。（ ）

21. 根据电容器两端电压不能突变的特点，可以实现电容滤波。（ ）

22. 汽车交流发电机的整流电路为三相桥式整流电路。（ ）

23. 单相桥式整流电路中如果有一个二极管断开，整流电路输出电压会减半。（ ）

24. 放大电路的静态指既不供电又没有输入信号时的工作状态。（ ）

25. 把发光二极管和光敏晶体管组合在一起，可构成光电耦合器，应用于汽车传感器。（ ）

26. 当 PN 结加正向电压时，空间电荷区变厚，扩散电流加强。（ ）

27. 完全纯净的半导体称为本征半导体。（ ）

28. 二极管的伏安特性是非线性的，说明二极管是非线性元件。（ ）

29. 在电场力作用下，本征半导体中的两种载流子的运动方向相反。（ ）

30. N 型半导体带负电，P 型半导体带正电。（ ）

31. 空间电荷区的形成阻碍了多子扩散运动的进行。（ ）

32. 放大电路的输入电阻越小越好，输出电阻越大越好。（ ）

33. PN 结封装并引出两根电极就形成了二极管。（ ）

34. 双极型晶体管的发射极和集电极可以互换。（ ）

35. 因为双极型晶体管由两个 PN 结构成，所以可以用两个二极管替代。（ ）

36. 利用晶闸管可实现可控整流。（ ）

37. 集成运算放大器若工作于线性区需加负反馈。（ ）

38. 稳压管工作于反向击穿区，当加正向电压时处于截止状态。（ ）

39. 晶体管开关电路工作时，一般将控制信号加在基极，受控制的电子器件接在集电极。（ ）

40. 起开关作用的晶体管也工作在放大区。（ ）

三、简答题

1. 在如图 3.5a 所示电路中，已知输入信号 $u_i=4\sin\omega t$V，在图 3.5b 中画出输入 u_i 与输出 u_o 的波形，并说明此电路是利用二极管的什么特性实现的什么作用。设二极管正向导通电压可忽略不计。

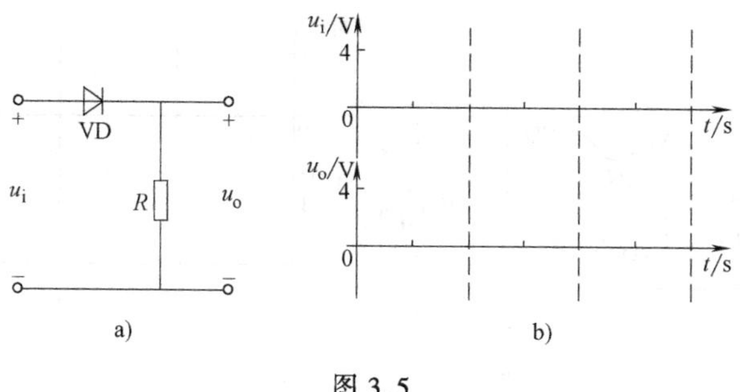

图 3.5

2. 在如图 3.6a 所示电路中，设 $u_i = 1.2\sin\omega t$V，VD_1 和 VD_2 为硅管，其正向电压降 $U_D = 0.7$V。在图 3.6b 中分别画出其输入、输出电压波形，并说明该例实现的是二极管的什么作用。

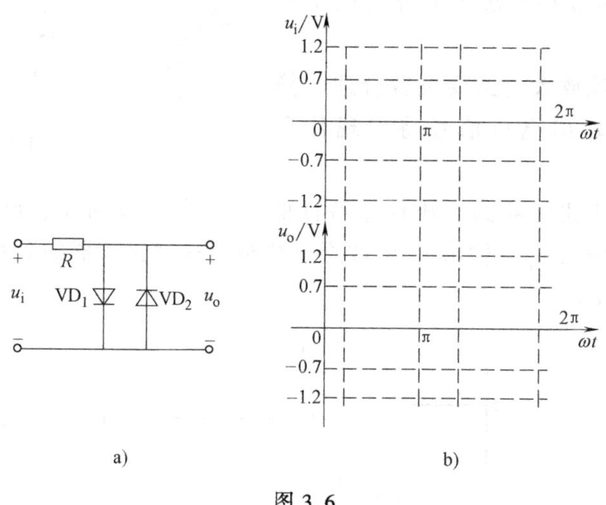

图 3.6

3. 特性完全相同的硅稳压二极管，其稳压值为 6V，正向导通电压 0.7V，接成如图 3.7 所示两种电路，试分析两种电路输出电压 U_o 分别是多少。

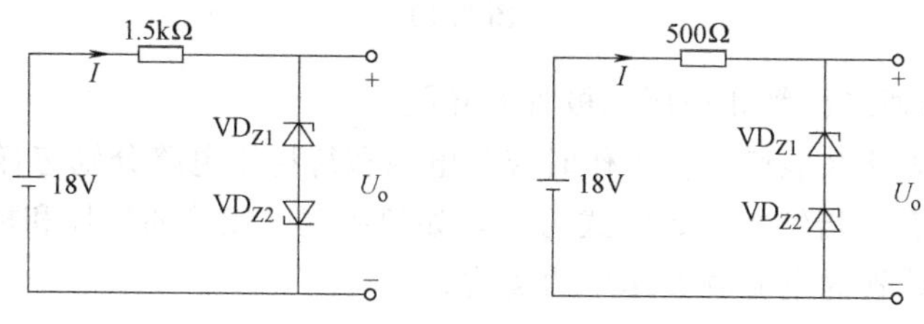

图 3.7

4. 如图 3.8 所示电路中，已知输入信号 $u_i = 4\sin\omega t$V，试画出输入 u_i 与输出 u_o 的波形，并说明这是什么电路，利用的是二极管的什么特性。

5. 晶闸管的导通与关断条件分别是什么？晶闸管一旦导通后控制极是否还起

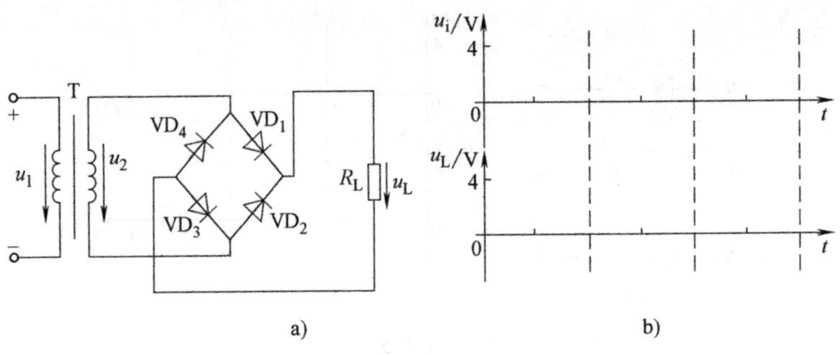

图 3.8

作用？

6. 测量晶体管 3 个电极对地电位如图 3.9 所示，试分析 3 种情况下晶体管的工作状态。

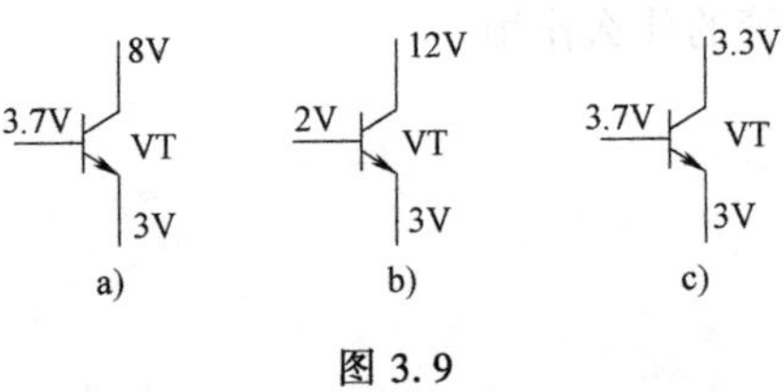

图 3.9

7. 为什么交流放大电路要设置合适的静态工作点？否则输出电压信号将出现什么现象？

8. 已知某电压比较器的电压传输特性曲线如图 3.10 所示，已知输入信号 $u_i = 3\sin\omega t$V，试画出输入 u_i 与输出 u_o 的波形，并指出这种比较器的参考电压 U_R 等于多少，称做什么比较器。

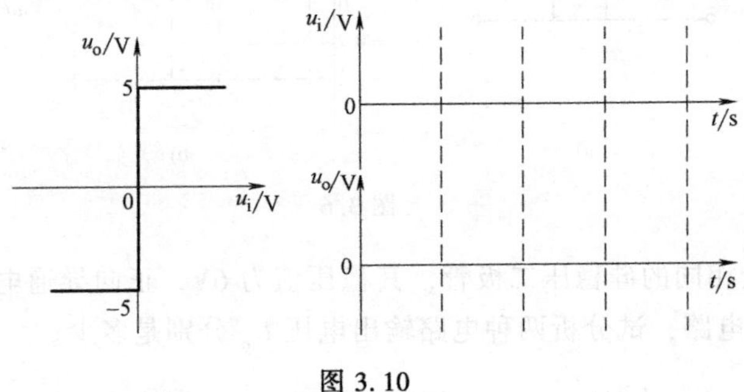

图 3.10

9. 试比较普通二极管和稳压二极管的异同。

10. 稳压管为什么能稳压？工作时应与电源和待稳压电路分别怎样连接？

11. 用万用表（指针式或数字式均可）如何判定二极管的好坏和极性？

12. 简述晶体管的电流放大作用的实质。

13. 为什么二极管会出现死区电压？

14. 如何理解二极管的单向导电性？晶闸管和二极管都具有单向导电性，二者有何不同？

15. 晶体管能实现哪些作用？对应的工作状态和外部条件分别是什么？

16. 如何用万用表判别晶体管的基极？（指针式万用表和数字式万用表均可）

17. 已知晶体管的基极，以 NPN 管为例说明如何用万用表判断晶体管的集电极和发射极。

18. 已知晶体管的基极，如何用万用表判断晶体管的管型（NPN 还是 PNP）？

19. 为什么不用稳压管或普通二极管的正向压降来实现稳压？

20. 直流稳压电源电路由哪几部分构成？各部分的作用是什么？

四、计算题

1. 如图 3.11 所示放大电路中，已知 $U_{CC}=12V$，$R_C=4k\Omega$，$R_B=300k\Omega$，$U_{BE}=0.6V$，晶体管 $\beta=50$，试画出其等效直流通路，并计算放大电路的静态工作点。

2. 如图 3.12 所示电路中，若 $U_{CC}=15V$，$R_C=3k\Omega$，$R_L=3k\Omega$，$R_B=300k\Omega$，$\beta=80$，$r_{be}=846\Omega$，试画出等效交流通路，估算电路的开路电压放大倍数、输入电阻和输出电阻。

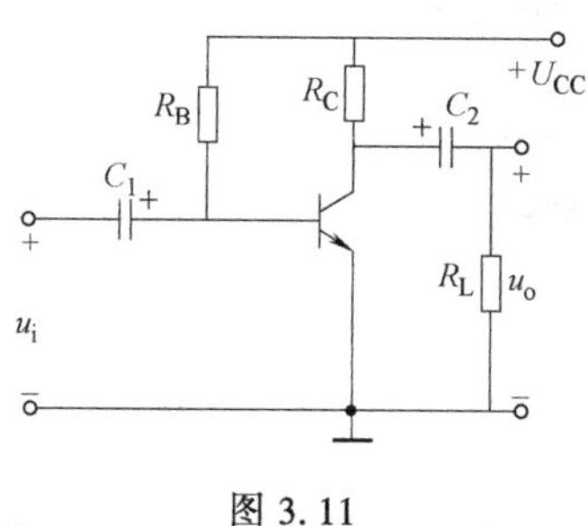

图 3.11

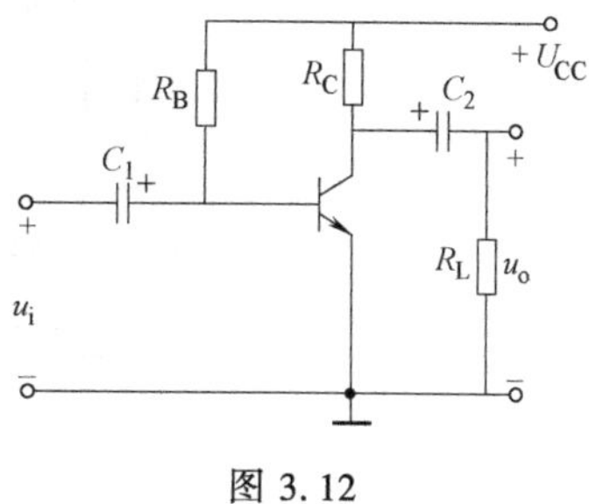

图 3.12

3. 如图 3.13 所示放大电路中，$U_{CC}=12V$，$R_B=500k\Omega$，$R_C=5k\Omega$，晶体管 $\beta=40$，试求放大电路的电压放大倍数、输入电阻和输出电阻。

4. 如图 3.14 所示的单相不可控桥式整流电路中，若要求在负载上得到 24V 直流电压，80mA 的直流电流，求整流变压器二次电压 U_2、负载电阻 R_L，二极管的平均电流 I_D 和截止时承受的最大反压 U_{DM} 分别是多少？如何选择二极管？

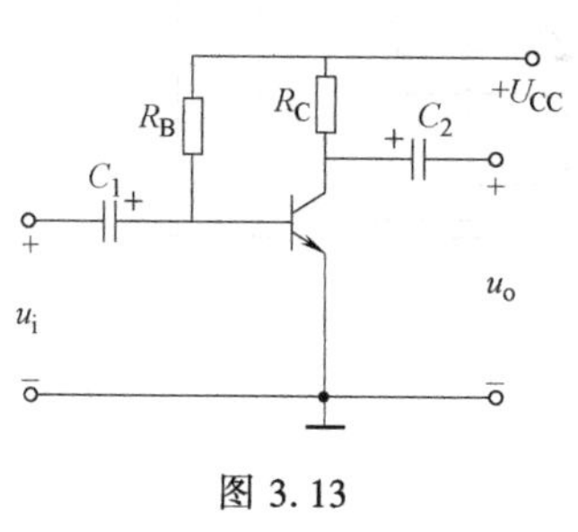

图 3.13

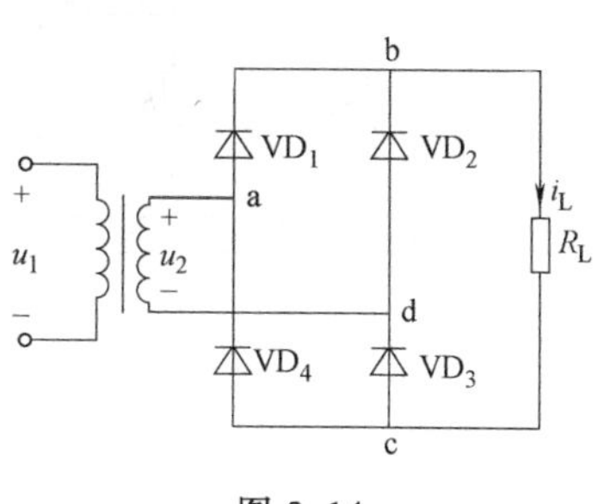

图 3.14

5. 已知图 3.15 所示单相桥式整流滤波电路的变压器二次电压为 $u_2=25\sin\omega t V$，$f=50Hz$。1）估算输出电压 U_L。2）若 R_L 断开，则输出电压为多少？为什么？3）滤波电容 C 开路时，U_L 为多少？为什么？4）若有一个二极管正、负极接反，将产生什么后果？

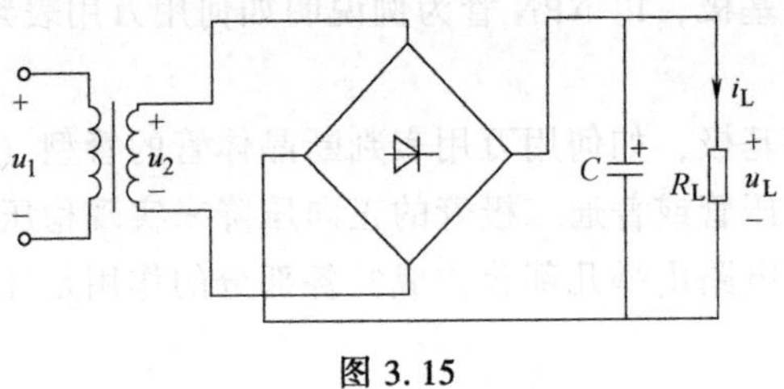

图 3.15

五、电路分析题

1. 图 3.16 所示为蓄电池电压过低报警电路，说明其工作原理。

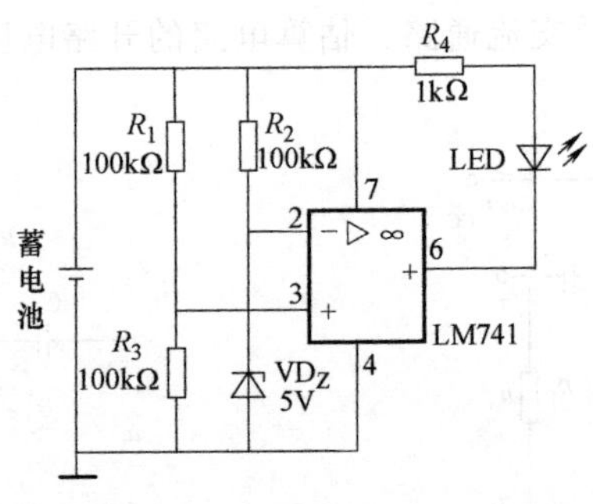

图 3.16

2. 如图 3.17 所示为汽车交流发电机电路，试说明其中电压调节器的工作原理。

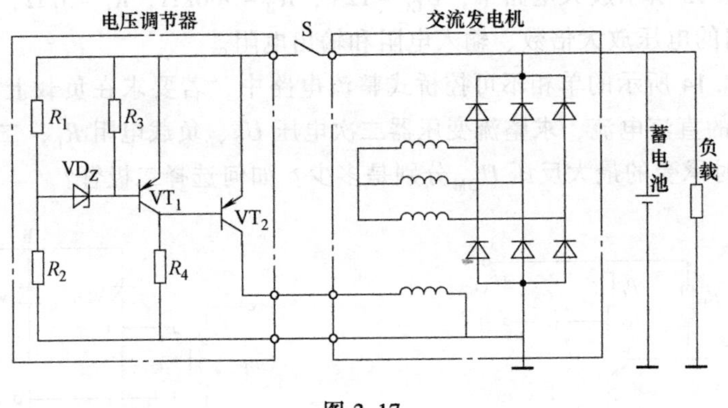

图 3.17

第4章　复习题

一、填空题

1. 欲使 JK 触发器实现 $Q_{n+1}=\overline{Q_n}$ 的功能，则输入端 J 应接______，K 应接______（填“高电平”或“低电平”）。

2. 脉冲宽度指从前沿脉冲幅度的______到后沿脉冲幅度______的时间。

3. 汽车传感器输入 ECU 的信号大体上可以分两大类：一类是连续变化的信号，称为______；另一类是电压“高”“低”间隔变化的脉冲式信号，称为______。

4. 异或门输入 $A=0$、$B=1$ 时，输出 $F=$______。

5. 数字电路只研究输入、输出信号之间的______关系。

6. 二进制数有两个数码，即______和______。

7. $(0111\ 0011\ 0101)_{BCD}=(\_\_\_\_\_\_)_{10}$。

8. 逻辑代数的基本运算包括______、______和______运算。如 $F=A+B$ 称为______运算。

9. 与门电路的逻辑功能为______，______。

10. 非门电路的逻辑功能是______，______。

11. 非门电路有______个输入端和______个输出端。

12. TTL 门电路是______-______-______的简称。

13. 三态与非门输出有______态、______态和______状态，所以称为三态。

14. 寄存器存放数码的方式有______有______两种。

15. 将信息变成二进制代码称______，将二进制代码变换成信息称______。

16. 74LS00 集成四—2 输入与非门包含______个与非门，每个门有______个输入端。

17. 欲使 D 触发器实现置“0”的功能，则输入端 D 应接______（填“高电平”或“低电平”）。

18. 基本逻辑门包括______门、______门和______门，其中______门的逻辑功能是“有 1 出 1，全 0 出 0”。

19. 在数字系统中，存放数码和指令的逻辑部件称为______。

20. 能够存储一位二进制数字信号的基本逻辑单元电路称作______。它是构成时序逻辑电路的基本单元。

21. 时序逻辑电路在某一时刻的输出不仅与当时的______有关，还与电路原来的______有关。

22. ______是数字电路的基础，也是形成组合逻辑电路的基本单元。

23. 用四位二进制数码 0000 ~ 1001 依次表示一位十进制数的 0 ~ 9，称为______码。

24. 如图 4.1 所示门电路中，已知输入 $A=1$，$B=0$，则输出 $F=$______。

25. 如图 4.2 所示触发器中，若$\overline{R}=1$，$\overline{S}=0$，则输出 $Q=$______。

图 4.1　　　　图 4.2

26. 逻辑运算规律为：$1\cdot0=$______，$1+1=$______，$A\cdot A=$______。

27. 二进制数的进位规则是______。

二、判断题

1. 汽车上采用的热敏电阻式温度传感器的输出信号属于数字信号。　（　）
2. 汽车上采用的霍尔传感器输出的信号属于模拟信号。　（　）
3. 555 定时器电路是模拟电路。　（　）
4. 一个触发器只能存放 1 位二进制数码。　（　）
5. 寄存器和计数器都是时序逻辑电路。　（　）
6. 或非门的逻辑功能为：有 0 为 0，全 1 为 1。　（　）
7. 脉冲前沿时间指脉冲信号从 0 上升到最大值所用的时间。　（　）
8. 触发器是具有记忆功能的逻辑单元。　（　）
9. 计算机的输入键盘功能是由译码器组成的。　（　）
10. 代表信息的二进制码不再有数值的意义，称为代码。　（　）

三、简答题

1. 如图 4.3 所示门电路，试根据输入信号波形，画出输出信号波形。

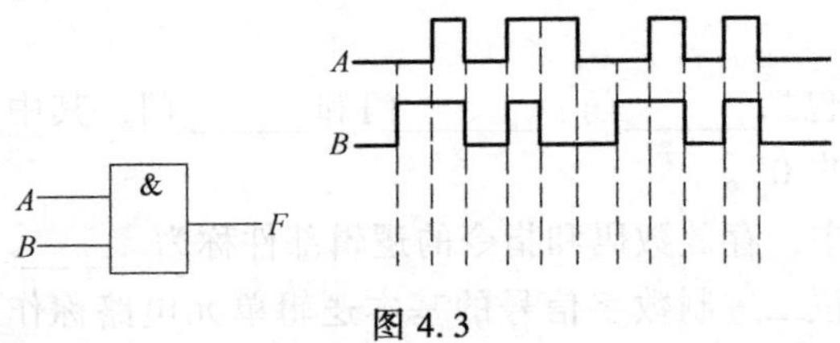

图 4.3

2. 如图 4.4 所示门电路，试根据输入信号波形，画出输出信号波形。
3. 如图 4.5 所示门电路，试根据输入信号波形，画出输出信号波形。
4. 如图 4.6 所示，已知某 JK 触发器的输入信号 J、K 及时钟脉冲 CP 波形，设触

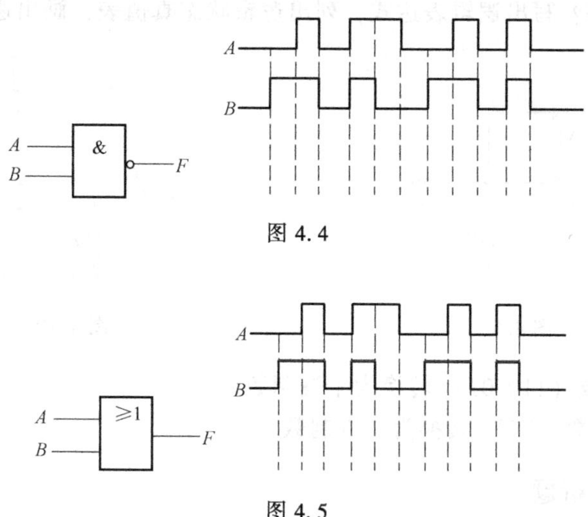

图 4.4

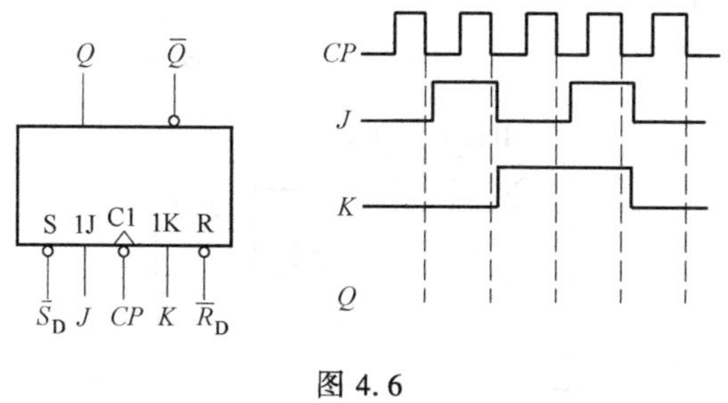

图 4.5

发器的初始状态为 0，试画出输出 Q 的波形图。

图 4.6

5. 如图 4.7 所示，已知某 D 触发器的输入信号及 CP 波形，设触发器的初始状态为 0，试画出输出 Q 的波形图。

6. 如图 4.8 所示电路中，VD_1、VD_2 都为开关管，A、B 为输入变量，F 为输出变量。该电路是什么门电路？列出逻辑状态真值表，写出逻辑表达式，画出逻辑符号。

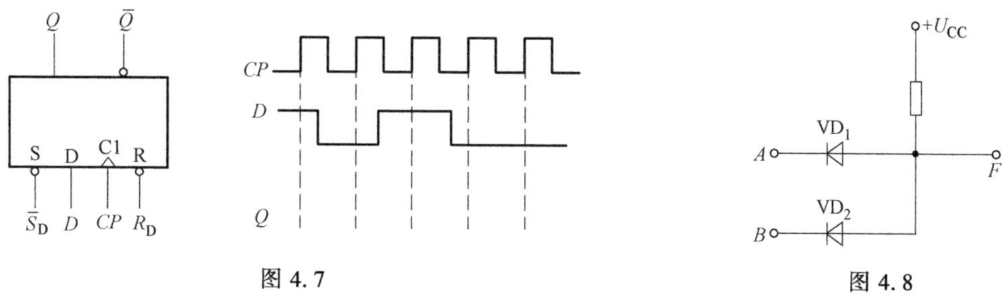

图 4.7　　图 4.8

7. 如图 4.9 所示电路中，VD_1、VD_2 都为开关管，A、B 为输入变量，F 为输出变量。该电路是什么门电路？列出逻辑状态真值表，写出逻辑表达式，画出逻辑符号。

8. 如图 4.10 所示电路中，晶体管为开关管，A 为输入变量，F 为输出变量。该电路是什么门电路？写出逻辑表达式，列出逻辑状态真值表，画出逻辑符号。

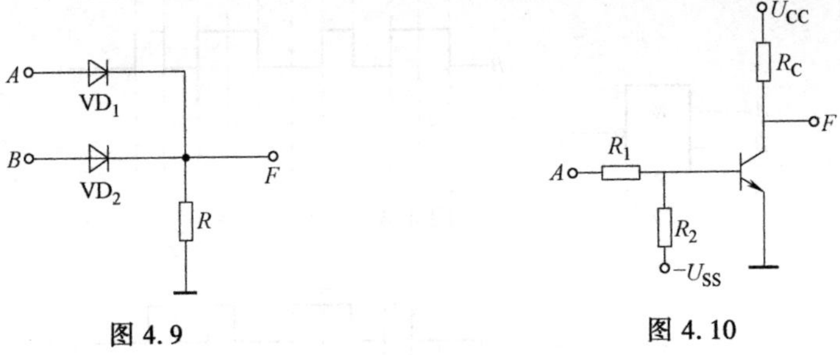

图 4.9　　　　图 4.10

9. 将二进制数（110101）$_2$ 转换为十进制数。

10. 将十进制数（37）$_{10}$转换为二进制数。

四、电路分析题

如图 4.11 所示电路为防盗报警电路。其中 S_1 和 S_2 为微动开关，可装在门和窗户上。试说明其防盗报警的工作原理。

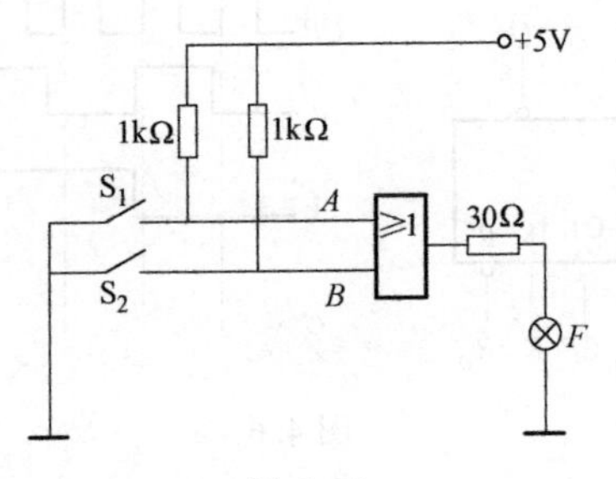

图 4.11

模拟试卷

模拟试卷 A

一、填空题（每空 0.5 分，共 32 分）

1. 汽车电路中使用不同______或______的导线，以便于维修或检测时识别及定位。

2. 正弦交流电最大值 U_m 和有效值 U 的关系为______。

3. 热敏电阻是电阻式温度传感器的一种。它包括______系数热敏电阻（PTC）和______系数（NTC）热敏电阻。

4. 电容 C 的充电和放电快慢程度取决于______τ，$\tau=$______，该值越大，充、放电越______。

5. 电路中电流的参考方向是假定的方向，当电流的参考方向与实际方向______时，电流为正值，反之则为负值。

6. 用万用表测量直流电流、电压时要注意极性，通常______表笔接电源正极，______表笔接电源负极。

7. 维修实践中，若检查电路的断路故障，可通过万用表测量电路中各点对地的______来进行。

8. 电路中任意一点的电位就是该点与参考点之间的______，汽车电路中______点即为电位参考点。

9. 在通电线圈所产生的磁场中，______代表电流本身所产生的磁场的强弱，反映了电流的______能力，其大小只与电流成正比，而与介质的性质无关。

10. 汽车用三相同步交流发电机由风扇、V 带轮、______总成、______总成、元件板、端盖、______与刷架等部件组成。

11. 交流发电机的转子是用来产生______的，主要由爪极、______、铁心、转子轴和滑环等组成。

12. 线圈通电后产生的磁场的磁感线在铁心所限定范围内形成的闭合路径称为______。

13. ______是直流电动机的特有装置，它由许多楔形铜片组成，装在转轴上，在其表面压着______，用以给电枢绕组引入直流电。

14. 磁性材料在交变磁化过程中存在的功率损耗称为______。

15. 在串励式电动机中，______绕组及______绕组串联连接。

16. 步进电动机的转速取决于脉冲______，并与脉冲______同步，所以可以通过改变它来实现调速。

17. 杂质半导体分为两大类，即______型半导体和______型半导体。

18. 负反馈能够改善放大电路的性能，具体说，可以提高______的稳定性、改善______、改变______。

19. 由晶体管的工作特性可知，当晶体管在______和______转换时，即工作在开关状态。

20. 在 P 型半导体中，______是多数载流子，______是少数载流子。

21. 共发射极电压放大器集电极输出电压与输入电压______（填“同相”或“反相”）。

22. 单相半控桥式整流电路是将单相不可控桥式整流电路中的两个______换成______。

23. 在杂质半导体中多子的数量与______有关，少子的数量与______有关。当______升高时，少子的数量______。

24. 集成电路按其所处理信号的不同可分为______电路和______电路。

25. 欲使 JK 触发器实现 $Q_{n+1}=\overline{Q_n}$ 的功能，则输入端 J 应接______，K 应接______（填“高电平”或“低电平”）。

26. 二进制数有两个数码，即______和______。

27. 非门电路有______个输入端和______个输出端。

28. 74LS00 集成四二输入与非门包含______个与非门，每个门有______个输入端。

29. 时序逻辑电路在某一时刻的输出不仅与当时的______有关，还与电路原来的______有关。

30. 逻辑运算规律为：$1\cdot 0=$______，$1+1=$______，$A\cdot A=$______。

31. 汽车传感器电路中，传感器经常共用电源线、______线，但决不会共用______线。

32. ______电路是测量技术中的一种电路，利用直流______可以测量电阻，常应用于汽车电阻类的传感器电路中。

二、判断题（每题 0.5 分，共 10 分）

1. 早期汽车用低压导线除蓄电池导线外，都用绝缘材料缠绕包扎成束。（ ）
2. 理想电感元件两端电压与流过的电流频率相同、相位不同。（ ）
3. 在汽车点火线圈到火花塞之间的电路应使用高压点火线。（ ）
4. 电路中的电位是相对的，而电压是绝对的。（ ）
5. 在使用指针式万用表测量电阻时，测量前需进行欧姆调零。（ ）
6. 电阻元件在电路换路时存在过渡过程，即电流和电压不能突变。（ ）
7. 变压器既可以变换交流电压，也可以变换直流电压。（ ）

8. 汽车交流发电机的定子绕组产生的三相交流电幅值、频率、相位都相等。 ( )

9. 电流互感器的一次绕组接入一次电路之前，必须先把电流互感器的二次绕组连成闭合回路且在工作中不允许断开。 ( )

10. 传统的汽车点火电路中的点火线圈就是利用变压器的互感原理工作的。 ( )

11. 理想集成运放的开环电压放大倍数趋近∞，输入电阻趋近0，输出电阻趋近0。 ( )

12. 达林顿管就是连接在一起的两只二极管，又称复合管。 ( )

13. 多个稳压二极管可以串联使用，也可以并联使用。 ( )

14. PN结形成过程中的扩散运动是由于载流子的浓度差造成的。 ( )

15. 根据电容器两端电压不能突变的特点，可以实现电容滤波。 ( )

16. 当PN结加正向电压时，空间电荷区变厚，扩散电流加强。 ( )

17. 空间电荷区的形成阻碍了多子扩散运动的进行。 ( )

18. 利用晶闸管可实现可控整流。 ( )

19. 汽车上采用的热敏电阻式温度传感器的输出信号属于数字信号。 ( )

20. 或非门的逻辑功能为：有0为0，全1为1。 ( )

三、简答题（每题3分，共18分）

1. 简述短路故障产生的原因、电路特点、危害及保护措施。

2. 已知3个正弦交流交流电压 u_1、u_2、u_3 的有效值均为220V，频率均为50Hz，但初相分别为90°，0°、−90°，试写出它们的瞬时值表达式。

3. 如图A-1a所示电路中，已知输入信号 $u_i = 4\sin\omega t\text{V}$，在图A-1b中画出输入 u_i 与输出 u_o 的波形，并说明此电路是利用二极管的什么特性实现的什么作用。设二极管正向导通电压可忽略不计。

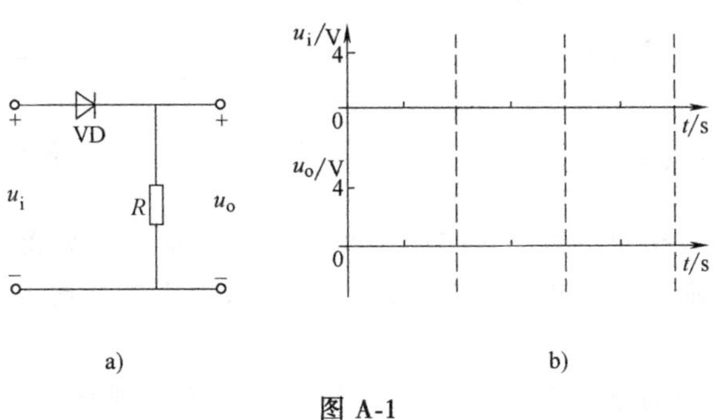

图 A-1

4. 测量晶体管3个电极对地电位如图A-2所示，试分析3种情况下晶体管的工作状态。

5. 如图A-3所示门电路，试根据输入信号波形，画出输出信号波形。

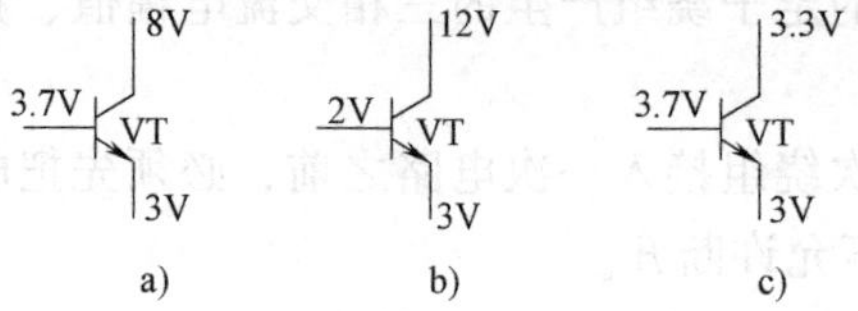

8V 12V 3.3V
3.7V VT 2V VT 3.7V VT
3V 3V 3V
a) b) c)

图 A-2

6. 如图 A-4 所示电路中，VD_1、VD_2 都为开关管，A、B 为输入变量，F 为输出变量，指出该电路是什么门电路，列出逻辑状态真值表，写出逻辑表达式，画出逻辑符号。

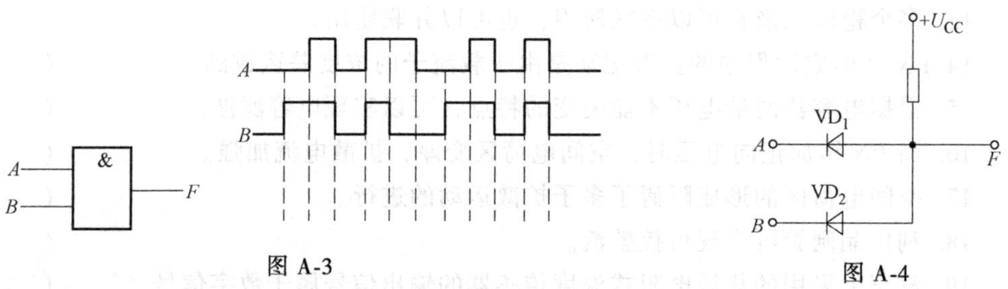

图 A-3

图 A-4

四、计算题（每题 5 分，共 30 分）

1. 如图 A-5 所示电路中，已知 $U_{S1}=14V$，$U_{S2}=2V$，$R_1=2\Omega$，$R_2=3\Omega$，$R_3=8\Omega$，试求 I_1、I_2 和 I_3。

2. 计算如图 A-6 所示电路在开关 S 断开和闭合时 a 点的电位。

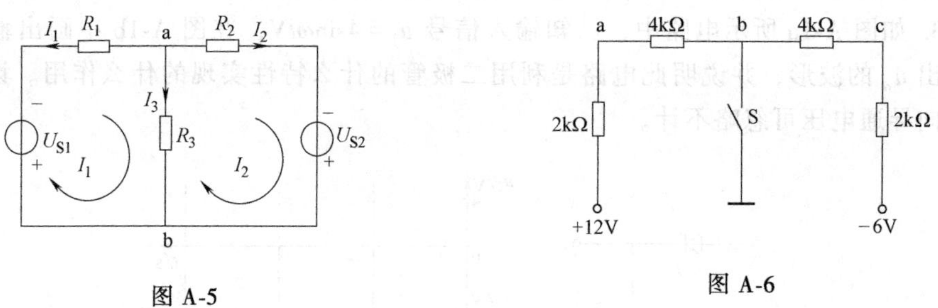

图 A-5

图 A-6

3. 已知汽油发动机点火线圈一次绕组匝数为 340 匝，二次绕组匝数为 23800 匝，一般要点燃混合气体，二次电压需 15000V，问点火线圈的变比 K 应为多少？点火时一次电压为多少？

4. 一交流信号源的电动势 $E=20V$，内阻 $R_o=180\Omega$，现有一个负载电阻 $R_L=5\Omega$。1）如果将 R_L 直接与信号源连接，求信号源输出功率（即负载获得的功率）。2）如果通过变压器实现阻抗匹配，使信号源输出功率最大，求该输出功率及变压器的匝数比。

5. 如图 A-7 所示放大电路中，已知 $U_{CC}=12V$，$R_C=4k\Omega$，$R_B=300k\Omega$，$U_{BE}=0.6V$，晶体管 $\beta=50$，试画出其等效直流通路，并计算放大电路的静态工作点。

6. 如图 A-8 所示的单相不可控桥式整流电路中，若要求在负载上得到 24V 直流电压、80mA 的直流电流，求整流变压器二次电压 U_2、负载电阻 R_L，二极管的平均电流 I_D 和截止时承受的最大反压 U_{DM} 分别是多少？如何选择二极管？

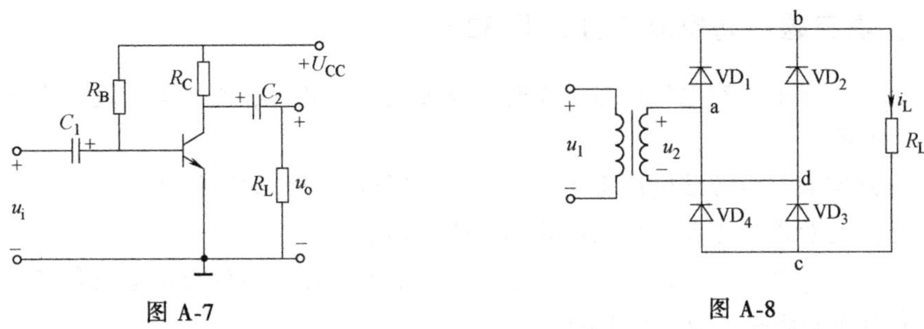

图 A-7　　图 A-8

五、电路分析题（每题 5 分，共 10 分）

1. 图 A-9 所示为负温度系数热敏电阻式燃油报警电路，试分析其工作原理。

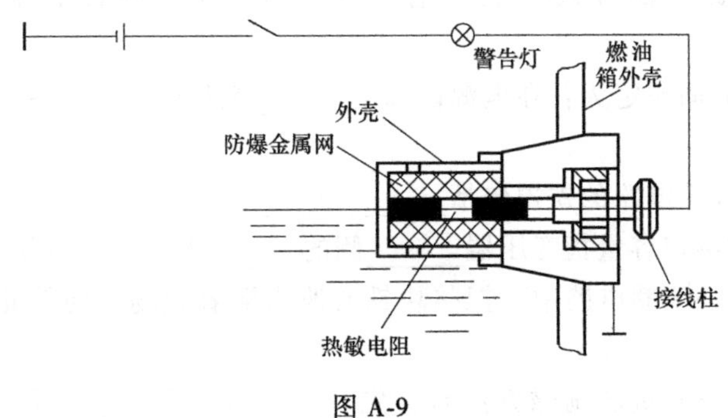

图 A-9

2. 图 A-10 所示为蓄电池电压过低报警电路，说明其工作原理。

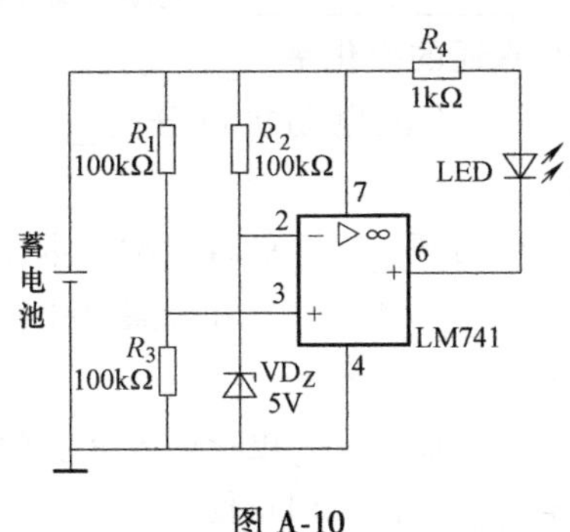

图 A-10

模拟试卷B

一、填空题（每空0.5分，共32分）

1. 因为汽车上所有电气设备工作时所需要的电压相等，因此电气设备在连接时均为______关系。

2. 电路空载时电源端电压等于______，此时外电路电阻可视为______。

3. 选用电容器的主要依据是电路的工作环境、______和______。

4. 用______把______、______、过载保护器件、控制器件及用电设备装置连接起来，构成电流的通路，即汽车电路。

5. 用万用表测电流时，必须与被测电路______联，且测量时必须先______电路，再将万用表接入电路。

6. 电容器的常见故障有______、______和失效。

7. 在汽车电路中的导线一般用绝缘带把同一路径的若干导线包扎成束，称为______。

8. 电动势的方向规定为：在电源内部由______端指向______端，即电位______的方向。

9. 交流铁心线圈电路的铁损包括______和______。

10. 变压器的额定容量指变压器______侧的______和______的乘积。

11. 在交流铁心线圈电路中，把整块铁心改由顺着磁场方向彼此绝缘的薄钢片叠成，这是为了减小______。

12. 汽车交流发电机的励磁方法是：先______励、后______励。前者由______给励磁绕组供电，后者由______给励磁绕组供电。

13. 直流电动机的定子由______、______、机座、端盖和电刷装置等组成。

14. 感应电动势的大小与磁通的变化率______。

15. 根据不同的励磁方式，直流电动机可分为______电动机、______电动机、______电动机和复励电动机。

16. 由于热激发而在晶体中出现______的现象称为本征激发。

17. 常用的半导体材料有______和______和金属氧化物等。

18. 滤波电路的主要元件是______和______。

19. 发光二极管简称______，加______电压时发光。（填“反向”或“正向”）

20. 二极管的基本特性是______性，即正偏时______，反偏时______。

21. 晶闸管由______个PN结构成，它有______个电极，分别是______、______、______。

22. 硅二极管的导通电压约为______，锗二极管的导通电压约为______。

23. 图 B-1 所示电路中二极管的作用是______。

24. 对放大电路可以从两种状态进行分析，即______和______。

25. 脉冲宽度指从前沿脉冲幅度的______到后沿脉冲幅度______的时间。

26. $(0111\ 0011\ 0101)_{BCD}=(\_\_\_\_\_\_)_{10}$

27. TTL 门电路是______-______-______的简称。

28. 欲使 D 触发器实现置“0”的功能，则输入端 D 应接______。(填“高电平”或“低电平”)

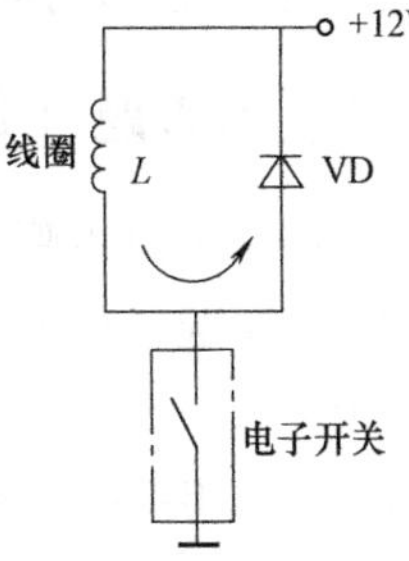

图 B-1

29. ______是数字电路的基础，也是形成组合逻辑电路的基本单元。

30. 二进制数的进位规则是______。

31. 步进电动机的转速取决于脉冲______，并与脉冲______同步，所以可以通过改变它来实现调速。

二、判断题（每题 0.5 分，共 10 分）

1. 角频率的单位是转/秒（r/s）。（ ）
2. 实际电压源由一个理想电压源与内阻并联而成。（ ）
3. 电路断路器是利用双金属在受热时膨胀系数不同而使触点断开，从而断开电路。（ ）
4. 电动势是描述电源中电场力对电荷做功本领的物理量。（ ）
5. 负温度系数（NTC）热敏电阻在工作温度范围内，电阻值随温度的升高而减少。（ ）
6. 当电阻元件出现异常时，可在电路板上直接测量其阻值。（ ）
7. 铁磁材料的磁滞性是交变磁化过程中形成的。（ ）
8. 直流电动机安装换向磁极的目的是改变电流方向。（ ）
9. 串励直流电动机特性软，转速随负载变化明显。（ ）
10. 非磁性材料没有磁畴结构，所以不具有磁化的特性。（ ）
11. 在直流稳压电源电路中，滤波电路的作用是将交流变直流。（ ）
12. 硅管的死区电压约为 0.2V，锗管的死区电压约 0.5V。（ ）
13. 稳压二极管工作在反向击穿状态时，外电路必须加适合的限流电阻。（ ）
14. 在本征半导体中，自由电子和空穴的运动是共存的，且在一定温度下可以达到动态平衡。（ ）
15. 汽车交流发电机的整流电路为三相桥式整流电路。（ ）
16. 完全纯净的半导体称为本征半导体。（ ）
17. 放大电路的输入电阻越小越好，输出电阻越大越好。（ ）

18. 集成运算放大器若工作于线性区需加负反馈。（ ）

19. 汽车上采用的霍尔传感器输出的信号属于模拟信号。（ ）

20. 脉冲前沿时间指脉冲信号从 0 上升到最大值所用的时间。（ ）

三、简答题（每题 3 分，共 18 分）

1. 汽车电路由哪几部分构成？各部分的作用是什么？

2. 汽车起动机的电枢绕组中流过的是直流电还是交流电？换向器在起动机中起什么作用？

3. 在图 B-2a 所示电路中，设 $u_i = 1.2\sin\omega t$V，VD_1 和 VD_2 为硅管，其正向电压降 $U_D = 0.7$V。在图 B-2b 中分别画出其输入、输出电压波形，并说明该例实现的是二极管的什么作用。

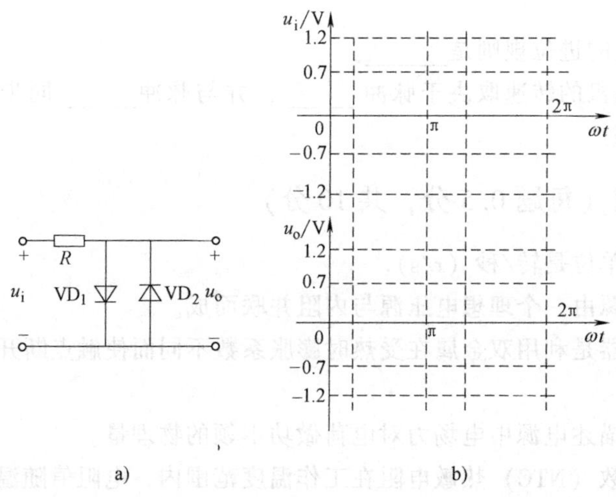

图 B-2

4. 为什么交流放大电路要设置合适的静态工作点？否则输出电压信号将出现什么现象？

5. 如图 B-3 所示门电路，试根据输入信号波形，画出输出信号波形。

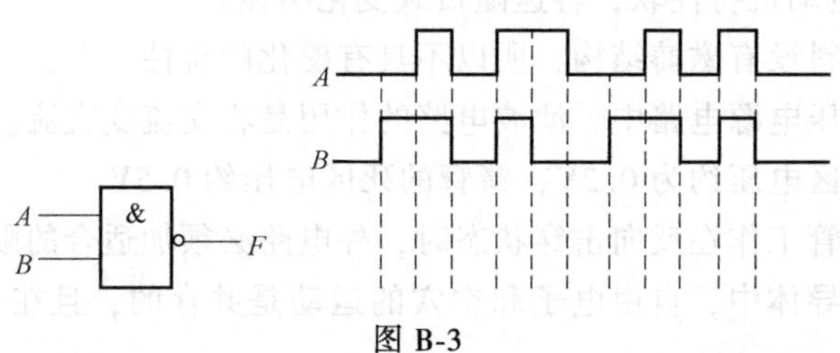

图 B-3

6. 如图 B-4 所示电路中，VD_1、VD_2 都为开关管，A、B 为输入变量，F 为输出变量，指出该电路是什么门电路，列出逻辑状态真值表，写出逻辑表达式，画出逻辑符号。

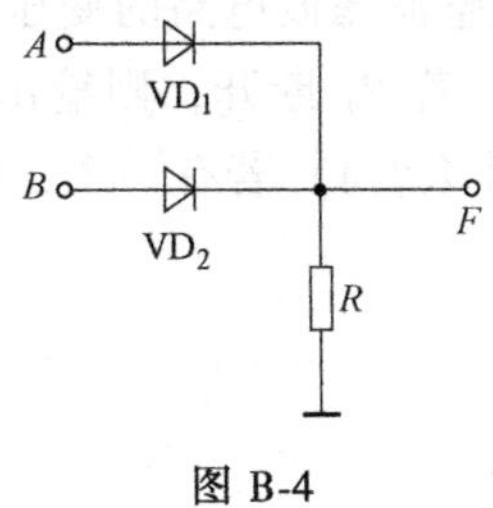

图 B-4

四、计算题（每题 5 分，共 30 分）

1. 如图 B-5 所示电路中，$U_{s1}=12\text{V}$，$R_1=2\Omega$，$R_2=4\Omega$，$U_{s2}=6\text{V}$，求 U_{ac}。

2. 如图 B-6 所示电路可供测量电源的电动势 U_S 和内阻 R_0。若开关 S 打开时电压表读数为 6V，开关闭合时电压表读数为 5.8V，负载电阻 $R=10\Omega$，试求电源电动势 U_S 和内阻 R_0（电压表的内阻可视为无限大）。

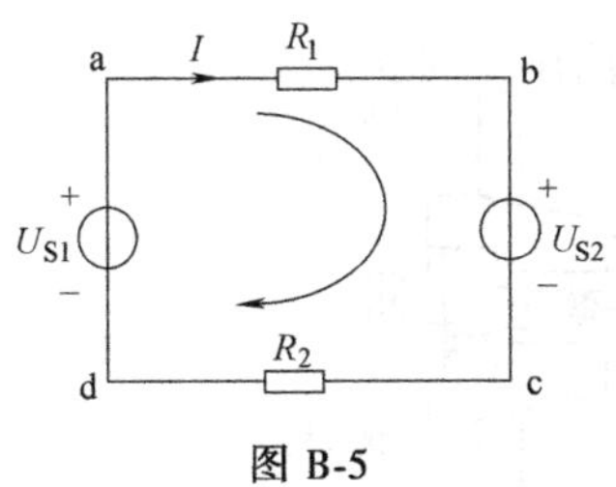

图 B-5

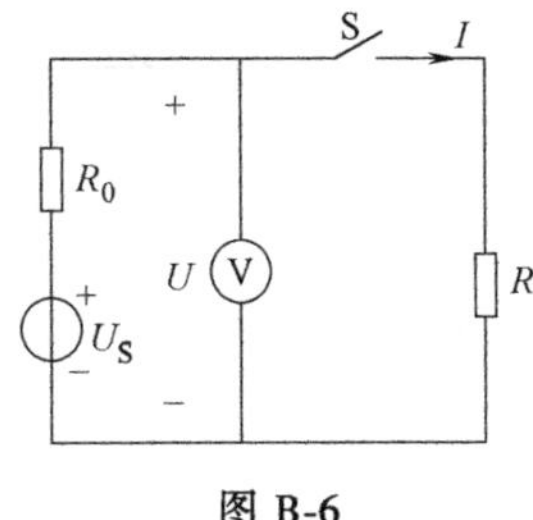

图 B-6

3. 已知信号源 $U_S=1.0\text{V}$，内阻 $R_0=200\Omega$，负载电阻 $R_L=8\Omega$，如果负载直接与信号源相连，将获得多大功率？如果利用变压器阻抗变换作用使负载从信号源获得最大功率，如图 B-7 所示，试求变压器的变比。

4. 某机修车间的单相变压器，一次侧的额定电压为 220V，额定电流为 4.55A，二次侧的额定电压为 36V，试求：1）变压器的匝数比。2）二次侧可接 36V、60W 的白炽灯多少盏？

5. 如图 B-8 所示电路中，若 $U_{CC}=15\text{V}$，$R_C=3\text{k}\Omega$，$R_L=3\text{k}\Omega$，$R_B=300\text{k}\Omega$，$\beta=80$，$r_{be}=846\Omega$，试画出等效交流通路，并估算电路的开路电压放大倍数、输入电阻和输出电阻。

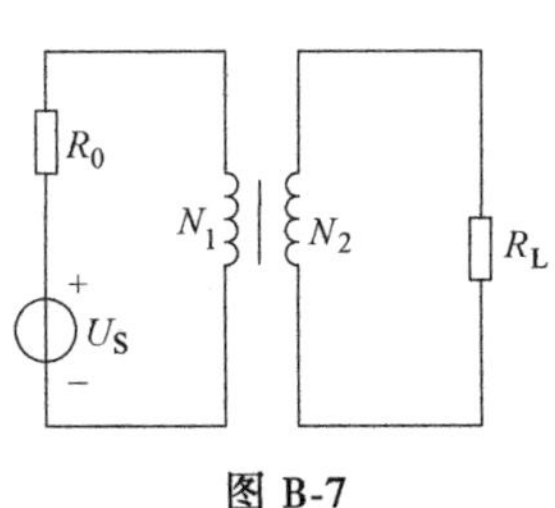

图 B-7

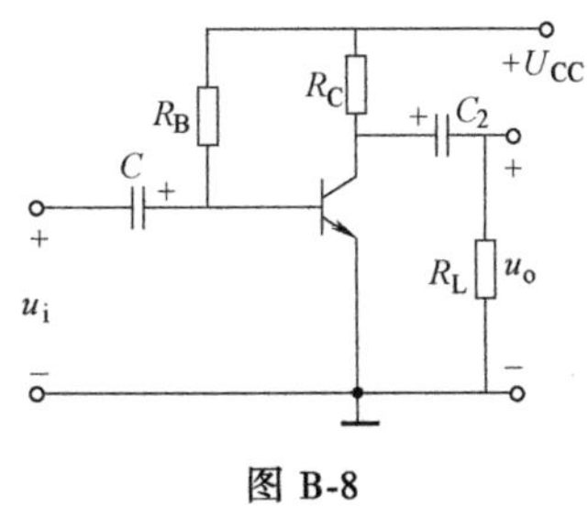

图 B-8

6. 已知图 B-9 所示单相桥式整流滤波电路的变压器二次电压为 $u_2=25\sin\omega t\text{V}$，$f=50\text{Hz}$。1）估算输出电压 U_L。2）若 R_L 断开，则输出电压为多少？为什么？3）滤波电容 C 开路时，U_L 为多少？为什么？4）若有一个二极管正、负极接反，将产生什么后果？

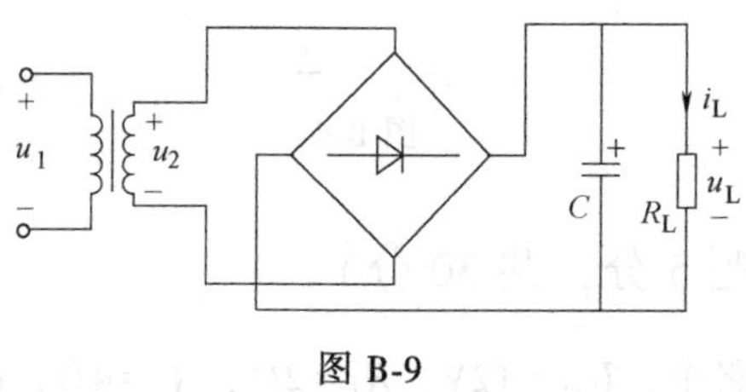

图 B-9

五、电路分析题（每题 5 分，共 10 分）

1. 图 B-10 所示为负温度系数热敏电阻式燃油报警电路，试分析其工作原理。

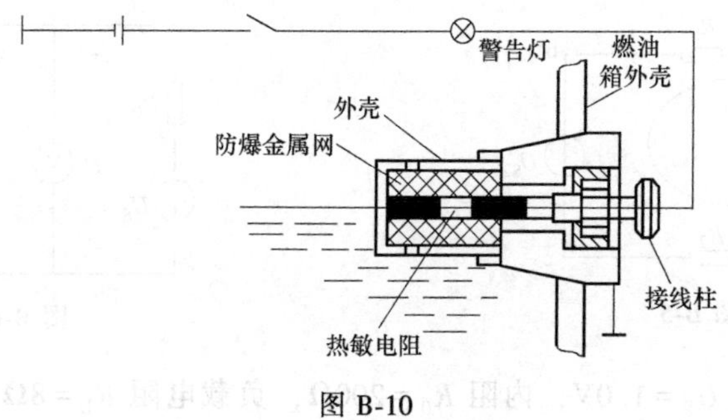

图 B-10

2. 图 B-11 所示为汽车交流发电机电路，试说明其中电压调节器的工作原理。

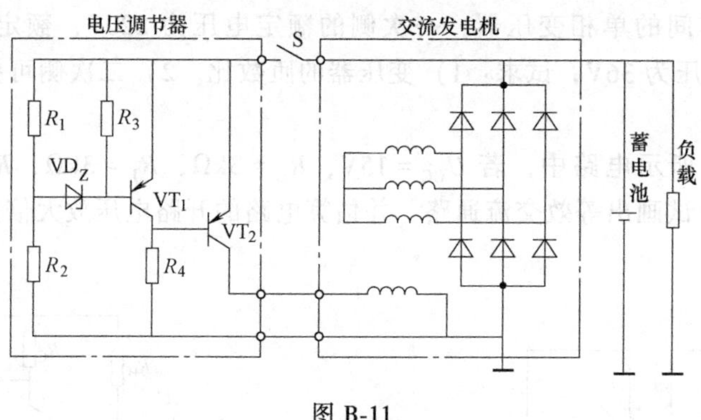

图 B-11

模拟试卷 C

一、填空题（每空 0.5 分，共 32 分）

1. 汽车电气系统的额定电压有______、______两种。前者以______为燃料，后者以______为燃料。

2. 理想电容元件两端电压与流过的电流频率大小______，相位______，______超前______90°。

3. 电路中规定______定向移动的方向为电流的方向。

4. 在一个电路中，参考点选择位置不同，电路中各点______也不同，但任意两点间的______不变。

5. 电感元件的感抗 X_L =______，电容元件的容抗 X_C =______。

6. 电器设备上标注的额定电压、额定电流等均指______值。

7. 汽车用______的主要功能是实现电气连接，相互配合的端子是其核心部件。

8. 当发电机工作时，由发电机向整车的用电设备供电，并同时给______充电。

9. 交流发电机的定子是用来产生______的，由______和______组成。

10. 步进电动机是一种控制电机，它可以将脉冲电信号变换为______或______。

11. 交流铁心线圈电路的功率损耗包括______和______。

12. 根据磁性物质的 3 种磁性能可以把磁性物质分为______、______和______。

13. 直流电动机主要由______、______、机壳、端盖、______与刷架等组成。

14. 变压器是传输电能或信号的静止电器，它有______、______、______及电隔离作用。

15. 半导体材料具有______特性、______特性和______特性。

16. PN 结形成后，在其内部就形成了一个内______，其方向是由______区指向______区。

17. 工作在线性区的理想集成运放具有______和______的特点。

18. 稳压管工作在______区，起稳压作用时需加______电压。（填“反向”或“正向”）

19. 当外加反向电压达到一定值时，反向电流将突然增大，二极管被______，二极管失去______性质。

20. 车用整流电路采用______个二极管构成的桥式整流电路，同时导通的二极管有______个，它们将发电机的______（填“线电压”或“相电压”）加在负载两端，使负载得到脉动成分较小的直流，输出电压的平均值约为输入相电压有效值的______倍。

21. PN 结的 P 区接电源负极，N 区接电源正极，称 PN 结______。

22. 图所示 C-1 电路中二极管的作用是______。

23. 光敏晶体管在原理上类似于普通晶体管，只是它的集电结为______结构。

24. 汽车传感器输入 ECU 的信号大体上可以分两大类：一类是连续变化的信号，称为______；另一类是电压“高”“低”间隔变化的脉冲式信号，称为______。

25. 逻辑代数的基本运算包括______、______和______运算。例如 $F=A+B$ 称______运算。

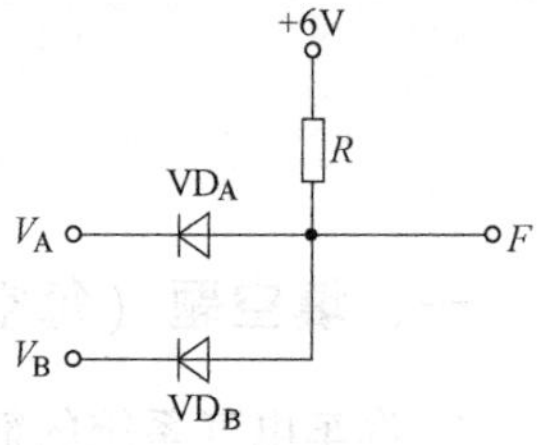

图 C-1

26. 三态与非门输出有______态、______态和______状态，所以称为三态。

27. 基本逻辑门包括______门、______门、______门，其中______门的逻辑功能是“有 1 出 1，全 0 出 0”。

28. 用 4 位二进制数码 0000~1001 依次表示 1 位十进制数的 0~9，称为______码。

二、判断题（每题 0.5 分，共 10 分）

1. 用万用表测得的交流电压值为该交流电的平均值。（　）

2. 电容元件在某时刻储存的电场能量，只与该时刻的电压的平方成正比，与电流无关。（　）

3. 在汽车行驶途中如果熔断器熔断，可用熔断器盒中的相同规格的备用熔断器替换。（　）

4. 汽车用万用表既可以测量交流电压，也可以测量直流电压。（　）

5. 当电气设备的实际工作电流等于额定电流时，称为满载工作状态。（　）

6. 电容元件上通过的电流与元件两端的电压相对时间的变化率成正比。电压变化越快，电流越大。（　）

7. 对于给定的步进电动机，步距角的大小与通电方式有关。（　）

8. 磁性物质由于磁化所产生的磁场不会随着外磁场的增强而无限的增强。（　）

9. 非铁磁性物质的磁导率近似为 1，而铁磁性物质的磁导率远大于 1。（　）

10. 铁磁物质的磁导率是常数，它不随线圈上通电电流的改变而改变。（　）

11. 可控整流输出的电压平均值大小与控制角有关。（　）

12. 晶体管处于截止状态时，相当于短路；处于饱和状态时，相当于开路。（　）

13. 用指针式万用表的不同电阻档测同一个二极管的阻值时，其结果是相同的。（　）

14. 半导体的导电能力介于导体和绝缘体之间。（　）

15. 单相桥式整流电路中如果有一个二极管断开，整流电路输出电压会减半。（　）

16. 二极管的伏安特性是非线性的，说明二极管是非线性元件。 ( )
17. PN 结封装并引出两根电极就形成了二极管。 ( )
18. 稳压管工作于反向击穿区，当加正向电压时处于截止状态。 ( )
19. 555 集成定时器电路是模拟电路。 ( )
20. 触发器是具有记忆功能的逻辑单元。 ( )

三、简答题（每题 3 分，共 18 分）

1. 断开正在工作的电感电路，会在打开的开关处产生什么现象？试解释原因。

2. 简述什么是霍尔效应？

3. 特性完全相同的硅稳压二极管，其稳压值为 6V，正向导通电压 0.7V，接成如图 C-2 所示两种电路，试分析两种电路输出电压 U_o 分别是多少？

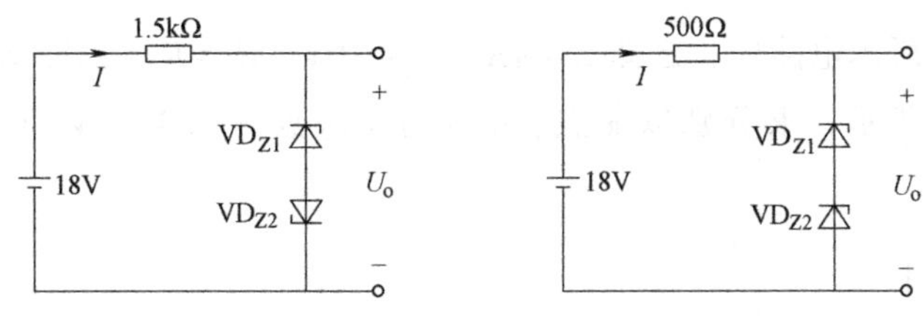

图 C-2

4. 已知某电压比较器的电压传输特性曲线如图 C-3 所示，已知输入信号 $u_i=3\sin\omega t\text{V}$，试画出输入 u_i 与输出 u_o 的波形，这种比较器的参考电压 U_R 等于多少？称做什么比较器？

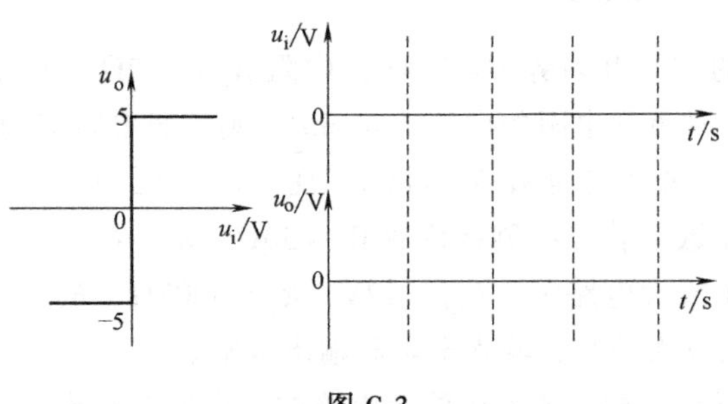

图 C-3

5. 如图 C-4 所示门电路，试根据输入信号波形，画出输出信号波形。

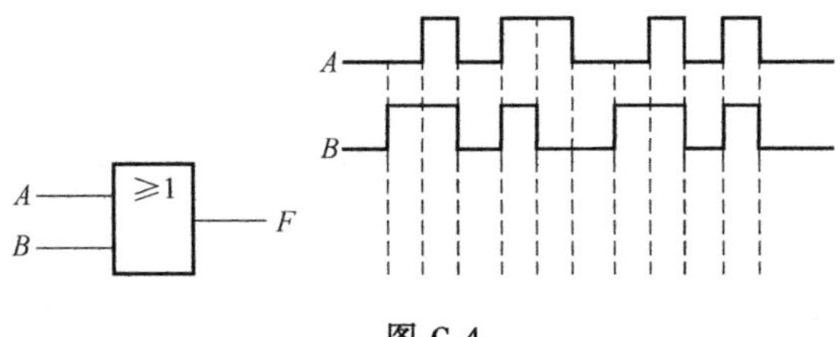

图 C-4

6. 如图 C-5 所示电路中，晶体管为开关管，A 为输入变量，F 为输出变量。该电路是什么门电路？试写出逻辑表达式，列出逻辑状态真值表，画出逻辑符号。

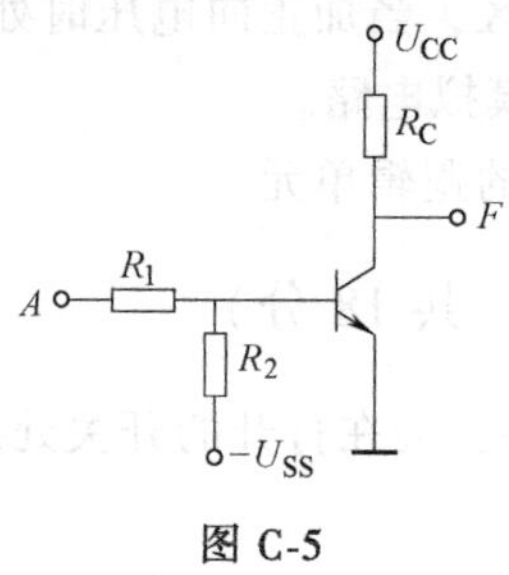

图 C-5

四、计算题（每题 5 分，共 30 分）

1. 如图 C-6 所示电路中，已知 $I_S = 4A$，$U_S = 10V$，$R_1 = R_2 = 2\Omega$，求 I_1 和 I_2。

2. 如图 C-7 所示，求分别以 a 点、b 点为参考点时的 V_a、V_b 和 V_c 及 U_{ab}、U_{bc} 和 U_{ac}。

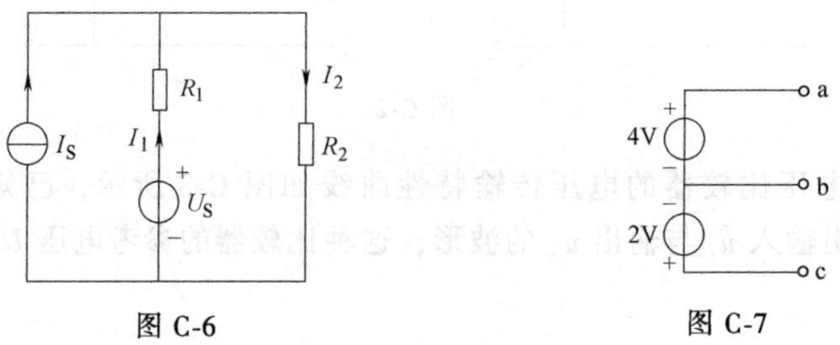

图 C-6　　图 C-7

3. 已知信号源的交流电动势 $E = 2.4V$，内阻 $R_0 = 600\Omega$，通过变压器使信号源与负载完全匹配，若这时负载电阻的电流 $I_2 = 4mA$，则负载电阻应为多大？

4. 单相变压器一次绕组匝数 $N_1 = 800$，现一次电压 $U_1 = 220V$，二次电压 $U_2 = 110V$。求二次绕组匝数。若二次侧接负载 $R_L = 50\Omega$，求一次、二次电流分别为多少？

5. 如图 C-8 所示放大电路中，$U_{CC} = 12V$，$R_B = 500k\Omega$，$R_C = 5k\Omega$，晶体管 $\beta = 40$，试求放大电路的电压放大倍数、输入电阻和输出电阻。

6. 已知图 C-9 所示单相桥式整流滤波电路的变压器二次电压为 $u_2 = 25\sin\omega t V$，$f=$

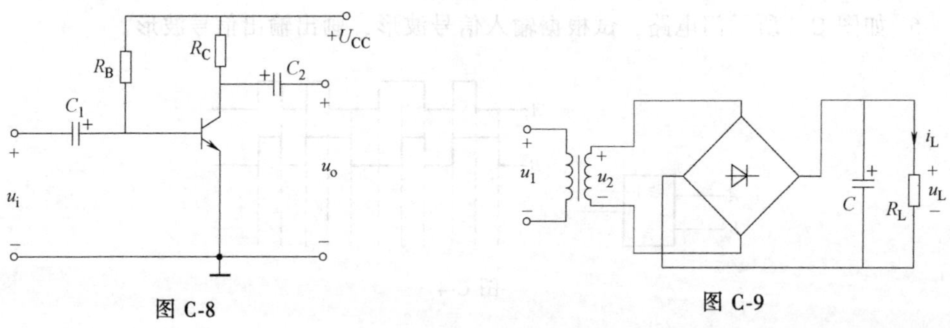

图 C-8　　图 C-9

50Hz。1）估算输出电压 U_L。2）若 R_L 断开，则输出电压为多少？为什么？3）滤波电容 C 开路时，U_L 为多少？为什么？4）若有一个二极管正负极接反，将产生什么后果？

五、电路分析题（每题 5 分，共 10 分）

1. 图 C-10 所示为采用继电器控制起动机起动的电路原理图，试分析利用继电器控制的基本原理。

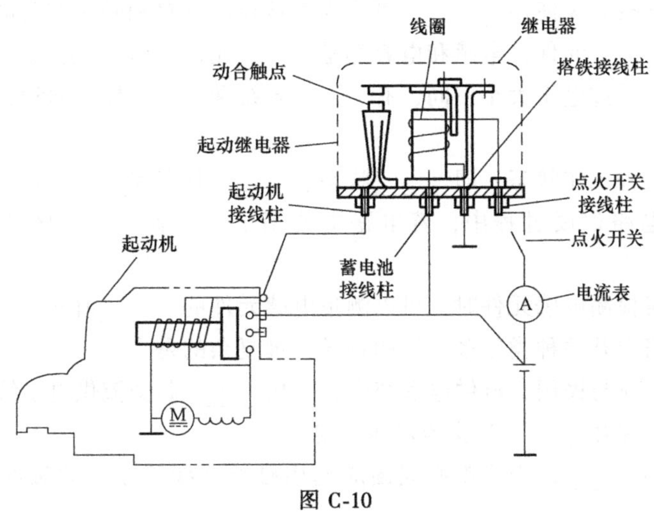

图 C-10

2. 图 C-11 所示电路为防盗报警电路。S_1 和 S_2 为微动开关，可装在门和窗户上。试说明其防盗报警工作原理。

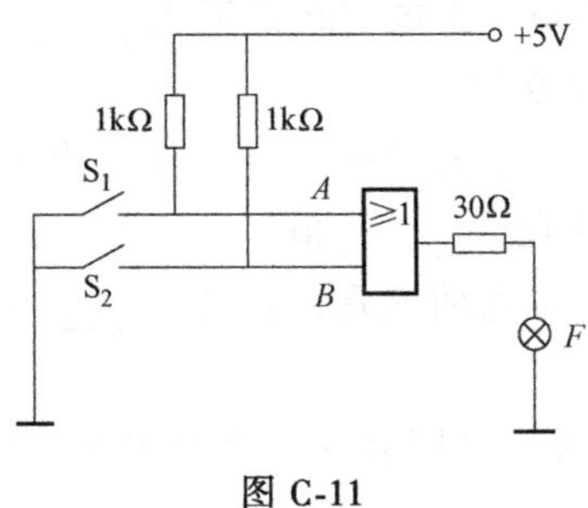

图 C-11

模拟试卷 D

一、填空题（每空 0.5 分，共 32 分）

1. 汽车电路按有无使用______，可分为直接控制电路和间接控制电路。

2. 电阻是______元件，电感和电容都是______元件。（填“耗能”或“储能”）

3. 汽车用导线按电压大小不同，有______导线和______导线两种，二者均采用铜质多芯软线。

4. 电路有 3 种工作状态，即______状态、______状态和______状态。

5. 在汽车电路识读过程中，若电路中使用了继电器，则要区分______电路和______电路。

6. 用万用表检测电感元件时，可以测量电感元件的______值和______量。

7. 汽车电路中开关种类较多，结构各异，最复杂的是______。

8. 在我国工业与民用交流供电系统中，采用______制交流供电系统。工业标准频率为______ Hz，采用______ V 交流电压供电。

9. 为了减小______，交流铁心线圈应选用磁滞回线狭小的软磁性材料（如硅钢等）作为铁心。

10. 铁磁性物质具有______、______、______等性质。

11. 电磁铁是利用通电的______产生的电磁力或力矩吸引______的一种电器。

12. 直流电动机的电磁转矩是由电枢绕组通入______电流后在磁场中受磁力矩而形成的。（填“直流”或“交流”）。

13. 发电机是利用发动机驱动而发电，当发动机转速变化时，发电机的______会变化，因此需要利用______来调节______值。

14. 磁感应强度 B 的方向描述的就是该点的______方向，即该点磁感线的______方向。

15. 汽车交流发电机的两只电刷装在刷架的孔内，借弹簧的压力与______保持接触。

16. 自然界的各种物质按其导电能力差别，可分为______、______和______ 3 类。

17. ______二极管是一种能将光能转变为电能的敏感型二极管。当______时，它就会有电流通过，利用这一特性可以实现各种控制。

18. 晶闸管是晶体闸流管的简称，又称______，它是一种大功率______整流元件。

19. 汽车交流发电机输出电压的稳定可以用晶体管电压调节器实现，晶体管电压调节器就是利用晶体管的______（填“放大”或“开关”）作用来控制______电路的通断，达到调节电压的目的的。

20. 自由电子和空穴统称为______，本征半导体中的自由电子和空穴总是______出现，同时不断______。

21. 按结构，晶体管可分为______型和______型两类。

22. 晶体管有 3 种工作状态，即______状态、______状态和______状态。

23. 图 D-1 所示电路中二极管的作用是______。

24. 当用指针式万用表检测二极管时，若测得的正、反向电阻均为无穷大，则二极管内部已______；若测得的正、反电阻均很小或为零，则二极管内部已______；

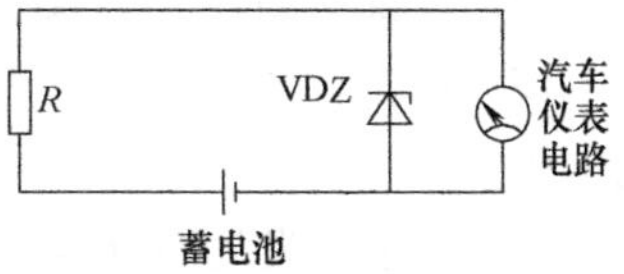

图 D-1

25. 异或门输入 $A=0$，$B=1$ 时，输出 $F=$______。

26. 与门电路的逻辑功能为：______。

27. 寄存器存放数码的方式有______和______两种。

28. 在数字系统中，存放数码和指令的逻辑部件称为______。

29. 如图 D-2 所示门电路，已知输入 $A=1$，$B=0$，则输出 $F=$______。

30. 用万用表的电流档测电流时，需先断开电路将万用表连入电路。如果用______测电流则不需要断开电路。

31. 汽车传感器电路中，传感器经常共用电源线、______线，但决不会共用______线。

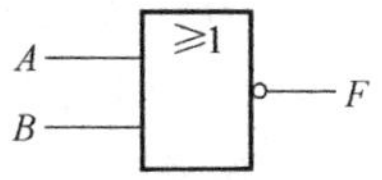

图 D-2

32. 汽车电路图主要用于表达各电气系统的______及电器间的______。

33. 步进电动机的转速取决于脉冲______，并与脉冲______同步，所以可以通过改变它来实现调速。

二、判断题（每题 0.5 分，共 10 分）

1. 相位差通常指两个同频率正弦量相位之差，不同频率比较没有意义。（　）
2. KVL 只适合闭合回路，不适合求回路的开路电压。（　）
3. 电气设备运行时其实际值和额定值不一定相等。（　）
4. 常说的民用电 220V 是指交流电的幅值。（　）
5. 用万用表的电阻档可以判断电容器的短路、断路及漏电等故障。（　）
6. 电源的等效变换只对外电路等效。（　）
7. 自耦变压器使用时一次、二次绕组可以对调使用。（　）
8. 磁感应强度又称为磁场强度。（　）
9. 直流电动机的转动方向由电磁转矩方向决定。（　）
10. 物质导磁性能好指被磁化后能产生很大的附加磁场。（　）
11. 集成运算放大器工作于线性区时，可构成电压比较器。（　）
12. 晶体管基极小电流对集电极大电流的控制作用，称为晶体管的电流放大作用。（　）

13. 用指针式万用表的电阻档检测小功率二极管时，常选择×100 或×1k 档。 ( )

14. 单相桥式整流电路中如果有一个二极管接反时，会引起短路。 ( )

15. 放大电路的静态指既不供电又没有输入信号时的工作状态。 ( )

16. 在电场力作用下，本征半导体中的两种载流子的运动方向相反。 ( )

17. 双极型晶体管的发射极和集电极可以互换。 ( )

18. 晶体管开关电路工作时，一般将控制信号加在基极，受控制的电子器件接在集电极。 ( )

19. 一个触发器只能存放 1 位二进制数码。 ( )

20. 计算机的输入键盘功能是由译码器组成的。 ( )

三、简答题（每题 3 分，共 18 分）

1. 什么是汽车电路的接触电阻故障？

2. 试分析电感元件为什么具有“通直阻交”的特性。

3. 为什么变压器的铁心要用硅钢片叠成而不用整块的铁心？

4. 如图 D-3 所示电路中，已知输入信号 $u_i = 4\sin\omega t$V，试画出输入 u_i 与输出 u_o 的波形，并说明这是什么电路，利用的是二极管的什么特性。

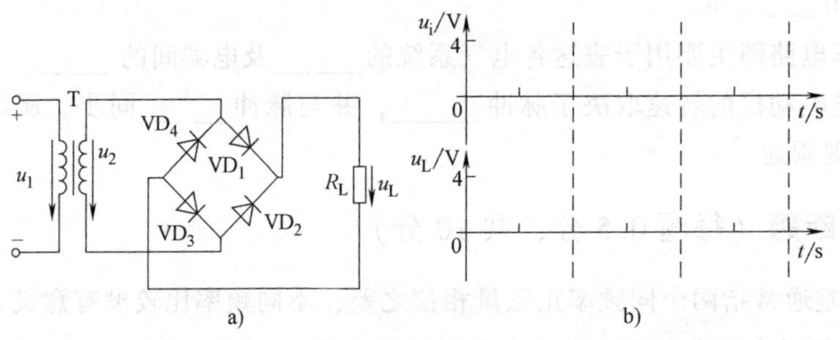

图 D-3

5. 如何理解二极管的单向导电性？晶闸管和二极管都具有单向导电性，二者有何不同？

6. 如图 D-4 所示，已知某 JK 触发器的输入信号 J、K 及时钟脉冲 CP 波形，设触

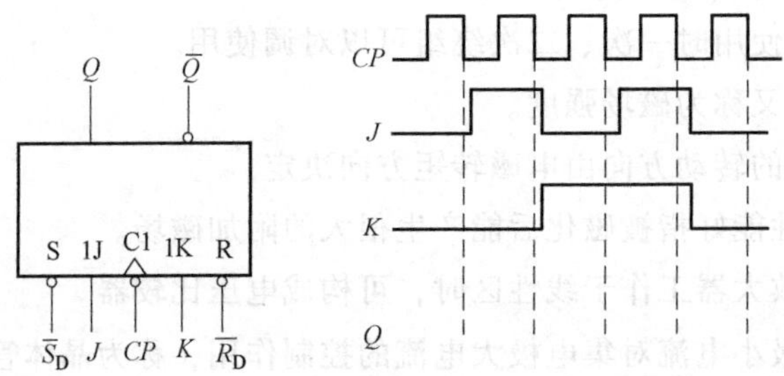

图 D-4

发器的初始状态为 0，试画出输出 Q 的波形图。

四、计算题（每题 6 分，共 30 分）

1. 计算图 D-5 所示电路中在开关 S 断开和闭合时 a 点的电位。

2. 如图 D-6 所示电路可供测量电源的电动势 U_S 和内阻 R_0。若开关 S 打开时电压表读数为 6V，开关闭合时电压表读数为 5.8V，负载电阻 $R=10\Omega$，试求电源电动势 U_S 和内阻 R_0（电压表的内阻可视为无限大）。

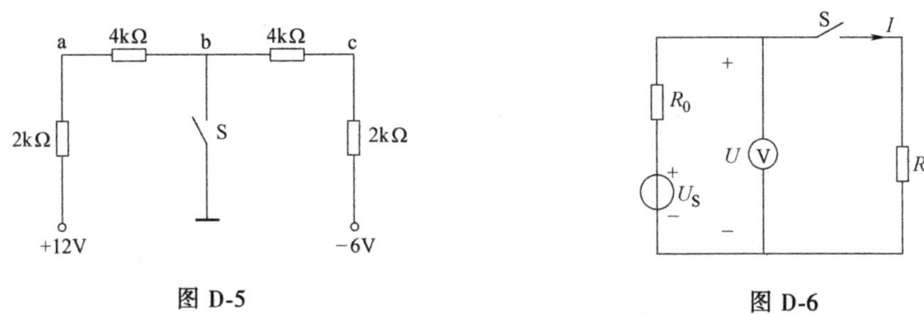

图 D-5　　图 D-6

3. 一交流信号源的电动势 $E=20V$，内阻 $R_o=180\Omega$，现有一个负载电阻 $R_L=5\Omega$。1）如果将 R_L 直接与信号源连接，求信号源输出功率（即负载获得的功率）。2）如果通过变压器实现阻抗匹配，使信号源输出功率最大，求该输出功率及变压器的匝数比。

4. 如图 D-7 所示放大电路中，已知 $U_{CC}=12V$，$R_C=4k\Omega$，$R_B=300k\Omega$，$U_{BE}=0.6V$，晶体管 $\beta=50$，试画出其等效直流通路，并计算放大电路的静态工作点。

5. 如图 D-8 所示的单相不可控桥式整流电路，若要求在负载上得到 24V 直流电压、80mA 的直流电流，求整流变压器二次电压 U_2、负载电阻 R_L，二极管的平均电流 I_D 和截止时承受的最大反压 U_{DM} 分别是多少？如何选择二极管？

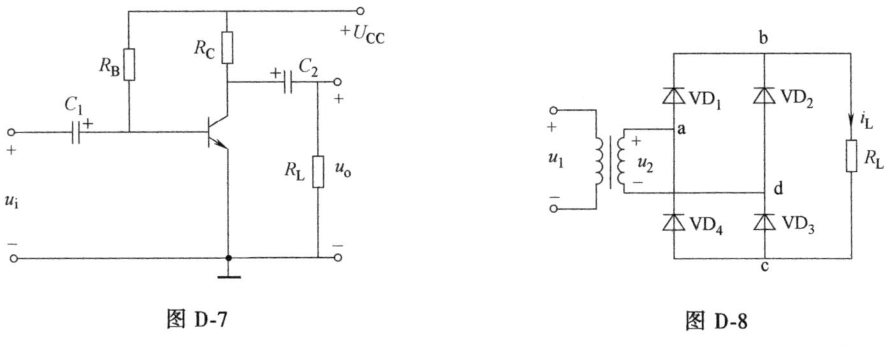

图 D-7　　图 D-8

五、电路分析题（每题 5 分，共 10 分）

1. 图 D-9 所示为负温度系数热敏电阻式燃油报警电路，试分析其工作原理。

2. 图 D-10 所示为汽车交流发电机电路，试说明其中的电压调节器工作原理。

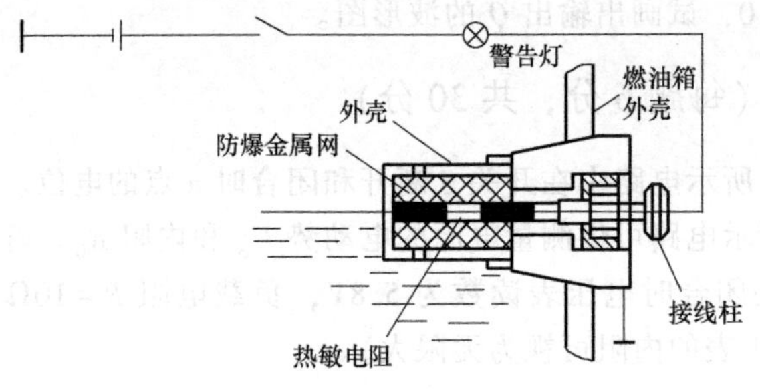
警告灯
燃油箱
外壳
外壳
防爆金属网
接线柱
热敏电阻

图 D-9

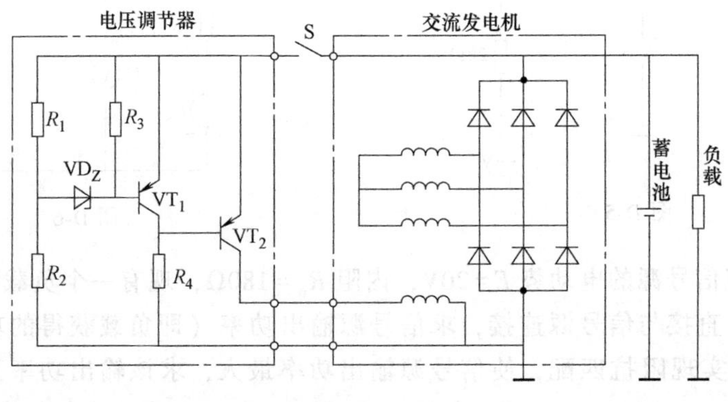
电压调节器
S
交流发电机
R_1
R_3
VD_Z
VT_1
VT_2
R_2
R_4
蓄电池
负载

图 D-10

模拟试卷E

一、填空题（每空0.5分，共32分）

1. 电压的测量需要用万用表的电压档，且将万用表______接入电路，同时要注意______。

2. 在纯电感电路中，当电压有效值不变，频率增大时，电路中电流将______。

3. 某交流供电的频率f=400Hz，其角频率为______、周期为______。

4. 汽车电路故障种类较多，常见的有______故障、______故障和______故障等。

5. 光敏电阻式传感器把______的变化转换成元件______的变化。

6. 额定值指电气设备在电路______状态下的值，如______、______、______等。

7. 电压的方向规定为：从______电位指向______电位，即电压______的方向。

8. 电磁铁主要由______、______和______等部分组成。

9. 在通电线圈所产生的磁场中，______代表电流所产生的以及介质被磁化后所产生的总磁场的强弱，其大小不仅与______的大小有关，而且还与______的性质有关。

10. 继电器是自动控制电路中常用的一种元件，是用______的电流来控制______电流的一种自动开关。

11. 升压变压器的变压比k______，二次绕组匝数______。

12. 汽车交流发电机的整流板也称______，上面一般至少由______个硅二极管组成。

13. 步进电动机工作时，每一拍转子转过的角度称为______，它与______和______成反比。

14. 电动机是将______能转换为______能的装置。

15. 基本放大电路中的基极电阻R_B的作用是控制______的大小，使放大电路获得较合适的______。

16. 用数字式万用表的“二极管测试档”检测二极管时，测量显示为二极管的______值，如显示573则表明二极管的______值为______。

17. 在______型半导体中，自由电子是多数载流子，空穴是少数载流子，其中自由电子带______电，空穴带______电。

18. 晶体管工作在放大状态，则当$I_B=20\mu A$，$I_C=2.0mA$时，电流放大倍数β为______，$I_E=$______。

19. 本征半导体中，在电子挣脱原子核的束缚成为自由电子后，共价键中就留下一个空位，称为______。

20. 在PN结的形成过程中，内部载流子有两种运动，即多子的______和少子的______。

21. 从晶体管制造工艺上看，发射区掺杂浓度______，用来______载流子；而集电区的掺杂浓度______，但______很大，有利于______从基区来的载流子。

22. 判断电路中是否有反馈，就看是否有将______与______联系起来的反馈元件。

23. 理想二极管加正向电压时相当于______状态，加反向电压时相当于______状态。(填“短路”和“断路”)

24. 数字电路只研究输入、输出信号之间的______关系。

25. 非门电路的逻辑功能是：______。

26. 将信息变成二进制代码称为______，将二进制代码变换成信息称为______。

27. 能够存储一位二进制数字信号的基本逻辑单元电路称为______。它是构成时序逻辑电路的基本单元。

28. 如图 E-1 所示触发器，若$\overline{R}=1$，$\overline{S}=0$，则输出 $Q=$______。

29. 用万用表的电流档测电流时，需先断开电路将万用表连入电路。如果用______测电流则不需要断开电路。

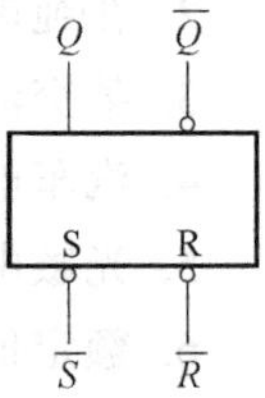

图 E-1

二、判断题（每题 0.5 分，共 10 分）

1. 汽车电路为直流供电，因此汽车发电机一定为直流发电机。（　）

2. 某电容器上标识为 103，则表明该电容器容量为 103F。（　）

3. 电源短路时，电路中的电流为无穷大。（　）

4. 我国统一规定汽车电器系统为“负极搭铁”。（　）

5. 电阻在应用时，不但要考虑阻值的大小，还要考虑它所能承受的电压、允许通过的电流，同时还要考虑它的额定功率。（　）

6. 电路中电位相等的各点，如果用导线接通，对电路其他部分没有影响。（　）

7. 自感电动势的大小与线圈电流变化量成正比。（　）

8. 磁滞损耗正比于磁滞回线所包围的面积。（　）

9. 串励直流电动机拖动负载可以用传动带传动。（　）

10. 直流电动机电枢由铁心、绕组和换向磁极等组成。（　）

11. 集成运放反相输入端表示输出信号与输入信号反相。（　）

12. 光敏二极管是一种将电能转变为光能的敏感型二极管。（　）

13. PN 结中反向电流是少数载流子在反向电压作用下的漂移运动形成的。（　）

14. 三端固定式集成稳压器 W7815 输出电压为-15V。（　）

15. 把发光二极管和光敏晶体管组合在一起，可构成光电耦合器，应用于汽车传感器。（　）

16. N 型半导体带负电，P 型半导体带正电。（　）

17. 因为双极型晶体管由两个 PN 结构成，所以可以用两个二极管替代。（　）

18. 做开关作用的晶体管工作在放大区。 (   )
19. 寄存器和计数器都是时序逻辑电路。 (   )
20. 代表信息的二进制码不再有数值的意义，称为代码。 (   )

三、简答题（每题 3 分，共 18 分）

1. 如图 E-2 所示电路中，若将 S 断开，试分析 a、b 两点间的电阻及电流 I_1 如何变化。

2. 为什么空心线圈的电感是常数，而铁心线圈的电感不是常数？

3. 晶闸管的导通与关断条件分别是什么？晶闸管一旦导通后门极是否还起作用？

4. 晶体管能实现哪些作用？对应的工作状态和外部条件分别是什么？

5. 直流稳压电源电路由哪几部分构成？各部分的作用是什么？

6. 如图 E-3 所示，已知某 D 触发器的输入信号及 CP 波形，设触发器的初始状态为 0，试画出输出 Q 的波形图。

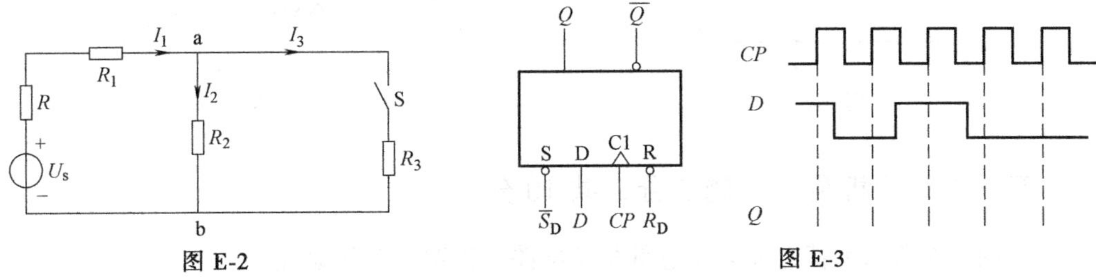

图 E-2　　图 E-3

四、计算题（每题 5 分，共 30 分）

1. 如图 E-4 所示电路中，已知 $U_{S1}=14V$，$U_{S2}=2V$，$R_1=2\Omega$，$R_2=3\Omega$，$R_3=8\Omega$，试求 I_1、I_2 和 I_3。

2. 对于图 E-5 所示的直流电桥电路，假设 $R_3=8\Omega$，$R_2+R_4=68\Omega$；当检流计 G 示数为零时，$R_x=32\Omega$，试求 R_2、R_4 的阻值。

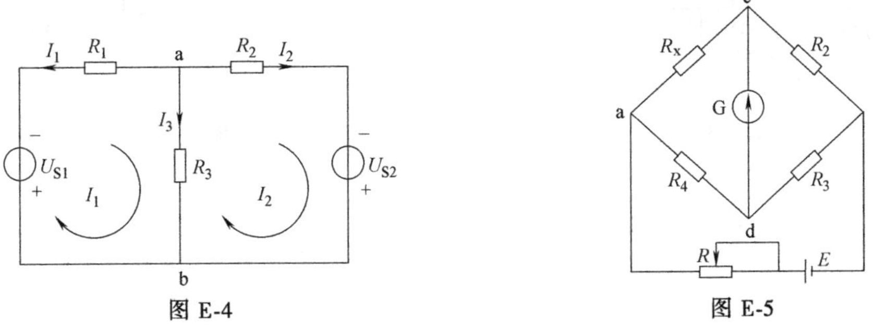

图 E-4　　图 E-5

3. 一交流信号源的电动势 $E=10V$，内阻 $R_o=16\Omega$，今利用变压器实现阻抗匹配，已知变压器的变比 $K=2$，求负载 R_L 等于多少？此时负载获得的功率 P_m 为多少？

4. 单相变压器一次绕组匝数 $N_1=1000$ 匝，二次绕组匝数 $N_2=500$ 匝，现一次电压 $U_1=220\text{V}$，二次侧接电阻性负载，电流 $I_2=4\text{A}$，试求一次侧等效电阻。

5. 如图 E-6 所示电路中，若 $U_{CC}=15\text{V}$，$R_C=3\text{k}\Omega$，$R_L=3\text{k}\Omega$，$R_B=300\text{k}\Omega$，$\beta=80$，$r_{be}=846\Omega$，试画出等效交流通路，估算电路的开路电压放大倍数、输入电阻和输出电阻。

6. 如图 E-7 所示的单相不可控桥式整流电路，若要求在负载上得到 24V 直流电压、80mA 的直流电流，求整流变压器二次电压 U_2、负载电阻 R_L，二极管的平均电流 I_D 和截止时承受的最大反压 U_{DM} 分别是多少？如何选择二极管？

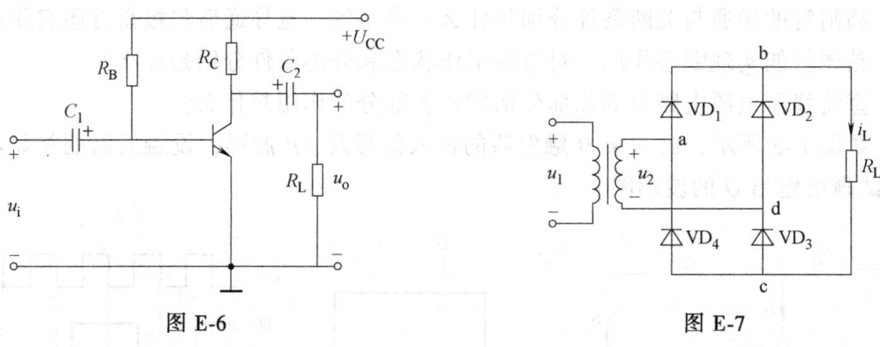

图 E-6

图 E-7

五、电路分析题（每题 5 分，共 10 分）

1. 图 E-8 所示为蓄电池电压过低报警电路，说明其工作原理。

2. 图 E-9 所示电路为防盗报警电路。S_1 和 S_2 为微动开关，可装在门和窗户上。试说明其防盗报警工作原理。

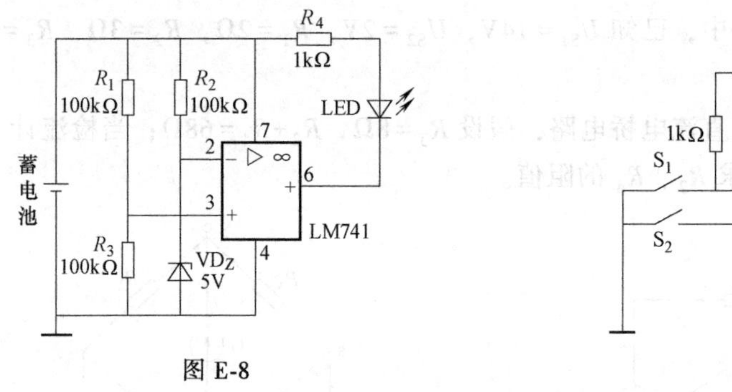

图 E-8

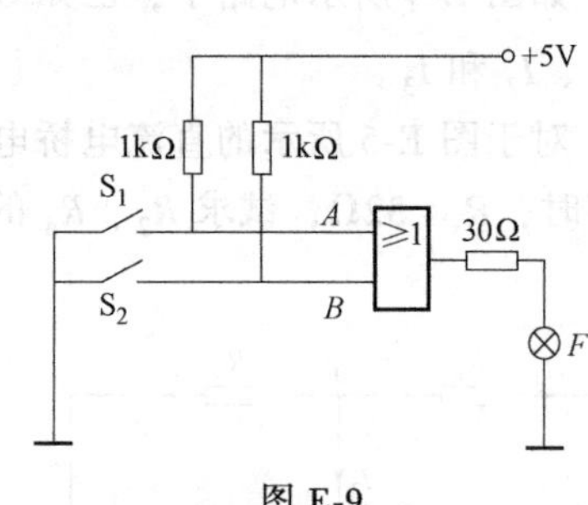

图 E-9

前言

随着科技进步及电子技术的发展，人类对现代汽车提出了更高的要求，以适应便捷、舒适、安全及环境的需要。现代汽车的电控程度越来越高，并逐步走向智能化，无人驾驶已经成为未来汽车的发展方向，所有这些都以电子技术为支撑。汽车保有量的激增，汽车后市场所需要的专业维修人员紧缺，也对专业维修人员的技术水平提出了挑战。汽车相关专业开设“汽车电工电子”课程，以满足汽车维修企业对现代汽车机电维修等方面的人才需求。

党的二十大报告提出，要“加快建设国家战略人才力量，努力培养造就更多大师、战略科学家、一流科技领军人才和创新团队、青年科技人才、卓越工程师、大国工匠、高技能人才。”报告中将大国工匠、高技能人才同科学家和科技领军人才同时纳入到实施人才强国战略的重要位置，充分体现了党和国家对大国工匠、高技能人才的高度重视。

本书紧密结合高等职业教育特点，以“必需、够用”为度，体现“重实践、以能力为本”“重应用、紧密结合汽车实际”“强化基本概念与基本技能、弱化定量分析与计算”的特点，在电工电子中讲汽车电控原理、在汽车电路与传感器件中讲电工电子理论，使电工电子与汽车电控知识有机地融合。

本书相对于第1版增加了自我测试内容，改善了编排方式，重视理论与实践的结合，重新编排知识体系，强调电工电子技术在汽车电控系统中的应用，突出知识重点，并将相关视频制成二维码放在文前，便于读者学习掌握。

本课程建议课时为86学时，其中理论70学时，实操训练16学时。

本书由辽宁省交通高等专科学校孔繁瑞、臧雪岩任主编，崔红、郭庆任副主编，参与本书编写的还有辽宁省交通高等专科学校惠有利、吴清洋、苏琼、杨洪庆、孙连伟、明光星、熊华波，辽宁和兴大众汽车销售服务有限公司技术总监赵松。

由于作者水平有限，书中难免存在错误或不足之处，敬请读者批评指正。

编　者

二维码清单

名称	图形	名称	图形
万用表测电压		万用表测电流	
万用表测电阻		二极管的判别	
发光二极管的检测		发电机原理	
电动机原理		电灯泡实验	
电磁感应现象		电磁继电器实验	
电阻串、并联		继电器电路	

目 录

第1章

汽车基本电路与元器件

学习目标

理论目标：

1）掌握汽车电路的概念、组成及特点。
2）掌握电流、电压、电动势、电位、电功及电功率的概念。
3）掌握电阻、电容和电感的特性及其在汽车电路中的应用。
4）掌握基尔霍夫电流定律、基尔霍夫电压定律的内容，并能分析简单电路。
5）掌握简单汽车电路的基本识图方法。
6）理解电路的状态、作用及特征。
7）了解负载额定值的意义。
8）了解汽车电路常用导线。
9）了解电压源、电流源的特点及其等效变换规律。
10）了解电路过渡过程的概念、实质。

技能目标：

1）熟练使用万用表测量汽车电路中的电位、电压等物理量。
2）熟悉常见汽车电路检测工具的使用方法。

内容概述

党的二十大报告提出，要“建设现代化产业体系”“坚持把发展经济的着力点放在实体经济上，推进新型工业化，加快建设制造强国、质量强国、航天强国、交通强国、网络强国、数字中国。”近10年来，我国汽车产业发生了翻天覆地的变化，汽车产业的蓬勃发展对实体经济的促进作用愈加突出。

汽车机电维修离不开电路，电路的识读至关重要。掌握电路的基本概念、组成、作用与特点，掌握电流、电压等基本概念及电阻、电容、电感元件的特性，了解汽车电路基础器件，了解电路的基本控制方式是识读电路的基本理论要求。使用电路基本检测工具尤其是万用表对电路基本物理量的测量是机电维修的基本技能要求。

本章从汽车电子技术的角度出发，以直流电路为主要分析对象，着重讨论汽车电路的基本概念、直流电路的基本定律、元件的特性与应用、常见电路故障以及电路的简单分析方法。

相关知识

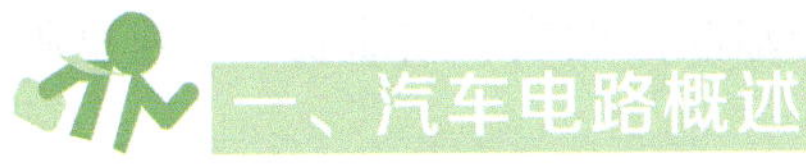

一、汽车电路概述

（一）汽车电路及其组成

1. 汽车电路的概念

把一些电气设备或元器件，按其所要完成的功能，用一定方式连接而成的电流通路称为

电路。

现代汽车有越来越多的电气设备，要使这些电气设备工作，需要用导线把车体、电源、过载保护器件、控制器件及用电设备等装置连接起来，构成能使电流流通的通路，即汽车电路。

2. 汽车电路的组成

概括地说，一个完整的电路由电源、负载和中间环节（包括开关、导线和控制设备等）三部分组成。对汽车电路而言，其组成为：

（1）电源　电源是提供汽车电路所需电能的装置，它将非电能（如化学能、机械能等）转换为电能，并向电路提供能量。

汽车电源包括蓄电池和发电机，如图 1-1 所示。

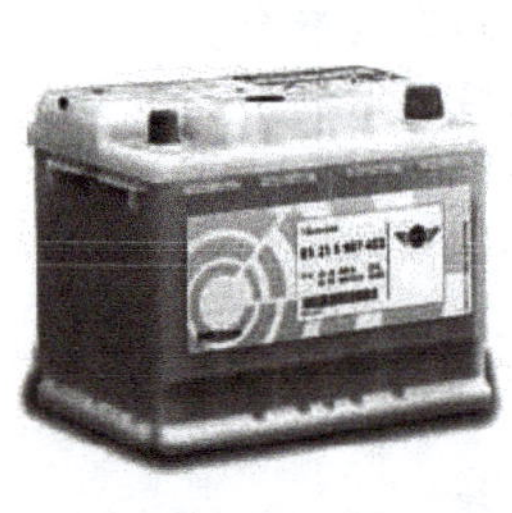

a)

b)

图 1-1　蓄电池及发电机实物图

a）蓄电池　b）发电机

发电机和蓄电池在汽车上并联使用。作为主电源的发电机，在工作时将机械能转化成电能；作为辅助电源的蓄电池，在工作时将化学能转化成电能。

当发电机工作时，由发电机向整车的用电设备供电，并同时给蓄电池充电。当发电机不工作时，如发动机起动时，由蓄电池向起动机和点火系统（汽油发动机）等用电设备供电。

（2）负载　负载指电路中能将电能转换为非电能的用电设备。

汽车电路中的负载包括起动系统、点火系统、照明与信号系统、仪表报警与电子显示系统、辅助电器系统及电子控制系统等若干电气设备。

1）起动系统：包括起动机、起动继电器及起动开关等，其唯一的作用是起动发动机。

2）点火系统：点火系统的作用是产生电火花，点燃混合气（汽油发动机）。

3）照明与信号系统：照明系统包括车内、外照明灯及夜间行驶必要的灯；信号系统包括喇叭、闪光器、蜂鸣器及各种信号灯。该系统的作用是保障行驶安全。

4）仪表报警与电子显示系统：包括润滑油压力表、冷却液温度表、燃油表、车速里程表等。其作用是将监测的系统工况通过仪表告知驾驶人。

5）辅助电器系统：包括刮水器、风窗洗涤器、风窗加热器、空调器、音响、中控门锁、电动车窗、电动后视镜、电动座椅等。该系统主要为驾驶人提供驾驶辅助及舒适性。

6）电子控制系统：包括电控燃油喷射装置、电控点火装置、防抱死制动系统、电控悬架系统、自动巡航控制系统等。其作用主要是提高动力性、经济性、安全性，净化排气。

（3）中间环节 中间环节包括过载保护器件、控制器件和导线等。

过载保护器件包括熔丝、电路断电器及易熔线等。断路保护器用于前照灯、电动座椅、门锁及电动门窗等电路中。

作为控制器件，除了传统的手动开关、压力开关、温控开关外，现代汽车还大量使用电子控制器件，如电控单元（ECU）等。

导线用于连接各种设备及装置，以构成汽车电路。此外，汽车上通常用车体代替部分从用电器返回电源的导线。

3. 汽车电路的分类

汽车电路可以按照控制方式分类，根据有无使用继电器可分为直接控制电路和间接控制电路，根据是否使用电子控制器件可分为电子控制电路和非电子控制电路。

（1）直接控制电路与间接控制电路 直接控制电路指不使用继电器而直接控制用电器的电路。这是最简单、最基本的电路。在这样的电路中，控制器件与用电器串联，直接控制用电器。图 1-2 所示电路即为直接控制电路。

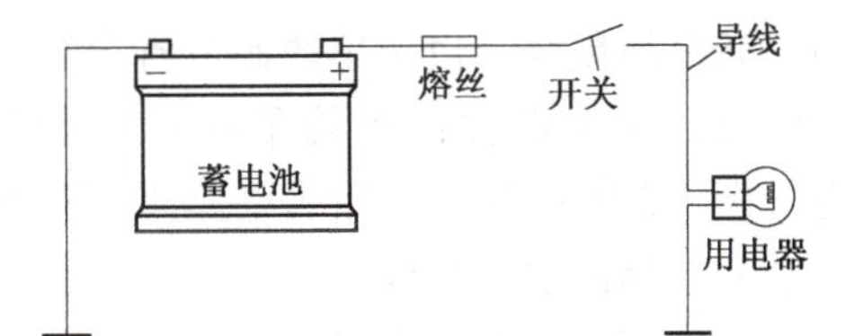

图 1-2 简单汽车电路

在控制器件与用电器之间使用继电器的电路称为间接控制电路。

（2）非电子控制电路与电子控制电路 非电子控制电路指由手动开关、压力开关、温控开关及滑线变阻器等传统控制器件对用电设备进行控制的电路。汽车上的手动开关主要有点火开关、照明灯开关、信号灯开关及各种控制面板与驾驶座附近的按键式、拨杆式开关及组合式开关等。

目前电子控制取代其他控制模式成为现代汽车控制的主要方式。例如，发动机的机械控制燃油喷射被电控燃油喷射所取代，自动变速器及 ABS 由液压控制转变为电子控制等。

电子控制电路指增加了信号输入元器件和电子控制器件，由电子控制器件对用电设备进行自动控制的一种电路。

电子控制器件包括简单的电子模块和电控单元（ECU），它们通过接收输入元器件的信号，根据其内部的固定线路或程序对信号进行处理，然后直接或间接控制各执行器的工作。

电子控制电路以电控单元为中心，一般将其电路分为电控单元的电源电路、信号输入电路及执行器的工作电路。

4. 汽车电路的作用

汽车电路的作用有两方面：一是可以实现能量的传输与转换，如汽车发电机（或蓄电池）将其他形式的能转换为电能，再通过过载保护器件、控制器件和导线等将电能输送给汽车电气设备，这些电气设备再将电能转换为机械能、热能、光能或其他形式的能量；二是可以实现信号的传递和转换，汽车上传感器电路、通信电路、音响电路都是信号电路，如传感器将拾取的微弱的物理信号转换为电信号，经过放大器放大后送给执行器件，再把电信号转换为其他物理信号。

（二）汽车电路的特点

汽车电路中负载种类繁多，功能各异，但都必须与汽车电路的特点相一致。汽车电路的

特点主要包括：

1. 低压

汽车电器系统的额定电压有12V、24V两种。采用汽油为燃料的车辆普遍采用12V电源，大型柴油车多采用24V电源。

随着汽车电子装置数量的逐渐增多，消耗的电能也在大幅度增加，今后将采用集成起动机—发动机一体化42V供电系统，发电机输出功率及发电效率将会大幅提高。

2. 直流

汽车电源采用直流电源，这主要是从给蓄电池充电的角度考虑的。蓄电池可循环使用，蓄电池充电时必须用直流电。

3. 单线并联

单线制指从电源到用电设备只用一根导线连接，而用汽车底盘和发动机等金属机体作为另一条公用导线。由于单线制节省导线、线路清晰、安装和检修方便，且电器也不需要与车体绝缘，因此现代汽车均采用单线制供电。图1-3所示为汽车照明电路采用单线制和双线制画法的比较。

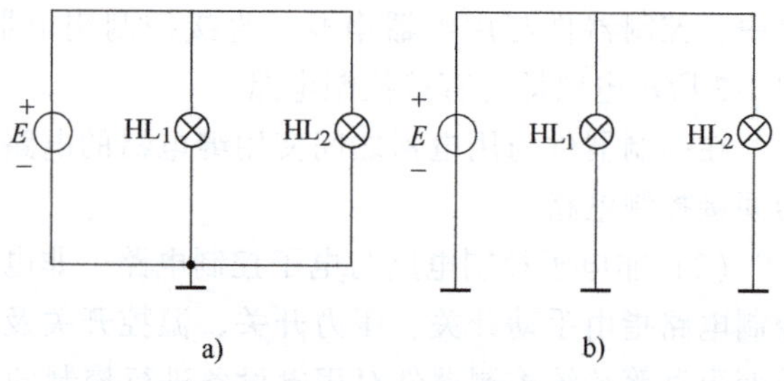

图1-3 单、双线制电路的比较

a）双线制电路 b）单线制电路

由图可知：单线可以减少导线的使用量，简化电路。并联电路均有自己的控制器件及过载保护器件，可以保证每条电路独立工作。

汽车电气设备工作时所需要的工作电压均为12V或24V，因此所有汽车电气设备均为并联关系。

4. 负极搭铁

采用单线制时，蓄电池的一个电极需接在车架上，俗称搭铁。将蓄电池的负极接车架称为负极搭铁，反之称为正极搭铁。我国统一规定汽车电器系统为负极搭铁，其原因是负极搭铁不易使电极形成氧化物、保证导电良好。

5. 线路有颜色和编号

汽车电路中使用不同颜色或编号的导线，主要是因为维修或检测时识别及定位方便。不同国家汽车导线使用的颜色或编号不同。

（三）汽车电路图分类与识读

1. 汽车电路图

电路图指用多个电器符号组合模拟实际电路的图。

图1-4所示为一个简单的汽车照明电路图。电路图主要用于对电路进行定性分析或定量计算。若把众多的电器元件理想化，即考虑其主要电磁性能，忽略其次要因素，就可用有限的理想电路元件代替种类繁多的电气设备和器件。这样，电路及其分析将大大简化，这种电路称为模型电路。图1-5所示为图1-4所示电路理想化后的电路图。

车辆电气设备都设计为单线设备，即只向用电器铺设一根导线（输出导线），将车身（搭铁线）当作电源负极与用电器负极之间的回线来使用。接地标志用搭铁符号“⊥”表

示。安装时，所有带搭铁符号的部件都必须与车辆搭铁点连接。

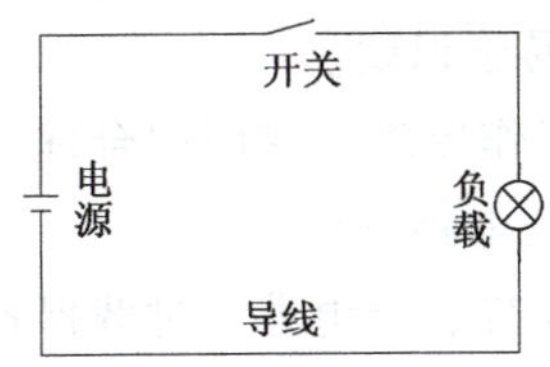

图 1-4　电路原理图

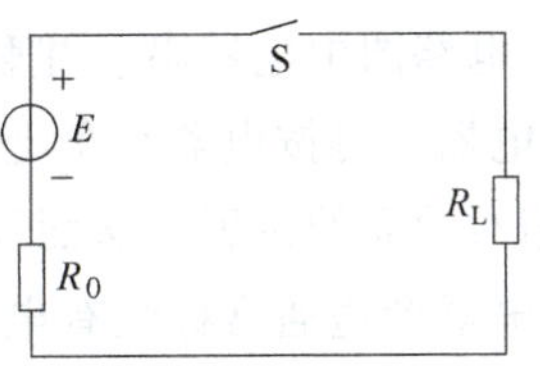

图 1-5　模型电路

德系大众车辆电气接线盒中有 31、30、15 和 X 接线端。电路图中总线端 31 搭铁，搭铁导线通常为棕色。30、15 和 X 均为相线端，其中，在总线 30 上始终带有蓄电池电压，其导线大多为红色或带彩色条纹的红色。总线端 15 通过点火开关供电，只有点火开关打开后其导线中才有电流流过，这些导线大多为绿色或为带彩色条纹的绿色。总线端 X 接蓄电池正极，所有大耗电量用电器都接入这个电路中，例如近光灯和远光灯。图 1-6 所示为汽车前照灯电路概览。图 1-7 所示为汽车前照灯电路原理图。

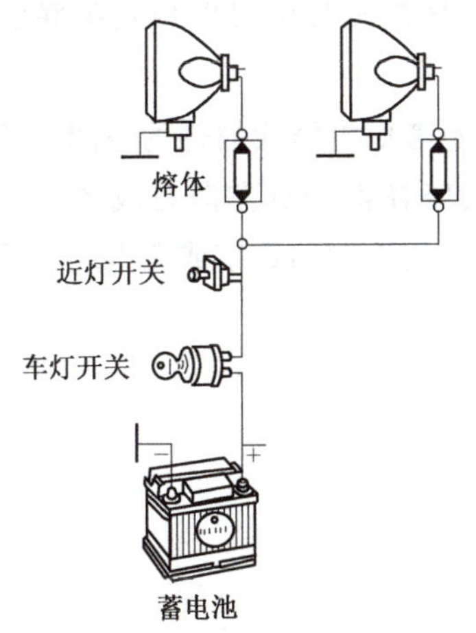

图 1-6　汽车前照灯电路概览

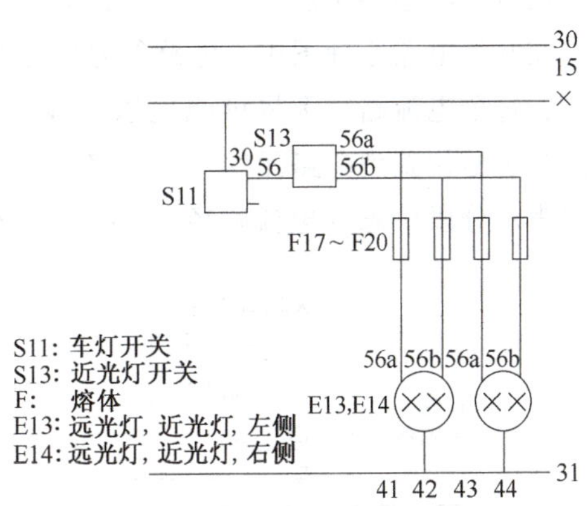

图 1-7　汽车前照灯电路原理图

2. 汽车电路图的分类

汽车电路图主要用于表达各电气系统的工作原理及电器间的连接关系。尽管不同车型的电路图风格各异，但根据其特点可分成以下几种。

（1）电路原理框图　电路原理框图重在表达各电气系统电路的工作原理，既可以是全车电路图，也可以是各系统电路图，是以简化的形式描述一个电气设备的结构、分布和功能，其作用是快速了解概要，因而只包括主要部件及其连接。电路原理框图中，电气设备用矩形、长方形或圆形等图形符号来表示，如图 1-8 所示。

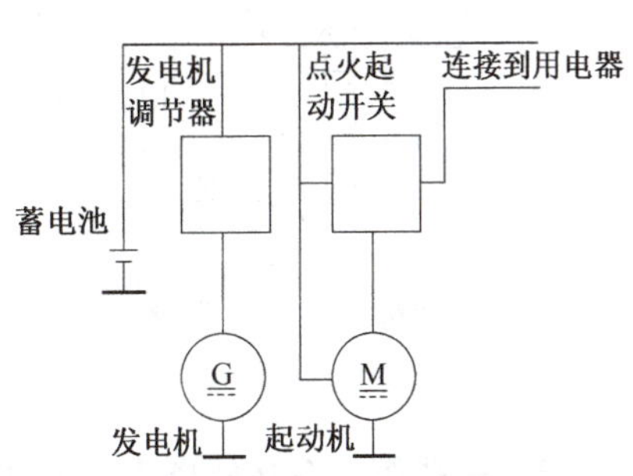

图 1-8　电路原理框图示意图

尽管各汽车制造公司的表达方式不一，但其电路原理框图一般都具有以下的特点：

1）通过电器符号表达各电器。一般通过这些符号可了解该电器的基本结构和作用。

2）在大多数图中，电源线在图上方，搭铁线在图下方，电流方向自上而下。电路较少迂回曲折，电路图中电器串、并联关系十分清楚，电路图易于识读。

3）各电器不再按电器在车上的位置布局，而是依据工作原理，在图中合理布局，使各系统处于相对独立的位置，从而易于对各用电器进行单独的电路分析。

4）各电器旁边通常标注有电器名称及代码（如控制器件、继电器、过载保护器件、用电器、铰接点及搭铁点等）。

5）电路原理框图中所有开关及用电器均处于不工作的状态，例如点火开关是断开的、发动机不工作、车灯关闭等。

6）导线一般标注有颜色和规格代码，有的车型还标注有该导线所属电器系统的代码。根据以上标注，易于找到该电器或导线在车上的位置。

（2）电路原理图　电路原理图能够详细描述整个电路及其电气设备。绘制电路原理图的主要目的是分析一个电路的功能。电路原理图分为闭环电路原理图和开环电路原理图。

在闭环电路原理图中，一个电气设备的所有电路符号都按其位置以相互关联的形式绘制。机械关联连接用点画线来表示，如图1-9所示。

在开环电路原理图中，电路符号以分开形式布置，不考虑电路元器件的空间位置和机械连接；每个电流路径都尽可能地以直线方式延伸，电流路径都是从左向右或者从上向下绘制。为了尽快找到电路元件，在电路原理图上方或下方处用连续的数字或者电路分段内容提示来表示分段标志（电流路径），如图1-10所示。

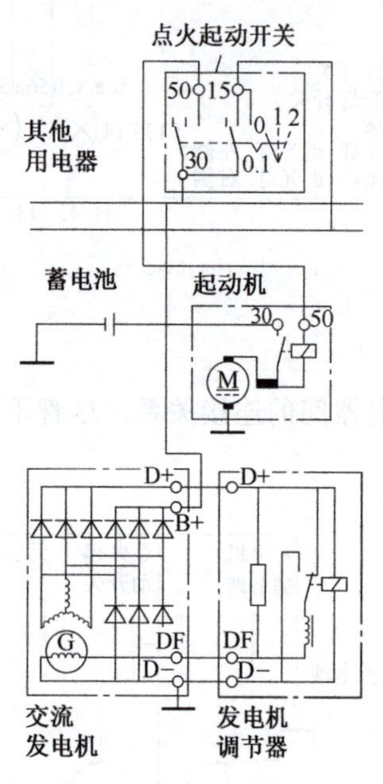

图1-9　闭环电路原理图示意图

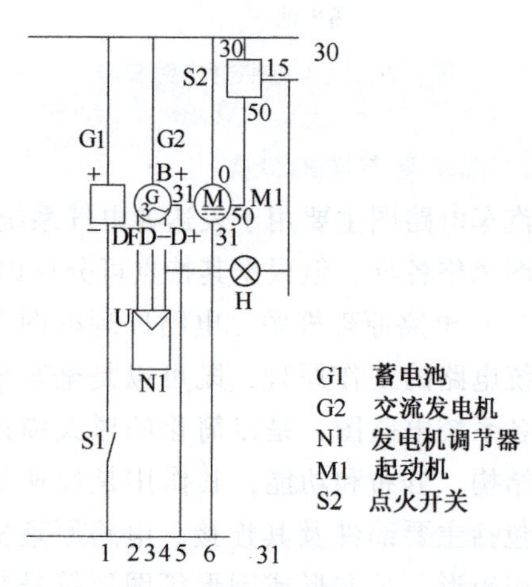

图1-10　开环电路示意图

（3）接线图　在接线图中，各电气设备用带有电路符号的矩形、长方形或圆形等图形符号来表示。接线图中包含电气设备的连接点和连接在连接点上的外部导线，这些设备用标志符表示，如图1-11所示。

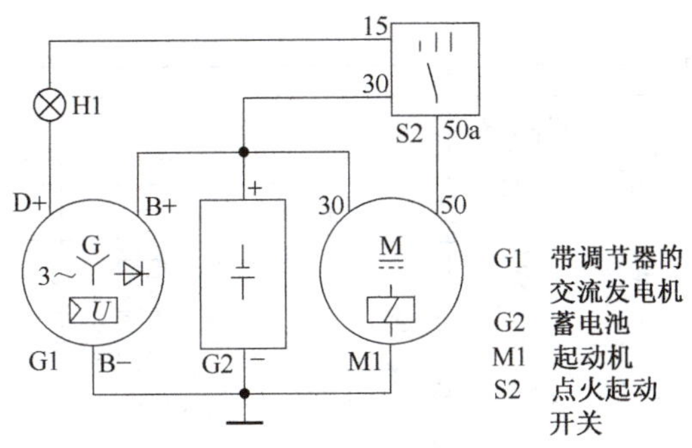

图 1-11　接线图示意图

3. 汽车电路原理图的识读

（1）电路原理图的识读方法

1）判断电气系统的控制方式。若属于电子控制系统，则要把该系统的线路分成三部分，即电控单元与电源的连接电路、信号输入电路、执行器工作电路。

若电路中使用了继电器，则要区分主电路和控制电路。注意无论是主电路还是控制电路，往往都不止一条。

2）识图从用电器入手。在电路图中，从其他部分入手，不利于掌握各电器的工作原理，而从用电器入手，很容易把与之相关的控制器件查找出来。

3）运用回路原则。通过运用回路原则，找出用电器与电源正、负极构成的回路。

为了弄清电气设备的故障，电路图要提供电流路径、电路元器件和电缆连接的有关信息。为了能更好地掌握要领，一般把电流路径按垂直方向平行布置并编号。电流路径从表示正极侧的接头（即电路的端子 30 和 15）的两条水平线的上面开始，汇聚到表示搭铁（即端子 31）的水平线。通常通过直接接到车身上或者用一根导线接到一个接地点上而完成搭铁。识读方向从正极侧接头开始，向搭铁方向读。

图 1-12 所示为组合仪表照明电流路径 307 至 317，其路径为总线端 30→车灯开关→熔体 F21→电位器 S2. 3→并联车灯 E11→搭铁，同时熔体 F21→指示灯 H41→搭铁。

导线：总线端 30 至车灯开关为红色，截面面积为 2. 5mm^2；车灯开关至车灯为灰色，截面面积为 0. 75mm^2；车灯至搭铁点为棕色，截面面积为 0. 75mm^2。

（2）电路原理图的其他识读技巧

1）电路按其作用来分，可分为电源电路、搭铁电路、信号电路和控制电路。

2）直接连接在一起的导线（也可经由熔丝、铰接点连接）必具有一个共同的功能，例如都为电源线、搭铁线、信号线、控制线等，即凡不经用电器而连接的一组导线若有一根接电源或搭铁，则该组导线都是电源线或搭铁线。与电源正极连接的导线在到达用电器之前是电源电路；与搭铁点连接的导线在到达用电器之前为搭铁电路。

3）在分析各电路（电源电路、信号电路、控制电路、搭铁电路等）的作用时，经常会用到排除法判断电路，即对不易判断功能的电路，通过排除其不可能的功能来确定其实际功能。例如，分析某一具有 3 根导线的传感器电路时，已经分析出其电源电路、搭铁电路，则剩余的电路必然为信号电路。

4）注意各元器件的串、并联关系，特别要注意几个元器件共用电源线、共用接地线和

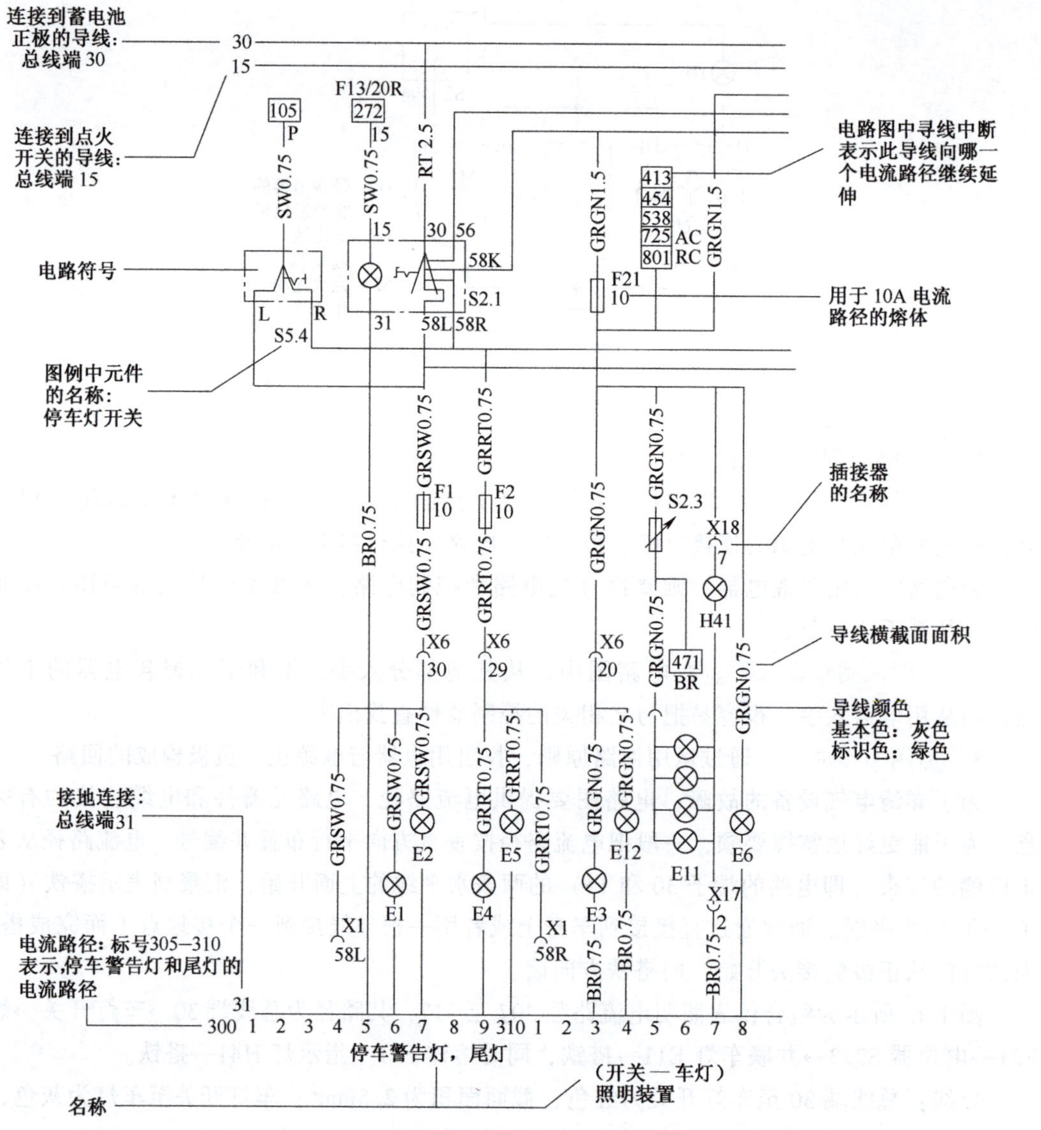

连接到蓄电池正极的导线：总线端30

连接到点火开关的导线：总线端15

电路符号

图例中元件的名称：停车灯开关

接地连接：总线端31

电流路径：标号305—310表示，停车警告灯和尾灯的电流路径

名称

电路图中寻线中断表示此导线向哪一个电流路径继续延伸

用于10A电流路径的熔体

插接器的名称

导线横截面面积

导线颜色
基本色：灰色
标识色：绿色

停车警告灯，尾灯

（开关—车灯）照明装置

图1-12　组合仪表照明电路原理图识读

共用控制线的情况。

5）传感器经常共用电源线、搭铁线，但决不会共用信号线。

直接控制的电路图的识读要掌握“回路”原则；间接控制的电路图的识读关键是区别“控制电路”和“主电路”，然后根据回路原则识读各自的电路。

二、电路的基本物理量

（一）电流及其参考方向

1. 电流的概念

电路中带电粒子在电源作用下的有规则移动形成电流。金属导体中的带电粒子是自由电

子，半导体中的带电粒子是自由电子和空穴，电解液中的带电粒子是正、负离子，因此电流既可以是负电荷，也可以是正电荷或者正、负电荷都有的定向运动的结果。

电流的强弱等于单位时间内通过导体某一横截面的电荷量。设在 dt 时间内通过导体某一横截面的电荷量为 dq，则通过该截面的电流为

$$i=\frac{dq}{dt} \tag{1-1}$$

可见，电流是随时间而变的。如果电流不随时间而变化，则这种电流称为恒定电流，式（1-1）可写成

$$I=\frac{Q}{t} \tag{1-2}$$

式中，电量 Q 的单位为 C，时间 t 的单位为 s，电流 I 的单位为 A，即 1A＝1C/s。计量微小电流时，以 mA 或 μA 为单位。其换算关系为 $1\text{A}=10^3\text{mA}=10^6\mu\text{A}$。

习惯上，规定正电荷移动的方向为电流的方向。

2. 电流的参考方向

在简单电路中，可以很容易判断出电流的实际方向。对于比较复杂的直流电路如图 1-13 所示，电阻 R 上的电流方向很难直观判断。另外，在交流电路中，电流周期性变化，在电路图中也无法表示其实际方向。为了分析问题方便，引入了电流参考方向的概念。

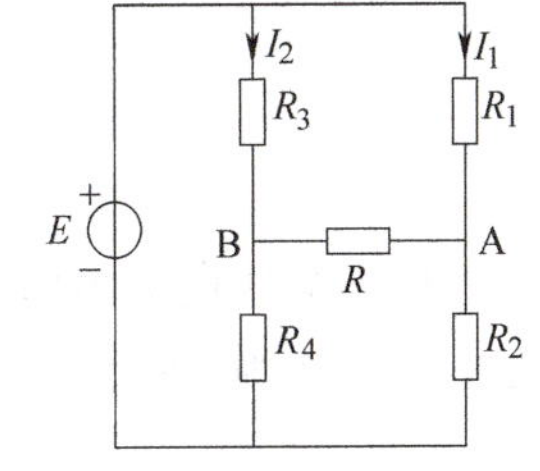

图 1-13　电流方向的判断

参考方向是假定的方向，因此电流的参考方向可以任意选定。在电路中电流的参考方向一般用箭头表示。当电流的参考方向与实际方向一致时，电流为正值（$I>0$）。当电流的参考方向与实际方向相反时，电流为负值（$I<0$）。这样，在选定的参考方向下，根据电流值的正或负就可以确定电流的实际方向。

在分析电路问题时，首先要假定电流的参考方向，并据此进行分析计算，最后从答案的正、负值来确定电流的实际方向。在分析电路问题时应养成标注参考方向的习惯。

3. 电流类型

电流分为直流电流和交流电流（其特点在“电压”部分中介绍）。

4. 电流测量

（1）测量电流的工具　电流的测量用电流表。通常测量电学相关参数（如电流、电压等）均使用万用表。万用表有模拟式万用表和数字式万用表两种，如图 1-14 所示。

（2）测量电流的方法　理论上讲，在用万用表测量电流的过程中，应将万用表串联接入电路中，如图 1-15 所示。因此，被测电路的导线必须断开。

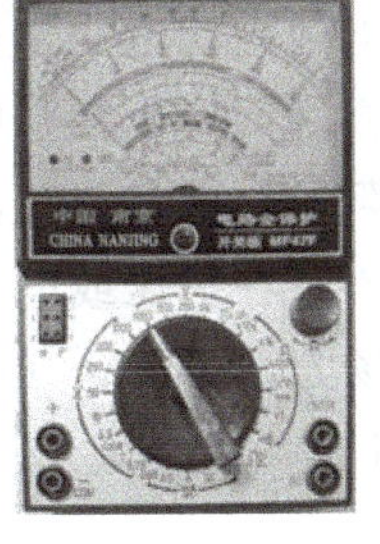
a)

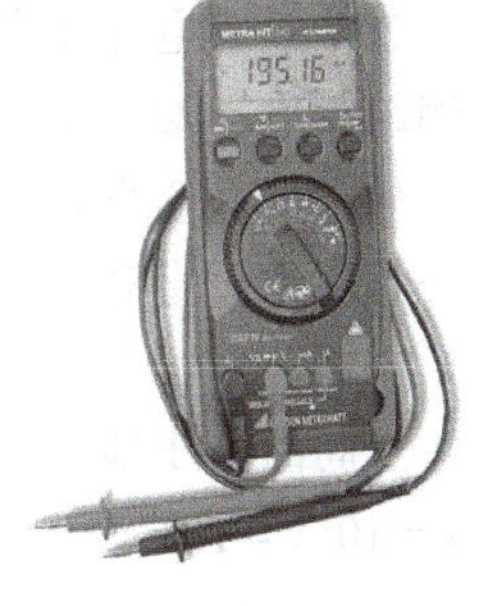

b)

图 1-14　万用表
a）模拟式万用表　b）数字式汽车万用表

在汽车维修过程中，需要测量电路中的电

流时，不必断开导线再进行测量。可使用电流测量的专用工具（即电流钳，如图 1-16 所示）进行测量，只需将导线置于电流钳的钳口中央即可。

如果待测电流大于 10A，那么用电流钳测量电流的优势非常突出。在使用电流钳前，应仔细阅读说明书，弄清是交流还是交直流两用。

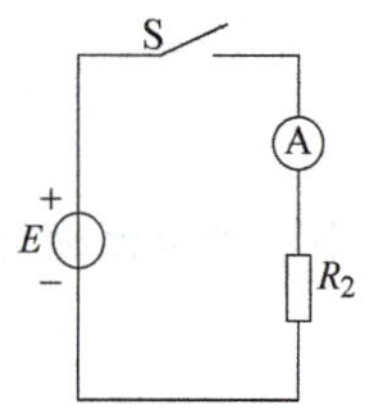

图 1-15 万用表测量电流时的连接方法

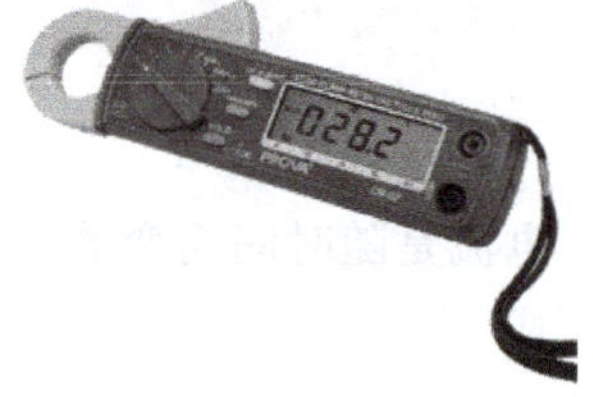

图 1-16 CM02 小电流汽车专用钳表

（3）测量电流时的注意事项 在进行电流的测量时，必须注意电流类型，即交流电流还是直流电流（AC/DC）。汽车用数字万用表只能测量直流电流，模拟式万用表可以测量交流电流。测量开始时，应先选择较大的量程，根据被测量的大小改变量程，以提高测量精度。测量直流电流时要注意极性，即电流应从红表笔流入，从黑表笔流出。测量后，要将万用表复位，即数字万用表关闭开关或模拟表拨盘调至交流电压最高档。

（二）电压及其参考方向

1. 电压的概念

电压是描述电场力对电荷做功的物理量。在电路中，如果正电荷由 A 点移到 B 点时电场力所做的功为 dW，那么 A、B 两点间的电压为

$$u_{AB}=\frac{dW}{dq} \tag{1-3}$$

也就是说，电场力把单位正电荷由 A 点移到 B 点所做的功，在数值上等于 A、B 两点间的电压。在直流电路中，式（1-3）可写成

$$U=\frac{W}{Q} \tag{1-4}$$

就车辆蓄电池而言，蓄电池内的电化学过程使电荷分离，电子聚焦在一侧形成负极，另一侧缺少电子形成正极。两极之间产生一个电势差，即电压。

如果用一个带有规定电阻的导体将蓄电池两极连接起来，电子就会从负极移向正极。电流一直流动，直到两极之间不存在电压或电路断路。

电压的单位是 V。当电场力把 1 库仑（C）的电荷从一点移到另一点所做的功为 1J 时，该两点间的电压即为 1V，即 1V = 1 J/C。工程上常用电压单位为 kV、mV 等，其换算关系为 $1\text{kV}=10^3\text{V}=10^6\text{mV}$。

电压的方向：从高电位点指向低电位点，即电压降落的方向。

2. 电压的参考方向

在分析电路时，需选取电压的参考方向。当电压的参考方向与实际方向一致时，电压为

正值（$U>0$）；相反时，电压为负值（$U<0$）。电压的参考方向可用箭头表示，可用“+”“-”表示，也可用符号 U_{AB} 表示。

在电路分析时，电压、电流参考方向的选择原则上是任意的，但为了方便，元器件上的电压和电流常取一致的参考方向，即关联参考方向，如图 1-17a所示。反之，为非关联参考方向，如图 1-17b 所示。

在图 1-17a 中，其电压与电流的关系为 $U=IR$，而图 1-17b 中则为 $U=-IR$。

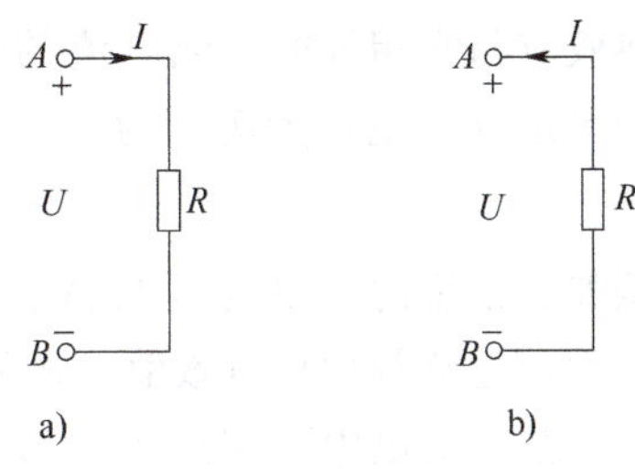

图 1-17 关联参考方向与非关联参考方向

a）关联参考方向 b）非关联参考方向

3. 电压类型

电压有直流电压和交流电压之分。

（1）直流电压 直流电压指电压值和极性保持不变的电压，也称为恒定（理想）直流电压。其曲线如图 1-18 所示。

直流电源能提供直流电压。常用的直流电源有干电池、蓄电池、整体式汽车交流发电机、光电池（太阳能系统）等，如图 1-19 所示。

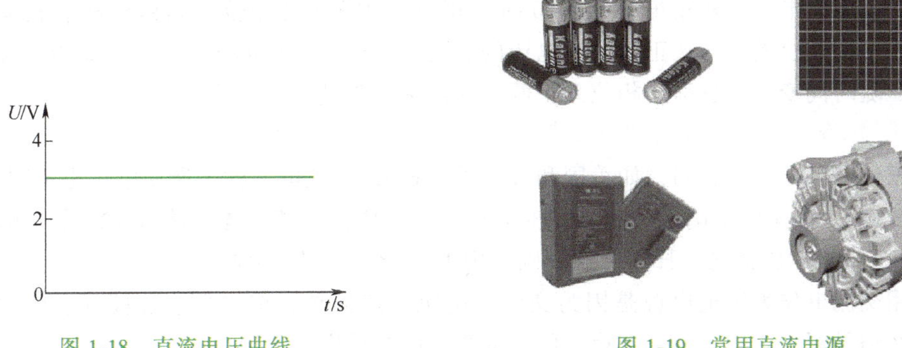

图 1-18 直流电压曲线

图 1-19 常用直流电源

（2）交流电压 大小和方向随时间做周期性变化并且在一个周期内的平均值为零的电压、电流和电动势统称为交流电。交流电压的波形如图 1-20 所示。

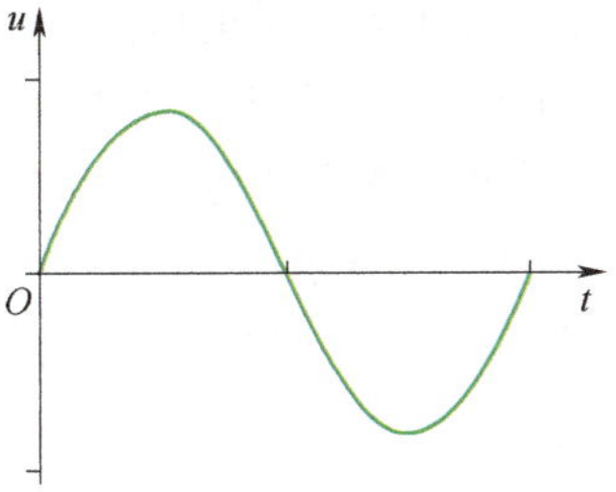

u
O
t

图 1-20 交流电压的波形

1）正弦交流电表达方式。以交流电压为例，可以用正弦函数来表达：

$$u=U_m\sin(\omega t+\varphi) \tag{1-5}$$

2）正弦交流电的三要素。幅值、角频率和初相角称为正弦交流电的三要素。

在正弦交流电压的表达式 $u=U_m\sin(\omega t+\varphi)$ 中，U_m 为正弦交流电压的幅值，决定正弦量的大小或强度。ω 为正弦交流电的角频率，决定正弦量的变化快慢，单位为 rad/s。φ 为正弦交流电的初相角，决定了正弦量的起始位置，其单位为 rad 或°。正弦交流电压波形如图 1-21 所示。

在正弦交流电中，幅值又称为最大值或峰值，表示为 I_m、U_m、E_m 等。和幅值相关的物

理量还有瞬时值、有效值等。瞬时值指交流电在某一瞬间的数值，用小写字母表示，如 i、u、e 等。有效值是根据交流电流与直流电流热效应相等的原则规定的，即交流电流的有效值是热效应与它相等的直流电流的数值，用大写字母 I、U、E 等表示。经推导，幅值与有效值的关系（以电压为例）为

$$U_m = \sqrt{2}\,U \tag{1-6}$$

例如，常说的民用电是220V，即为有效值，而其幅值是311V。电器设备上标注的额定电压、额定电流等均指有效值。用万用表等测得的交流电数值也是有效值。

在正弦交流电中，和角频率 ω 有关的物理量还有周期 T、频率 f 等概念。周期指正弦交流电变化一周所需的时间，单位为 s，如图 1-21 所示。频率是在一个周期内变化的周数，单位为 Hz。三者的关系为

$$T = \frac{1}{f} \tag{1-7}$$

$$\omega = \frac{2\pi}{T} = 2\pi f \tag{1-8}$$

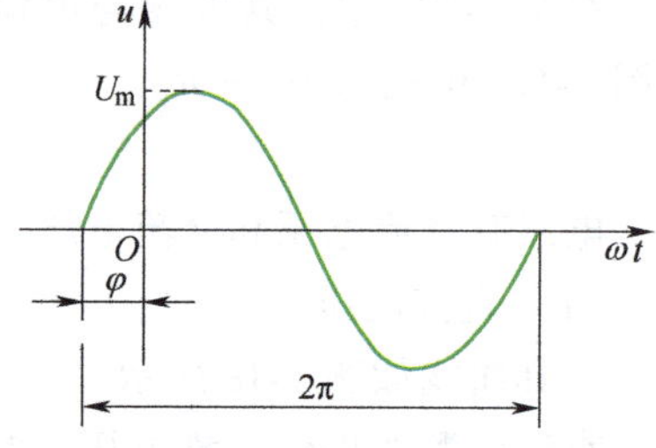

图 1-21 正弦交流电压波形

在正弦交流电中，初相角 φ 是 $t=0$ 时的相位，又称为初相位。和初相角 φ 相关的物理量还有相位和相位差等。在正弦交流电压的表达式 $u=U_m\sin(\omega t+\varphi)$ 中，$\omega t+\varphi$ 为相位，表示交流电压随时间变化的进程。相位差指两个同频率正弦量相位之差。

在我国工业与民用供电系统中，采用三相四线制交流供电系统，工业标准频率为50Hz。其他国家供电频率不尽相同，如美国和日本采用60Hz交流电。各国所用电压也不同，美国、加拿大等30余国家所用电压为110~130V交流电，中国、英、德、法等120余个国家采用220~230V交流电压供电，日本、朝鲜则采用100V交流电压供电。

采用交流电作为供电电源是因为交流发电机构造简单、成本低、性能好、效率高。另外，正弦信号便于传输、易于变换、便于运算，因此被广泛应用。

4. 电压测量

（1）电压测量的工具　电压的测量用电压表。在汽车检测与维修过程中，通常用汽车数字式万用表测量电压。

（2）电压测量的方法　在用万用表测量电压过程中，应将万用表并联接入被测用电器、元器件两端，如图 1-22 所示。

（3）注意事项　电压测量过程中必须注意电压类型，即交流电压或直流电压（AC/DC），汽车用万用表既可以测量直流电压也可以测量交流电压。测量开始时，应选择较大的量程，根据被测量的大小改变量程，以提高测量精度。测量直流电压时应注意极性，即红表笔接高电位，黑表笔接低电位。测量后要将万用表复位，即数字万用表关闭开关或模拟表拨盘调至交流电压最高档。

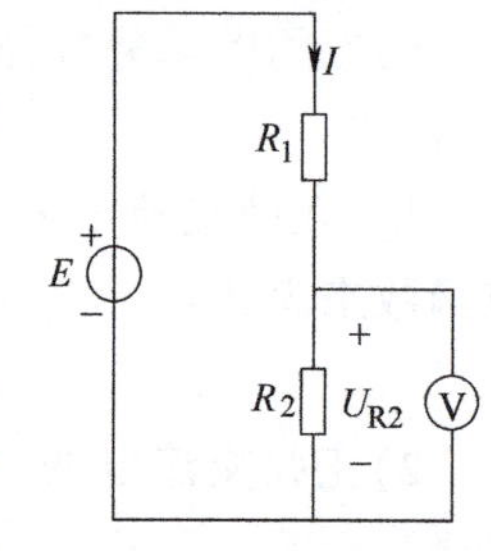

图 1-22 万用表测量电压时的连接方法

（三）电动势

电动势是描述电源中非电场力对电荷做功本领的物理量。

在电路中，正电荷在电场力作用下不断从正极移向负极，如果没有一种外作用力，正极因正电荷的减少会使电位逐渐降低，而负极则因正电荷的增多会使电位逐渐升高，正、负极板间的电位差就会减小，最后为零。为了维持电流，必须使正、负极板间保持一定的电压，这就要借助非电场力使移动到负极的正电荷经电源内部移到正极。

电动势在数值上等于非电场力将单位正电荷从电源负极经电源内部移到电源正极所做的功，用 U_S（有时也用 E）表示。

电动势的方向：在电源内部由低电位端指向高电位端，即电位升高的方向。电动势的参考方向也可用箭头、双下标或“+”、“-”极性表示。电动势的单位与电压的单位相同，为 V。

（四）电功和电功率

设直流电路中，A、B 两点的电压为 U，在时间 t 内电荷 Q 受电场力作用从 A 点经负载移动到 B 点，电场力所做的功为

$$W=UQ=UIt \tag{1-9}$$

这就是在 t 时间内所消耗（或吸收）的电能，而单位时间内消耗的电能称为电功率（简称功率），即负载消耗（或吸收）的电功率。

$$P=\frac{W}{t}=UI \tag{1-10}$$

在时间 t 内，非电场力将电荷 Q 从电源负极经电源内部移到正极所做的功为

$$W_S=U_SQ=U_SIt \tag{1-11}$$

非电场力产生（或发出）的电功率为

$$P_S=U_SI \tag{1-12}$$

在一个电路中，电源产生的功率与负载、导线以及电源内阻上消耗的功率总是平衡的，遵循能量守恒和转换定律。

功的单位是 J。功率的单位是 W，此外还有 kW、mW，其换算关系为 $1kW=10^3W=10^6mW$。

（五）电位

在电气设备的调试和检修中，经常要测量某个点的电位高低，看其是否符合设计数值。电位是度量电势能大小的物理量，在数值上等于电场力将单位正电荷从该点移到参考点所做的功，用 V 表示。由此可以看出：电路中任意一点的电位，就是该点与参考点之间的电压，而电路中任意两点之间的电压等于这两点电位之差。因此，电位的测量实质上就是电压的测量，即测量该点与参考点之间的电压。电压与电位的关系为

$$U_{AB}=V_A-V_B \tag{1-13}$$

可以证明：在一个电路中，参考点选择位置不同，电路中各点电位也不同，但任意两点间的电位差（即电压）不变。电路中各点的电位高低是相对于参考点而言的，而两点间的电压与参考点的选择无关，即电位具有相对性，电压具有绝对性。如果不选择参考点而去讨论电位是没有实际意义的。

在电工电子技术中，原则上电位参考点的选取是任意的，但为了统一，工程上常选大地

为参考点，在电路图中用符号“⏚”表示。机壳需要接地的电子设备，可以把机壳作为参考点。有些电子设备机壳虽然不一定接地，但为分析方便，可以把它们当中元器件汇集的公共端或公共线选作参考点，也称为“地”，在电路图中用“⊥”来表示。

在汽车电路中，搭铁点即为汽车电路的电位参考点。在汽车电器的检修过程中所测量的电位值即为被测点与搭铁点之间的电压。

在实际直流电路中，从电源正极经外电路至电源负极的电流流动过程中，电位是逐渐降低的。如图 1-23 所示由电阻丝构成的电路中，各点电位呈梯度（电压降）变化。

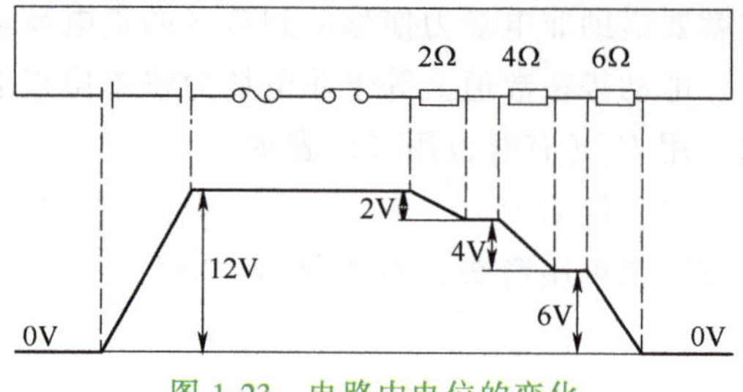

图 1-23 电路中电位的变化

三、电路的状态及负载额定值

电路有空载、短路和负载 3 种工作状态。现就图 1-24 所示的简单电路来讨论当电路处于 3 种不同状态时的电压、电流和功率等的特点。U_1 表示电源的端电压 U_{AB}，U_2 表示负载的端电压 U_{CD}。

（一）负载状态

1. 概念

电路的负载状态是一般的有载工作状态，如图 1-24 所示。

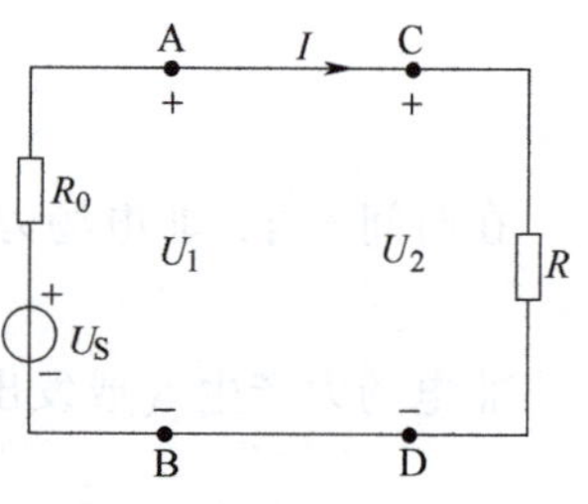

图 1-24 电路的负载状态

2. 特征

1）电路中的电流 I 由负载电阻 R 的大小决定。

$$I=\frac{U_S}{R_0+R} \quad 或 \quad U_1=U_S-IR_0$$

由上式可知：U_1 小于电源电动势 U_S，两者之差为电流通过电源内阻所产生的电压降。电流越大，则电源端电压下降得越多。

2）电源的输出功率为电源电动势发出的功率 U_SI 减去内阻上消耗的功率 I^2R_0：

$$P_1=U_1I=(U_S-IR_0)I=U_SI-I^2R_0$$

可见，电源发出的功率等于电路各部分所消耗的功率之和，即整个电路中的功率是平衡的。

（二）空载状态

1. 概念

空载状态又称为断路或开路状态，如图 1-25 所示。

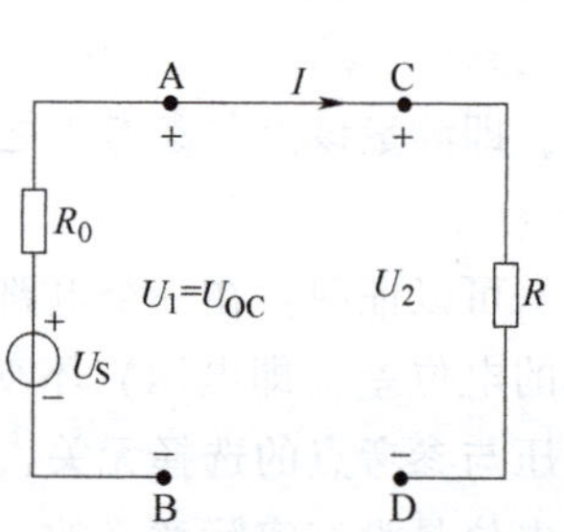

图 1-25 电路的空载状态

2. 特征

电路空载时，外电路电阻可视为无穷大，其电路特征如下：

1）电路中电流为零，即 $I=0$。

2）电源端电压等于电源的电动势，即 $U_1=U_S-IR_0=U_S=U_{OC}$。

U_{OC}称为空载电压或开路电压。由此可以得出粗略测量电源电动势的方法。

3）电源的输出功率 P_1 和负载吸收的功率 P_2 均为零，即 $P_1=U_1I=0$，$P_2=U_2I=0$。

（三）短路状态

1. 概念

当电源的两输出端（A、B）由于某种原因相接触时，会造成电源被直接短路，如图1-26所示。

2. 特征

当电源短路时，外电路电阻可视为零，此时电路特征如下：

1）电源中电流最大，外电路输出电流为零。短路电流 I_{SC} 为

$$I_{SC}=\frac{U_S}{R_0} \tag{1-14}$$

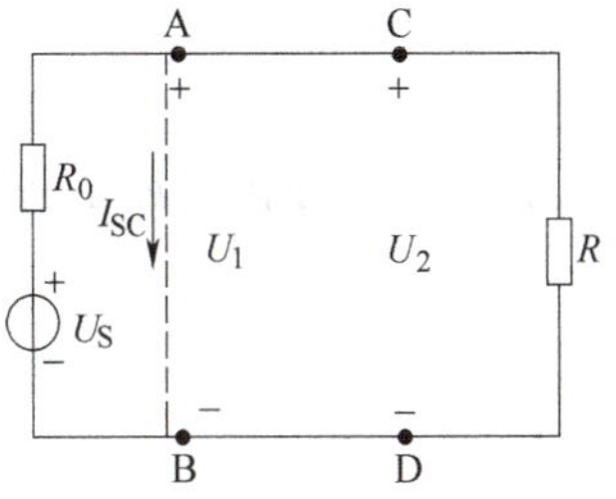

图 1-26　电路的短路状态

2）电源和负载的端电压均为零。$U_1=U_S-I_{SC}R_0=0$，$U_2=0$，此时 $U_S=I_{SC}R_0$，表明电源的电动势全部降落在电源的内阻上，因而无输出电压。

3）电源对外输出功率 P_1 和负载吸收的功率 P_2 均为零，即 $P_1=U_1I=0$，$P_2=U_2I=0$。说明电源电动势所发出的功率全部被内阻消耗，即 $P_S=U_SI_{SC}=U_S^2/R_0=I_{SC}^2R_0$。

3. 短路保护

电源短路是一种严重事故，可使电源的温度迅速上升，以致烧毁电源及其他电气设备。通常在电路中装有熔断器等短路保护装置。

熔断器的主要组成部分是熔体（熔片或熔丝），材料是锌、锡、铅、铜等金属的合金，一般装在玻璃管中或直接装在熔断器盒内，用于负荷不大的电路。熔体能承受额定电流的长时间负载。熔体的熔断时间决定于流过的电流值的大小和本身的结构参数。汽车用熔断器，要求流过的电流为额定电流的 110% 时不熔断；流过的电流为额定电流的 135% 时，在 60s 以内熔断；流过的电流为额定电流的 150% 时，20A 以内的熔丝在 15s 以内熔断，30A 的熔丝在 30s 以内熔断。图 1-27 所示为熔断器的电路符号。

图 1-27　熔断器的电路符号

（四）负载额定值

电气设备的额定值是综合考虑产品的可靠性、经济性和使用寿命等因素，由制造厂商提供的。额定值往往标注在设备的铭牌上或写在设备的使用说明书中。

额定值指电气设备在电路的正常运行状态下，能承受的电压、允许通过的电流以及它们吸收和产生功率的限额，如额定电压 U_N、额定电流 I_N、额定功率 P_N 等。例如，一个灯泡上标明 220V、60W，这说明额定电压为 220V，在此额定电压下消耗功率为 60W。

电气设备的额定值和实际值是不一定相等的。如上所述，220V、60W 的灯泡接在 220V 的电源上时，由于电源电压的波动，其实际电压值稍高于或稍低于 220V，这样灯泡的实际功率就不会正好等于其额定值 60W 了，额定电流也相应发生了改变。当实际电流等于额定

电流时，电器设备为满载工作状态；实际电流小于额定电流时，电器设备为轻载工作状态；实际电流超过额定电流时，电器设备为过载工作状态。

四、汽车电路基础器件

在汽车电路中，除了电源和负载外，还有保障电气设备工作的中间环节，如保护装置、插接器、各种开关、继电器、导线等，这些都是汽车电路的基础器件。

（一）保护装置

在汽车电路中的保护装置主要有熔断器、易熔线和断路器等。

1. 熔断器

熔断器的作用是保护电路。其原理是：在电路中流过超过规定的电流时，熔断器的熔丝自身发热而熔断，切断电路，防止烧坏电路连接导线和用电设备，并把故障限制在最小范围内。

熔断器的外形按其结构形式可分为熔管式、绝缘式、缠丝式、插片式等。其外形如图1-28所示。汽车电路中常用的熔断器如图1-29所示。

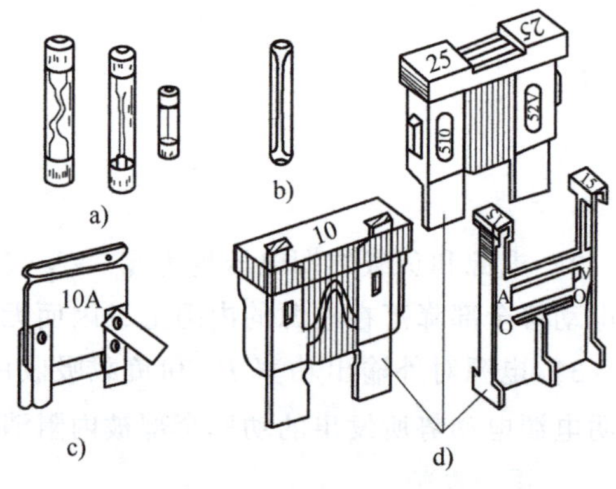

图 1-28 熔断器的外形

a）熔管式 b）绝缘式 c）缠丝式 d）插片式

为了便于检查和更换熔断器，汽车上将各电路的熔断器集中安装在一起，形成一只保护数条电路的熔断器盒，将其安装在仪表台下方及发动机舱内。某轿车熔断器盒如图1-30所示。

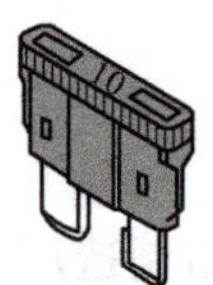

图 1-29 汽车电路中常用的熔断器

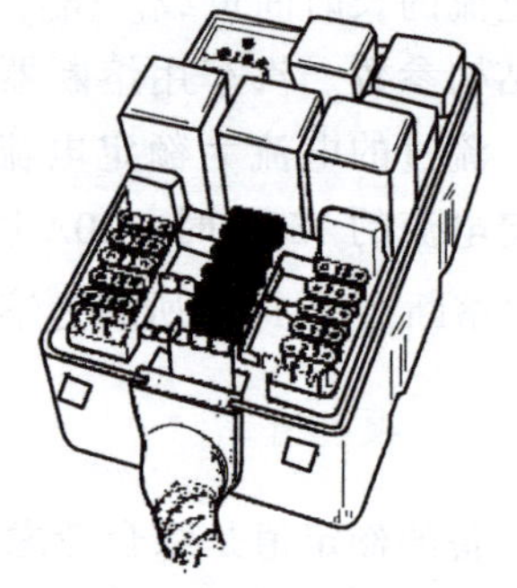

图 1-30 某轿车熔断器盒

汽车熔断器使用时需要注意如下事项：

1）熔断器熔断后，必须找到故障的真正原因，彻底排除故障。

2）更换熔断器时，新件一定要与原件的规格相同。汽车上增加用电设备时，不要随意改用容量大的熔断器，应另外安装熔断器。

3）熔断器支架与熔断器接触不良会产生电压降和发热现象，安装时要保证接触良好。

在汽车行驶途中如果熔断器熔断，在排除故障后可用熔断器盒中的备用熔断器替换。如果没有备用熔断器，可用其他电路（可以暂时不工作的设备）的相同容量的熔断器替换。

2. 易熔线

易熔线是一种大容量的熔断器，其作用是保护电源电路和大电流电路。其电路符号如图 1-31 所示。易熔线不是所有汽车上都有。易熔线在汽车电源电路中的应用如图 1-32 所示。

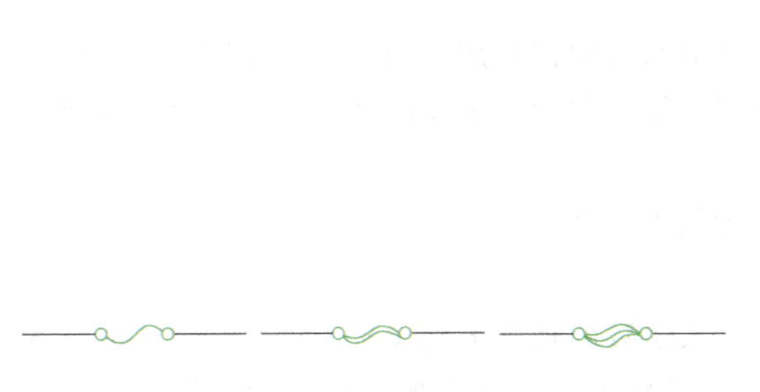
图 1-31　易熔线电路符号

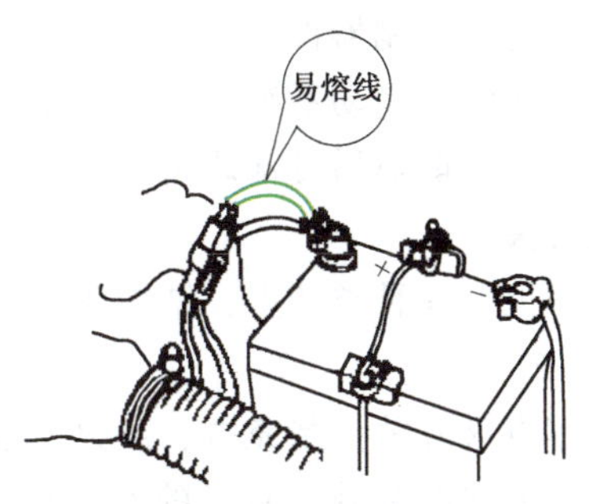

图 1-32　易熔线在汽车电源电路中的应用

汽车易熔线使用时需要注意如下事项：

1）禁止换用比规定容量大的易熔线。

2）易熔线熔断可能是主要电路发生短路导致的，因此必须仔细检查，彻底排除隐患。

3）不能将易熔线和其他导线绞合在一起。

3. 断路器

断路器在早期的汽车电路中的作用是通过断开电路和截断电流来防止导线和电子元器件过热和可能因此造成的火灾，在电路中用于防止有害的过载（额外的电流）。其工作原理是利用两种不同金属（双金属）在受热时膨胀系数不同而使触点切断，从而断开电路。

断路器分为循环式断路器和非循环式断路器两种。循环式断路器如图 1-33 所示，在电路中可自动循环使用。非循环式断路器如图 1-34 所示，电路一旦断开，需手动复位才能再次起作用。

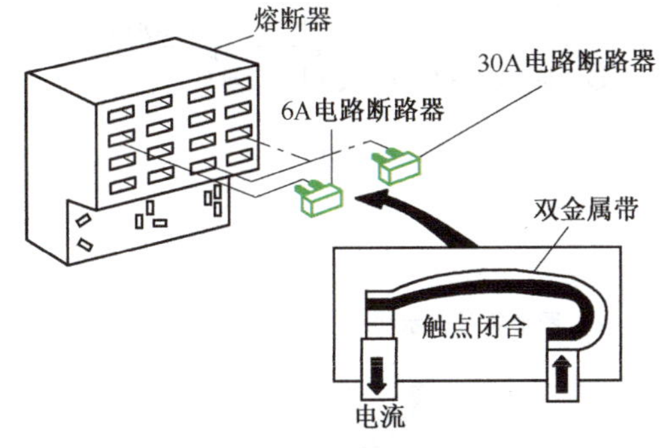

图 1-33　循环式断路器

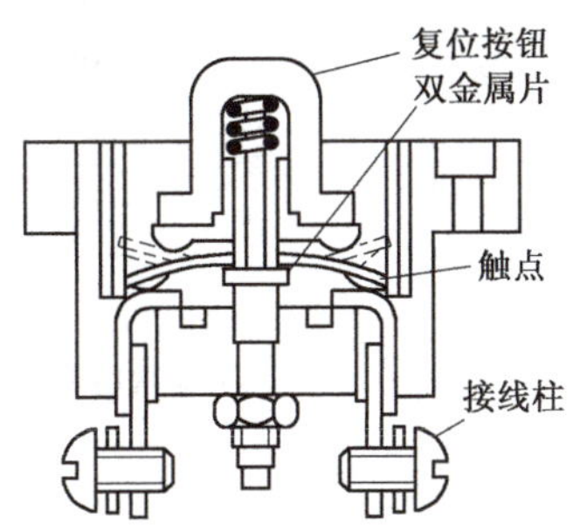

图 1-34　非循环式断路器

汽车用断路器为循环式断路器。断路器一般用于前照灯、电动座椅、电动门锁及电动车窗等电路中。一旦出现电路断路器断路，应尽早排除电路中的故障。

（二）继电器

继电器作为电磁器件在第 2 章中讲述。

（三）开关

作为汽车电路的控制器件，除了传统的手动开关、压力开关、温控开关外，现代汽车还大量使用电子控制器件。

在汽车气压制动系统、空调系统及发动机润滑系统中都使用了由气压或液压控制的压力开关，在汽车散热器冷却风扇电动机中以及空调系统中都使用了反映环境温度的由温度控制的温控开关。

汽车上开关种类较多，结构各异，最复杂的是点火开关。

1. 点火开关

汽车点火开关控制充电、点火、起动以及绝大多数的辅助电气设备。点火开关在电路图中的表示方法有多种，常见的有结构图表示法、表格表示法和图形符号表示法等。图 1-35 所示为柴油发动机汽车点火开关的表示方法。

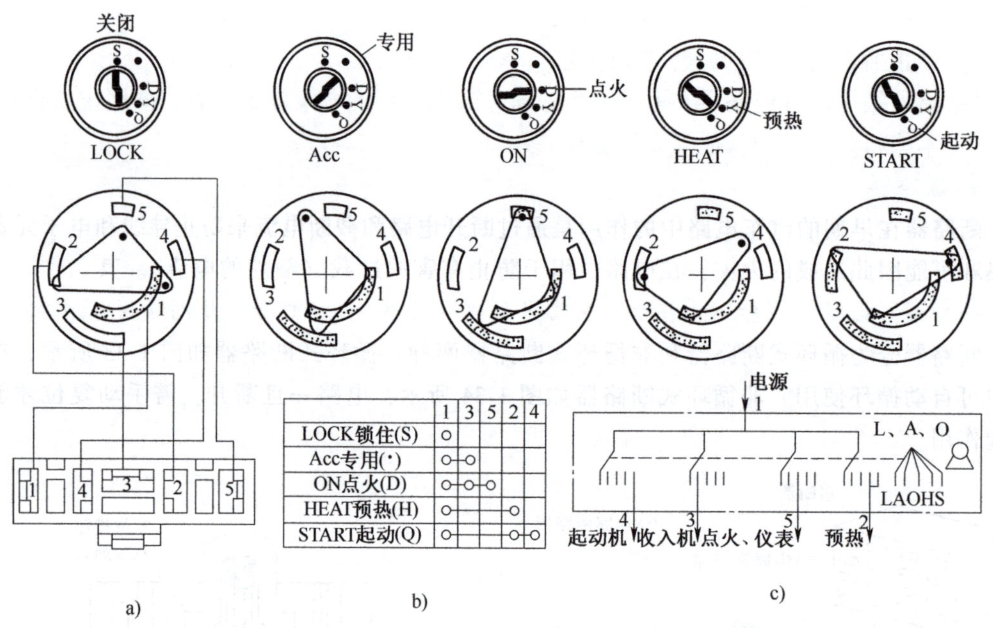

图 1-35 柴油发动机汽车点火开关的表示方法

a）结构图表示法 b）表格表示法 c）图形符号表示法

2. 组合开关

汽车组合开关安装在汽车转向柱上，是由两个以上用以控制汽车的灯光、信号、操控电器等部件的开关组成的装置。其外形如图 1-36 所示。

图 1-36 汽车组合开关外形

汽车典型组合开关的工作档位与功能见表 1-1。

表 1-1 汽车典型组合开关的工作档位与功能

类别	名称	工作档位与功能
灯光控制	变光开关	远光、近光、闪光
	转向灯开关	断开、向左、向右、自动回位
	灯光总开关	断开、前照灯、前位灯、后位灯
	雾灯开关	接通、断开
电器控制	刮水器开关	断开、低速、高速、间歇、点动、自动回位
	洗涤器开关	接通、断开
	定速巡航开关	接通、断开、调速
电源控制	点火开关	闭锁、接通、点火、预热、起动

(四) 插接器

汽车用插接器（也称连接器）的主要功能是实现电气连接。因此相互配合的端子（插头和插座）就是插接器的核心部件，而固定并保护端子的一对护套（插头和插座）也是插接器的重要组成部分。汽车用插接器如图 1-37 所示。

图 1-37 汽车用插接器

1. 插接器的识别

如图 1-38 所示，黑色代表插头，白色代表插座，并有导向槽，以保证插头与插座的有效定位。

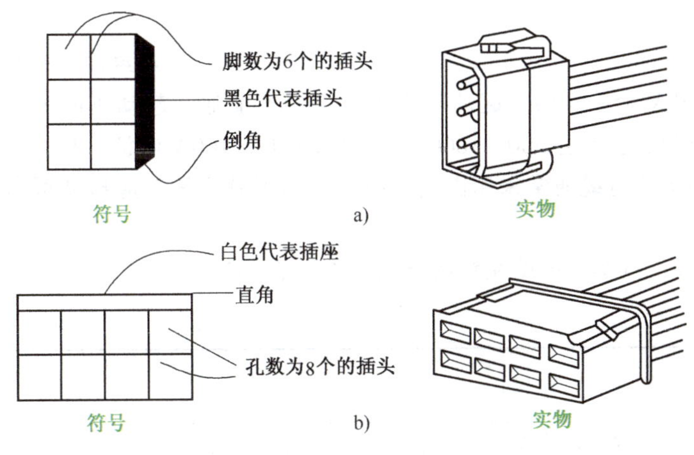

图 1-38 插接器的识别示意图

a）插头 b）插座

2. 插接器的连接

为防止插接器脱开，所有的插接器均采用了闭锁装置。因此在插接器连接时，应把插接器的导向槽重叠在一起，把插头和插孔对准后平行插入，听到响声即实现了插接器闭锁，如图 1-39 所示。

3. 插接器的断开

要将插接器的插头与插座断开，应先解除闭锁，再拉开，如图 1-40 所示，不允许在未解除闭锁的情况下用力拉导线，以免损坏闭锁装置或导线。

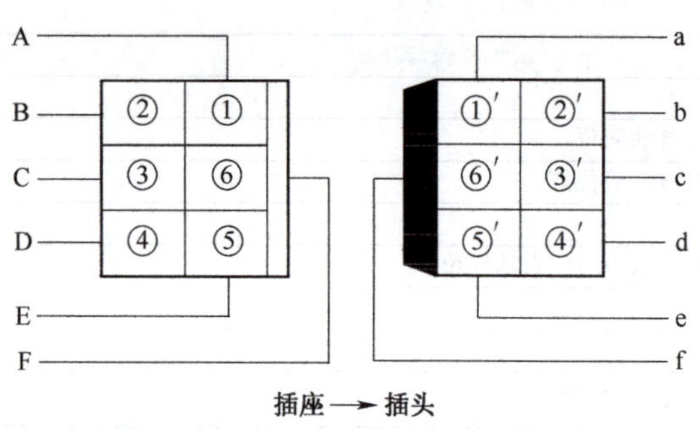

图1-39 插接器的连接

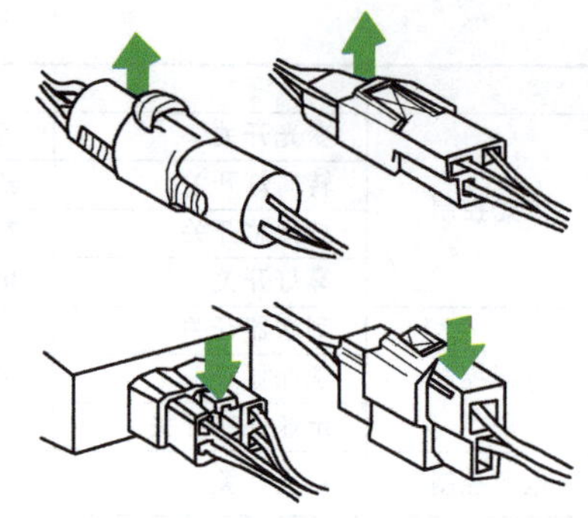
图1-40 插接器的断开

(五)汽车常用导线的选择

1. 常用导线分类

常用导线按材料不同分为铜线和铝线。铜线具有电阻率小、机械强度大等优点；铝线具有质量小、价格便宜的优点，但机械强度小、较脆。汽车电路和移动电器接线一般用铜线。

汽车常用导线按所加电压不同分为低压导线和高压导线。高压导线用于传送高压，如点火系统的高压线。

常用导线按有无绝缘分为裸线和绝缘线。裸线外面没有保护层，绝缘线外面有绝缘保护层。绝缘线按绝缘材料的不同分为聚氯乙烯（塑料）绝缘线和橡胶绝缘线。汽车电路中的导线均采用绝缘线。

2. 汽车电路中导线的选择

常见汽车的导线由多股细铜丝绞制而成，外层为绝缘层。绝缘层一般采用聚氯乙烯绝缘层或聚氯乙烯-丁腈复合绝缘层。起动电缆用于连接蓄电池与起动机的主接线柱，导线截面面积大，允许通过的电流达500～1000A；电缆每通过100A电流，电压降不得超过0.1～0.15V。蓄电池的搭铁电缆通常采用由铜丝织成的扁形软铜线，应搭铁可靠，以满足大电流起动的要求。

（1）低压导线　汽车各电路系统的导线规格见表1-2。

表1-2 汽车各电路系统的导线规格

各电路系统	标称截面面积/mm²	各电路系统	标称截面面积/mm²
仪表灯、指示灯、牌照灯、燃油表、刮水器、电子电路等	0.5	5A以上的电路	1.3～4.0
转向灯、制动灯、停车灯、分电器等	0.8	电源电路	4～25
前照灯、3A以下的电喇叭等	1.0	起动电路	16～95
3A以上的电喇叭	1.5	柴油机电热塞电路	4～6

各国汽车厂商在电路图上多以字母（主要是英文字母）来表示导线外皮的颜色及其条纹的颜色。表1-3为各国汽车导线外皮颜色。

在汽车电路中，为使线路排列整齐，便于安装、拆卸和绝缘保护，避免振动和牵拉而引起导线损坏，一般将汽车各电器之间的导线按最短路径排列，并用绝缘带把同一路径的若干导线包扎成束，称为线束。

表 1-3　各国汽车导线外皮颜色

	中	英	美	日	本田、现代	德	奥迪 4、5、6 缸	帕萨特	奔驰	宝马	奥地利	法	波兰	奥托山大客	俄罗斯	罗马尼亚	波罗乃兹	斯堪尼亚
黑	B	Black	BLK	B	BLK	SW	sw	BK	BK	SW	B	BL	N	b	ч	N	NERO	01
白	W	White	WHT	W	WHT	WS	ws	WT	WT	WS	C	W	B	w	б,в	A	BIANCO	05
红	R	Red	RED	R	RED	RT	ro	RD	RD	RT	A	R	R	r	лк	R	ROSSO	02
绿	G	Green	GRN	G	GRN	GN	gn	GN	GN	GN	F	GN	V	g	з	V	VERDE	03
深绿		Dark Green	DK GRN					DKGN										
淡绿		Light Green	LT GRN	Lg	LT GRN			LTGN										
黄	Y	Yellow	YEL	Y	YEL		ge	YL	YL	GE	D	Y	G	y	ж	G	GIALLO	04
蓝	BI	Blue	BLU	L	BLU	BL	bl	BU	BU	BL	I	BU	A	b	r	B	BLU	08
淡蓝		Light Blue	LT BLU	Sb	LT BLU			LTBU			K		L	a			AZZURRO	
深蓝		Dark Blue	DK BLU					DKBU										
粉红	P	Pink	PNK	P	PNK			PK	PK	RS	N		S	P	P		ROSA	
紫	V	Violet	PPL	PU	PUB	VI	h	PL(YI)	VI	VI	G	VI	Z	v	ф,φ	Vi	VIOLA	09
橙	O	Orange	ORN	Or	ORN			OG		OR			C	o	o		ARANCIO	
灰	Gr	Grey	GRY	Gr	GRY		gr	GY	GY	GR		G	H	gr	c	C	GRIGIO	07
棕	Br	Brown	BRN	Br	BRN	BK	br	BN	BR	BR	L		M	br	кор, ки		MARRONE	
棕褐		Tan	TAN					TN				Br						
无色		Clear	CLR					CR										

汽车用低压导线除蓄电池导线外，都用绝缘材料（如薄聚氯乙烯带）缠绕包扎成束，避免水、油的侵蚀及磨损。在线束布线过程中不允许拉得太紧，线束穿过洞口或绕过锐角处都应有套管保护。线束位置确定后，应用卡簧或绊钉固定，以免松动损坏。

线束图主要表明线束与各用电器的连接部位、接线柱的标记、线头、插接器的形状及位置等，它是人们在汽车上能够实际接触到的汽车电路图。图 1-41 所示为某汽车仪表板线束布置图。

（2）高压导线　在汽车点火线圈至火花塞之间的电路使用高压点火线，简称高压线。汽车高压导线如图 1-42 所示。

点火系统的高压线由于工作电压一般为 15kV 以上，电流小，因此高压导线绝缘包层厚、耐压性能好、线芯截面面积较小。国产汽车使用的高压导线有普通铜芯高压线及高压阻尼点火线。高压阻尼线的线芯采用聚氯乙烯树脂、癸二酸二辛酯等有机材料配制而成，又称

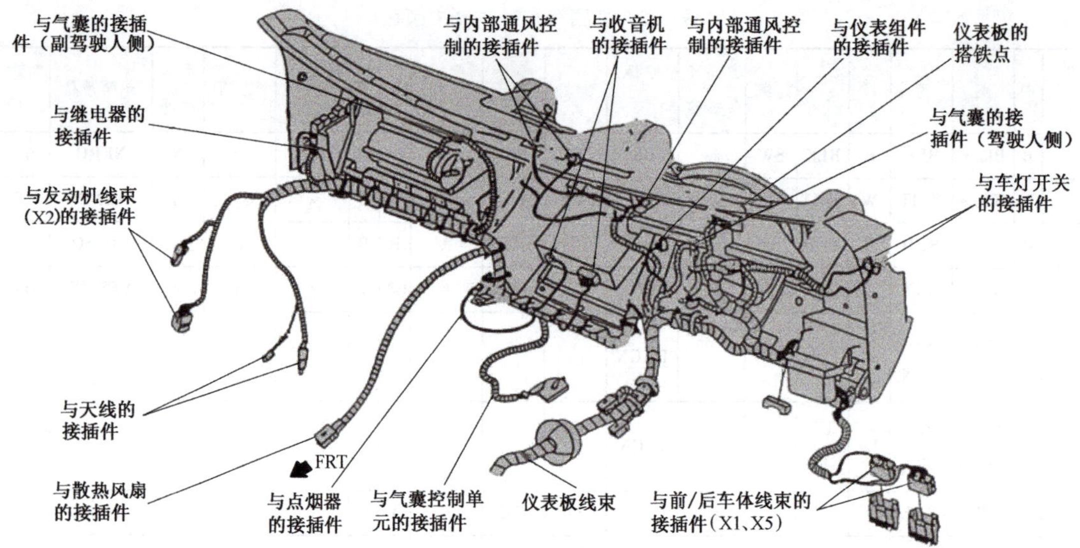

图 1-41　某汽车仪表板线束布置图

半导体塑心高压线。带阻尼的高压线可抑制和衰减点火系统产生的高频电磁波，降低对无线电设备及电控装置的干扰。

随着汽车技术的发展，为降低高压传输带来的能量损耗，提高点火能量，增强可靠性，已逐步取消高压线，取而代之的是增加点火线圈个数、实现单缸独立点火。

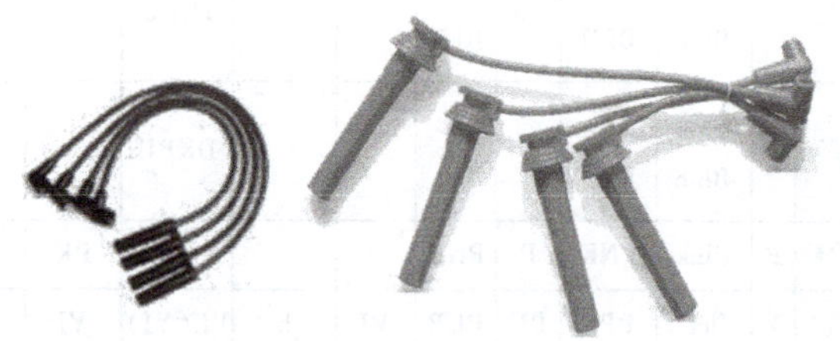

图 1-42　汽车高压导线

五、电路元件

任何一个电路都有电能的产生、消耗，以及电场能量和磁场能量的储存和释放，实现上述过程所用的元件分为无源元件和有源元件两种。无源元件包括电阻、电感和电容，有源元件包括电压源和电流源。

（一）无源元件

1. 电阻

电流通过金属导体时，导体对电荷的定向运动有阻碍作用。电阻是反映导体对电流的阻碍作用大小的物理量。

自然界物质按导电能力不同，可分为导体、绝缘体和半导体。导体分为电子导体和离子导体。电子导体由原子构成，而离子导体包括导电液体（电解液）、熔液和电离的气体。

电阻是汽车电气、电子设备中用得最多的基本元件之一，主要用于控制和调节电路中的电流和电压，或用作消耗电能的负载。

（1）电阻值　导体电阻取决于导体尺寸、电阻率和温度，其公式为

$$R=\rho\frac{l}{s}$$

绝缘体电阻率极高，几乎不导电，例如塑料、玻璃、陶瓷、纸等固体以及纯水、油和油脂等液体，也包括特定条件下的真空和气体。半导体的电阻率介于导体和绝缘体之间。半导体与导体的区别在于，半导体在压力、温度、光照或磁力等外部影响下才具有导电性。

（2）电阻分类　作为元件使用的电阻有固定电阻、可变电阻之分，也有碳膜电阻、金属膜电阻和线绕电阻之分。固定电阻和可变电阻的外形及符号如图 1-43 所示。

（3）电阻的标识　固定电阻的标识方法有直标法、色标法和文字符号法，具体标识的方法详见相关元器件手册。直标法是将电阻的阻值和误差直接用数字和字母印在电阻上。色标法是将不同颜色的色环涂在电阻上来表示电阻的标称值、倍乘数及允许误差。色环电阻的标识如图 1-44 所示。色环代表的意义见表 1-4。文字符号法顾名思义，不再讲述。

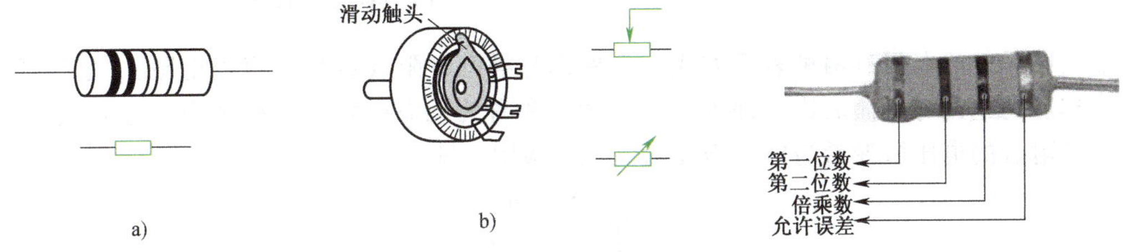

图 1-43　固定电阻和可变电阻的外形及符号

a）固定电阻　b）可变电阻

图 1-44　电阻的色标法

表 1-4　色环代表的意义

颜色	有效数字第一位	有效数字第二位	倍乘数	允许误差(%)
棕	1	1	10^1	±1
红	2	2	10^2	±2
橙	3	3	10^3	
黄	4	4	10^4	
绿	5	5	10^5	±0.5
蓝	6	6	10^6	±0.2
紫	7	7	10^7	±0.1
灰	8	8	10^8	
白	9	9	10^9	
黑	0	0	10^0	
金			10^{-1}	±5
银			10^{-2}	±10
无色				±20

（4）伏安特性　如图 1-45a 所示，电阻 R 接入直流电路中，其电压、电流关系满足欧姆定律，即

$$I=\frac{U}{R}$$

遵循欧姆定律的电阻（即电阻值为常数的电阻）称为线性电阻，它表示该段电路电压与电流的比值为常数。元件或电路两端的电压、电流关系称为伏安特性。线性电阻的伏安特性

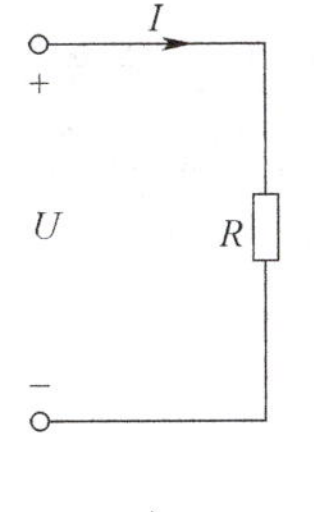

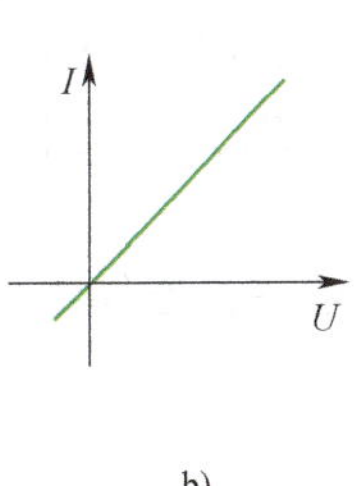

图 1-45　线性电阻电路及伏安特性

a）线性电阻电路　b）线性电阻电路的伏安特性

曲线如图 1-45b 所示。

不遵循欧姆定律的电阻，其电阻值不是常数，而是随着电压或电流变动，这种电阻称为非线性电阻。非线性电阻一般不能用数学表达式表示，而是用电压与电流的关系曲线 $U=f(I)$ 来表示。这种曲线是通过实验做出的。图 1-46 所示为白炽灯丝、二极管的伏安特性曲线及非线性电阻的符号。

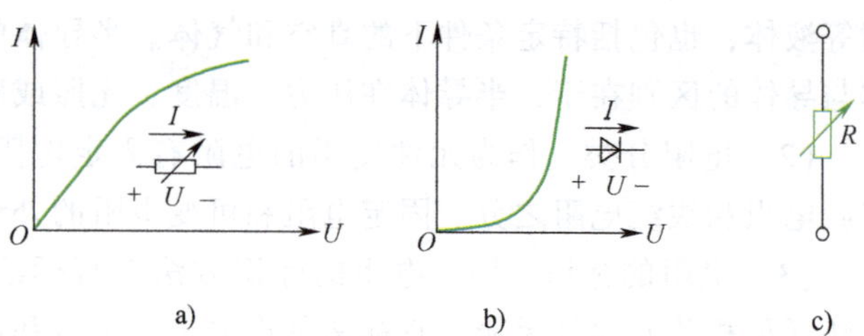

图 1-46 非线性电阻的伏安特性及符号

a）白炽灯丝伏安特性曲线 b）二极管的伏安特性曲线 c）非线性电阻符号

非线性元件的电阻有两种表示方式，一种称为静态电阻（或称为直流电阻），它等于曲线上工作点的电压与电流之比，即 $R=U/I$；另一种称为动态电阻（或称为交流电阻），它等于工作点附近的电压微变量与电流微变量之比的极限，即

$$r=\lim_{\Delta I\to 0}\frac{\Delta U}{\Delta I}=\frac{\mathrm{d}U}{\mathrm{d}I}$$

由于非线性电阻不是常数，在分析与计算时一般都采用图解法。

当电阻接入交流电路时，可以证明，交流电路中电阻上 u 与 i 同频率、同相位，且电压、电流的有效值满足直流电路中的欧姆定律。

（5）元件性能　在直流电路中，电阻消耗的功率及电能为：

$$P=UI=I^2R=\frac{U^2}{R}$$

$$W=Pt$$

电阻上的功率永远大于零，说明电阻是吸收功率的元件，它把电功率转换成其他有用的功率消耗掉了，所以电阻是消耗电能的耗能元件。

（6）电阻的测量　在维修实践中通常使用万用表的电阻档来测电阻。值得注意的是，测量时，被测电阻应至少有一个电极脱离电源（不能带电测量），而无需考虑极性。

（7）电阻元件在汽车电路中的应用

1）电桥。图 1-47 所示为电桥电路，它是测量技术中常用的一种电路。利用直流电桥可以测量电阻，也可以测量一些能够通过电阻的变化而反映出来的非电学量，例如温度等，常应用于汽车电阻类的传感器电路中。

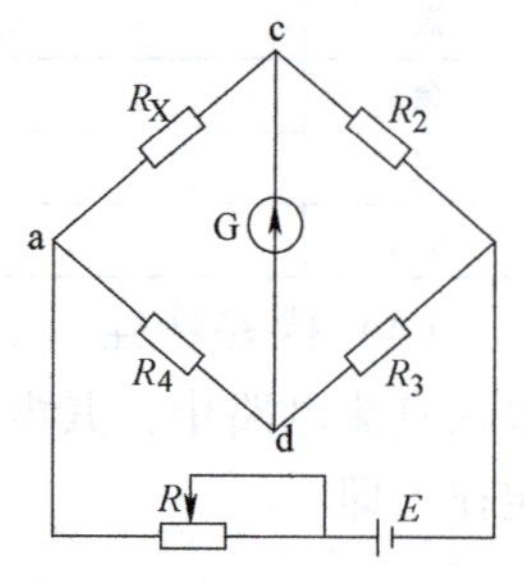

图 1-47 电桥电路

如图 1-47 所示，电桥由四臂、检流计及电源等构成。其中，R_2、R_3、R_4 为标准电阻，R_X 为敏感元件，放在需要测量的地方。G 为检流计，当 G 中无电流时，电桥处于平衡状态。其平衡条件可通过理论推导得出：

$$\frac{R_X}{R_2}=\frac{R_4}{R_3}$$

R_X 受外界影响时电阻值改变，电桥平衡被打破，G 中有电流。

汽车压敏电阻式进气压力传感器、热膜式进气流量传感器、电阻应变计式碰撞传感器、中央加速度传感器等均采用电桥电路进行信号转换。

2）热敏电阻。热敏电阻是敏感元件的一类，按照温度系数不同分为正温度系数热敏电阻器（PTC）和负温度系数热敏电阻器（NTC）。热敏电阻的典型特点是对温度敏感，不同的温度下表现出不同的电阻值。正温度系数热敏电阻器（PTC）在温度越高时电阻值越大，负温度系数热敏电阻器（NTC）在温度越高时电阻值越低，它们同属于半导体元件，如图 1-48 所示。

图 1-48　热敏电阻

热敏电阻检测时，用万用表电阻档（视标称电阻值确定档位，一般为 $R\times1$ 档），具体可分两步操作。首先是常温检测（室内温度接近 25℃），用鳄鱼夹代替表笔分别夹住 PTC 热敏电阻的两引脚测出其实际阻值，并与标称阻值相对比，二者相差在±2Ω 内即为正常。实际阻值若与标称阻值相差过大，则说明其性能不良或已损坏。其次是加温检测，在常温测试正常的基础上，即可进行加温检测，将一个热源（例如电烙铁）靠近热敏电阻对其加热，观察万用表示数，此时如果看到万用表示数随温度的升高而改变，这表明电阻值在逐渐改变（负温度系数热敏电阻器 NTC 阻值会变小，正温度系数热敏电阻器 PTC 阻值会变大），当阻值改变到一定数值时显示数据会逐渐稳定，说明热敏电阻正常；若阻值无变化，说明其性能变差，不能继续使用。

在汽车上，热敏电阻式温度传感器用于冷却液温度、气温、润滑油温度、进气温度、排气温度的检测。热敏电阻式湿度传感器用于汽车风窗玻璃的防霜以及自动空调车内相对湿度的检测。图 1-49 所示为热敏电阻式发动机冷却液温度传感器的外观与特性曲线。发动机冷却液温度传感器向 ECU 提供一个随冷却液温度变化的模拟信号，作为点火提前角的修正信号。

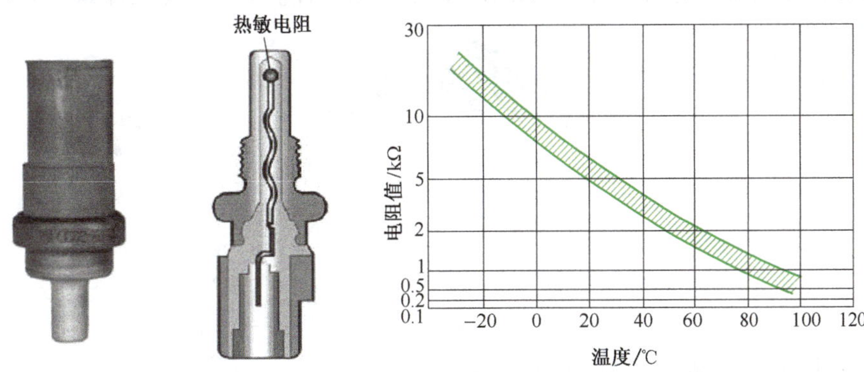

图 1-49　热敏电阻式发动机冷却液温度传感器的外观与特性曲线

3）光敏电阻。光敏电阻是利用半导体的光电效应制成的一种电阻值随入射光的强弱不同而发生改变的电阻。入射光强，电阻减小；入射光弱，电阻增大。目前生产的光敏电阻主要是硫化隔（CdS），其外观如图 1-50 所示。

当有光照射到光敏电阻所构成的传感器上时，光敏电阻的阻值发生变化，即这种传感器把周围亮度的变化转换成元件阻值的变化。利用光敏电阻原理的光量传感器的结构如图 1-51 所示。

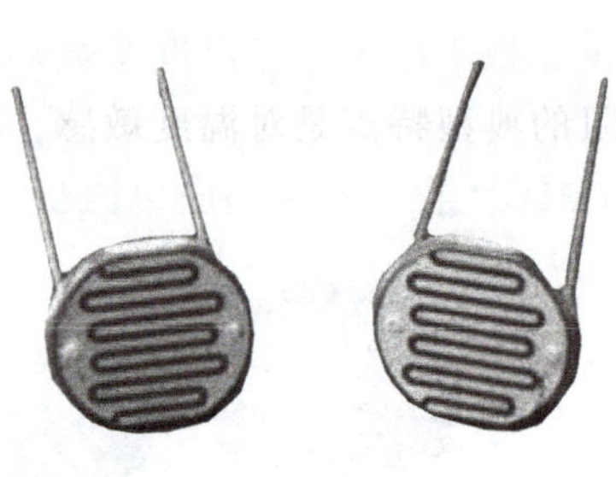

图 1-50 光敏电阻

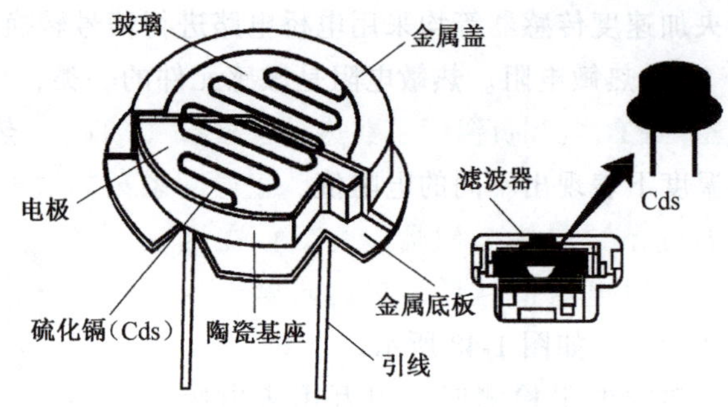

图 1-51 利用光敏电阻原理的光量传感器的结构

光敏电阻属于半导体光敏器件，除具灵敏度高、反应速度快、光谱特性好等特点外，在高温、多湿的恶劣环境下，还能保持高度的稳定性和可靠性，可广泛应用于各种光自动开关控制领域。

4）压敏电阻。压敏电阻是电阻值随施加在材料上的压力而改变的半导体电阻。当半导体受到应力作用时，由于载流子迁移率的变化使其电阻率发生变化。压阻效应被用来制成各种压力、应力、应变、速度、加速度传感器，把力学量转换成电信号。

2. 电感

电感是闭合回路的一种属性，即当通过含有线圈的闭合回路的电流改变时，会出现电动势来阻止电流的改变。电感可由电导材料盘绕磁心制成，典型的如铜线，也可把磁心去掉或者用铁磁性材料代替。电感一般分为空心电感和磁心电感两种。空心电感的电感量是一个定值常数，应用简单。

在汽车中，发电机利用磁场产生电场发电使电气系统工作，起动机利用电场变化产生磁力变化运转，磁和电密切相关。

电感元件是从实际电感线圈抽象出来的理想电路元件。常用电感元件如图 1-52 所示。

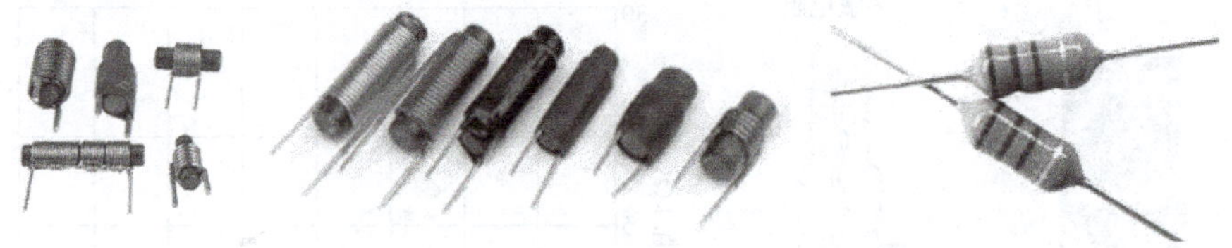

图 1-52 常用电感元件

当电感线圈通以电流时，将产生磁通，并在其内部及周围建立磁场，储存磁场能量，如图 1-53a 所示。电感上磁链与电流成正比，即

$$L=\frac{\Psi}{i}=\frac{N\Phi}{i} \tag{1-15}$$

式中，比例系数 L 为电感量，也称自感系数，是表示电感器产生自感应能力的一个物理量。

电感器电感量的大小主要取决于线圈的匝数、绕制方式、有无磁心及磁心的材料等。

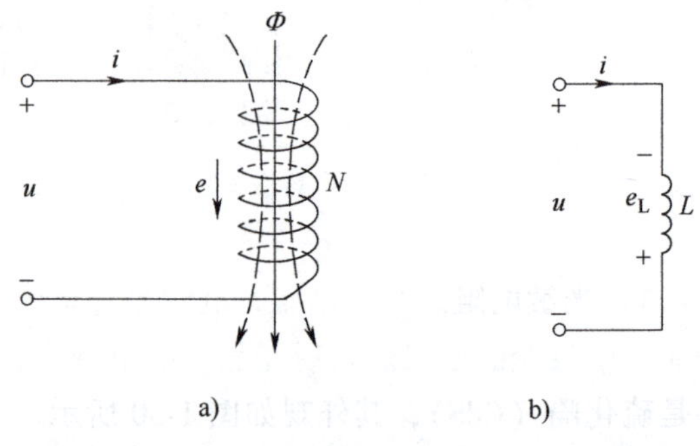

图 1-53 电感

a）实际电感器 b）电感元件符号

通常，线圈匝数越多、绕制的线圈越密集，电感量就越大。有磁心的线圈比无磁心的线圈电感量大。磁心导磁率越大的线圈，电感量越大。

在国际单位制中，电感的单位为亨（H），工程上常采用毫亨（mH）或微亨（μH），其换算关系为 $1\text{H}=10^3\text{mH}=10^6\mu\text{H}$。

（1）伏安特性　电感是衡量线圈产生电磁感应能力的物理量。当线圈通入交流电时，周围就会产生变化的磁场。通入线圈的功率越大，激励出来的磁场强度越高，反之则小（磁感应强度达到饱和之前）。如图 1-53b 所示，根据电磁感应定律，当电感线圈中的电流 i 变化时，磁场随之变化，并在线圈中产生自感电动势 e_L。当电压、电流和电动势的参考方向如图所示时，则有

$$u=-e_L=L\frac{\mathrm{d}i}{\mathrm{d}t} \tag{1-16}$$

式（1-16）表明，电感元件两端的电压与电流相对于时间的变化率成正比，即电流变化越快，电压元件产生的自感电动势越大，与其平衡的电压也越大。

对于电感电路，u 与 i 频率相同，相位却不同，可以证明：u 超前 i 90°。电压、电流的有效值的关系仍满足欧姆定律 $U=X_LI$，其中

$$X_L=\omega L=2\pi fL \tag{1-17}$$

式中，X_L 为感抗，单位为欧姆（Ω）。它是表示电感对电流阻碍作用大小的物理量。X_L 与电感 L 和频率 f 成正比，如果 L 一定，f 越高 X_L 越大，f 越低 X_L 越小。在直流电路中，$f=0$，$X_L=\omega L=2\pi fL=0$，说明电感在直流电路中可视为短路，即电感有“通直阻交”的作用。

（2）元件性能　将式（1-16）两边乘 i 并积分，可得电感元件中储存的磁场能量为

$$W_L=\int_0^i Li\mathrm{d}i=\frac{1}{2}Li^2 \tag{1-18}$$

式（1-18）说明，电感元件在某时刻储存的磁场能量只与该时刻流过的电流的平方成正比，与电压无关。电感元件不消耗能量，是储存磁场能的储能元件。

两电感串联时，其等效电感 L 为

$$L=L_1+L_2$$

两电感并联时，其等效电感 L 为

$$L=\frac{L_1L_2}{L_1+L_2}$$

实际的电感元件要消耗一些电能。因为电感线圈并不是一个完全理想的电感元件，线圈本身有电阻，电流通过时消耗一定的能量。

常见电感器的电路符号如图 1-54 所示。

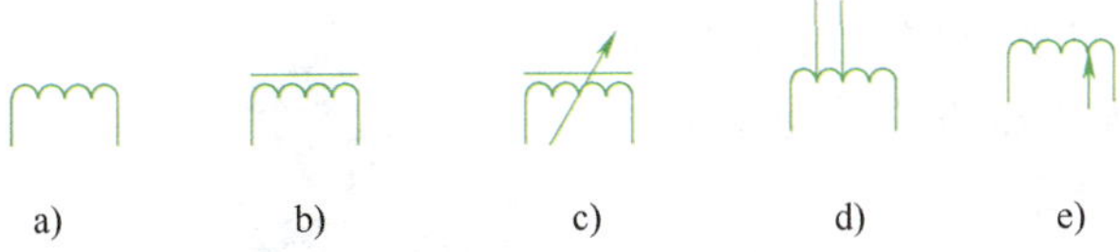

图 1-54　常见电感器的电路符号

a）空心电感器　b）磁心或铁心电感器　c）磁心可调电感器
d）多抽头可调电感器　e）滑动触点可调电感器

(3) 电感的作用 电感器的核心作用是阻止电流的变化。例如电流由小到大过程中，电感器都存在一种“滞后”作用，它能在一定时间内抵御这种变化。从另一个角度来说，正因为电感器拥有储存一定能量的作用，它才能在变化来临时试图维持原状，但需要说明的是，当能量耗尽后，电感器不再起作用。

电感的“通直阻交”特性让其在电路中能够发挥巨大的作用。在电路中，电感多被用在储能、滤波、延迟和振荡等方面，是保障电路稳定、安全运行的重要元件。

(4) 电感的标识方法 电感的标识方法有直标法和色标法。直标法是将电感的主要参数用文字直接标注在电感元件的外壳上，如图 1-55 所示。色标法是在电感元件的外壳涂上各种不同颜色的环，各色环颜色的含义与电阻色环相同。

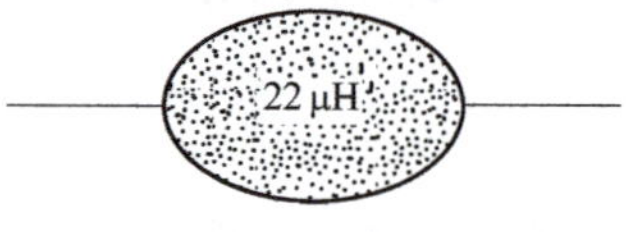

22 μH

图 1-55 电感的直标法

(5) 电感的检测 首先，要从外观上进行结构检测，主要看外形是否完好无损，磁性材料有无缺损、裂缝，金属屏蔽罩是否有腐蚀氧化现象，线圈是否清洁干燥，导线绝缘漆有无刻痕划伤，接线有无断裂，铁心有无氧化等。

其次，要用万用表测量电感器的直流电阻值及电感量。若测量出的阻值近于无穷大，说明内部线圈已开路，电感器已损坏。若测量出一定的阻值且在正常范围内，说明此电感器正常。若测量出的阻值偏小或阻值为零，说明导线的匝与匝之间局部短路或完全短路。

(6) 电感元件在汽车电路中的应用 在车辆电气系统中，电感线圈有多种用途，例如用作点火线圈，用于继电器、发电机和电动机等。在车辆电子系统中，线圈也常用于电磁传感器，例如曲轴位置传感器等。

线圈也可以用于输送能量（变压器）或过滤（例如分频器）信号，在继电器内利用线圈的磁力切换开关。

3. 电容

电容是电容器的简称，用字母 C 表示。电容器是“装电的容器”，是一种容纳电荷的元件。

尽管电容器品种繁多，但它们的基本结构和原理是相同的。两片相距很近的金属中间被某种物质（固体、气体或液体）隔开，就构成了电容器。两片金属称为极板，中间的物质称为介质。不同的电容器储存电荷的能力不相同。规定把电容器外加 1V 直流电压时所储存的电荷量称为该电容器的电容量。

电容是电子设备中大量使用的电子元件之一，广泛应用于电路中的隔直通交、耦合、旁路、滤波、调谐回路、能量转换、控制等方面。常见的电容有固定容量的电容、可变电容、电解电容和瓷片电容等。常见电容器如图 1-56 所示。

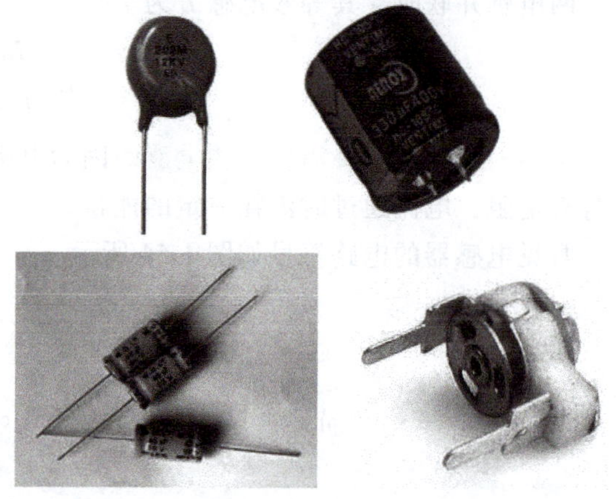

图 1-56 常见电容器

把电容器的两个电极分别接在电源的正、负极上，即使把电源断开，两个引脚间仍然会有残留电压，电容器储存了电荷。

电容器极板间建立起电压，积蓄起电能，这个过程称为电容器的充电，如图 1-57 所示。充好电的电容器两端有一定的电压，同时储存电场能。电容器储存的电荷向电路释放的过程，称为电容器的放电。

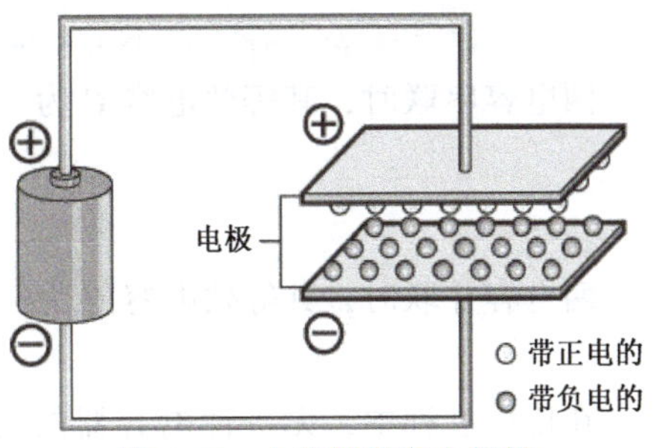

图 1-57　电容器储存电场能

当忽略电容器的漏电阻和电感时，实际电容器可将其抽象为只具有储存电场能量性质的理想电容元件。电容器极板上储存的电量 q 与外加电压 u 成正比，即

$$C=\frac{q}{u}$$

在国际单位制中，电容的单位为法拉（F）。工程上常采用微法（μF）和皮法（pF）作单位，其换算关系为 $1\text{F}=10^6\mu\text{F}=10^{12}\text{pF}$。

电容器的分类方法较多，按照结构可分为固定电容器、可变电容器和微调电容器；按电解质不同可分为有机介质电容器、无机介质电容器、电解电容器和空气介质电容器等；按用途可分为高频旁路、低频旁路、滤波、调谐、高频耦合、低频耦合、小型电容器等。常见电容器的符号如图 1-58 所示。

（1）伏安特性　图 1-59 所示为电容元件电路，当电容上通以交流电且电压与电流取关联参考方向时，有

$$i=\frac{\mathrm{d}q}{\mathrm{d}t}=C\frac{\mathrm{d}u}{\mathrm{d}t} \tag{1-19}$$

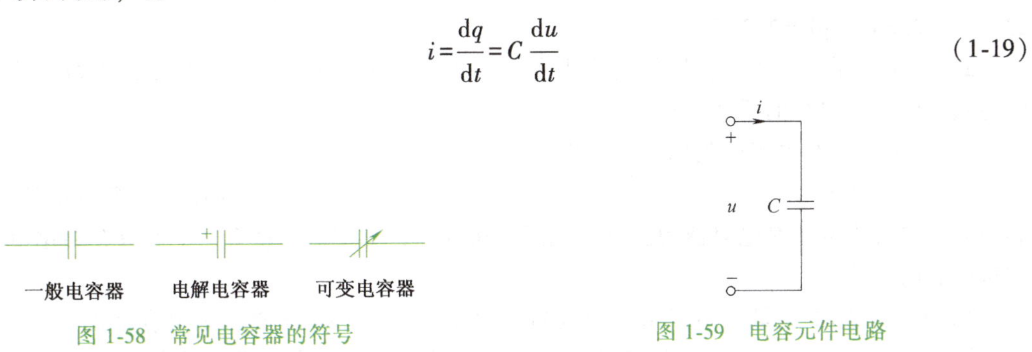

图 1-58　常见电容器的符号

图 1-59　电容元件电路

式（1-19）表明，电容元件上通过的电流与元件两端的电压相对时间的变化率成正比。电压变化越快，电流越大。

对于电容电路，u 与 i 是同频率不同相位，i 超前 u90°。有效值的关系为 $U=X_C I$，且有

$$X_C=\frac{1}{\omega C}=\frac{1}{2\pi fC} \tag{1-20}$$

式中，X_C 称为容抗，单位是欧姆（Ω）。它是表示电容对电流阻碍作用大小的物理量。X_C 与频率 f 成反比，如果 C 确定，f 越高 X_C 越小，f 越低 X_C 越大。在直流电路中，$f=0$，$X_C=1/2\pi fC=\infty$，说明电容在直流电路中可视为开路，即电容具有“隔直通交”的作用。

（2）元件性能　将式（1-19）两边乘 u 并积分，可得电容元件中储存的电场能量为

$$W_C=\int_0^u Cu\mathrm{d}u=\frac{1}{2}Cu^2 \tag{1-21}$$

式（1-21）说明，电容元件在某时刻储存的电场能量只与该时刻所承受的电压的平方成

正比，与电流无关。电容元件不消耗能量，是储存电场能的储能元件。

两电容串联时，其等效电容 C 为

$$C=\frac{C_1C_2}{C_1+C_2}$$

两电容并联时，其等效电容 C 为

$$C=C_1+C_2$$

在使用过程中，无极性电容器的两个电极相同，可以相互调换。有极性电容器（电解电容器）有一个正电极和一个负电极，在使用时两个电极不能互换。

实际的电容元件要消耗一些电能。这是因为极板间绝缘介质的电阻不可能是无穷大，微小的漏电流通过介质时会消耗电能。

选用电容器的主要依据是电路的工作环境、电容量和耐压。对固定电容器而言，电容器一般都标有误差，其中电解电容器误差较大。对可变电容器而言，人们通常只注意电容器的变化范围。选用电容器时，除容量满足电路要求外，实际所加电压也不能超过耐压值，否则电容器会被击穿。

（3）电容的标识方法 电容的标识方法有数字标注法、文字表示法和色标法。

1）数字标注法：用3位整数表示电容量大小，第1、2位为电容量的有效数字，第3位为有效数字后面加零的个数，单位为皮法（pF），例如223表示 $22\times10^3\text{pF}=22000\text{pF}$ 的电容量。但当第3位为9时，并不表示有效数字后面有9个0，而表示有效数字乘 10^{-1}，例如239表示 $23\times10^{-1}\text{pF}=2.3\text{pF}$。

2）文字表示法：将电容量的整数部分写在电容量单位标注符号的前面，小数部分写在电容量单位标注符号的后面。

3）色标法：与电阻的色标法大致相同。

（4）电容的检测 电容器的常见故障有断路、短路、失效等。为保证电容器正常工作，必须对其进行检测。对电容器的测量应该用专用仪器，如交流电桥等。下面只介绍用万用表测量电容的方法。

1）漏电电阻的测量。用万用表的电阻档（$R\times1\text{k}$ 或 $R\times10\text{k}$ 档，视电容器的容量而定）进行测量，当两表笔分别接触电容器的两根引线时，表针首先朝顺时针方向（R 为零的方向）摆动，然后慢慢地反方向退回到∞位置的附近，当表针静止时表针距无穷大较远，表明电容器漏电严重，不能使用。有的电容器在测量漏电电阻时，表针退回到无穷大位置后，又顺时针摆动，这表明电容器漏电更严重。具体测量方法如下：

①大电容器漏电电阻的测量（以100~1000μF为例）。用万用表的 $R\times1\text{k}$ 档进行测量，将表笔接触电容器的两极，当表针已偏转到最大值时，迅速从 $R\times1\text{k}$ 档拨到 $R\times1$ 档，片刻后拨回 $R\times1\text{k}$ 档，表针最后停止在某一刻度上，该读数即漏电电阻值。

②一般电容器漏电电阻的测量（以0.01~0.047μF为例）。用万用表的 $R\times10\text{k}$ 档进行测量，将表笔接触电容器的两极。表针先向顺时针方向跳动一下，然后逆时针复原，即退回到 $R\infty$ 处，若不能复原，则稳定后的读数即电容器的漏电电阻值。

若电容量特别小，用万用表就无法测量了。

2）电容器断路的测量。用万用表判断电容器的断路情况，首先要看电容量的大小。对于0.01μF以下的小容量电容器用万用表不能判断其是否断路，只能用其他仪表进行鉴别

(如 Q 表等)。对于 0.01μF 以上的电容器用万用表测量时，必须根据电容器容量的大小分别选择合适的量程，才能正确地加以判断。具体的测量方法是：用万用表的两表笔分别接触电容器的两根引线（测量时，手不能同时碰触两根引线），如果表针不动，将表针对调后再次进行测量，若表针仍不动，说明电容器断路。

3）电容器短路的测量。用万用表的 R 档进行测量，将两表笔分别接触电容器的两引线，如果表针指示阻值很小或为零，而表针不再退回，说明电容器已被击穿而短路。当测量电解电容时，要根据电容器容量的大小适当选择量程，否则会把电容器的充电误认为是击穿。

4）电解电容器极性的判断。用万用表测量电解电容器的漏电阻，并记下这个阻值的大小，然后将红、黑表笔对调后再次测量电容的漏电阻，将两次所测得的阻值进行对比，漏电电阻小的一次，黑表笔所接触的就是负极。

5）可变电容器的测量。对可变电容器主要是检测其是否发生碰片短路现象。方法是用万用表的电阻档（$R\times1$）测量动片和定片之间的绝缘电阻，即用红、黑表笔分别接触动片、定片，然后慢慢旋转动片。如果转到某一位置时，阻值为零，表明有碰片现象，应予以排除，然后再测；如果将动片全部旋进与旋出，阻值均为无穷大，表明可变电容器良好。

（5）电容元件在汽车电路中的应用　利用电容器的充电、放电特性，电容器广泛应用于汽车电路中。

（二）有源元件

电源有两种表示形式：一种是以电压形式表示的电源，称为电压源；另一种是以电流形式表示的电源，称为电流源。电压源分为理想电压源和实际电压源（通常称为电压源），电流源分为理想电流源和实际电流源（通常称为电流源）。理想电压源和理想电流源的符号如图 1-60 所示。

理想电压源的特点是输出恒定电压，其端电压不随输出电流的变化而变化。理想电流源的特点是输出恒定电流，其电流不随输出电压的变化而变化。理想电压源和理想电流源的伏安特性如图 1-61 所示。

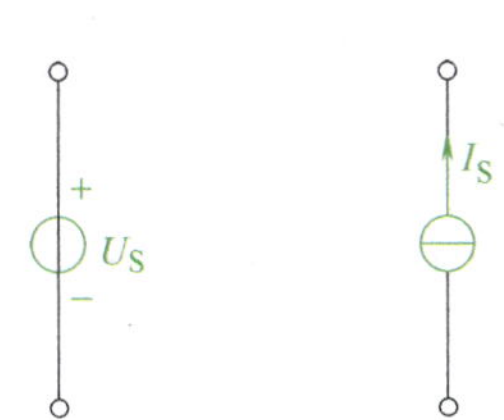

图 1-60　理想电压源和理想电流源的符号

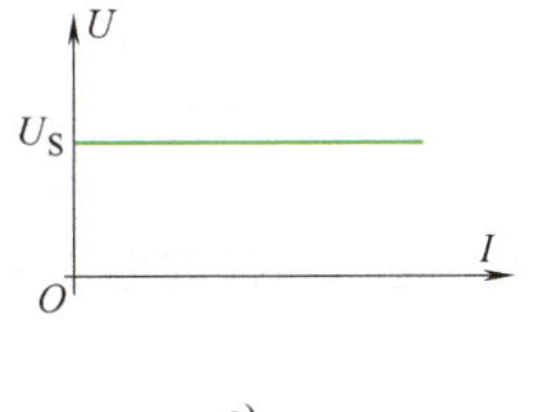

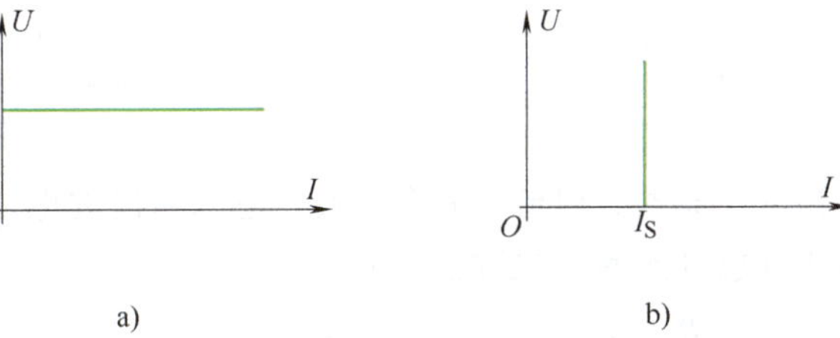

图 1-61　理想电压源和理想电流源的伏安特性

a）理想电压源的伏安特性　b）理想电流源的伏安特性

1. 电压源

电压源是由一个理想电压源 U_S 和内阻 R_0 串联而成的，如图 1-62 所示。

电压源接入负载电阻 R_L 后，电路如图 1-63 所示。由图 1-63 所示电路可得

$$U=U_S-R_0I \tag{1-22}$$

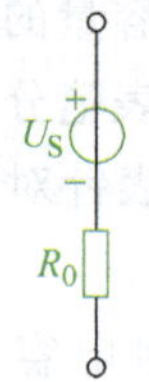

图 1-62 电压源电路模型

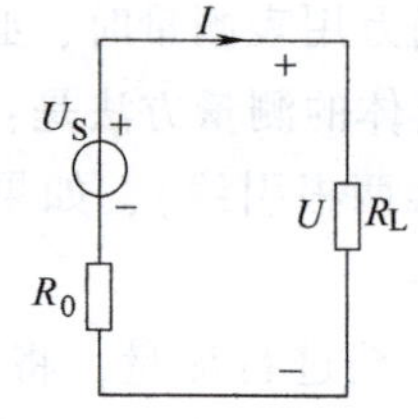

图 1-63 电压源电路

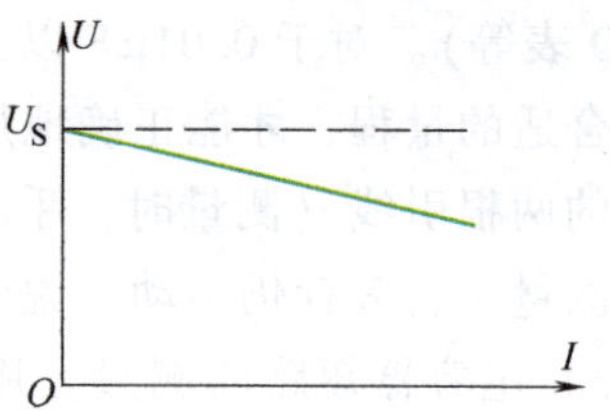

图 1-64 电压源伏安特性

式中，U 表示电源输出电压。它随电源输出电流的变化而变化，其伏安特性如图 1-64 所示。从电压源特性曲线可以看出：电压源输出电压的大小与其内阻阻值的大小有关；内阻 R_0 越小，输出电压的变化就越小，就越稳定。

当 $R_0=0$ 时，$U=U_S$，电压源输出的电压是恒定不变的，与通过它的电流无关，即理想电压源。

在实际应用中，$R_0=0$ 是不可能的，当电源的内阻远远小于负载电阻，即 $R_0 \ll R_L$ 时，内阻压降 $IR_0 \ll U$，则 $U \approx U_S$，电压源的输出基本恒定，此时可以认为是理想电压源（也称恒压源）。

2. 电流源

电流源是由一个理想电流源 I_S 和内阻 R_0 并联构成的，如图 1-65 所示。电流源接入负载 R_L 后，电路如图 1-66 所示。

将式（1-22）两边除以电压源的内阻，得

$$\frac{U}{R_0}=\frac{U_S}{R_0}-I=I_S-I \tag{1-23}$$

式中，$I_S=\dfrac{U_S}{R_0}$为电源的短路电流；I 为负载电流；U/R_0 为流经电源内阻的电流。

图 1-66 中两条支路并联，流过的电流分别为 I_S 和 U/R_0。其伏安特性如图 1-67 所示。

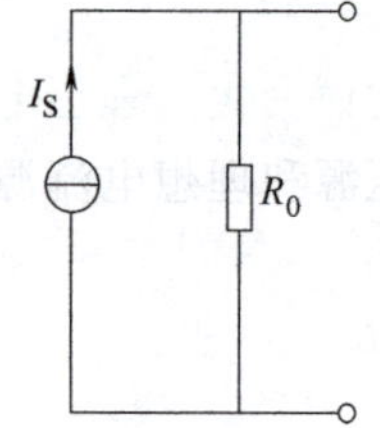

图 1-65 电流源电路模型

图 1-66 电流源电路

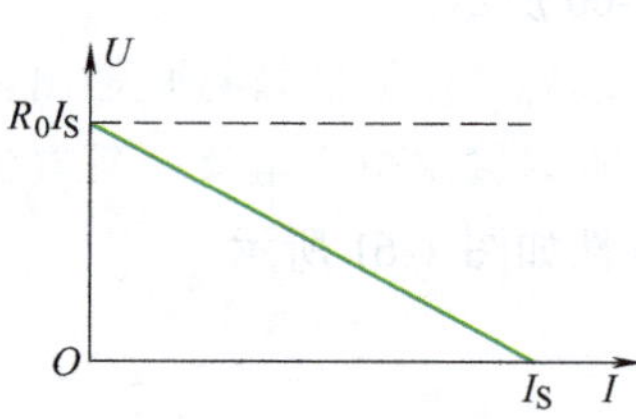

图 1-67 电流源伏安特性

当 $R_0=\infty$ 时，电流 I 恒等于 I_S，电源输出的电压由负载电阻 R_L 和电流 I 确定。此时电流源为理想电流源（也称恒流源）。

当 $R_0 \gg R_L$ 时，$I \approx I_s$，电流源输出电流基本恒定，可认为是恒流源。

3. 电压源与电流源的等效变换

电流源和电压源的伏安特性可以重合，因此它们的电路模型也是等效的，可以进行等效变换，如图 1-68 所示。

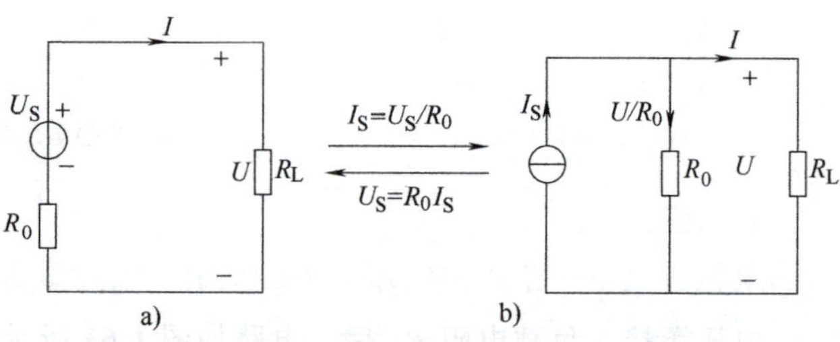

图 1-68 电压源与电流源的等效变换

a）电压源 b）电流源

电流源和电压源的等效关系是对外电路而言的，对电源内部并不等效。例如在图 1-68a 中，当电压源开路时，$I=0$，内阻 R_0 无损耗；但在图 1-68b 中，当电流源负载开路时，电源内部仍有电流，内阻 R_0 有损耗。同理，电压源短路（$R_L=0$）时，$U=0$，电源内部有电流，有损耗。

注意：

1）理想电压源和理想电流源不能等效变换。

2）电压源和电流源是同一实际电源的两种不同模型，两者对外电路是等效的，对电源内部并不等效。

六、常见汽车电路故障及检修方法

（一）常见汽车电路故障

汽车电路故障种类较多，常见的有接触电阻故障、短路故障和断路故障。

1. 接触电阻

汽车电路工作一段时间后，器件连接部位在空气、湿气、污物和侵蚀性气体的作用下出现氧化现象，这种氧化作用会使连接部位的接触电阻增大。根据欧姆定律，电阻增大会产生电压降，电路中的电阻增大导致电流减小，因此用电器内实际消耗的功率减小。

接触电阻可以通过测量闭合电路内的电压来确定。如图 1-69 所示，灯泡两端正常电压应为 12V，若电路中灯泡两端电压为 9V，说明除灯泡外还存在一个电阻正在分压。通过检测发现开关两端电压为 3V，说明开关存在电阻，可能是因为接触不良造成的。

图 1-69　接触电阻的测量

2. 短路

短路通常是由于绝缘不良或电器系统及电路出现电路故障造成的。在电路发生短路时，电流达到最大值（即短路电流），导体因无法承受短路电流而在导体上产生火花或过热。如果短路电流没有受到限制，可能导致没有熔丝保护的导线或电缆过热而损坏。因此要求电路中出现较高的短路电流时熔丝必须熔断，以最快的速度将短路部位与其他正常的供电网络断开。

如图 1-70 所示，电路中的灯泡不发光，进一步检查发现熔断器已经熔断，说明电路中有短路现象发生。

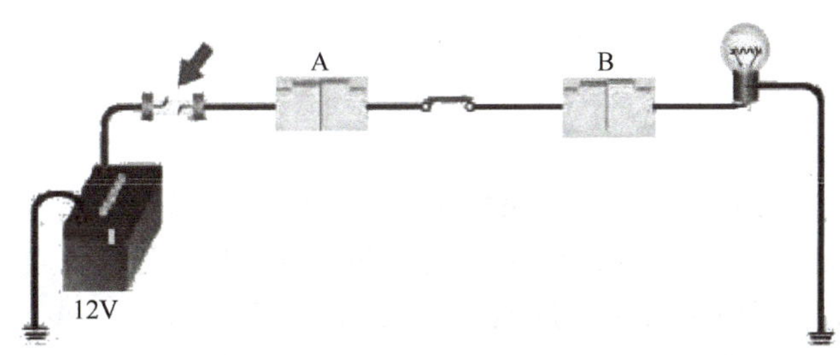

图 1-70　电路的短路现象

检测电路的短路位置，可以通过测量各处的电阻值来进行。如图1-71所示，断开各插接器，分别测量各点对地的电阻值。通过测量发现，在B侧的对地电阻为0，表明插接器B对地短路，从而引起电流过大，熔断器断开。

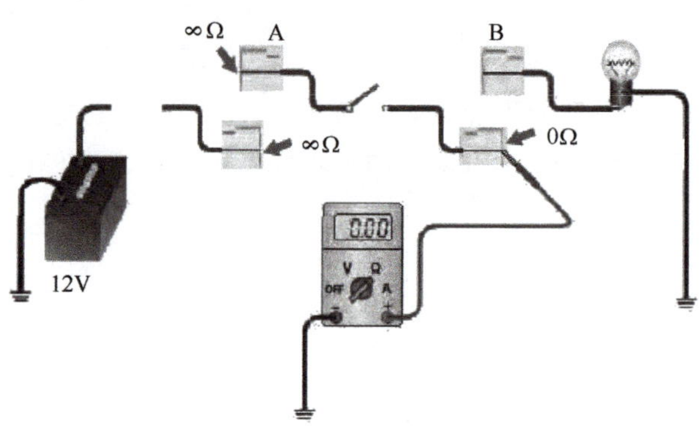

图1-71 电路短路位置的检测

3. 断路

电路断路时，用电设备所需要的电流中断无法工作。断路通常是由于连接问题造成的。图1-72所示电路中，白炽灯无法工作，而熔断器正常，说明电路中有断路现象。

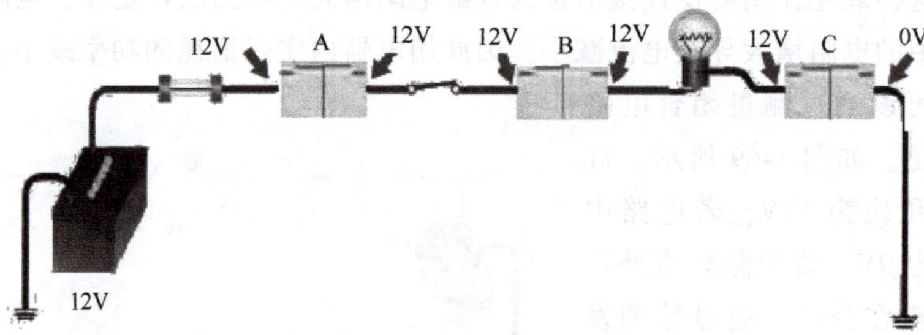

图1-72 电路的断路现象

检测电路的断路位置，可通过测量电路中各点对地的电压（各点电位）来进行。如图1-72所示，用万用表分别测得电路中各点的电位值，由此判断，插接器C处断路，阻断了电流。

（二）常见汽车电路故障检测工具

汽车电路故障检测工具较多，常见的有试灯、跨接线、万用表、示波器、故障诊断仪等。

1. 试灯

试灯是测试汽车电路短路或断路的常用简单工具。图1-73所示为简易试灯。试灯的手柄是透明的，里面装有一只灯泡（或LED），手柄的一端伸出带尖的探头，另一端引出带鳄鱼夹的搭铁线。

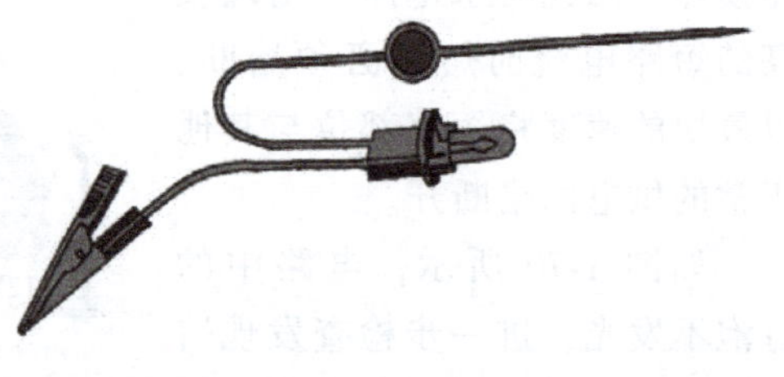

图1-73 试灯

在图 1-72 所示电路中，可以用试灯判断断路点所在位置。具体方法是：将鳄鱼夹夹在搭铁点（蓄电池负极）上，让探头分别与电路中各点接触，如果灯亮说明该处有电流流过，并非断路点；如果试灯不亮，则说明电流在此之前断开，存在故障，如此即可以找到断路点所在位置。

市面上有专用的汽车电路检测仪出售，如图 1-74 所示，既可作为试灯，也可以作为试电笔使用。图 1-75 所示为用汽车电路检测仪的试灯和电压表功能检测电路。

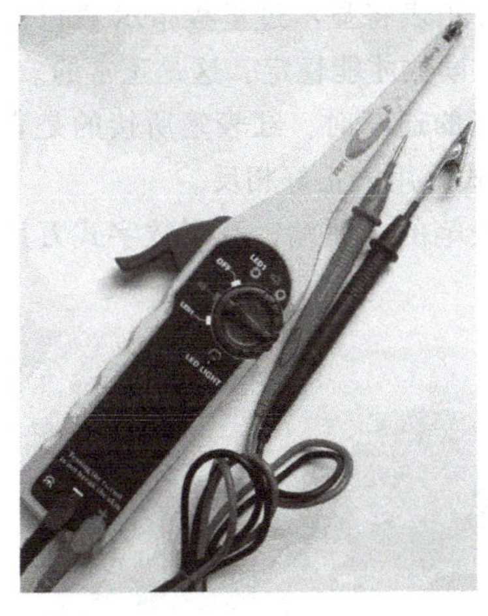

图 1-74　汽车电路检测仪

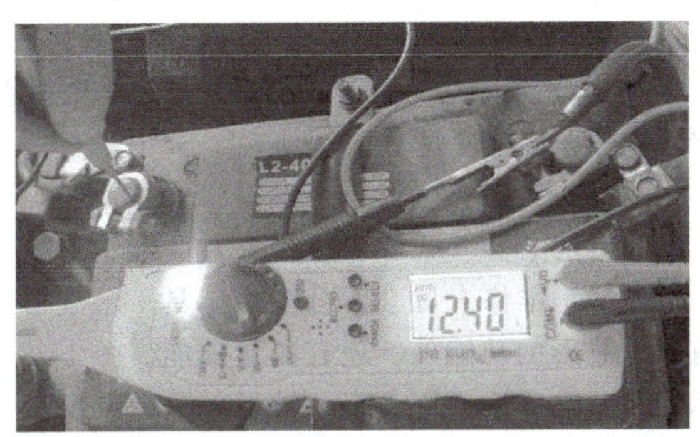

图 1-75　用汽车电路检测仪的试灯和电压表功能检测电路

2. 跨接线

跨接线其实就是一根导线，它的两端做成了特殊的形状，以满足不同部件的检测需要。一种是鳄鱼夹式（图 1-76），另一种是测试针式。跨接线的设计虽然比较简单，但却是一件非常实用的工具。

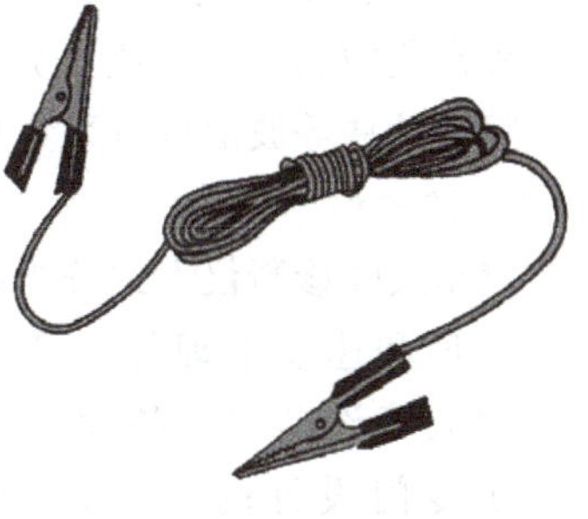

图 1-76　简易跨接线

在跨接线使用过程中需要注意以下事项：必须确认被跨接的两点电位相等；绝对禁止将电源相线与搭铁跨接。使用截面面积在 $16mm^2$ 以上的鳄鱼夹式跨接线，可以借助其他汽车上的蓄电池起动故障车辆发动机。

利用跨接线可以为因断路等原因无法工作的负载提供电源，办法是用跨接线的一端接蓄电池正极，另一端接负载的电源接线端。同时，也可以用跨接线旁路掉电路中的开关、导线、插接器等中间器件的办法来检查负载部件的故障。

3. 万用表

数字式万用表具有很高的灵敏度和准确度，显示直观清晰、功能齐全、性能稳定、输入阻抗高、测量速度快、过载能力强。数字式万用表采用数字化测量技术，把被测量转换成电压信号，并以数字形式加以显示。数字式万用表是在模拟式万用表的基础上扩展而成的。如图 1-77 所示，数字式万用表由面板、外壳、液晶显示器、测量电路及转换开关等组成。

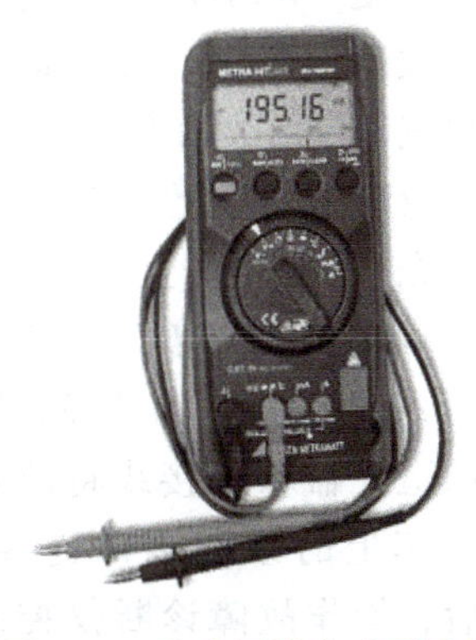

图 1-77　汽车用数字式万用表

汽车用数字式万用表可以测量直流电压、交流电压、喷油脉冲、二极管通断、电阻、电流、转速、闭合角等。

数字式万用表在使用过程中应注意以下事项：

1）在测量直流电流时，数字式万用表能自动转换或显示极性。若显示值为正值，说明电流流入红表笔。使用完毕时，应及时将红表笔从电流插孔中拔出，插入电压插孔，以免在电流档误测电压而导致万用表损坏。

2）测电阻时，如果被测电阻超出所选量程最大值，万用表将显示过量程指示“1”，这时应选择更高的量程。对于大于 1MΩ 的电阻，要待几秒后读数才能稳定，这是正常的。

3）在用数字式万用表的电阻档检测二极管、检查电路的通断时，红表笔所接的是表内电池的正极，黑表笔所接的是表内电池的负极，这与模拟式万用表正好相反。

4）在测量电容时，两手不得接触电容的电极引线和表笔的金属端，否则数字式万用表将严重跳数，甚至过载。

4. 示波器

示波器是电器、电子维修技术人员常用的设备，也是汽车维修人员必不可少的工具。示波器除有显示波形的功能外，还有测量功能。图 1-78 所示为汽车维修用通用数字示波器。学会使用示波器是汽车维修技术人员必须掌握的一项技能。

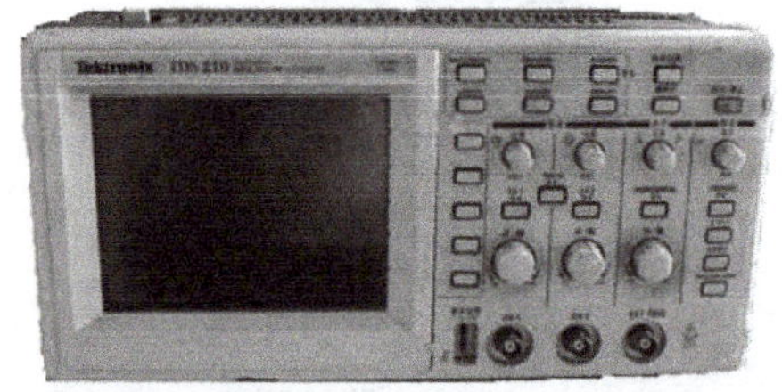

图 1-78 汽车维修用通用数字示波器

目前普遍使用的是双踪示波器，它可同时观察和测定两种不同电信号的瞬变过程，以便进行定性和定量的测量、对比、分析和研究。汽车维修用数字示波器能对各种传感器、点火系统、喷油脉冲等波形进行采集显示。

5. 故障诊断仪

汽车故障诊断仪大致分为两种，一种是通用故障诊断仪，可以适用大多数车型，但是检测的精度和速度不理想；另一种是专用故障诊断仪，各大汽车厂推出了专门设计的故障诊断仪，这种诊断仪对故障的检测非常快捷和方便。图 1-79 所示为通用型汽车故障诊断仪。图 1-80 所示为丰田汽车专用故障诊断仪。

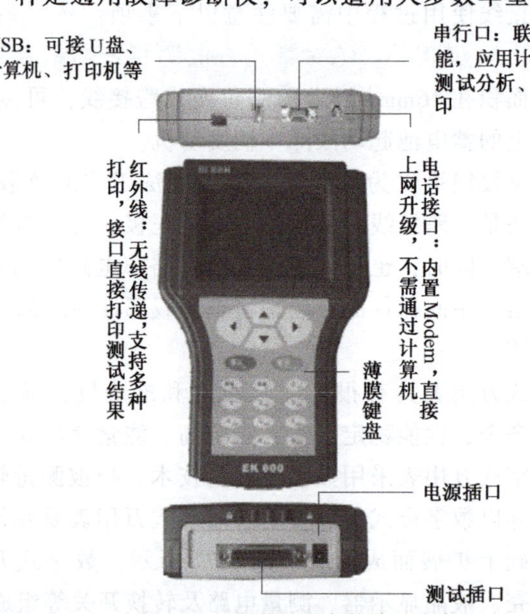

图 1-79 通用型汽车故障诊断仪

故障诊断仪的使用方法：首先，先找到汽车上的诊断接口（它一般位于仪表盘下或者发动机室内）；然后，使用故障诊断仪配备的适配器和连接线将故障诊断仪与车上的诊断接口连接起来；最后，操作故障诊断仪控制面板上的按键，按照荧屏上的提示操

图1-80 丰田汽车专用故障诊断仪

作，就可以对电控汽车各系统的传感器、执行器、电路及电控单元（ECU）进行检测。

（三）汽车电气系统故障检修方法

汽车电气设备故障大部分是由于断路或短路而引起的，诊断时一般应先判断是属于高压电路还是低压电路，然后采用一些简便的方法迅速查出断路或短路位置，即找出发生故障的确切部位。一般常用的诊断方法有以下几种。

1. 直观判断法

汽车电路发生故障时，有时会出现冒烟、火花、异响、焦臭、发热等异常现象。这些现象可通过眼、耳、鼻、身感觉到，从而可以直接判断出故障所在部位。

例如，汽车行驶中转向灯与转向指示灯均不亮，用手触摸，感觉闪光器发热烫手，说明闪光器被烧坏。

2. 断路试验法

汽车电路设备发生搭铁（短路）故障时，可用断路法判断，即将怀疑有搭铁故障的电路段断路，根据电器设备中搭铁故障是否存在，判断电路搭铁的部件和原因。

例如，汽车行驶中电喇叭长鸣，则可以将继电器“按钮”接线柱上的导线拆开，此时如果喇叭停鸣，则说明喇叭按钮到继电器这段电路中有搭铁现象；若喇叭仍然长鸣，说明断开的这段电路正常。

3. 短接试验法

汽车电路中出现断路故障，还可以用短接法判断，即用导线将被怀疑有断路故障的电路短接，观察仪表指针变化或电器设备的工作状况，从而判断出该电路中是否存在断路故障。

例如，怀疑汽车电路中的各种开关有故障时，可用导线将开关短接来判断开关是否损坏。

4. 试灯观察法

用试灯法可以检查电路有无断路故障，方法如前所述。

5. 仪表观察法

仪表观察法是通过观察汽车仪表板上的电流表、冷却液温度表、燃油表、润滑油压力表等的指示情况，来判断电路中有无故障的方法。

例如，发动机冷态，接通点火开关时，冷却液温度表指示满刻度位置不动，说明冷却液

温度表传感器有故障或该线路有搭铁。

6. 高压试火法

高压试火法是对高压电路进行搭铁试火，观察电火花状况，从而判断点火系统工作情况的方法。

具体方法：取下点火线圈或火花塞的高压导线，将其对准火花塞或缸盖等，距离约5mm，然后接通起动开关，起动发动机，看其跳火情况。如果火花强烈，呈天蓝色，且跳火声较大，则表明点火系统工作基本正常；反之，则说明点火系工作不正常。

7. 低压搭铁试火法

低压搭铁试火法是拆下用电设备接线的某一端对汽车的金属部分（搭铁）碰试而产生火花来判断故障的方法。

直接搭铁指未经过负载而搭铁，以是否产生强烈的火花来判断电路有无故障。例如，要判断点火线圈至蓄电池一段电路是否有故障，可拆下点火线圈上连接点火开关的插接器，在汽车车身或车架上刮碰。如果有强烈的火花，说明该段电路正常；如果无火花产生，说明该段电路出现断路。

间接搭铁指通过汽车电器的某一负载而搭铁，以是否产生微弱的火花来判断电路或负载有无故障。例如，将传统点火系统断电器连接线搭铁（回路经过点火线圈初级绕组），如果有火花，说明这段电路正常；如果无火花，则说明这段电路出现断路。

8. 换件比较法

在实际故障诊断中经常采用换件比较法，即使用一个无故障的器件替换怀疑可能出现故障的器件，观察出现故障系统的工作情况，从而判断故障所在。例如，发现转向灯不亮时，若怀疑闪光继电器有故障，可换装一个无故障的闪光继电器，换装后若灯闪亮，表明原继电器有故障；若灯仍不亮，说明原电器无故障。

注意：在换件前要对其电路进行必要的检查，确保电路正常才可使用，否则会造成更大的损失。

9. 仪器检测法

随着汽车电气设备的日趋复杂，在维修中，特别是维修装备电子设备较多的车辆时，使用一些专用的仪器（如汽车故障诊断仪等）是十分必要的。故障诊断仪可以准确地检测出汽车故障所在位置，提高维修效率。

电气系统发生故障时，应反复交替使用上述诊断方法，按照先易后难的顺序查找，迅速、准确地找出故障原因和具体部位，并及时给以排除，保证正常行车。

七、基尔霍夫定律

欧姆定律是分析和计算电路的基本定律，但在复杂电路中的分析与计算中，还离不开基尔霍夫电流定律和基尔霍夫电压定律。基尔霍夫电流定律针对节点对电路进行分析，基尔霍夫电压定律针对回路对电路进行分析。

（一）基本概念

（1）支路　通常情况下，电路中流过同一电流的分支称为支路。图 1-81 所示电路中有

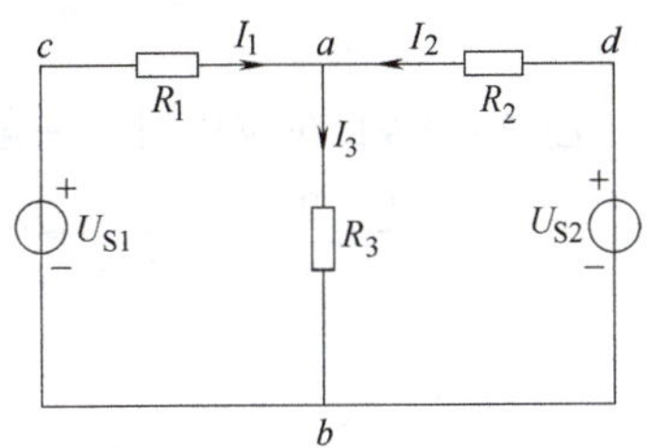

图 1-81　电路举例（一）

acb、*adb* 和 *ab* 3 条支路。其中，*acb*、*adb* 支路中有电源，称为有源支路；*ab* 支路中无电源，称为无源支路。

（2）节点　电路中 3 条或 3 条以上支路的连接点称为节点。图 1-81 所示电路中有 *a*、*b* 两个节点，*c*、*d* 不是节点。

（3）回路　电路中任一闭合路径都称为回路。图 1-81 所示电路中有 *abca*、*adba*、*cbdac* 3 个回路。

（4）网孔　不含交叉支路的回路称为网孔。图 1-81 所示电路中有 *abca*、*adba* 两个网孔。

（二）基尔霍夫电流定律

基尔霍夫电流定律（KCL）用以确定连接在同一节点上的各个支路之间的电流关系。

基尔霍夫电流定律可描述为：在任何时刻，和电路中任一节点相连接的所有支路电流的代数和等于零，即在任一时刻流进节点的电流等于流出该节点的电流，可表达为

$$\sum I=0 \tag{1-24}$$

若规定流进节点的电流方向为正值，则流出节点的电流即为负值。因此在图 1-81 所示电路中有

$$I_1+I_2=I_3$$

也可表示为

$$I_1+I_2-I_3=0$$

KCL 也可推广应用于包围几个节点的闭合面（广义节点），即在任一时刻，流入闭合面的电流等于流出闭合面的电流。在图 1-82 中，由 KCL 可得闭合面内各电流关系为

$$I_B+I_C-I_E=0$$

（三）基尔霍夫电压定律

基尔霍夫电压定律（KVL）用以确定回路中的各段电压间的关系。

基尔霍夫电压定律可描述为：在任一回路中，从任一点以顺时针或逆时针方向沿回路循行一周，所有支路或元件上电压的代数和等于零，即

$$\sum U=0 \tag{1-25}$$

为了应用 KVL，必须假设回路的循行方向，电压的参考方向与回路的循行方向一致时，电压取正值，反之则取负值。

如图 1-83 所示，回路中的电源电动势、电流和各段电压的参考方向均已标出，按顺时针循行一周可列出如下电压方程：

$$U_S+U_1+U_2+U_3=0$$

或

$$U_S+R_1I_1+R_2I_2+R_3I_3=0$$

I_C　I_B　I_E

图 1-82　广义节点的应用

基尔霍夫电压定律不仅适用于闭合回路，也可以推广应用到回路的部分电路（广义回路），用于求回路的开路电压。图 1-84 所示电路的开路电压 U 为

$$U=U_1-U_2$$

注意：KVL在应用时，一般对独立回路列电压方程，网孔都是独立回路。

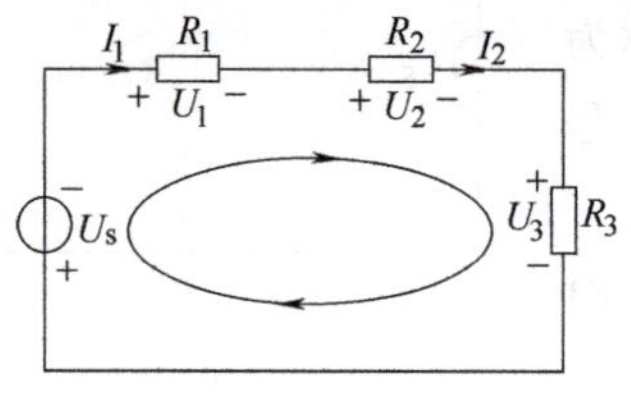

图 1-83 电路举例（二）

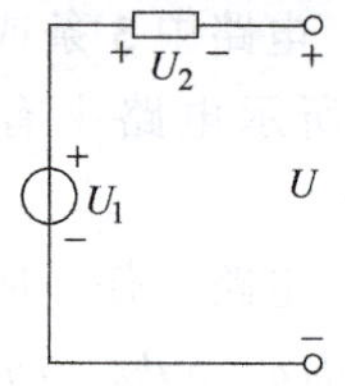

图 1-84 电路举例（三）

八、电路的过渡过程

（一）过渡过程的产生与换路定律

1. 过渡过程的概念

在电路连接方式和电路元件参数不变的情况下，电路中电压、电流值恒定，电路的这种状态称为稳态。

电路从一种稳态变化到另一种稳态的过程，称为电路的过渡过程，也称为暂态。求解过渡过程中电压或电流随时间变化的规律、影响过渡过程快慢的时间常数的过程称为过渡过程分析，又称为暂态分析。

研究过渡过程的实际意义，一是可以利用电路过渡过程产生特定波形的电信号，如锯齿波、三角波、尖脉冲等，应用于电子电路；二是可以控制、预防可能产生的危害，因为过渡过程开始的瞬间可能产生过电压、过电流使电气设备或元件损坏。

2. 产生过渡过程的原因

电路中出现过渡过程是因为电路中有电感、电容这类储能元件的存在。

图1-85所示电路中，当接通电源的瞬间，电容 C 两端的电压并不能立刻达到稳定值 U_S，而是有一个从合上开关前的 $u_C=0$ 逐渐增大到 $u_C=U_S$（图1-85b）的过渡过程。否则，合闸后的电压将有跃变，电容电流 $i_C=C\ du/dt$，i_C 将为无穷大，这是不可能的。

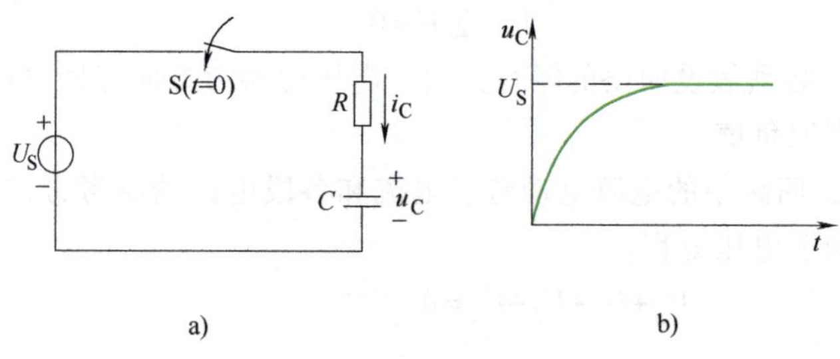

图 1-85 RC串联电路

同样，对于电感电路，图1-86a所示电路中，当电源接通后，电路的电流不可能立即跃变到 U/R，而是从 $i_L=0$ 逐渐增大到 $i_L=U/R$（图1-86b）这样一个过渡过程。否则，电感内产生的感生电动势 $e_L=-L di/dt$ 将为无穷大，这是不可能的。

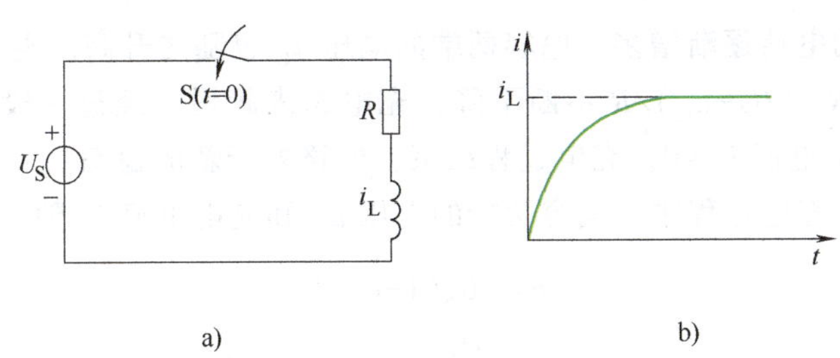

图 1-86　*RL* 串联电路

过渡过程产生的实质是由于电感、电容元件是储能元件，能量的变化是逐渐的，不能发生突变，需要一个过程。而电容元件储存的电场能 $W_C=\frac{1}{2}Cu_C^2$，电感元件储有的磁场能 $W_L=\frac{1}{2}Li_L^2$，所以电容两端电压 u_C 和通过电感的电流 i_L 只能是连续变化的，不能跃变。

因为能量的存储和释放需要一个过程，所以有电容或电感的电路存在过渡过程。由此可见：产生过渡过程的内因是电路中存在储能元件，外因是电路出现换路。

3. 换路定律

电路工作状态的改变（如电路的接通、断开、短路、改路及电路元件参数值发生变化等）称为换路。由以上分析可知，换路的瞬间，电容两端的电压 u_C 不能跃变，流过电感的电流 i_L 不能跃变，这即为换路定律。用 $t=0_-$ 表示换路前的终了瞬间，$t=0_+$ 表示换路后的初始瞬间，则换路定律表示为

$$u_C(0_+)=u_C(0_-) \tag{1-26}$$

$$i_L(0_+)=i_L(0_-) \tag{1-27}$$

注意：换路定律只说明电容上电压和电感中的电流不能发生跃变，而流过电容的电流、电感上的电压以及电阻元件的电流和电压均可以发生跃变。

（二）*RC* 电路的过渡过程

1. *RC* 电路的充电过程

图 1-87 所示为 *RC* 充电电路。设开关 S 合上前电路处于稳态，电容两端电压 $u_C(0_-)=0$，电容元件的两极板上无电荷。在 $t=0$ 时合上开关 S，电源经电阻对电容充电，由于电容两端电压不能突变，$u_C(0_+)=0$，此时电路中的充电电流 $i_C(0_+)=U_S/R$。

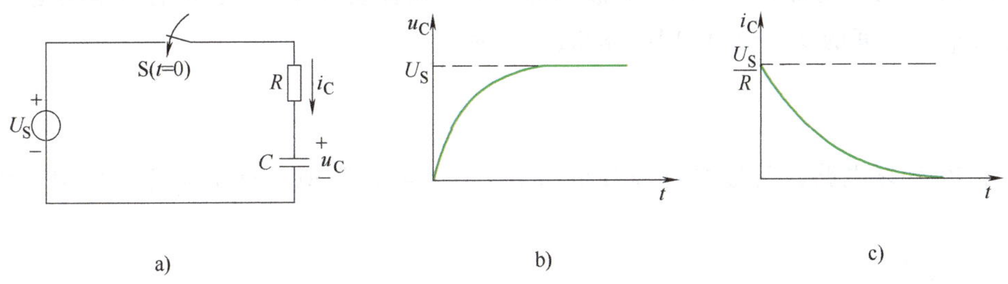

图 1-87　电容充电过程

a) *RC* 充电电路　b) u_C 变化曲线　c) i_C 变化曲线

随着电容积累的电荷逐渐增多，电容两端的电压 u_C 也随之升高。电阻分压 u_R 减少，电路充电电流 $i_C=u_R/R=(U_S-u_C)/R$ 不断下降，充电越来越慢。经过一段时间后，电容两端电压 $u_C=U_S$，电路中电流 $i_C=0$，充电过程结束，电路处于新的稳态。

经推导可知，在充电过程中，电容两端的电压 u_C 和充电电流 i_C 随时间的变化为

$$u_C=U_S(1-e^{-\frac{t}{\tau}}) \tag{1-28}$$

$$i_C=\frac{U_S}{R}e^{-\frac{t}{\tau}} \tag{1-29}$$

式中，$\tau=RC$，为时间常数。

电容充电过程中，电容两端的电压 u_C 和充电电流 i_C 随时间的变化如图 1-87、c 所示。时间常数 $\tau=RC$ 越大，充电时间越长。这是因为 C 越大，电压 U 一定时，电容储能越大，电荷越多；而 R 越大，则充电电流越小，所以需要更长的充电时间。

2. RC 电路的放电过程

图 1-88a 所示电路中，开关 S 原来置于位置 1，电路达到稳态，电容电压 $u_C(0_-)=U$。$t=0$ 时将开关 S 由位置 1 扳向位置 2，这时 RC 电路脱离电源，电容器通过电阻放电。由于电容电压不能突变，$u_C(0_+)=u_C(0_-)=U_S$，此时放电电流 $i_C(0_+)=U_S/R$。随着放电过程的进行，电容储存的电荷越来越少，电容两端的电压 u_C 越来越小，电路电流 $i=u_C/R$ 越来越小。

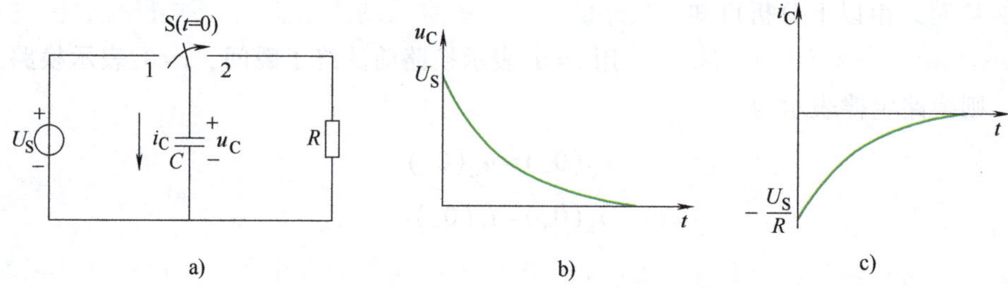

图 1-88　电容放电过程

a) RC 放电电路　b) u_C 变化曲线　c) i_C 变化曲线

经推导，电容放电过程中，电容电压 u_C 和电流 i_C 随时间的变化为

$$u_C=U_S e^{-t/\tau} \tag{1-30}$$

$$i_C=\frac{U_S}{R}e^{-t/\tau} \tag{1-31}$$

式中，$\tau=RC$，为时间常数，表示电容放电的快慢。电容放电过程中，电容两端的电压 u_C 和充电电流 i_C 随时间的变化规律如图 1-88b、c 所示。

（三）RL 电路的过渡过程

对于 RL 串联电路，其过渡过程分析与 RC 串联电路类似，只是电感元件中电流不能突变。

1. RL 电路接通电源

在图 1-89 所示 RL 串联电路中，S 刚刚闭合时，电路中的电流因受电感的作用不会立即由零变到稳定值，这时电路的方程为

$$u_R + u_L = U_S$$

即

$$Ri + L\frac{di}{dt} = U_S$$

当开关接通瞬间，$i_L=0$，这时电阻上没有电压，电感两端的电压 u_L 必然等于电源电压 U_S。当达到稳态后，电流不再变化，自感电动势等于零，所以，$u_L=0$，电路中电流 $i_L=U/R$。

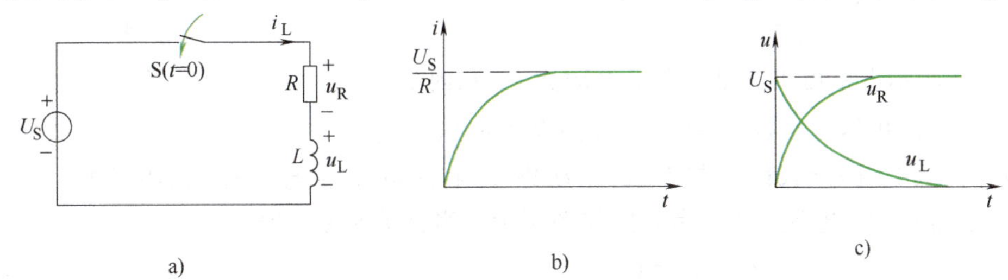

图 1-89　RL 串联电路接通电源过程

a）RL 电路接通　b）i 变化曲线　c）u_R 和 u_L 变化曲线

推导可得

$$i = \frac{U_S}{R}(1-e^{-\frac{R}{L}t}) = \frac{U_S}{R}(1-e^{-\frac{t}{\tau}}) \tag{1-32}$$

所以

$$u_R = U_S(1-e^{-\frac{R}{L}t}) = U_S(1-e^{-\frac{t}{\tau}}) \tag{1-33}$$

$$u_L = U_S e^{-\frac{R}{L}t} = U_S e^{-\frac{t}{\tau}} \tag{1-34}$$

式中，$\tau=L/R$，为 RL 电路的时间常数。τ 的大小表示过渡过程进行的快慢。因为 L 越小，电感线圈所储存的磁场能量越小。R 越大，在电源电压一定时，电流的稳定值越小，即需建立的磁场能量越小，这都促使过渡过程加快。i、u_R 和 u_L 随时间变化的曲线如图 1-89b、c 所示。

2. RL 电路切断电源

在图 1-90 所示电路中，在开关 S 断开前，电感线圈中流过稳定电流 $I_L=U_S/R_1$，电阻中没有电流，因为它被电感线圈短路（忽略线圈电阻）。当开关 S 断开后，R_1 上没有电流，只需要考虑 RL 构成的电路，其等效电路如图 1-90 所示。当开关 S 断开瞬间，由于电感线圈中储存有磁场能量，回路中的电流不能立即降为零。S 断开后，线圈实际上变成一个“临时电源”。

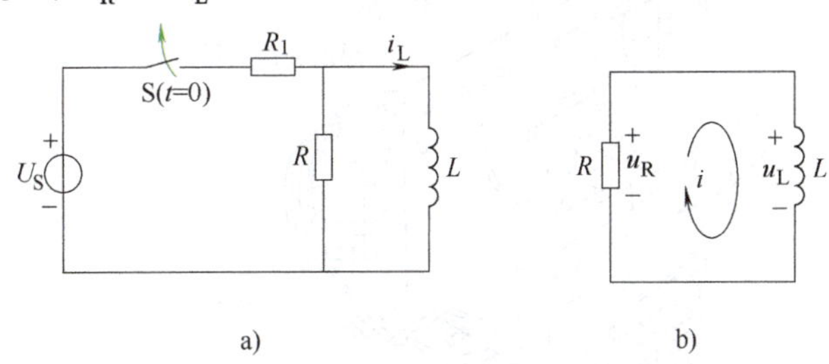

图 1-90　RL 电路切断电源过程

a）RL 并联电路切断　b）RL 并联电路等效电流

电路分析

1. 电路中电位的梯度变化

试计算图 1-91 所示电路中 B 点的电位。

解：电路中的电流

$$I=\frac{V_A-V_C}{R_1+R_2}=\frac{6-(-9)}{100+50}\text{mA}=0.1\text{mA}$$

$$U_{AB}=V_A-V_B=R_2I=50\times0.1\text{V}=5\text{V}$$

$$V_B=V_A-R_2I=6\text{V}-5\text{V}=1\text{V}$$

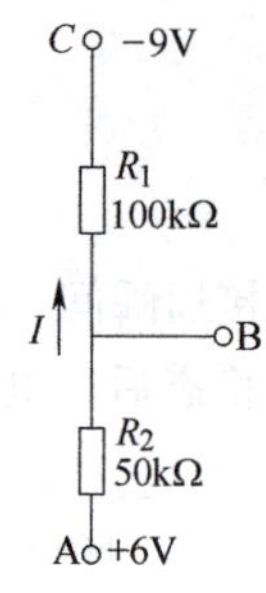

图 1-91　电路中电位例图

2. 电路空载及负载特征的应用

图 1-92 所示电路可供测量电源的电动势 U_S 和内阻 R_0。若开关 S 打开时电压表读数为 6V，开关闭合时电压表读数为 5.8V，负载电阻 $R=10\Omega$，试求电源电动势 U_S 和内阻 R_0（电压表的内阻可视为无限大）。

解：设电压 U、电流 I 的参考方向如图所示，当开关 S 断开时

$$U=U_S-IR_0=U_S$$

所以此时电压表的读数即为电源的电动势，$U_S=6\text{V}$。当开关 S 闭合时，电路中的电流为

$$I=\frac{U}{R}=\frac{5.8}{10}\text{A}=0.58\text{A}$$

故内阻

$$R_0=\frac{U_S-U}{I}=\frac{6-5.8}{0.58}\Omega=0.345\Omega$$

图 1-92　电路空载及负载应用例图

3. 热线式空气流量计的基本工作原理

图 1-93 所示为汽车电子控制汽油喷射系统主要装置——热线式空气流量计，其电桥电路如图 1-94 所示。它采用电桥电路检测进气量并转换成电信号送入发动机电控单元（ECU），是确定发动机基本喷油量的重要信号之一。

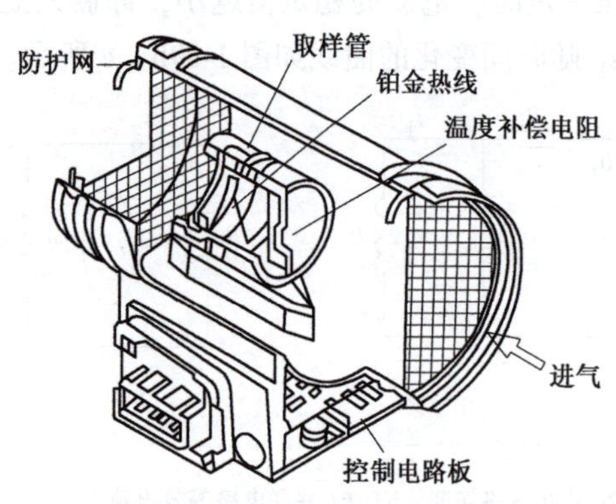

图 1-93　热线式空气流量计

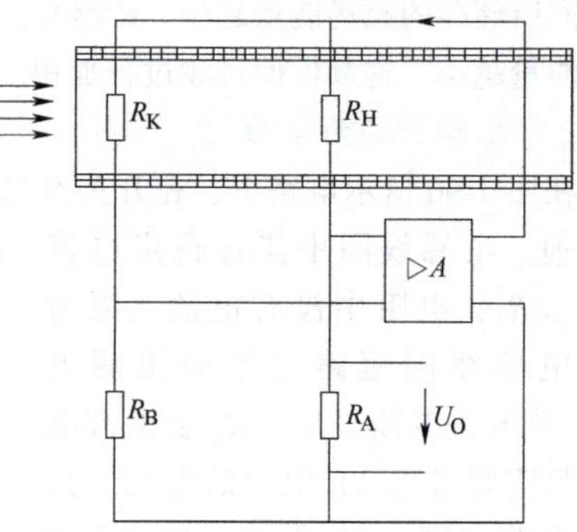

图 1-94　热线式空气流量计电桥电路

图 1-94 中热线（白金）电阻 R_H 和温度补偿电阻 R_K 分别是电桥的一个臂，精密电阻 R_A 也是电桥的一个臂，该电阻上的电压即是热线式空气流量计的输出信号电压，另一个臂 R_B 安装在控制电路板面上。

当进气气流流过热线电阻时，其热量被流过的空气吸收，使热线温度降低，且空气流量增大时，被带走的热量增加。热线式空气流量计就是利用热线与空气之间的这种热传递进行

空气流量测定的。

混合集成电路 A 控制热线温度，当空气流过该热线时，由于空气带走热量使热线的温度降低而引起其电阻值降低，从而电桥失去平衡。为了保持电桥平衡，必须提高电压，加大通过热线的电流，进而使热线的温度升高，使原来的电阻值恢复。根据这一原理，通过控制电路改变电桥的电压和电流，使热线损失的热量与电流加热热线产生的热量相等，并使热线的温度和其电阻值保持一致。这样通过热线电阻的电流量便是空气流量的单调函数，即热线电流随空气流量的增大而增大，随空气流量的减小而减小。加热电流通过精密电阻产生的电压降作为电压输出信号输送给 ECU，于是 ECU 便可通过电压降的大小测得空气流量。

4. 热敏电阻式燃油报警工作原理

图 1-95 所示为热敏电阻式燃油报警电路。热敏电阻装在燃油箱内，当燃油量多时，负温度系数热敏电阻浸在油中，散热快，温度低，电阻值大，因此电路中几乎没有电流，警告灯不亮。当燃油减少到规定值以下时，热敏电阻露出油面，热敏电阻温度升高，电阻值减小，电路中电流增大，警告灯亮，提醒驾驶人加油。

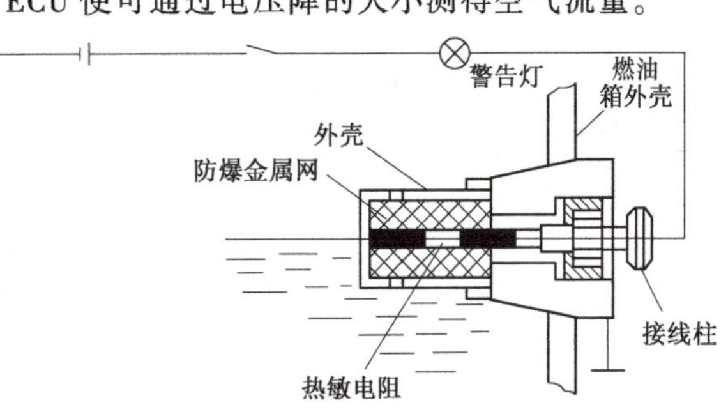

图 1-95　热敏电阻式燃油报警电路

5. 半导体压敏电阻式进气压力传感器工作原理

半导体压敏电阻式传感器应用广泛，电阻应变计式碰撞传感器和半导体压敏电阻式进气压力传感器是其在汽车电路中的重要应用。半导体压敏电阻式进气压力传感器的外形及结构如图 1-96 所示。其压力转换元件是利用半导体的压阻效应制成的硅膜片，其变形与压力成正比，利用电桥将硅膜片的变形转换成电信号。半导体压敏电阻式进气压力传感器压力转换电桥电路如图 1-97 所示。

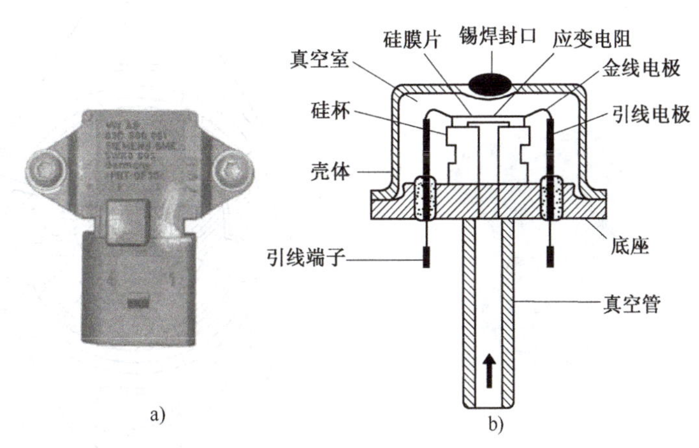

图 1-96　半导体压敏电阻式进气压力传感器的外形及结构

a）外形　b）结构

半导体压敏电阻式进气压力传感器安装在节气门与进气门之间的进气管上，由压力转换元件（硅片）、混合集成电路和真空室组成，如图 1-98 所示。硅膜片的一面是真空室，另一面与进气歧管压力相通。其中部薄膜周围有 4 个应变电阻，组成电桥。随着进气歧管内绝对压力增高，硅膜片中的变形增大，薄膜片上的应变电阻的阻值与变形成正比例，电桥失去平衡，通过电桥将硅膜片的变形转换成为电信号，经混合集成电路放大后输入到发动机电控单元，从而确定发动机进气量。

6. 节气门位置传感器工作原理

可变电阻式（线性输出型）节气门位置传感器的外形及结构如图1-99所示。节气门位置传感器通常安装在节气门体上，它将节气门打开的角度转换成电压信号送到电控单元，以便在节气门不同开度状态时控制喷油量。

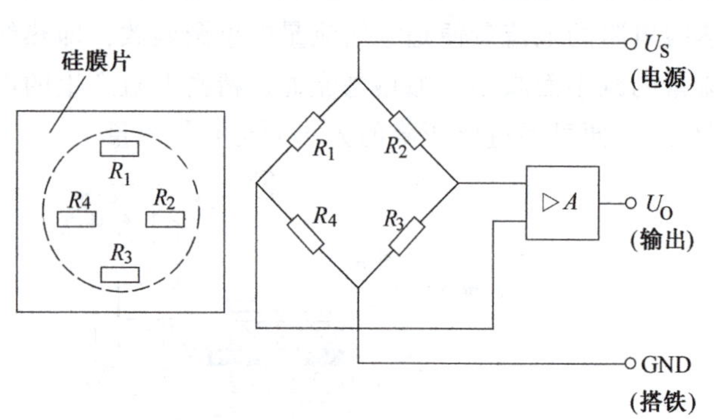

图1-97 半导体压敏电阻式进气压力传感器压力转换电桥电路

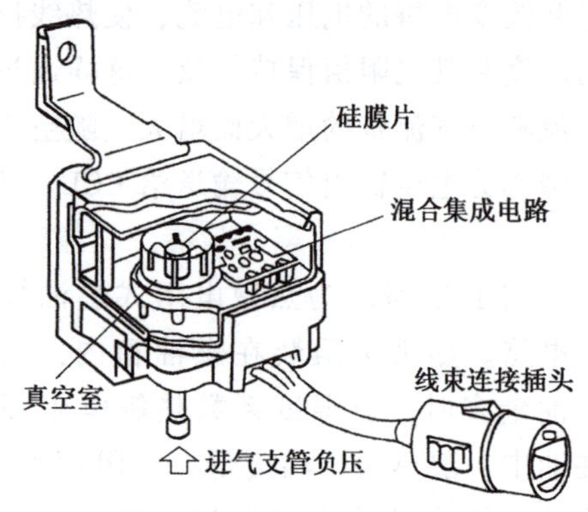

图1-98 半导体压敏电阻式进气压力传感器的构造

可变电阻式节气门位置传感器主要由可变电阻滑动触点、节气门轴、怠速触点和壳体组成。可变电阻为镀膜电阻，制作在传感器底板上，可变电阻的滑臂随节气门轴一同转动，滑臂与输出端子连接。

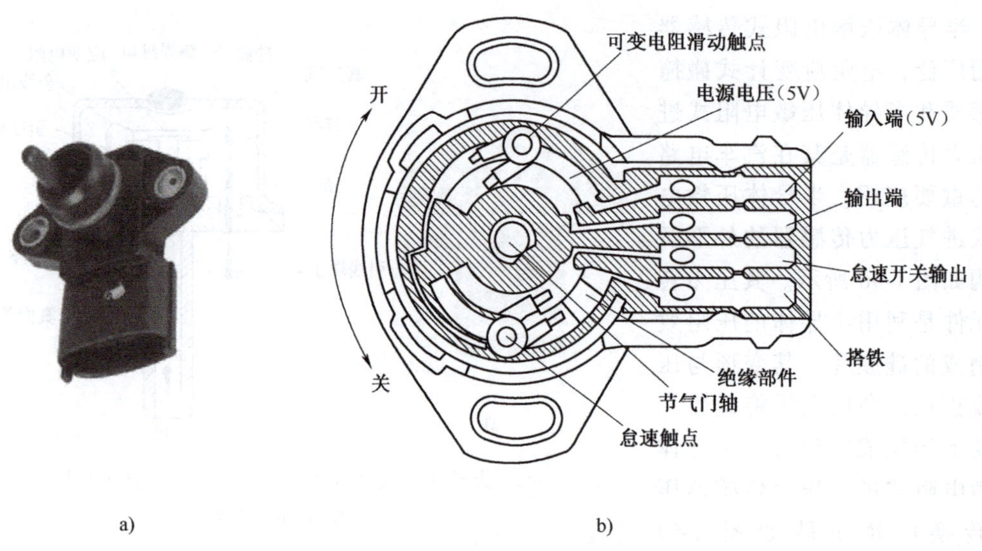

图1-99 可变电阻式节气门位置传感器的外形及结构

a）外形 b）结构

当节气门关闭时，怠速触点闭合，其输出端输出低电平（0V）。当节气门打开时，怠速触点断开，输出端输出高电平（5V）。当节气门开度变化时，可变电阻的滑臂随节气门轴转动，滑臂上的触点便在镀膜电阻上滑动，传感器的输出端子与搭铁之间的信号随之发生变化，如图1-100所示。节气门开度越大，输出电压越高。传感器输出的线性信号经模-数转换后输入ECU，由它来控制喷油器的开闭时间，以满足汽车加速时发动机所要求供给的燃油量。

7. 舌簧开关电流传感器工作原理

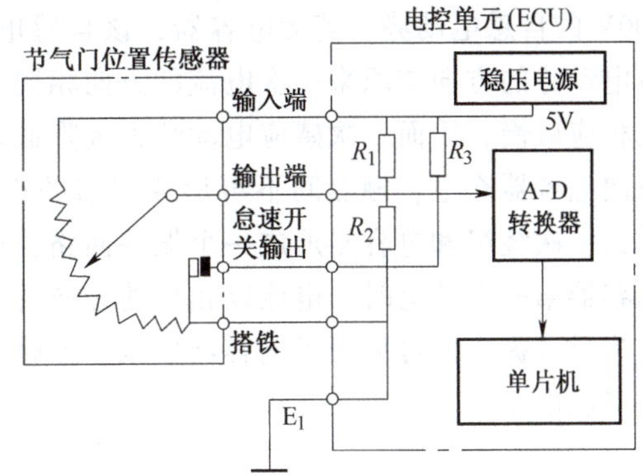

图 1-100　可变电阻式节气门位置传感器的工作原理

图 1-101 所示为舌簧开关电流传感器，其主要作用是检测汽车尾灯、牌照灯及驻车灯等灯丝是否断开。

如图 1-101 所示，在电流线圈的周围绕有电压线圈，在线圈的中央设置有舌簧开关。电压线圈的功能是防止电压变化时引起传感器的误动作。电流传感器的电路如图 1-101b 所示，当图中所示开关闭合时，若灯都正常，电流线圈中有规定的电流通过时，电流线圈所形成的电磁力使舌簧开关闭合。若有一个灯丝断开，则电路中的电阻增大，电流线圈中的电流减少，电磁力减弱，舌簧开关打开，报警处于异常状态。

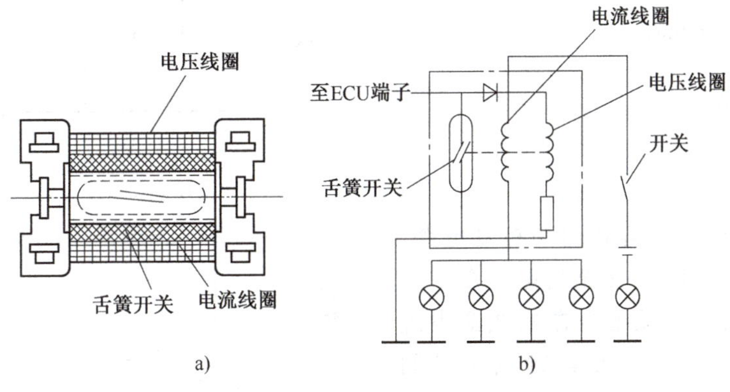

图 1-101　舌簧开关电流传感器

a）结构图　b）电路原理图

8. 倒车灯和倒车蜂鸣器工作原理

当汽车倒车时，为警告车后的行人和汽车驾驶人，在汽车尾部装有倒车灯和倒车蜂鸣器，并由倒车灯开关控制。倒车警告信号电路如图 1-102 所示。

倒车时，装在变速器上的倒车信号开关触点接通倒车信号电路，倒车信号灯亮。与此同时，倒车蜂鸣器利用电容的充电和放电，使线圈 L_1 和 L_2 的磁场时而同向，时而反向，使继电器触点时开时闭，从而控制电磁振动式蜂鸣器间歇发声，以警告行人和其他汽车驾驶人。

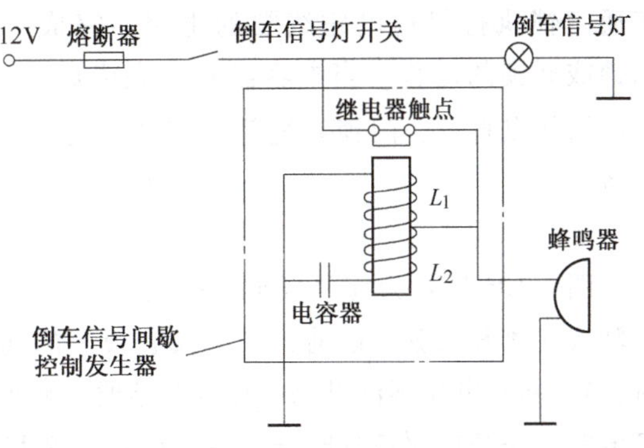

图 1-102　倒车警告信号电路

9. 传统触点式汽车点火系统的工作原理

图 1-103 所示为传统触点式点火系统电路。在传统点火系统中，与分电器触点并联的电容器具有重要作用。触点打开、磁场消失时，在点火线圈一次绕组中产生 200～

300V的自感电动势，若无电容器，该自感电动势就会在触点间形成火花使触点烧坏，同时该电动势的方向与原来一次电流的方向相同，使一次电路内的电流不能迅速中断，磁场消失也相应减慢，因而二次感应电动势大大降低。当触点打开时，一次绕组中所产生的自感电动势向电容器充电，触点间不再形成强烈的火花，延长了触点的使用寿命。同时，触点打开后，一次绕组和电容器形成一个振荡回路，充了电的电容器通过一次绕组进行振荡放电。当电容器第一次放电时，电流以相反的方向通过一次绕组，加速了磁场的消失，使二次感应电动势显著提高。可见有了电容器后减小了触点火花，延长了触点的使用寿命并增强了点火线圈二次电压。

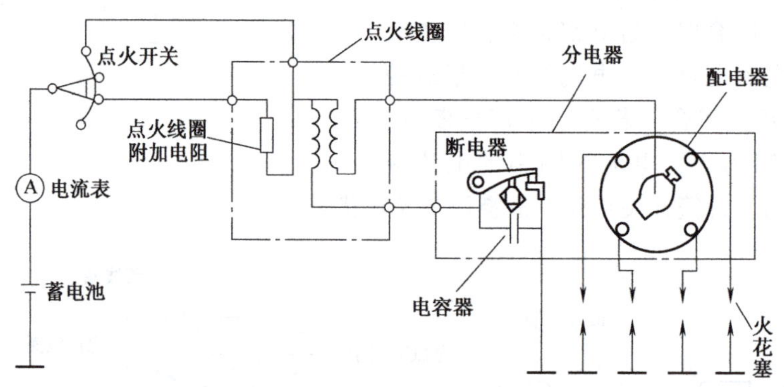

图1-103 传统触点式点火系统电路

10. 电容式门锁控制电路工作原理

图1-104所示为电容式门锁控制电路。该系统的电容器平时经常充足电，在工作时将闭锁继电器和开锁继电器的线圈串进电容器的放电回路中，使其触点短时间闭合。

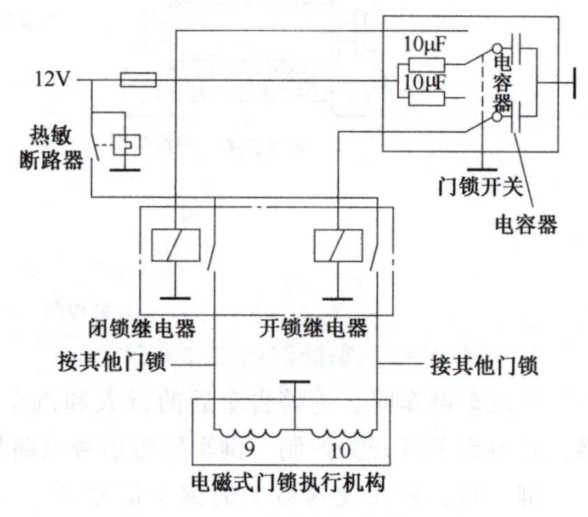

图1-104 电容式门锁控制电路

当（正向或反向）转动车门钥匙时，相应的电路开关（闭锁或开锁）接通，电容器放电电流通过闭锁继电器或开锁继电器搭铁，线圈产生电磁吸力，触点闭合，接通门锁执行机构电磁线圈的电路，完成闭锁或开锁的动作。当电容器放电完毕后，继电器触点打开，门锁系统停止工作。此时，另一只电容器被充电，为下一次的操作做好准备。

11. 前照灯延时控制电路工作原理

图1-105所示为前照灯延时控制电路。当发动机熄火后，润滑油压力开关的触点闭合，驾驶人在离开驾驶室以前，按下仪表板上的前照灯延时按钮，电源即对C充电。在C充电时，VT基极电位逐渐升高，使VT导通，延时控制继电器线圈通电触点闭合，接通了前照灯电路。松开前照灯延时开关后，C通过R和VT放电，前照灯仍能保持通电照明，一直到C电压下降到VT无法导通为止。VT截止后，继电器断电触点张开，前照灯熄灭。延时时间取决于C和R的值。

12. 电压源与电流源之间的等效变换

试将图 1-106 所示的电源电路分别简化为电压源和电流源模型。

解： 1）将 5A 的电流源和 4Ω 内阻等效转换为 20V、4Ω 的电压源，如图 1-107a 所示。

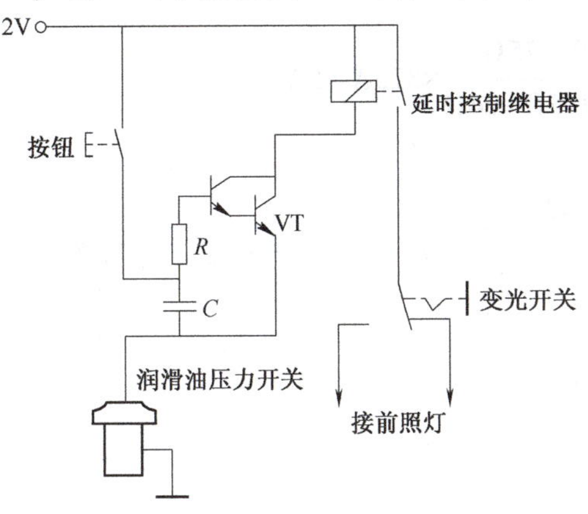

图 1-105 前照灯延时控制电路

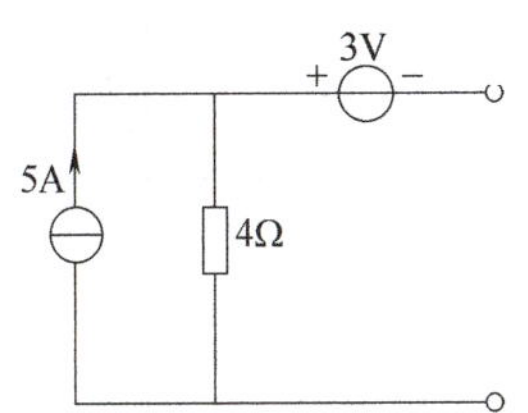

图 1-106 等效变换例图（一）

2）图 1-107a 所示的 3V 电压源和 20V 的电压源串联，极性相反，故可等效变换为一个 17V、4Ω 的电压源，极性如图 1-107b 所示。

3）将图 1-107b 所示的电压源等效变换为图 1-107c 所示的电流源。其参数为$I_S=17/4A=4.25A$，$R_0=4\Omega$。

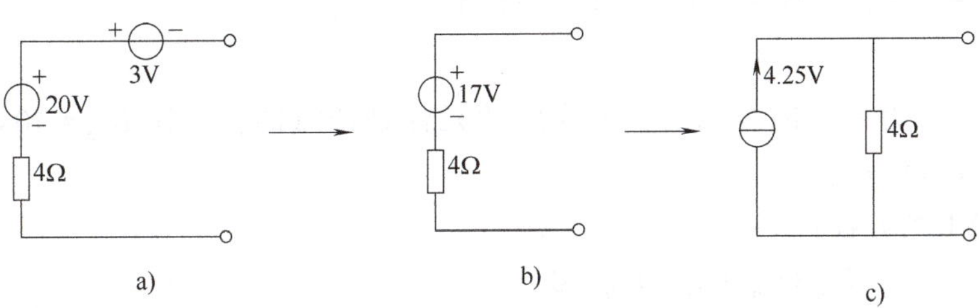

图 1-107 等效变换例图（二）

13. 用电源的等效变换法分析电路

图 1-108 所示电路中，两电源共同给 $R=24\Omega$ 的负载电阻供电。其中，$U_{S1}=130V$，$R_1=1\Omega$，$U_{S2}=117V$，$R_2=0.6\Omega$。试用电源的等效变换法求负载电阻 R 上的电流 I。

解： 利用电压源与电流源的等效变换，将原电路中的电压源变换成电流源，如图 1-108b 所示，其参数为

$$I_{S1}=\frac{U_{S1}}{R_1}=\frac{130}{1}A=130A$$

$$I_{S2}=\frac{U_{S2}}{R_2}=\frac{117}{0.6}A=195A$$

合并两个电流源，如图 1-108c 所示，其参数为

$$I_S=I_{S1}+I_{S2}=(130+195)A=325A$$

$$R_0=\frac{R_1R_2}{R_1+R_2}=\frac{1\times0.6}{1+0.6}\Omega=0.375\Omega$$

所以负载电流

$$I=\frac{R_0}{R_0+R}I_S=\frac{0.375\Omega}{0.375\Omega+24\Omega}\times325\text{A}=5\text{A}$$

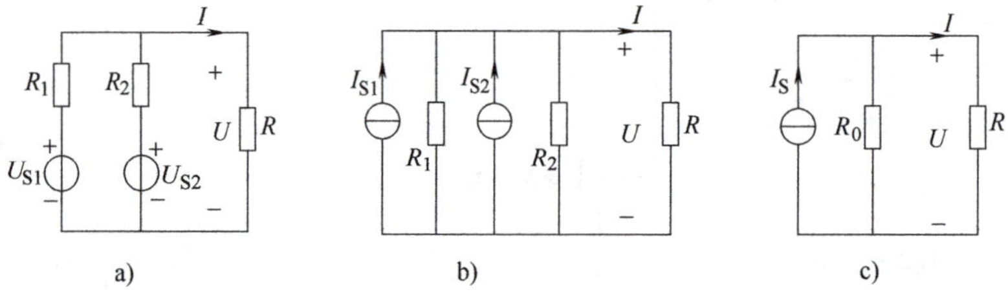

图 1-108　电源的等效变换例图

14. 基尔霍夫电流定律中广义节点的应用

在图 1-109 所示的电路中，已知 $I_a=1\text{mA}$，$I_b=10\text{mA}$，$I_c=2\text{mA}$，求电流 I_d。

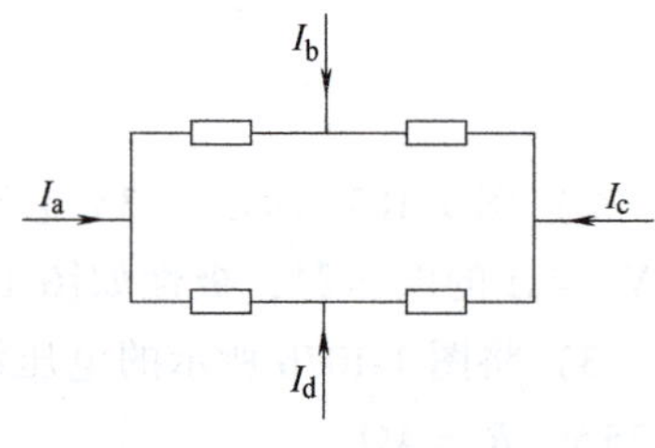

图 1-109　KCL 应用例图

解：根据 KCL 的推广应用，流入图中闭合回路的电流代数和为零，即

$$I_a+I_b+I_c+I_d=0$$

则　$I_d=-(I_a+I_b+I_c)=-(1+10+2)\text{A}=-13\text{A}$

15. 基尔霍夫电压定律中广义回路的应用

图 1-110 所示为一个闭合回路，各支路的元件是任意的，已知 $U_{ab}=10\text{V}$，$U_{bc}=-6\text{V}$，$U_{da}=-5\text{V}$。求 U_{cd} 和 U_{ca}。

解：由 KVL 列方程：

$$U_{ab}+U_{bc}+U_{cd}+U_{da}=0$$

因此得

$$U_{cd}=-U_{ab}-U_{bc}-U_{da}=[-10-(-6)-(-5)]\text{V}=1\text{V}$$

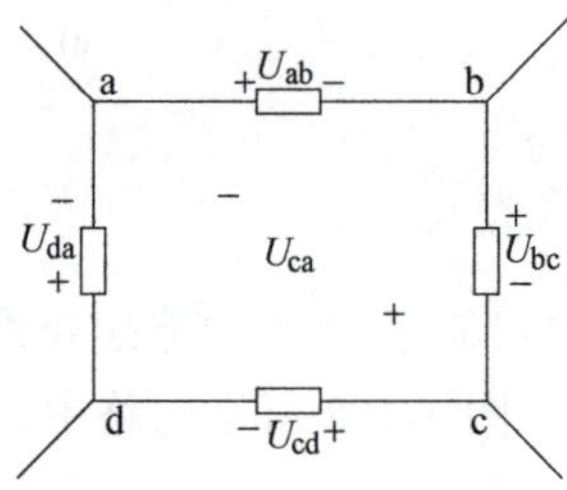

图 1-110　KVL 应用例图

若 $abca$ 不是闭合回路，也可用 KVL 得

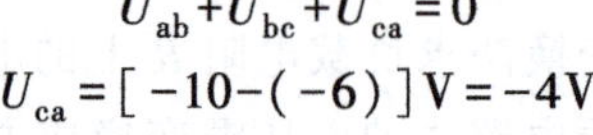

$$U_{ab}+U_{bc}+U_{ca}=0$$

则　$U_{ca}=[-10-(-6)]\text{V}=-4\text{V}$

技能练习

一、基尔霍夫定律的验证

1. 训练目标

1）利用基尔霍夫定律检查实验所测数据的正确性，从而进一步深化对基尔霍夫定律的理解。

2）学会用伏安法测量电阻。

2. 训练器材

通用电学实验台的直流电源部分和元件插板、直流电流表、万用表、电阻、导线等。

3. 训练原理

基尔霍夫定律是电路的基本定律，它包括基尔霍夫电流定律和基尔霍夫电压定律。

基尔霍夫电流定律描述：在任何时刻，和电路中任一节点相连接的所有支路电流的代数和等于零，即在任一时刻流进节点的电流等于流出该节点的电流，即 $\sum I=0$。

基尔霍夫电压定律描述：在任一回路中，从任一点以顺时针或逆时针方向沿回路循行一周，所有支路或元件上电压的代数和等于零，即 $\sum U=0$。

运用基尔霍夫定律时，必须预先设定好电流或电压的参考方向。

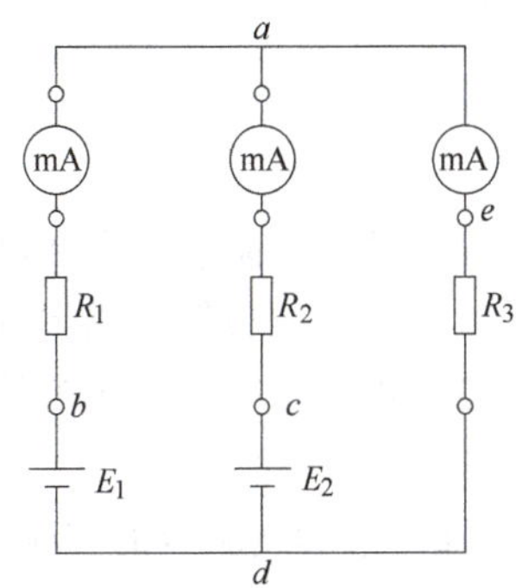

图 1-111　基尔霍夫定律实训电路

4. 训练内容与步骤

1）在实验台上按图 1-111 所示连接好电路，并将直流电源 E_1 和 E_2 接入电路，调节稳压电源输出电压，使 $E_1=16V$、$E_2=6V$。

2）将电流表接入电路中，测量 I_1、I_2、I_3 的数值（注意电流的参考方向），将数据填入表 1-5 中。

表 1-5　基尔霍夫电流定律的验证

I_1/mA	I_2/mA	I_3/mA	$\sum I_a$

3）换下电流表并用导线短接，选用万用表直流电压档，选择合适的量程，测量电压 U_{ab}、U_{bd}、U_{dc}、U_{ca}、U_{ad}的数值（注意电压参考方向），并记录于表 1-6 中。

表 1-6　基尔霍夫电压定律的验证

U_{ab}	U_{bd}	U_{dc}	U_{ca}	U_{ad}	$\sum U_{abdca}$	$\sum U_{acdeo}$

4）用伏安法测电阻，作伏安特性曲线。

按图 1-112 所示在实验台上连接好电路，电源用 16V 直流稳压电源。按表 1-7 所示要求调整直流电压的大小，用万用表的直流电流档测出相应的电流，并记录于表 1-7 中。

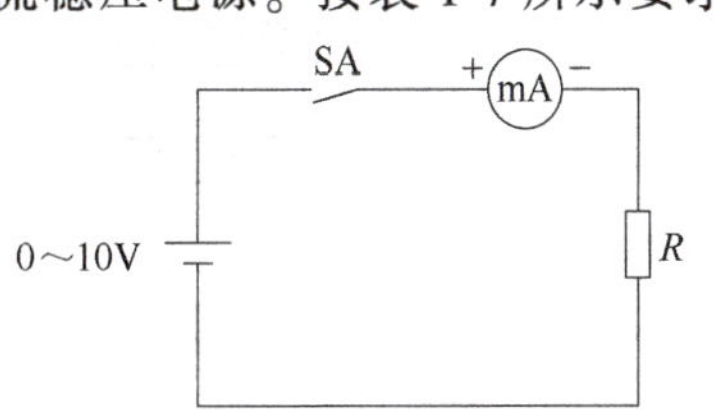

图 1-112　伏安法测电阻电路

5. 训练思考

1）总结表 1-5 和表 1-6 的实训数据，得出什么结论？

2）分析误差产生的原因。

3）根据表 1-7 的数据，绘制电阻 R 的伏安特性曲线。

4）谈谈本次实验的心得体会。

表 1-7 伏安法测电阻数据

电压/V	1	2	3	4	5	6	7	8	9	10
电流/mA										
电阻/Ω										

二、电子元器件参数及性能测定

1. 训练目标

1）掌握电阻、电容和电感元件的识别与判定。

2）掌握二极管、晶体管的识别与判定。

3）进一步熟悉万用表等器材的使用方法。

2. 训练器材

通用电学实验台的直流电源部分和元件插板、万用表、直流电流表、直流电压表、12V 汽车灯泡、电子元器件及导线等。

3. 训练原理

（1）电阻的测量 电阻是电路中最常用的元件，它有线性电阻和非线性电阻两大类。线性电阻的阻值可以通过万用表的电阻档进行测量，也可以用直流电压表和直流电流表测出相应的读数后利用欧姆定律计算电阻值。其测量电路如图 1-113 所示，图 1-113a 所示为电流表内接法，图 1-113b 所示为电流表外接法。

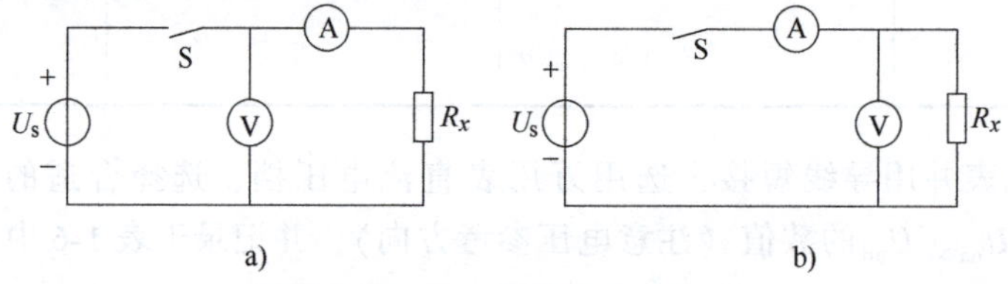

图 1-113 电阻的测量电路

a）内接法 b）外接法

当被测电阻 R_x 较大时，采用电流表内接法；当 R_x 较小时，采用电流表外接法。此外，对于常用固定电阻的阻值，可以通过电阻本身的标称值进行读数。图 1-114a、b 所示为标称电阻的直标法和色环表示法。其中色环所代表的意义见表 1-8。对于非线性电阻的阻值测量，其阻值随使用条件的变化而变化，如热敏电阻是温度与电阻有关系，压敏电阻是压力与电阻

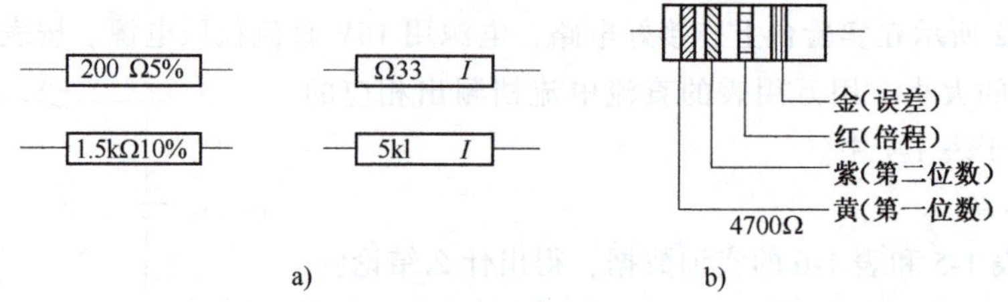

图 1-114 标称电阻的直标法和色环表示法

a）直标法 b）色环表示法

有关系等。因此可用交流电压表和交流电流表测出相应的读数，并利用欧姆定律计算不同状态下的电阻值，也可以通过万用表的电阻档来测量。

表 1-8　电阻的色环表示的意义

色环颜色	第一色环 第一位数	第二色环 第二位数	第三色环 应乘的数	第四色环 误差
黑	0	0	$\times10^{0}$	±1%
棕	1	1	$\times10^{1}$	±2%
红	2	2	$\times10^{2}$	±3%
橙	3	3	$\times10^{3}$	±4%
黄	4	4	$\times10^{4}$	
绿	5	5	$\times10^{5}$	
蓝	6	6	$\times10^{6}$	
紫	7	7	$\times10^{7}$	
灰	8	8	$\times10^{8}$	
白	9	9	$\times10^{9}$	
金			$\times10^{-1}$	±5%
银			$\times10^{-2}$	±10%
无色				±20%

（2）电容的测量

1）漏电电阻的测量。首先把万用表的电阻档调到 $R\times10\text{k}$ 或 $R\times1\text{k}$ 档，再将两表笔接电容器的两引脚，指针应先摆向零，然后慢慢反向摆到无穷大附近。当指针稳定后，指针所指示的数值即为此电容器的漏电电阻值。若指针偏离无穷大较远，表明电容器漏电严重，不能继续使用。

2）断路测量。电容器的容量不同，用万用表测量电容器的断路情况时所用的电阻档位也不同。另外，小容量电容（如 0.01μF 以下）的通断无法用万用表进行测量，只能借助其他仪表进行。不同容量的电容器通断测量时对应的万用表电阻档位见表 1-9。

表 1-9　不同容量的电容器通断测量时对应的万用表电阻档位

容　量	档　位	容　量	档　位
0.01～0.47μF	$R\times10\text{k}$	0.47～10μF	$R\times1\text{k}$
10～300μF	$R\times100$	300μF 以上	$R\times10$ 或 $R\times1$

测量方法是用万用表的两表笔分别接电容器的两引脚，如果指针不动，将表笔对调后再次进行测量；若表笔仍不动，说明电容器已经断路，不能使用。

3）短路测量。将万用表调到电阻 $R\times1$ 档，用两表笔接电容器的两引脚，如果指针指示为零或很小，且指针不返回，则说明电容器已经短路，不能再使用。

4）电解电容器极性的判别。用万用表测量电解电容器的漏电阻并记录其阻值的大小，然后将两表笔对调，再测量其漏电阻。将两次测量数值对比，漏电阻较小的一次，黑表笔所接的引脚即为电解电容器的负极。

5）电容器容量的判别。电容器的容量一般标注在电容器的外壳上，可以直接读其容量。其标注规则为：容量为 100pF～1μF 的电容器不标注单位；没有小数点的单位为 pF，有小数点的单位为 μF。当电容器的容量标注不清时，可用万用表进行测量。

（3）电感器的测量　电感器常见的故障为断路。用万用表电阻档的 $R\times10$ 或 $R\times1$ 档测

量电感器的阻值，若为无穷大，表明电感器已经断路；若电阻值很小，表明电感器正常。

常用固定电感器的电感量一般用数字直接标注在外壳上，可直接读其数值。若数字不清，则必须用高频 Q 表等仪表进行测量。

（4）二极管的测量　二极管的极性可用万用表电阻档的 $R\times100$ 或 $R\times1\text{k}$ 档进行测量。其方法是：将万用表的两表笔接二极管的两脚，如果阻值较小，而对调两表笔进行测量时阻值很大，则阻值较小时的测量为二极管正向偏置，所测电阻为正向电阻；阻值很大的测量为二极管反向偏置，所测电阻为反向电阻。据此可以判断：正向偏置时黑表笔所接为二极管的阳极。

若正向电阻和反向电阻均为无穷大，说明二极管内部断路，不能继续使用。若正向电阻与反向电阻均近似为零，说明二极管内部被击穿。若二极管的正、反向电阻相差不大，说明其性能变坏或失效。

（5）晶体管的测量

1）管型及管脚的测量。基极的判别：将电阻档调到 $R\times1\text{k}$ 档，用黑表笔接晶体管的某一极，再用红表笔分别接另外两电极，直到出现测量的两个电阻值都很小（若测量一个阻值大，一个阻值小，就需要将黑表笔换成另一个极后进行测量），则此极为 NPN 型晶体管的基极。若测量两个电阻都很大，则此极为 PNP 型晶体管的基极。

集电极和发射极的判别：对于锗晶体管，在测出基极后，用万用表测量另外两个电极，得到一个阻值；将两表笔对调后测量一次，得到一个阻值。在阻值较小的那一次中，对于 NPN 型锗管，红表笔所接的是发射极，黑表笔所接的是集电极。对于 PNP 型锗晶体管，红表笔接的就是集电极，黑表笔所接的是发射极。而对于 NPN 型硅晶体管，可在基极与黑表笔之间接一个 100k 的电阻，用同样的方法测量除基极之外的两极电阻，阻值较小的一次中，黑表笔所接的为集电极，另一极即为发射极。

2）好坏的测量。晶体管的好坏可通过测量极间电阻值来判断。若测得正向电阻值近似无穷大，表明晶体管内部断路；若测得反向电阻值很小或为零，说明晶体管已被击穿或发生短路。要定量分析晶体管质量好坏，则需要用晶体管特性图示仪进行测量。

4. 训练内容与步骤

1）针对不同阻值的色环电阻进行识别，并用万用表进行测量，比较两者的数值大小。

2）按图 1-113 所示电路接好线路，R_x 用一只 12V 的汽车灯泡（非线性电阻）代替，按表 1-10 测量其伏安特性并绘制特性曲线。

表 1-10　汽车灯泡的伏安特性

U/V	0	2	4	6	8	10	12
I/mA							
R/Ω							

3）测量电容器和电感器，用万用表判别其好坏，并记录电容、电感的容量大小。

4）用万用表判断二极管的极性和好坏，并记录有关数据。

5）用万用表判断晶体管的管型、管脚和好坏，并记录有关数据。

5. 训练思考

1）电容器漏电阻测量的原理是什么？

2）试分析用万用表确定晶体管基极的原理。

3）试分析用万用表确定晶体管集电极和发射极的理论依据。

4）用 $R\times100$ 或 $R\times1\text{k}$ 档测量同一二极管的正向电阻时，其电阻值是否相同？为什么？

思考练习

1. 什么是汽车电路？汽车电路包括哪几部分？各部分的作用是什么？

2. 汽车电路有什么特点？

3. 电路中电位相等的各点，如果用导线接通，对电路其他部分有没有影响？

4. 什么情况下电源的端电压和电动势的值相等？

5. 电位高低的含义是什么？负电位与负电压各表示什么意义？

6. 有人试图把电流表接到电源两端来测量电源的电流，这种做法对吗？为什么？

7. 电路有几种工作状态？电气设备有几种工作状态？

8. 正弦交流电的三要素指什么？各自的含义是什么？

9. 什么是电路的过渡过程？电路产生过渡过程的内因和外因是什么？其本质原因是什么？

10. 已知 3 个正弦交流电动势 e_1、e_2、e_3 的幅值均为 311V，频率为 50Hz，初相分别为 90°、0°、-90°，请写出这些交流电动势的表达式。

11. 电路换路时遵循的规律是什么？元件的什么物理量具有过渡性？

12. 有两只相同类型的白炽灯，一只标有 220V、40W，另一只标有 12V、21W，试问：1）在额定电压下，哪一只白炽灯亮？2）哪一只白炽灯中的电流大？

13. 需要一只 1W、500kΩ 的电阻元件，但只有 0.5W、250 kΩ 和 0.5W、1MΩ 的电阻元件若干只，试问应该怎么解决？

14. 图 1-115 所示电路中，若将 S 断开，则 A、B 两点间的电阻及电流 I_1 和 I_2 将如何变化？

15. 计算图 1-116a、b 所示电路在开关 S 断开和闭合时 A 点的电位。

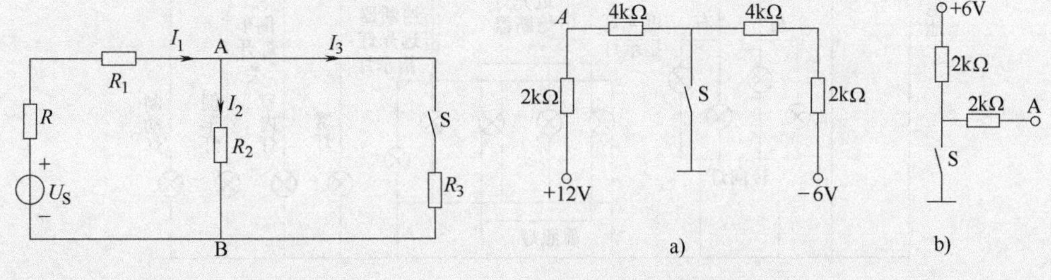

图 1-115　题 14 图　　　图 1-116　题 15 图

16. 图 1-117 所示电路中，已知 $U_{S1}=14V$，$U_{S2}=2V$，$R_1=2\Omega$，$R_2=3\Omega$，$R_3=8\Omega$，试求 I_1、I_2 和 I_3。

17. 图 1-118 所示电路中，已知 $I_S=4A$，$U_S=10V$，$R_1=R_2=2\Omega$，求 I_1 和 I_2。

18. 求图 1-119a、b、c 所示电路中的电压 U。

19. 已知某电路电源开路时电压为 1.6V，短路时电流为 500mA，求电源的电动势和内阻。

20. 图 1-120 所示为某汽车照明电路原理图，试分析转向灯、前照灯、倒车灯的工作过程。

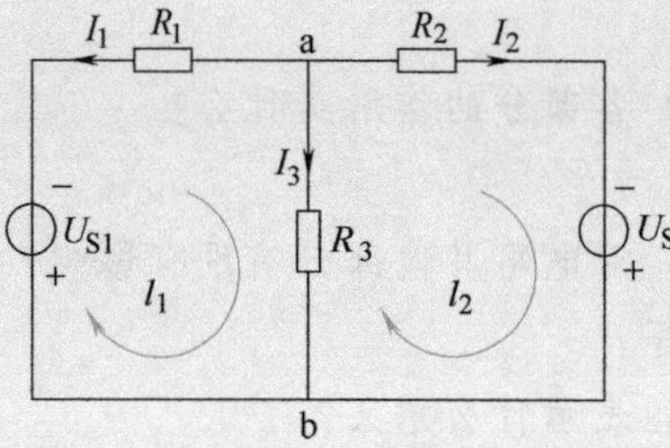

图 1-117　题 16 图

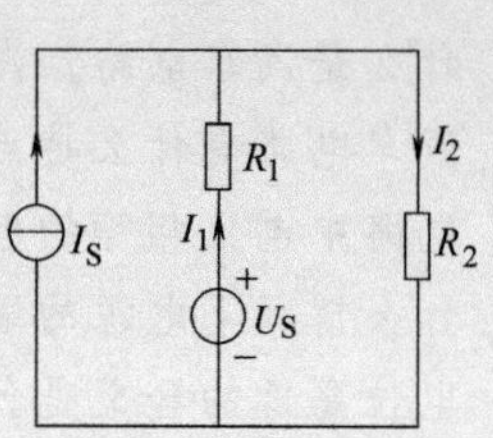

图 1-118　题 17 图

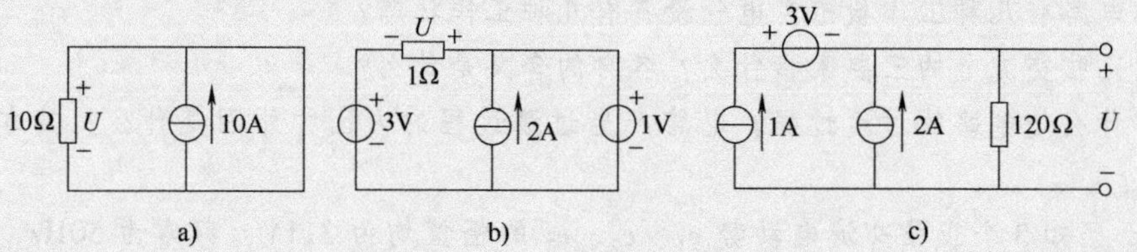

图 1-119　题 18 图

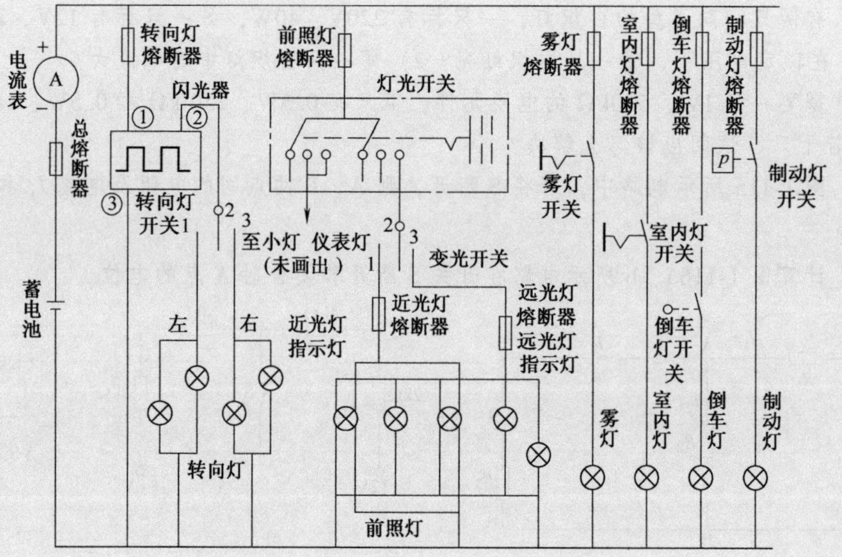

图 1-120　题 20 图

第2章

磁路与电机

学习目标

理论目标：

1）掌握磁路、磁感应强度、磁通、磁导率和磁场强度的概念。

2）掌握变压器的结构和工作原理。

3）掌握发电机的结构、原理、特性。

4）理解电磁铁和继电器的结构和工作原理。

5）理解步进电动机的工作原理。

6）了解铁磁性材料的性质。

技能目标：

熟悉磁路与电机在汽车电路中的应用，并能分析相关电路。

内容概述

党的二十大报告提出要“加强基础学科、新兴学科、交叉学科建设”。电路的基本概念和基本规律是分析电路问题的基础，但是在很多汽车电器设备（如发电机、直流电动机、电磁铁、继电器、点火线圈以及电工测量仪表）中，不仅有电路的问题，同时还存在磁路问题，只有同时掌握电路与磁路的基本知识，才能对各种汽车电器设备作全面分析。本章重点介绍磁路的基本概念、基本规律，变压器、发电机、直流电动机、电磁铁与继电器的基本结构与工作原理及其在汽车电路中的应用。

相关知识

一、磁场的基本物理量

汽车上有点火线圈、交流发电机、直流电动机、电磁铁、继电器等含有电感性元件的电器设备。这些设备中存在电感线圈，当电感线圈通电后在电路中就产生了磁场，磁场的磁感线在铁心的限定范围内形成了闭合的路径，即形成了磁路，如图 2-1 所示。磁场的特征可以用磁感应强度、磁通、磁导率和磁场强度等概念来描述。

（一）磁感应强度

磁感应强度 B 是描述磁场中某点的磁场强弱和方向的物理量。它是一个矢量。磁感应强度 B 与电流强度 I 之间的方向关系可以用右手螺旋定则来确定，二者之间的大小关系为

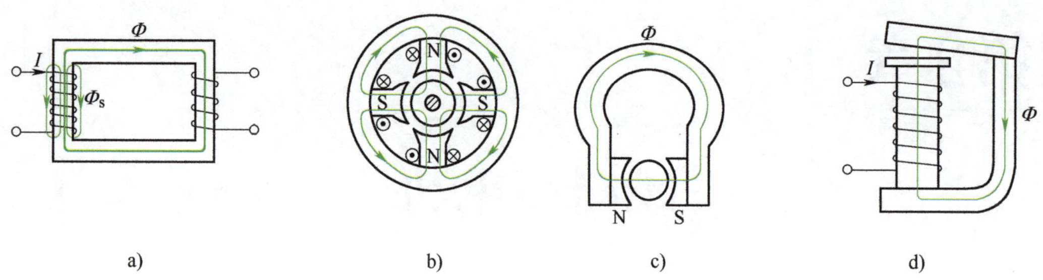

图 2-1　磁路

a）变压器磁路　b）直流电动机磁路　c）磁电式仪表磁路　d）继电器磁路

$$B=\frac{F}{Il}$$

式中，F 为电磁力；l 为垂直于磁场的磁场中导体的长度；I 为通过导体的电流。在国际单位制中 B 的单位为特斯拉（T）。

如果磁场中各点的磁感应强度的大小相等、方向相同，则此磁场为匀强磁场。

磁感应强度 B 的方向就是该点的磁场方向，即该点磁感线的切线方向。

（二）磁通

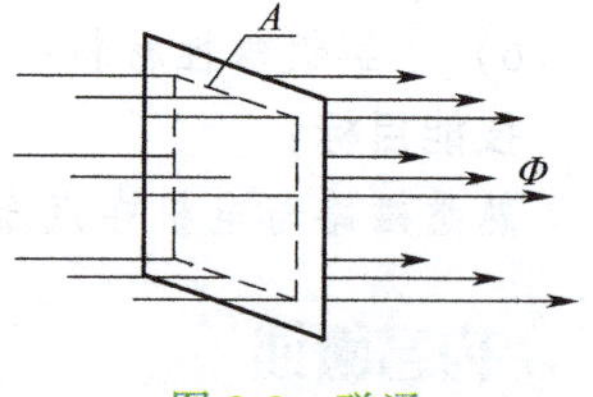

图 2-2　磁通

磁通可以定义为垂直穿过某一面积的磁感线的条数。如图 2-2 所示，Φ 为穿过面积 A 的磁通。在匀强磁场中，磁感应强度 B 与垂直于磁场方向的面积 S 的乘积，称为通过该面积的磁通 Φ，也称为磁通量，即

$$\Phi=BS \tag{2-1}$$

在国际单位制中，Φ 的单位为韦伯（Wb）。

由式（2-1）可得 $B=\Phi/S$，由此可见，磁感应强度也可以称为磁通密度。

（三）磁导率

实验证明：在通电线圈中放入铁、钴、镍等物质后，通电线圈周围的磁场大大增强，而放入铜、铝、木材等物质后，线圈周围的磁场几乎不变。可见通电线圈周围的磁场大小不仅跟通电电流大小有关，还跟磁场中的介质有关。不同的介质其导磁能力不同。

磁导率 μ 是描述磁场中介质导磁能力的物理量，其单位为 H/m。

磁导率值大的材料，导磁性能好。导磁性能好指其能产生很大的附加磁场。导磁性好的物质有铁、钴、镍及其合金等。通常把这类物质称为铁磁性物质或磁性物质。相对而言，各种气体、非金属、铜、铝等材料称为非磁性物质。

实验测得真空的磁导率为

$$\mu_0=4\pi\times10^{-7}\text{H/m}$$

空气、木材、纸、铝等非磁性材料的磁导率与真空磁导率近似相等，即 $\mu\approx\mu_0$。某物质的磁导率 μ 与真空磁导率 μ_0 的比值称为该物质的相对磁导率，用 μ_r 表示：

$$\mu_r=\frac{\mu}{\mu_0} \tag{2-2}$$

非铁磁性物质的相对磁导率近似为 1，而铁磁性物质的相对磁导率远大于 1。应当说明的是，铁磁物质的磁导率不是常数，它随线圈中通电电流的改变而改变。

（四）磁场强度

磁场中某点的磁感应强度在实际中很难求得，因为它不仅和通电导体的几何形状以及位置等有关，而且还和介质的磁导率有关。为了便于计算，引入一个计算磁场的辅助物理量，称为磁场强度，用 H 表示。它与磁感应强度的关系是

$$H=\frac{B}{\mu} \tag{2-3}$$

在国际单位制中，H 的单位为 A/m。

在磁场中 H 与 B 的方向相同，但数值上不相等。在通电线圈所产生的磁场中，H 代表电流本身所产生的磁场的强弱，反映了电流的励磁能力，其大小只与电流大小成正比，而与介质的性质无关。B 代表电流所产生的以及介质被磁化后所产生的总磁场的强弱，其大小不仅与电流的大小有关，而且还与介质的性质有关。由此可见，H 相当于激励，B 相当于响应。

二、磁性材料的磁性能

自然界的物质按磁导率的不同大体上可分为两大类：磁性物质和非磁性物质。

非磁性物质分子电流的磁场方向杂乱无章，几乎不受外磁场的影响而互相抵消，不具有磁化特性。磁性物质内部形成许多小区域，其分子间存在的一种特殊的作用力使每一区域内的分子磁场排列整齐，显示磁性，这些小区域称为磁畴。这是磁性物质所特有的结构。

（一）高导磁性

在没有外磁场作用的铁磁性物质中，各个磁畴排列杂乱无章，磁场互相抵消，整体对外不显磁性，如图 2-3a 所示。在外磁场作用下，磁畴方向发生变化，与外磁场方向趋于一致，物质整体显示出磁性来，称为磁化。磁化后的铁磁性物质内部的磁感应强度大大增加，如图 2-3b 所示。

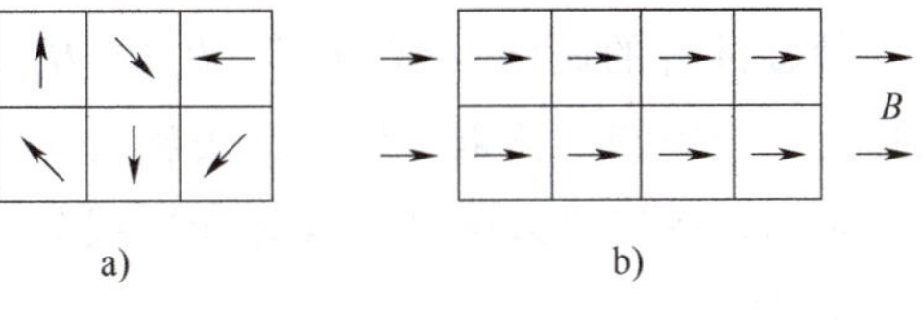

图 2-3　铁磁性材料的磁化
a）磁化前　b）磁化后

磁性材料中，如铁的相对磁导率在 200 以上，铸钢的相对磁导率在 1000 以上，硅钢片的相对磁导率可达 7000，而坡莫合金的相对磁导率可达 10^5 以上。由于铁磁性物质具有高导磁性，在这种具有铁磁性材料的线圈中通入不太大的励磁电流，便可以产生较大的磁通和磁感应强度，因此被广泛应用于各种电机变压器及各种继电器中。

非磁性材料没有磁畴结构，所以不具有磁化的特性。

（二）磁饱和性

磁性物质由于磁化所产生的磁化磁场不会随着外磁场的增强而无限地增强。当外磁场增

大到一定程度时，磁性物质的全部磁畴的磁场方向都转向与外部磁场方向一致，磁化磁场的磁感应强度将趋向某一定值，如图 2-4 所示。

从图 2-4 可以看出，B 与 H 不成正比，两者关系的曲线称为磁化曲线。在 H 比较小时，B 差不多与 H 成正比增加。当 H 增加到一定值后，B 的增加缓慢下来，到 a 点之后，随着 H 的继续增加，B 却增加得很少，此即为磁饱和现象。

（三）磁滞性

磁性物质在大小和方向不断变化的外磁场 H 的反复磁化过程中，磁性物质内的磁感应强度 B 的变化总是落后于外磁场 H 的变化，这一特性称为磁滞性。

磁性物质经过反复磁化后，得到图 2-5 所示的闭合磁化曲线，称为磁滞回线。

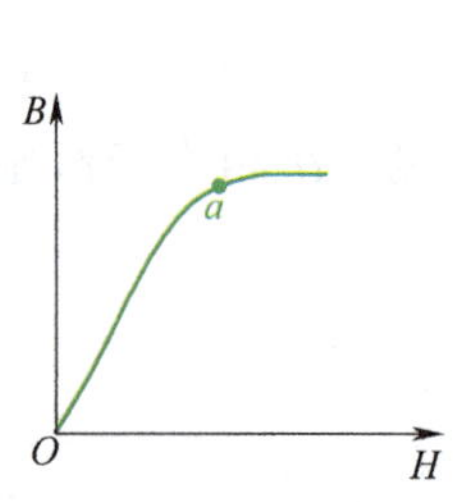

图 2-4　铁磁性物质的磁化曲线

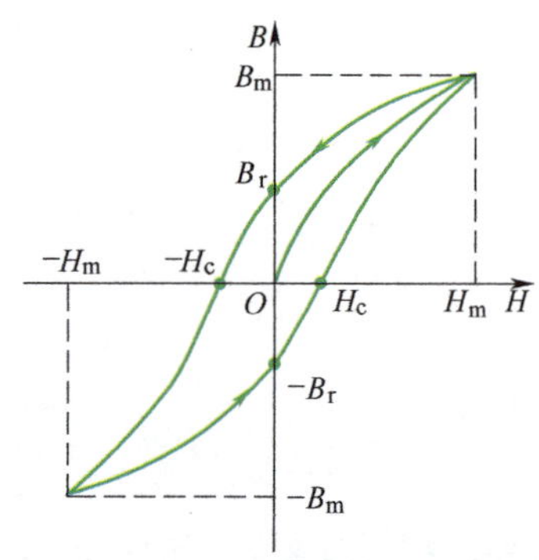

图 2-5　磁滞回线

如图 2-5 所示，当 H 从 0 增加到 H_m 时，B 由 0 增加到 B_m，铁磁性物质进行正向磁化。当 H 由 H_m 减小到 0 时，B 的减小并不是按起始磁化曲线变化，而是沿着稍高于起始磁化曲线的位置下降。当 $H=0$ 时，B 并未回到 0，而是 $B=B_r$，B_r 称为剩磁。当 H 继续减小到 $-H_c$ 时，$B=0$，H_c 称为矫顽磁力。可见 B 的变化总是滞后于 H 的变化。当 H 反方向从 $-H_c$ 增至 $-H_m$ 时，B 由 0 变为 $-B_m$；之后令 H 回到 0，再次增至 $+H_m$，从而形成磁滞回线。

根据磁性物质磁滞回线的形状及在工程上的应用，铁磁性物质可分为以下 3 类。

1. 硬磁材料

硬磁材料的磁滞回线很宽，B_r 和 H_c 都很大，如碳钢、钨钢、钴钢、镍钢合金等，常用来制造永久磁铁。其磁滞回线如图 2-6a 所示。

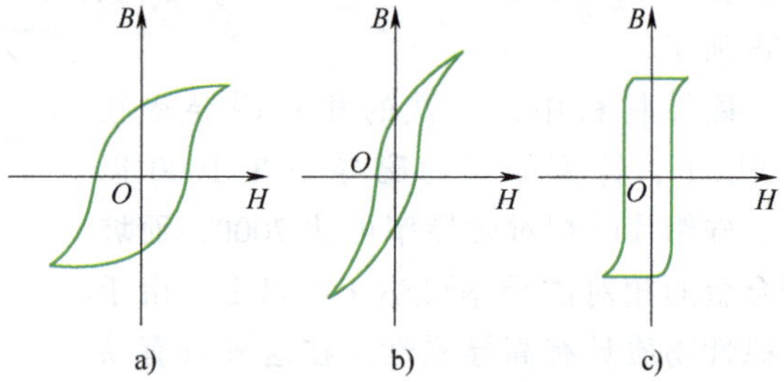

a)　　b)　　c)

图 2-6　不同磁性材料的磁滞回线

a）硬磁材料　b）软磁材料　c）矩磁材料

2. 软磁材料

软磁材料的磁滞回线很窄，B_r 和 H_c 都很小，如软铁、硅钢、铸钢、坡莫合金等，常用来制造变压器、电机的铁心。其磁滞回线如图 2-6b 所示。

3. 矩磁材料

矩磁材料的磁滞回线接近矩形，B_r 大，H_c 小，如镁锰铁氧体和某些铁镍合金等，常用

来制造计算机记忆元件、开关元件及逻辑元件等。其磁滞回线如图 2-6c 所示。

三、磁路基本定律

（一）安培环路定律

安培环路定律是磁场的基本定律，可描述为：磁场中任何闭合回路磁场强度的线积分，等于通过这个闭合路径内电流的代数和。

应用时，当电流方向和磁场强度的方向符合右手螺旋定则时，电流取正，否则取负。

如图 2-7 所示，在无分支的均匀磁路（磁路的材料和截面积相同，各处的磁场强度相等）中，安培环路定律可直接写成

$$Hl = \sum I$$

式中，l 为磁路的长度。若线圈有 N 匝，电流就穿过回路 N 次，因此有

$$\sum I = NI = F$$

所以

$$Hl = NI = F \tag{2-4}$$

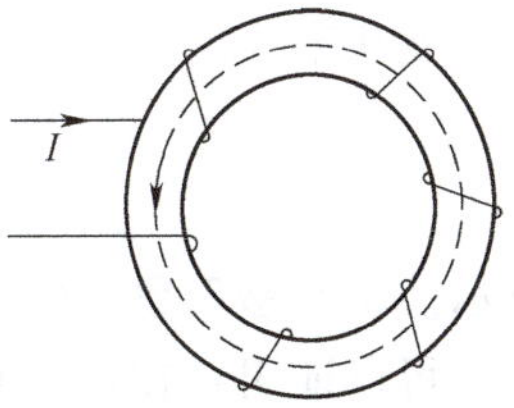

图 2-7　安培环路定律

式中，F 为磁动势；Hl 为磁压降。

（二）磁路欧姆定律

如图 2-8 所示，把线圈集中绕在一段铁心上就构成了无分支磁路。设磁路长度为 l、铁心截面面积为 S、匝数为 N、通过的电流为 I，则有

$$\Phi = BS = \mu HS = \mu \frac{NI}{l} S = \frac{NI}{\dfrac{l}{\mu S}} = \frac{F}{R_m}$$

或

$$F = \Phi R_m \tag{2-5}$$

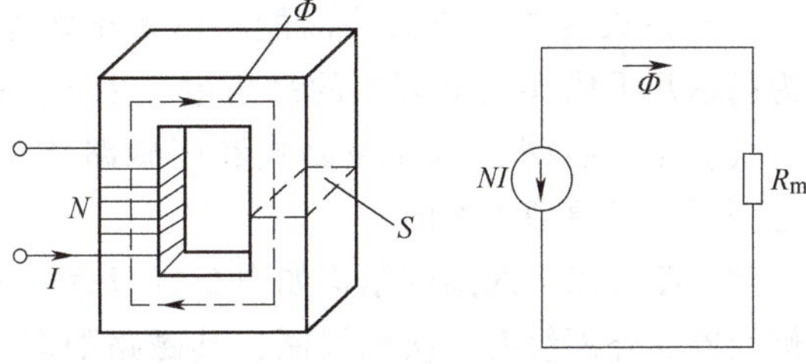

图 2-8　无分支磁路

式中，R_m 为磁阻，表示磁路对磁通的阻碍作用。式（2-5）表明，磁通量为磁动势与磁阻的比值。该式与电路的欧姆定律有类似的形式，因此称为磁路欧姆定律。

（三）电磁感应定律

电流周围存在磁场，电流是产生磁场的根本原因，是物质磁性的电本质。反之，利用磁场产生电流的现象称为电磁感应。

当线圈中的磁通发生变化时，线圈中出现感应电流，这表明线圈中产生了感应电动势。电磁感应定律指出，磁感应电动势的大小与磁通的变化率成正比，即

$$e = -N\frac{\mathrm{d}\Phi}{\mathrm{d}t} \tag{2-6}$$

当 $\mathrm{d}\Phi/\mathrm{d}t>0$，磁通增加时，$e<0$，这时感应电动势的方向与参考方向相反，表明感应电流产生的磁场阻止原磁场的增加；当 $\mathrm{d}\Phi/\mathrm{d}t<0$，磁通减少时，$e>0$，这时感应电动势的方向与参考方向相同，表明感应电流产生的磁场阻止原磁场的减少。

1. 自感现象

由于流过线圈本身的电流发生变化而引起的电磁感应现象称为自感现象，简称自感。由自感产生的感应电动势称为自感电动势，用 e_L 表示。如图 2-9 所示，根据式（2-6）经推导得自感电动势的表达式为

$$e_L=-L\frac{\mathrm{d}i}{\mathrm{d}t} \tag{2-7}$$

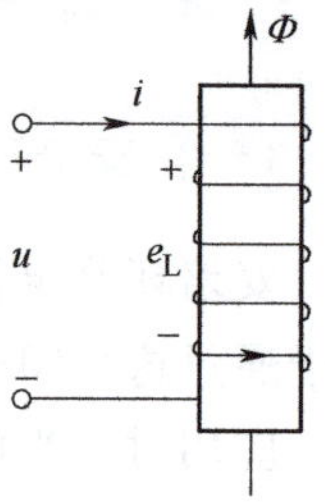

图 2-9　自感现象

式中，L 为自感系数，亦称电感。该式表明，线圈中的感应电动势的大小与线圈的电感及电流变化率成正比。负号表示自感电动势的方向与电流的变化率相反。

2. 互感现象

由一个线圈中的电流变化引起另一个线圈产生电磁感应的现象称为互感现象，如图 2-10 所示。由互感现象产生的感应电动势称为互感电动势。

可以证明：在两个具有互感的电路中，当任一电路的电流变化率等于一定值时，则在另一电路中产生相等的感应电动势。

如图 2-10 所示，如果恒定电流流过一次侧线圈，磁感线不会发生变化，在二次侧线圈中也不会产生电动势，即无互感现象。如果迅速打开开关，一次侧线圈电流突然消失，磁通亦消失，二次侧线圈中产生感应电动势。

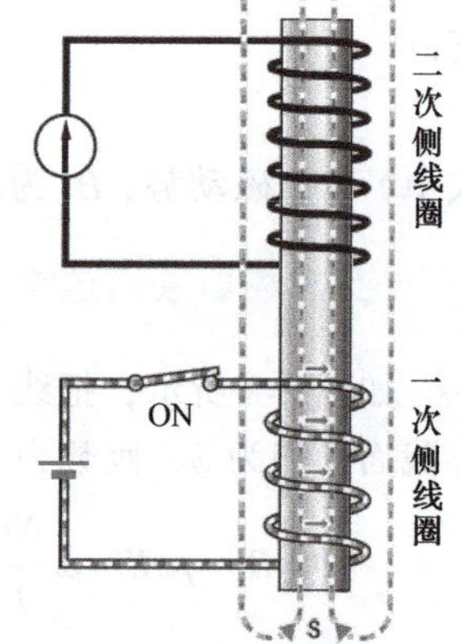

图 2-10　互感现象

3. 电磁现象在汽车电路中的应用

（1）点火线圈　点火线圈能将汽车电源系统提供的低压电，变为高达几千伏甚至上万伏的高压电，用于点燃发动机内的汽油混合气。点火线圈分为开磁路式和闭磁路式两类，不管哪一种，都是利用互感原理工作的。

闭磁路式点火线圈的结构如图 2-11 所示。在“日”字形铁心内绕有一次侧线圈，在一次侧线圈的外面绕有二次侧线圈，其磁路如图 2-12 所示。由图可知，磁感线经铁心构成闭合磁路。闭磁路式点火线圈的优点是漏磁少，磁路的磁阻小，因而能量损失小，能量变换率

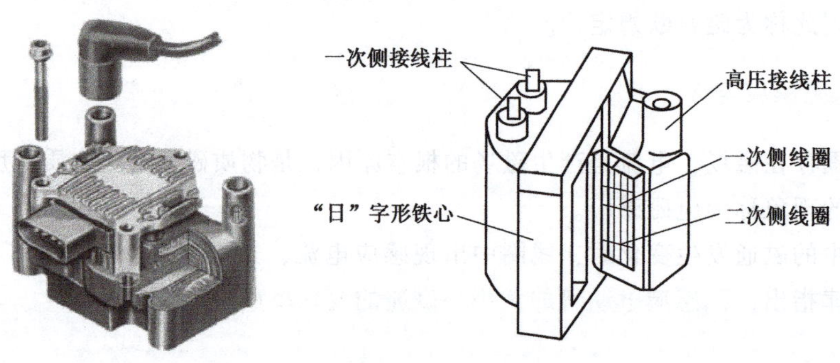

图 2-11　闭磁路式点火线圈的结构

高，可达 75%（开磁路式点火线圈只有 60%）。闭磁路式点火线圈体积小，可直接装在分电器盖上，省去了点火线圈与分电器之间的高压导线。

现就传统点火线圈的点火原理，讲述其工作过程：当点火开关闭合时，发动机工作，凸轮轴使断电器不断闭合与断开，当断电器闭合时，一次侧线圈通电，铁心中有磁通。当断电器断开时，一次侧线圈电路被切断，电流及磁通迅速消失，根据互感原理，在二次侧线圈上产生高压感应电动势。该高压感应电动势击穿火花塞的间隙，形成火花，点燃混合气。

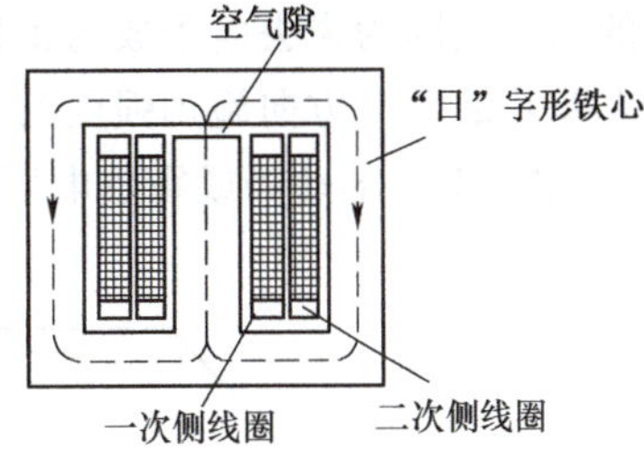

图 2-12　闭磁路式点火线圈的磁路

（2）点火信号发生器　在电喷发动机中，点火信号发生器的作用是产生与气缸和曲轴位置相对应的电压信号，用以触发电子点火器按照发动机各缸的点火要求及时通、断点火线圈一次侧回路，使二次侧产生高压。

点火信号发生器种类较多，磁感应式点火信号发生器是其中的一种。其结构如图 2-13a 所示，主要由分电器轴带动的信号转子、安装在分电器底板上的传感线圈和永久磁铁等组成。信号转子外缘有凸齿，其凸齿数与发动机的缸数相同。

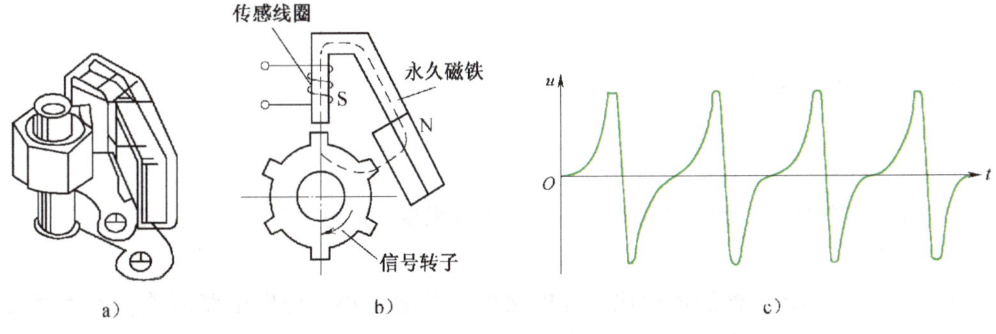

图 2-13　磁感应式点火信号发生器的结构和工作原理

a）发生器的结构　b）原理示意图　c）输出信号

磁感应式点火信号发生器的工作原理如图 2-13b 所示。永久磁铁的磁通由 N 极经信号转子→传感线圈的铁心→S 极→N 极构成闭合磁路。点火开关闭合时，若发动机不工作，信号转子不转，则无信号输出。当发动机正常工作时，分电器轴带动信号转子旋转，导致信号转子与铁心间的空气隙发生变化，相应改变了磁路的磁阻。当凸齿接近传感线圈铁心时，空气隙变得越来越小，线圈中的磁通逐渐增加，而凸齿离开传感线圈铁心时，空气隙变得越来越大，磁通则逐渐变小，因而在传感线圈内感应出大小和方向均周期变化的交变电动势，如图 2-13c 所示。信号转子每转一圈，便会产生交变信号（对于 6 缸发动机，产生 6 个交变信号），将此信号传输给点火控制电路即可实现对点火系统点火时刻的控制。此外，转速不同时，传感线圈内的磁通变化率和感应电动势也不相同。转速高时，传感线圈内的磁通变化率增加，导致感应电动势的峰值变高，信号变得较为强烈。反之，由于传感线圈内的磁通变化率降低，会导致感应电动势的峰值变低，信号变得相对较弱。

磁电式传感器可用于发动机曲轴转角、轮速传感器、变速器输入轴转速的检测等。

（四）霍尔效应

1. 概念

当放在磁场中的半导体基片中通过与磁场方向垂直的电流时，由于半导体基片中的电子受到电磁力（洛仑兹力）的作用，使电子聚集于半导体基片的一侧成为负极，而半导体基片的另一侧因为失去电子成为正极。如图 2-14 所示，当在半导体基片两端通以控制电流 I，并在基片的垂直方向施加强度为 B 的磁场时，在垂直于电流和磁场的方向上将产生电动势 U_H（称为霍尔电动势或霍尔电压），这种现象称为霍尔效应。

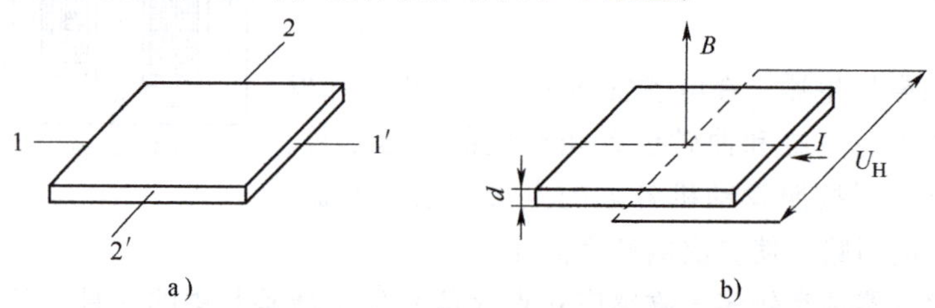

图 2-14 霍尔效应原理图

a）霍尔元件 b）霍尔效应原理图

2. 霍尔电压

霍尔电压可用下式表达：

$$U_H = R_H \frac{IB}{d} \tag{2-8}$$

式中，R_H 为霍尔常数；I 为控制电流；B 为磁感应强度；d 为霍尔元件的厚度。

3. 应用

霍尔元件和霍尔传感器的体积比传统的磁电式传感器小，外围电路简单，使用寿命长，更重要的是霍尔传感器具有无磨损且输出电压在使用寿命期限内保持恒定的优点，因此广泛应用于汽车电控系统中。

霍尔传感器可以用于温度表、节气门位置传感器、曲轴位置传感器、凸轮轴位置传感器、车速传感器、轮速传感器、加速度传感器及点火正时控制等。

图 2-15 所示为霍尔式点火信号发生器的结构。

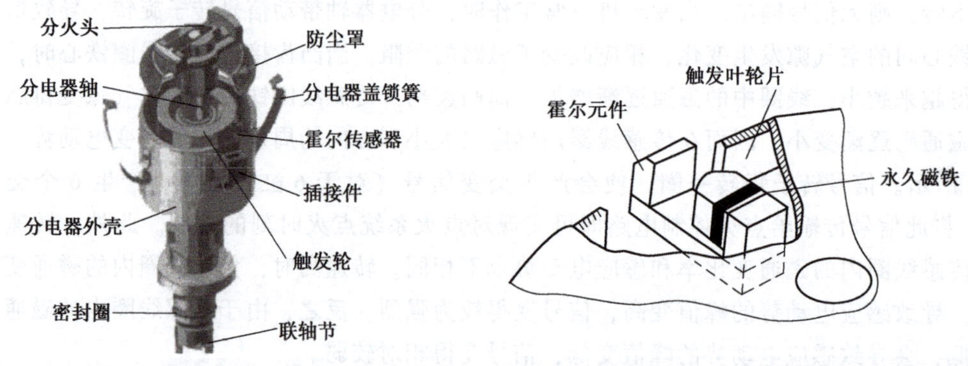

图 2-15 霍尔式点火信号发生器的结构

霍尔式点火信号发生器的工作原理如图 2-16 所示。发动机工作时，分电器轴带动触发叶轮转动，每当叶片进入永久磁铁和霍尔元件之间的空气隙时，穿过霍尔集成电路元件的磁路被触发叶轮的叶片旁路，此时不产生霍尔电压，信号发生器输出高电平。

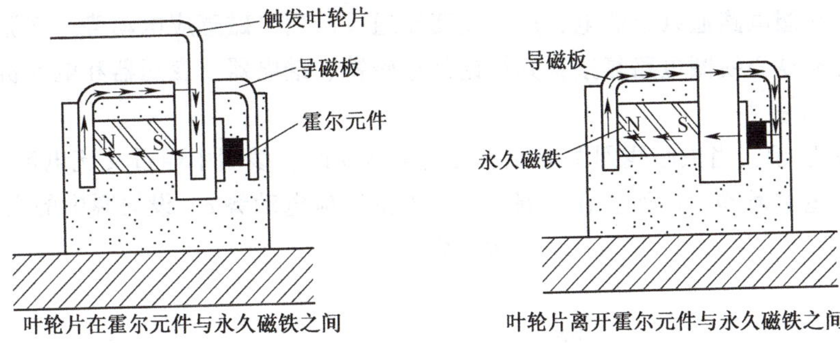

图 2-16　霍尔式点火信号发生器的工作原理

当触发叶轮的叶片离开空气隙时，由于永久磁铁的磁通通过导磁板和霍尔集成电路元件构成磁路，在霍尔元件中便会产生霍尔电压，则信号发生器输出低电平（0.3～0.4V）。触发叶轮每转一圈，霍尔效应式信号发生器便可产生与缸数相同且周期性变化的脉动电压，将此信号传输给点火控制电路即可实现对点火系统的控制。

霍尔元件应用于车速传感器时，其结构如图 2-17 所示。其原理与上述相同，不再讲述。

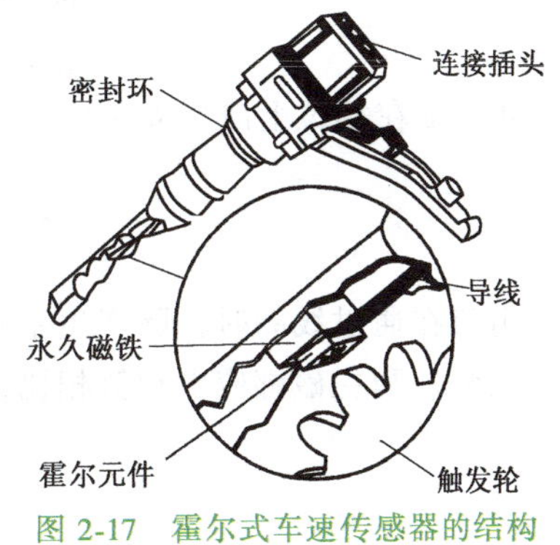

图 2-17　霍尔式车速传感器的结构

四、铁心线圈电路

铁心线圈电路就是含有铁心的线圈所构成的电路。如图 2-18 所示，当线圈中通入电流时，在铁心中就产生磁通，形成磁路。

根据线圈所接入电源的不同，线圈电路可分为直流铁心线圈电路和交流铁心线圈电路。

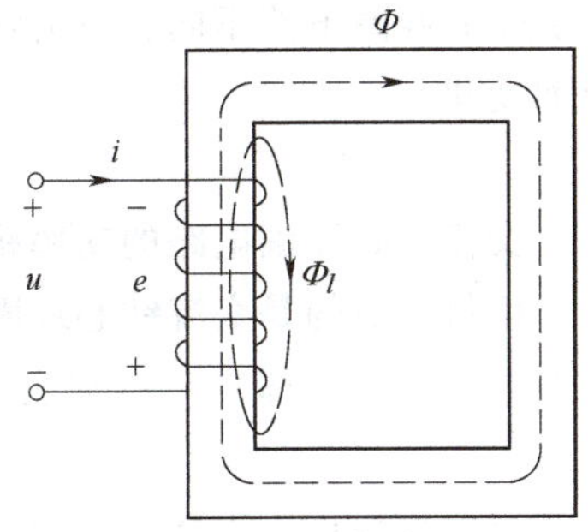

图 2-18　交流铁心线圈电路

（一）直流铁心线圈电路

当线圈中通以恒定的直流电时，在线圈中产生了恒定不变的磁通，在线圈中不会产生感应电动势。通过前边的学习知道，此时的线圈在直流电路中相当于短路，线圈的电流 I 只与线圈上所加的电压 U 和线圈本身的电阻 R 有关，即

$$I=\frac{U}{R}$$

线圈所消耗的功率只有线圈本身电阻消耗的功率，即

$$P=UI=I^2R$$

（二）交流铁心线圈电路

交流铁心线圈电路通以交流电，产生交变磁通，产生电磁感应电动势。交流铁心线圈电路的分析比直流铁心线圈电路复杂，其结论是电磁铁、继电器、变压器和电动机的基础。

1. 电压电流关系

如图 2-18 所示，当铁心线圈两端加上交流电压 u 时，线圈中通过交流电流 i，在铁心中将产生交变的主磁通 Φ，从而会在线圈中产生电磁感应电动势 e。设线圈中的主磁通为

$$\Phi=\Phi_m\sin\omega t$$

则

$$\begin{aligned}e&=-N\frac{d\Phi}{dt}=-N\frac{d}{dt}(\Phi_m\sin\omega t)\\&=-\omega N\Phi_m\cos\omega t=2\pi fN\Phi_m\sin(\omega t-90°)\\&=E_m\sin(\omega t-90°)\end{aligned}$$

可见 e 在相位上滞后 Φ 90°，e 的有效值为

$$E=\frac{E_m}{\sqrt{2}}=\frac{2\pi Nf\Phi_m}{\sqrt{2}}=4.44fN\Phi_m$$

电流在通过线圈时，除产生主磁通外，还会产生少量的漏磁通，从而产生少量的漏磁感应电动势。和主磁感应电动势相比，线圈上电压及漏磁感应电动势可以忽略不计，于是

$$u=-e=N\frac{d\Phi}{dt}$$

$$U\approx E=4.44fN\Phi_m \tag{2-9}$$

该式表明，在忽略线圈电阻 R 及漏磁通的条件下，当线圈匝数 N 及电源频率 f 一定时，主磁通的幅值 Φ_m 由励磁线圈外的电压有效值 U 确定，与铁心的材料及尺寸无关。这一点和直流铁心线圈电路不同，直流铁心线圈电路的电压不变时，电流也不变，而磁通却随磁路情况而变化。

2. 功率损耗

交流铁心线圈电路的功率跟一般的交流电路的功率相同，计算方法也相同。

值得说明的是交流铁心线圈的有功功率 P 包括两部分，一部分是由于线圈本身的电阻所消耗的功率，称为铜损 P_{Cu}，其公式为

$$P_{Cu}=I^2R$$

另一部分是交变的磁通在铁心中产生的功率损耗，称为铁损 P_{Fe}。铁损包括两部分：

（1）磁滞损耗 P_h　磁性材料在交变磁化过程中会产生功率损耗。可以证明：磁滞损耗正比于磁滞回线所包围的面积。为了减小磁滞损耗，交流铁心线圈应选用磁滞回线狭小的软磁性材料（如硅钢等）作为铁心。

（2）涡流损耗 P_e　铁磁性材料不仅导磁，同时还导电。在交变磁场的作用下，铁心中会产生感应电动势，从而在垂直于磁通方向的铁心平面内产生如图 2-19a 所示的旋涡状的感应电流，称为涡流。涡流在铁心内所产生的功率损耗称为涡流损耗。

为了减小涡流损耗，一方面可以把整块的铁心改由如图 2-19b 所示的顺着磁场方向彼此绝缘的薄钢片叠成，使涡流限制在较小的截面积以内；另一方面，选用电阻率较大的铁磁性材料（如硅钢），也可以减小涡流和涡流损耗。基于以上原因，变压器等交流电气设备的铁心都用彼此绝缘的硅钢片叠成。

涡流虽然在很多电器中会引起不良后果，但在有些场合，人们却利用涡流为生产、生活服务。例如，工业上利用涡流产生热量来熔化金属，日常生活中的电磁炉也是利用涡流的原理制成的，它给人们的生活带来很大的便利。在汽车上机械传感式车速表利用的也是涡流原理。如图 2-20 所示，车速表的指针固定于一个圆形铝盘转子上，铝盘下面有一对与车速成正比的旋转磁极。当磁铁旋转时，铝盘受到旋转磁场的作用，产生感应电流——涡流。该涡流与旋转磁场相互作用后就带动铝盘朝旋转磁场方向转动，当铝盘转动力矩与盘状弹簧力平衡时，指针就指示出一定的车速值。

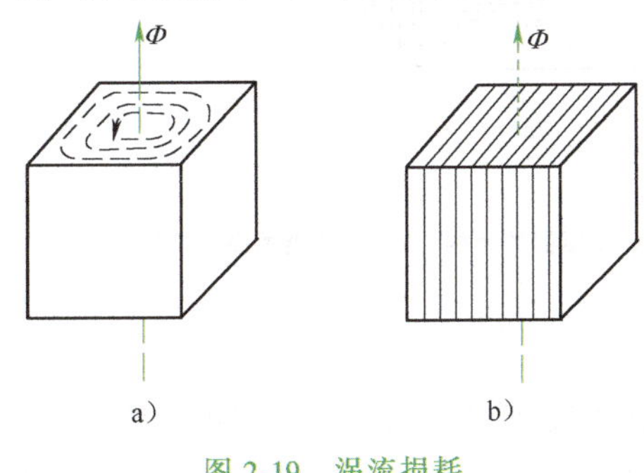

图 2-19　涡流损耗

a）涡流　b）硅钢片叠成的铁心

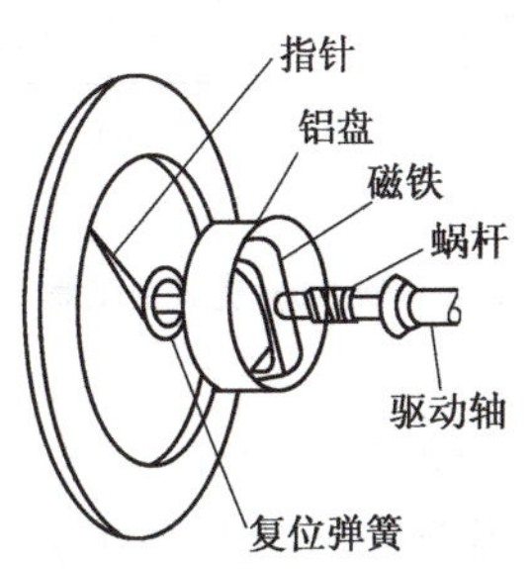

图 2-20　机械传感式车速表原理

综上所述，交流铁心线圈的功率损耗为

$$P=P_{Cu}+P_{Fe} \tag{2-10}$$

$$P_{Fe}=P_h+P_e \tag{2-11}$$

五、变压器

变压器是利用电磁感应原理制成的，它是传输电能或信号的静止电器，它有变压、变流、阻抗变换及电隔离作用。它的种类很多，应用十分广泛。例如，在电力系统中把发电机发出的电压升高，以适宜远途传输，到达目的地后用变压器把电压降低供用户使用；在实验室里用自耦变压器（调压器）改变电源电压；在测量电路中，利用变压器原理制成各种电压互感器和电流互感器以扩大对交流电压和交流电流的测量范围；在功率放大器和负载之间用变压器连接，可以达到阻抗匹配，即负载上获得最大功率。变压器虽然用途及种类各异，但基本工作原理是相同的。

（一）变压器的结构和工作原理

1. 变压器的结构

变压器由铁心和绕组两部分组成。变压器的铁心有心式和壳式两种不同的结构形式。图 2-21a 所示为心式变压器，图 2-21b 所示为壳式变压器。

铁心用0.35~0.5mm的硅钢片叠压而成，为了降低磁阻，一般用交错叠加安装的方式，即将每层硅钢片的接缝处错开。

图2-22a所示为一个简单的双绕组心式变压器，在一个闭合铁心上套有两组绕组。N_1为一次绕组的匝数，N_2为二次绕组的匝数。通常，小变压器的绕组都用铜或铝质漆包线绕制而成。变压器的图形符号如图2-22b所示。

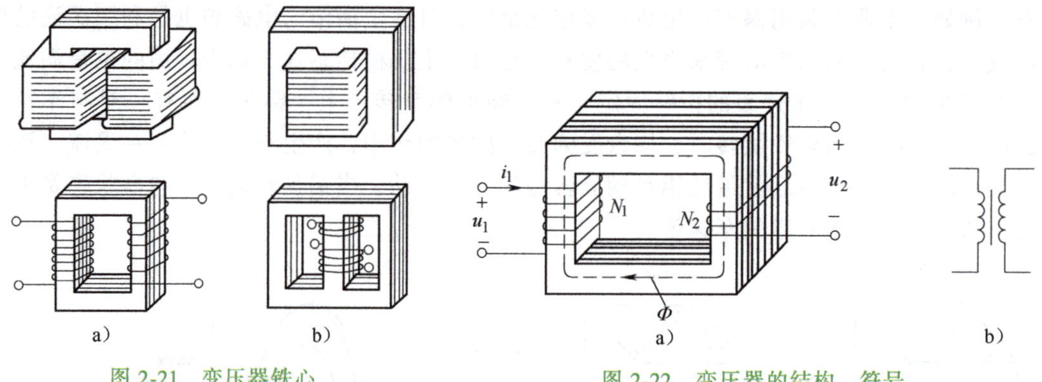

图2-21 变压器铁心

a）心式变压器 b）壳式变压器

图2-22 变压器的结构、符号

a）变压器的结构 b）变压器的图形符号

2. 变压器的工作原理

（1）空载运行（变压作用） 变压器一次绕组接上交流电压u_1，二次绕组开路，这种状态称为空载运行。此时二次电流为$I_2=0$，电压为开路电压U_{20}，一次电流为I_{10}（空载电流），如图2-23所示。

如果忽略漏磁通及一次绕组电阻的影响，则有

$$U_1 \approx E_1 = 4.44fN_1\Phi_m \tag{2-12}$$

同理

$$U_{20} \approx E_2 = 4.44fN_2\Phi_m \tag{2-13}$$

由式（2-12）和式（2-13）得

$$\frac{U_1}{U_{20}}=\frac{E_1}{E_2}=\frac{4.44fN_1\Phi_m}{4.44fN_2\Phi_m}=\frac{N_1}{N_2}=K \tag{2-14}$$

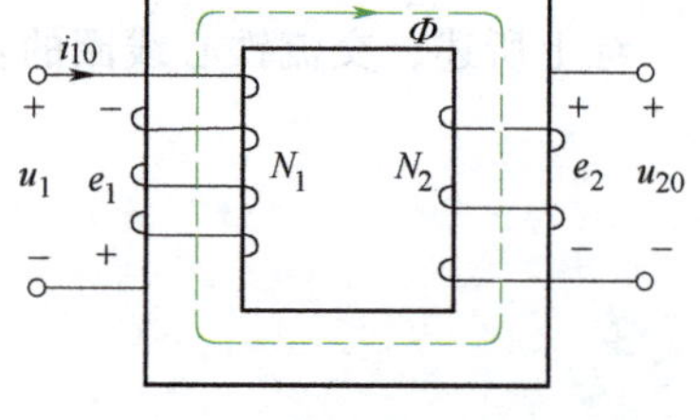

图2-23 变压器的空载运行

可见，变压器空载运行时，一次、二次绕组上电压的比值等于两者的匝数比。该比值称为变压器的电压比，用K表示。

当输入电压U_1不变时，改变变压器的变比就可以改变输出电压U_2，这就是变压器的变压作用。若$N_1<N_2$，$K<1$，为升压变压器；反之，为降压变压器。

（2）负载运行（变流作用） 变压器的二次绕组接有负载，称为负载运行。此时在二次绕组电动势e_2的作用下，将产生二次电流I_2，而一次电流由I_{10}增加为I_1，如图2-24所示。

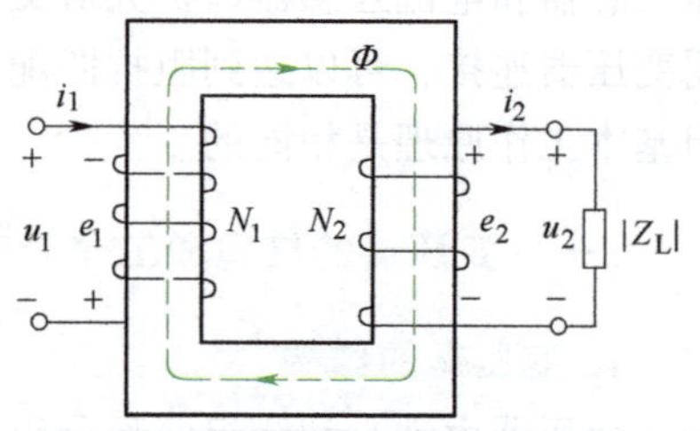

图2-24 变压器的负载运行

变压器负载运行时，一次、二次绕组的磁动势方向相反，即二次电流I_2对一次电流I_1产生的磁通有去磁作用，当I_2增加时，铁心中的磁通将减小，于是一次电

流 I_1 必然增加以保持主磁通基本不变。无论 I_2 如何变化，I_1 总能按比例自动调节，以适应负载电流的变化。由于空载电流很小，因此它产生的磁动势可忽略不计。于是变压器一次、二次电流有效值的关系为

$$\frac{I_1}{I_2}=\frac{N_2}{N_1}=\frac{1}{K} \tag{2-15}$$

由此可知，当变压器负载运行时，一次、二次电流之比近似等于其匝数之比的倒数。改变一次、二次绕组的匝数就可以改变一次、二次电流的比值，这就是变压器的变流作用。

(3) 阻抗变换作用　变压器除了变压作用、变流作用外，还有变换阻抗的作用，以实现阻抗匹配，即负载上能获得最大功率。如图 2-25 所示，变压器一次侧接电源 U_1，二次侧接负载 $|Z_L|$，对于电源来说，图中点画线内的电路可用另一个等效阻抗 $|Z_L'|$ 来等效代替。所谓等效，即两者从电源吸收的电流和功率相等，两者的关系由下式计算得：

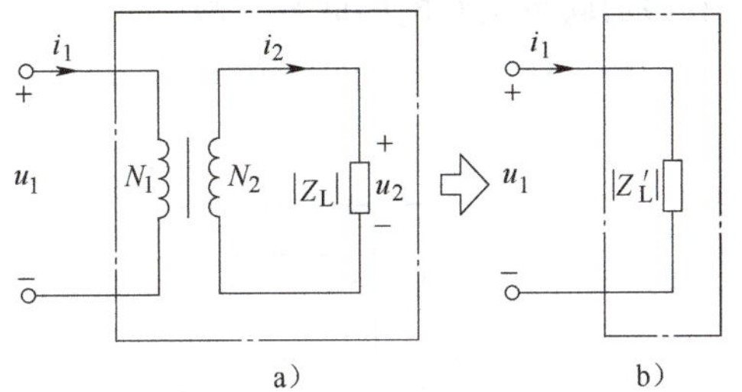

图 2-25　变压器的阻抗变换作用
a) 变压器电路　b) 等效电路

$$|Z_L'|=\frac{U_1}{I_1}=\frac{(N_1/N_2)\ U_2}{(N_2/N_1)\ I_2}=\left(\frac{N_1}{N_2}\right)^2|Z_L|=K^2|Z_L|$$

可见，匝数不同，实际负载阻抗 $|Z_L|$ 折算到一次侧的等效阻抗 $|Z_L'|$ 也不同。可以用不同的匝数比，把实际负载变换为所需要的比较合适的数值，这种做法通常称为阻抗匹配。在电子电路中经常这样处理。

(二) 变压器的额定值

1. 额定电压 U_{1N}、U_{2N}

一次额定电压 U_{1N} 是根据绕组的绝缘强度和允许发热所规定的应加在一次绕组上的正常工作电压的有效值。二次额定电压 U_{2N} 指变压器一次侧施加额定电压时的二次侧空载的电压有效值。

2. 额定电流 I_{1N}、I_{2N}

一次、二次额定电流 I_{1N}、I_{2N} 指变压器在连续运行时，一次、二次绕组允许通过的最大电流的有效值。

3. 额定容量 S_N

额定容量 S_N 指变压器二次额定电压和额定电流的乘积，即二次侧的额定功率，$S_N=U_{2N}I_{2N}$。额定容量反映了变压器所能传送电功率的能力。注意不要把变压器的实际输出功率与额定容量相混淆。

4. 额定频率 f_N

额定频率 f_N 指变压器应接入的电源频率。我国电力系统的标准频率为 50Hz。

(三) 特殊变压器

1. 自耦变压器

如果一次、二次侧共用一个绕组，使低压绕组成为高压绕组的一部分，如图 2-26 所示，就称为自耦变压器。

与普通变压器相比，自耦变压器用料少、质量小、尺寸小，但由于一次、二次绕组之间既有磁的联系又有电的联系，故不能用于要求一次、二次电路隔离的场合。同时，使用时应特别注意它的高压侧和低压侧不能对调使用。

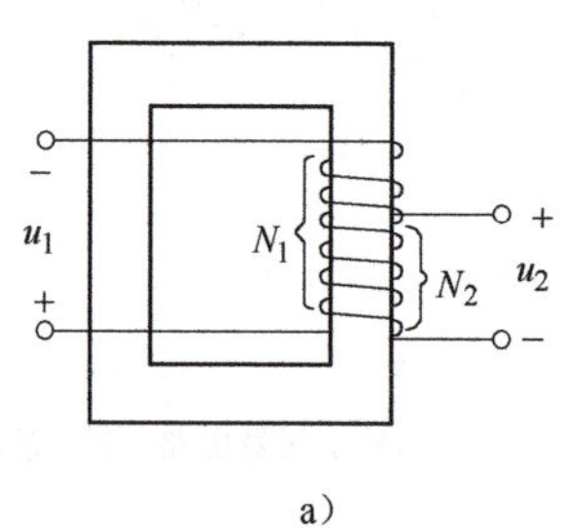

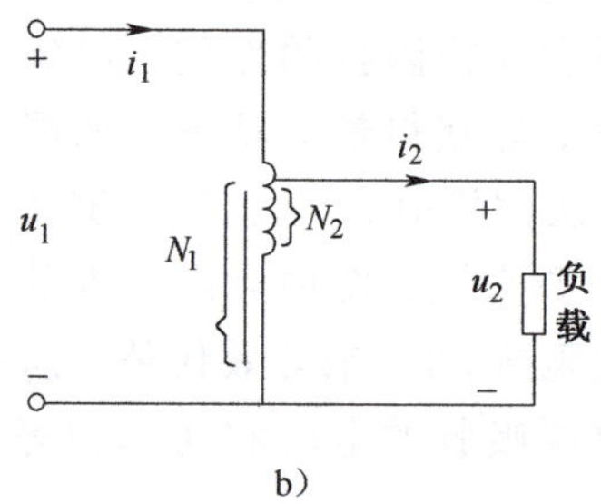

图 2-26 自耦变压器

a) 示意图 b) 电路

在实用中为了得到连续可调的交流电压，常将自耦变压器的铁心做成圆形。二次侧抽头做成滑动的触头，可自由滑动。其外形、结构示意图及图形符号如图 2-27 所示。

使用自耦变压器的注意事项：

1）一次、二次不能对调使用，否则可能会烧坏绕组，甚至造成电源短路。

2）接通电源前，应先将滑动触头调到零位，接通电源后慢慢转动手柄，将输出电压调至所需值。

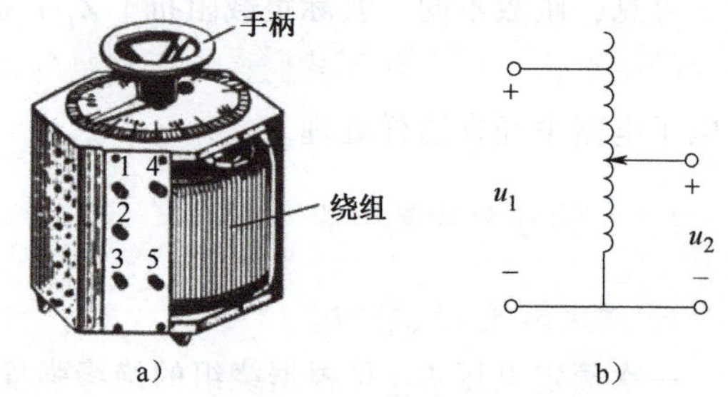

图 2-27 自耦调压器

a) 外形 b) 图形符号

2. 仪用互感器

专供测量仪表使用的变压器称为仪用互感器，简称互感器。互感器的作用是扩大测量仪表的量程，同时使测量仪表与高压电路绝缘，以保证工作安全。

按用途的不同，互感器可分为电压互感器和电流互感器两种。

电压互感器可用于扩大交流电压表的量程。其工作原理与普通变压器空载情况相似。为了工作安全，电压互感器的铁壳及二次绕组的一端必须接地。

电流互感器用于扩大交流电流表的量程。如图 2-28 所示，在电流互感器的一次绕组接入一次电路之前，必须先把电流互感器的二次绕组连成闭合回路，且在工作中不允许断开。其原因是：交变的磁通在二次绕组上将感应出很高的电压，其峰值可达几千伏甚至上万伏，这么高的电压作用于二次绕组及二次回路上，将严重威胁人身安全和设备安全，甚至绕组绝缘会因过热而烧坏。

钳形电流表如图 2-29 所示，它是电流互感器的另一种应用形式。钳形电流表由一只与电流表接成闭合回路的二次绕组和一只铁心构成，其铁心可以开合。在测量时，先张开铁心，把待测电流的一根导线放入钳中，再把铁心闭合。这样，载流导线便成为电流互感器的一次绕组，经过变换后，在电流表上可直接指出被测电流的大小。

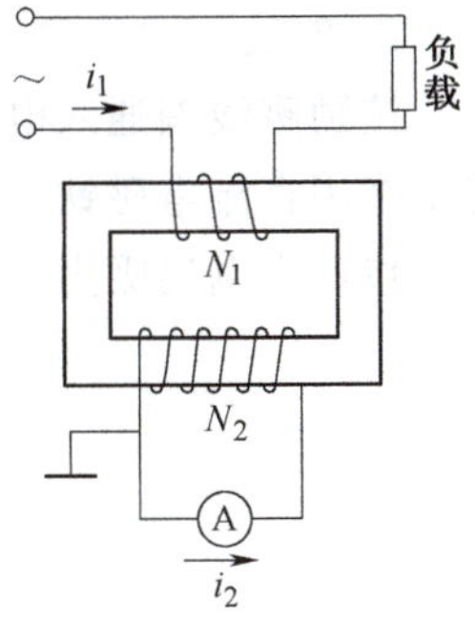

图 2-28 电流互感器

（四）汽车上使用的变压器

1. 点火线圈

点火线圈是汽车电路中变压器的典型应用，已在前面已作过介绍，不再重述。

2. 可变电感式进气压力传感器

可变电感式进气压力传感器是基于变压器原理工作的。如图 2-30 所示，当振荡器输出的交流电通过一次侧线圈 N_1，由于互感作用，使二次侧线圈 N_2 产生输出电压，其大小取决于两线圈的耦合情况。铁心与线圈的相对位置受膜盒控制，耦合越紧，输出电压越大。进气歧管绝对压力升高时，膜盒收缩，使铁心向线圈中部移动，这时输出信号增强。

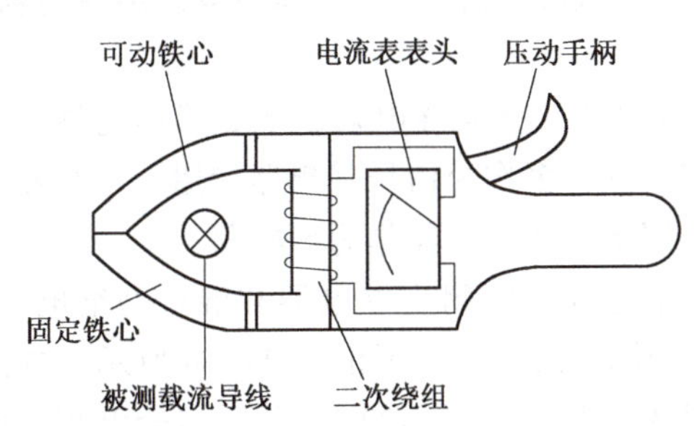

图 2-29 钳形电流表

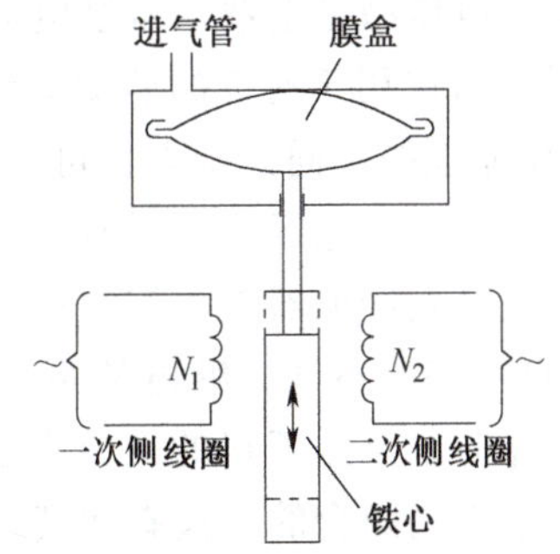

图 2-30 可变电感式进气压力传感器工作原理

六、电磁铁和继电器

（一）电磁铁

1. 电磁铁的结构与工作原理

电磁铁是利用通电的铁心线圈产生的电磁力或力矩吸引衔铁或保持某种工件于固定位置，通过将电磁能转化为机械能来实现各种控制的一种电器。

电磁铁主要由励磁线圈、铁心和衔铁等部分组成。电磁铁的励磁线圈通入电流后，电磁铁铁心和衔铁端面上出现了不同磁极，彼此相吸，使衔铁吸向铁心，从而带动执行机构作直线或回转运动。

电磁铁在汽车上应用广泛，如汽车电喇叭发声、电子喷射及 ABS 油阀等都是由电磁铁来控制的。

2. 电磁铁的分类

按励磁线圈通入电流的不同，电磁铁分为直流电磁铁和交流电磁铁两类。在汽车电控系统中多用直流电磁铁。

按产生电磁吸力原理的不同，电磁铁可分为拍合式、吸入式和旋转式3类。

（二）继电器

1. 继电器的概念

继电器是自动控制电路中常用的一种器件，在电路中起自动操作、自动调节、安全保护等作用。

在工业控制中使用的中间继电器、热继电器等体积较大，线圈中通过的电流或承受的电压较高，触点允许通过的电流较大。在汽车电气系统中使用的继电器体积较小，触点控制的电流也较小，属于小型继电器，如图2-31所示。

图2-31 汽车常用继电器

2. 继电器的类型

1）按输入信号的不同，继电器可分为电压继电器、电流继电器、功率继电器、压力继电器、温度继电器等。若继电器的电磁线圈中通过的电流较小，称为电压型继电器。若继电器电磁线圈中通过的电流较大，称为电流型继电器，如舌簧继电器（常应用于对灯的监测电路）。

2）按工作原理的不同，继电器可分为电磁式继电器、感应继电器、干簧式继电器、电动式继电器、电子式继电器等。干簧式继电器反应灵敏，多作为信号采集器使用。汽车控制电路大多采用电磁式继电器作为控制执行部件，采用干簧式继电器作为传感器。

3）按触点状态的不同，继电器可分为常开型继电器、常闭型继电器和混合型继电器。常开型指不工作时触点是开路的，只有在其线圈受激时才闭合，如图2-32a、b所示。常闭型指不工作时触点是闭合的，只有在其线圈受激时才断开，如图2-32c所示。混合型指在两个触点之间切换，由线圈受激状态决定，如图2-32d所示。

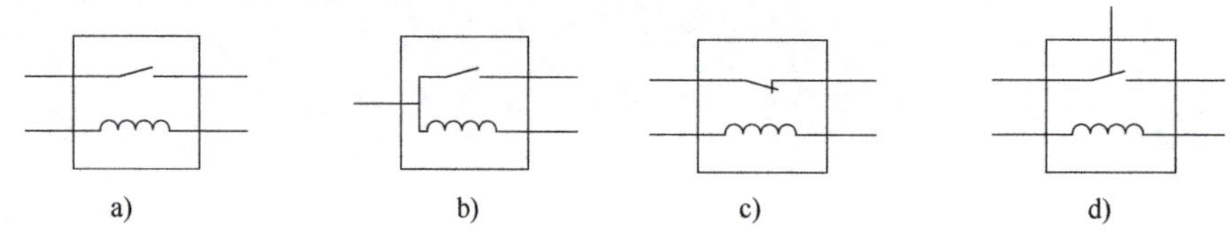

图2-32 按触点状态不同的继电器分类

3. 电磁式继电器的结构与工作原理

电磁式继电器成本较低，便于控制执行部件，在汽车电路中被广泛采用。电磁式继电器的结构如图2-33a所示。

如图2-33a所示，当继电器线圈通以电流时，在铁心、轭铁、衔铁和工作气隙中形成磁通回路，从而使衔铁受到电磁吸力的作用而吸向铁心。此时，衔铁带动支杆将动断触点断开，动合触点接通。当切断继电器线圈的电流时，电磁铁失去电磁力，衔铁回复原位，触点恢复常态。

4. 继电器的符号

在电路中，表示继电器时只要画出它的线圈和与控制电器有关的触点组就可以了。继电器的线圈用一个长方框符号表示，同时在长方框内或框旁标上这个继电器的文字符号“K”，如图 2-33b 所示。

在汽车电路中，按电路连接的需要把各个触点分别画在各自的控制电路中，同时在属于同一继电器的线圈和触点旁边注上相同的文字符号，并把触点组编号，如图 2-34 所示。

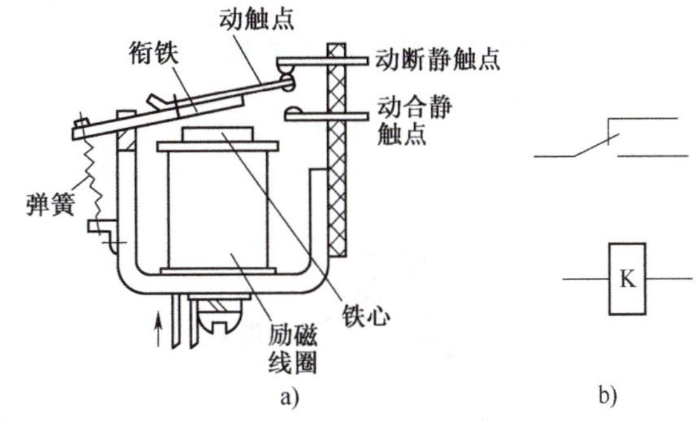

图 2-33　电磁式继电器的结构与电路符号

a）结构　b）电路符号

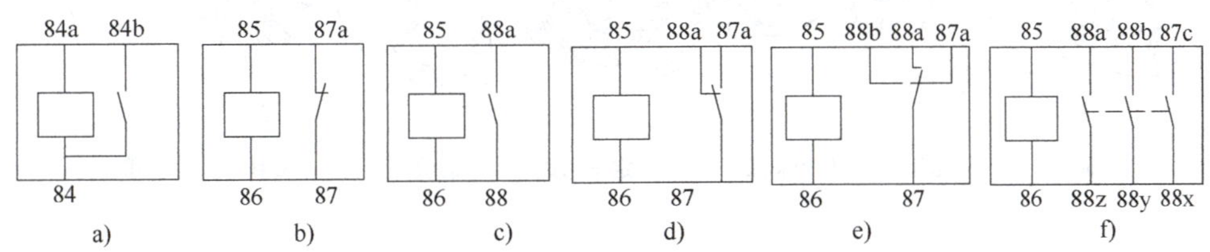

图 2-34　汽车用继电器图形符号

a）绕组与触点共用 1 个接线柱　b）1 个动断触点　c）1 个动合触点

d）1 组转换触点　e）2 组转换触点　f）3 个动合触点

汽车用继电器的接线柱标记请查阅相关手册。

5. 汽车用继电器的主要参数

（1）功率　指继电器线圈使用的额定功率。

（2）线圈电压　指继电器正常工作时线圈需要的电压值。汽车继电器的电压均与汽车电源相一致。

（3）线圈电阻　指线圈的直流电阻值，可以根据线圈电阻来求线圈的工作电压或工作电流。

（4）触点负荷　指触点的负载能力，有时也称为触点容量。因为继电器的触点在切换时要承受一定的电压和电流，因而影响继电器的使用寿命。

6. 继电器在汽车上的应用

由于汽车电气系统电压较低，较大功率的电器设备的工作电流较大，这样大的电流如果直接用开关进行通断控制，开关的触点将因无法承受大电流的通过而烧毁。汽车上经常利用开关控制继电器的吸合与断开，再利用继电器的触点控制电器设备的通断电。

七、汽车交流发电机

汽车用电均为直流电，当汽车电源系统的交流发电机工作时，发电机所产生的是正弦交流电，经过整流装置、电压调节器等设备或器件将正弦交流电转变成直流电。目前，国内外生产的汽车交流发电机其结构基本相同，都是三相同步交流发电机。

（一）汽车交流发电机的结构

三相同步交流发电机的结构如图 2-35 所示，由风扇、V 带轮、转子总成、定子总成、元件板、端盖、电刷与电刷架等部件组成。

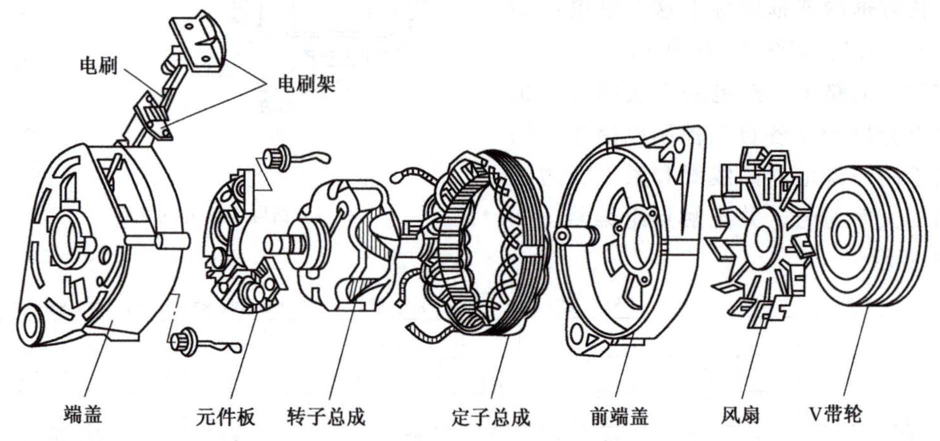

图 2-35　三相同步交流发电机的结构

1. 风扇与 V 带轮

常见的风扇一般由钢板冲制卷角而成，用半圆键安装在前端盖外侧的转轴上。它将机内的空气通过前端盖上的通风孔吸出来，使空气高速流经发电机内部对发电机转子线圈和定子线圈进行强制冷却。

V 带轮通过 V 带将发动机的转矩传给转子。带轮通常用铁铸造而成，有单槽和双槽两种，用半圆键装在转子轴上，再用弹簧垫圈和螺母紧固。

2. 转子总成

转子总成是交流发电机的磁极部分，用来产生磁场。它由转子轴、爪形磁极、励磁绕组、集电环等组成，如图 2-36 所示。

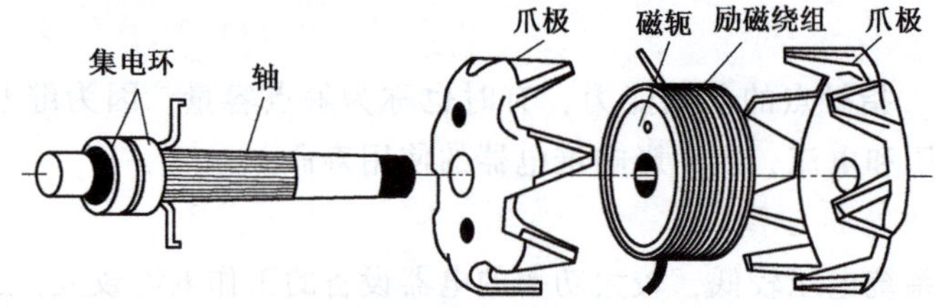

图 2-36　转子总成

3. 定子总成

定子总成是三相交流发电机的电枢，用来产生三相交流电。它由定子铁心和三相绕组组成。定子铁心用硅钢片冲制叠压而成。铁心内圆冲有线槽，以便安放三相绕组，如图 2-37 所示。三相绕组对称嵌在定子铁心槽内，三相绕组多为星形联结，一般留有中性线。每个绕组的线圈个数、每个线圈的节距和匝数都完全相等。绕组起端在定子槽内的排列相隔 120°电角度。

4. 元件板

交流发电机的整流板也称为元件板，上面由 6 个硅二极管组成。后来又生产了 9 管发电

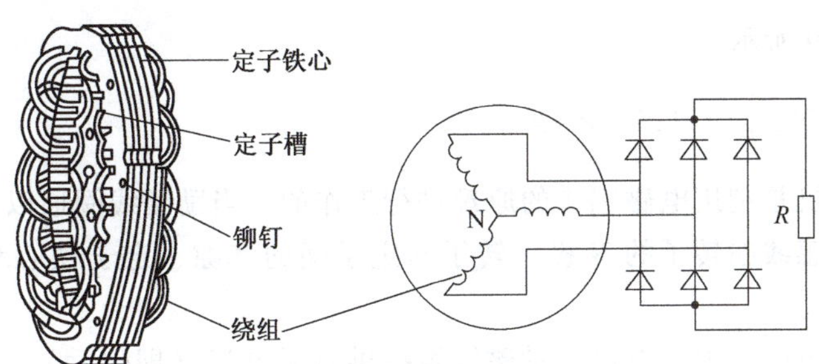

图 2-37　定子结构与三相绕组的星形联结

机，增加了 3 个小功率的磁场二极管，如图 2-38 所示。外壳为正极、中心引线为负极的二极管，称为负极管，管壳底部注有黑色标记。壳体为负极，中心线为正极的二极管，称为正极管，管壳底部有红色标记。

元件板通常用合金制成以利散热。现代汽车交流发电机都有两块元件板，安装 3 只正极管的元件板（装在外侧）称为正整流板，安装 3 只负极管的整流板（装在内侧）称为负整流板。两块元件板绝缘地安装在一起，它与后端盖用尼龙或其他绝缘材料制成的垫片隔开且固定在后端盖上。安装在正整流板上并与之绝缘的 3 个接线柱分别固定有正、负极管的引线和来自三相绕组某一相的端头。与正整流板连接在一起的螺栓引至后端盖外部，作为发电机的电源输出端，并标记为“B”（“+”“A”或“电枢”）。

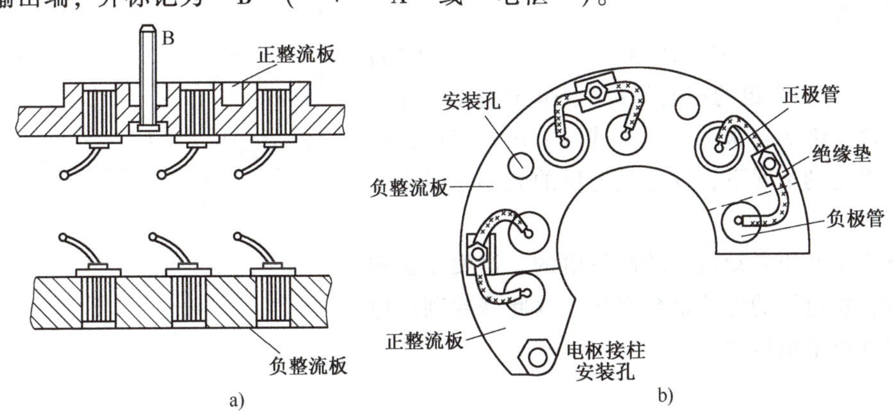

图 2-38　整流板及二极管的安装

a）二极管安装示意图　b）整流板总成

5. 端盖

端盖分前端盖和后端盖，用铝合金或翻砂铸成，用于支承转子和封闭内部结构。前端盖铸有安装臂，用于安装与调整 V 带松紧度。后端盖内装有电刷和电刷架。

6. 电刷与电刷架

两只电刷装在电刷架的孔内，借弹簧的压力与集电环保持接触，将直流电引入励磁绕组。一个电刷的引线接到发电机后端盖外部的接线柱上，成为发电机的磁场（F）接线柱；另一个电刷接到搭铁位置（分内搭铁和

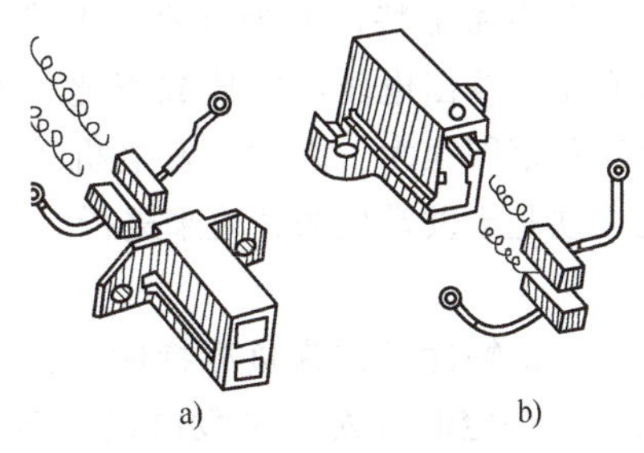

图 2-39　电刷和电刷架

a）内装式　b）外装式

外搭铁)，如图 2-39 所示。

(二) 汽车交流发电机的工作原理

汽车交流发电机是利用电磁感应的原理进行工作的。当励磁线圈通以直流电时，磁极被磁化产生磁场。磁感线在转子的 N 极、转子与定子间的气隙、定子铁心和 S 极之间构成闭合磁路。

交流发电机发电时，由蓄电池给励磁绕组提供直流电流（即他励）。当发电机达到蓄电池电压时，就由发电机自己供给励磁电流（即自励）。

当转子旋转时，励磁线圈所产生的磁场随之转动，形成旋转磁场。固定不动的三相定子绕组在旋转磁场作用下产生了交流电动势，如图 2-40 所示。根据三相绕组的结构可以产生 3 个频率相同、幅值相等、相位相差 120°的正弦电动势，其瞬时值可以表示为：

$$e_U = E_m \sin\omega t$$

$$e_V = E_m \sin(\omega t - 120°)$$

$$e_W = E_m \sin(\omega t + 120°)$$

式中，E_m 为每相电动势幅值；ω 为角频率。

对于定型的三相同步交流发电机来说，在略去发电机内部压降的情况下，每相绕组的相电压可表示为

$$U_p = Cn\Phi \tag{2-16}$$

式中，U_p 为每相绕组的相电压；C 为电机常数，n 为转子的转速；Φ 为每极的磁通。式（2-16）表明，在结构常数确定的情况下，发电机电压的大小与转速和磁通成正比。

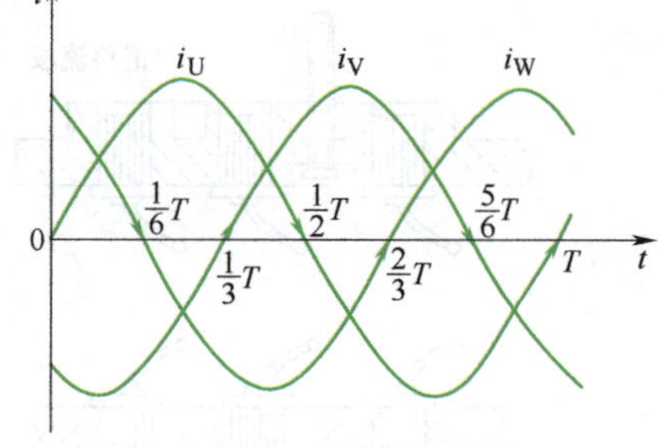

图 2-40 三相交流电

发电机是利用发动机驱动而发电的，当发动机转速变化时，发电机的电压也会变化，因此需要利用电压调节器来调节电压值。

(三) 汽车交流发电机的工作特性

汽车交流发电机的工作特性指发电机输出电压经整流后的直流输出电压与电流、转速之间的关系。它包括输出特性、空载特性和外特性。其中输出特性尤为重要。由式（2-16）可以看出，输出电压与转速成正比，而发动机转速变化范围很大，因此，发电机工作特性的研究必须基于发动机的转速来进行。

1. 输出特性

输出特性又称为负载特性，指发电机输出电压 U 一定时（对 12V 发电机规定为 14V，对 24V 发电机规定为 28V）发电机的输出电流 I 与转速 n 的关系，即 $I=f(n)$ 曲线，如图 2-41 所示。

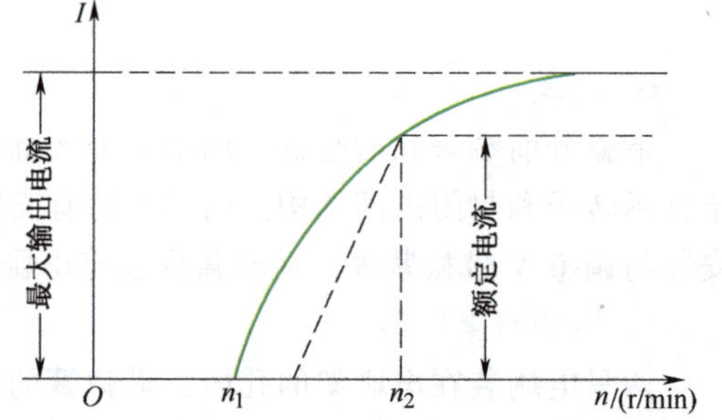

图 2-41 交流发电机的输出特性

从输出特性曲线可以看出：

1）当发电机的转速很低时，其端电压低于额定电压，此时发电机不能向外供电。当发动机转速达到空载转速 n_1 时，电压达到额定值。当转速高于空载转速 n_1 时，发电机向外供电。空载转速 n_1 为选择发电机与发动机转速比的主要依据。

2）当发电机的转速超过 n_1 时，发电机输出电流 I 随着转速 n 的升高及负载电阻 R 的减小而增大。当转速等于 n_2 时，发电机输出额定功率，因此 n_2 称为满载转速。空载转速和满载转速是发电机的主要性能指标，使用时要经常查看其是否符合规定值，即发电机是否处于良好的工作状态。

3）当发电机转速达到一定值时，输出电流不再随转速的升高和负载电阻的减小而增大。此时的电流为发电机的最大输出电流，该性能表明发电机具有自动限制电流的自我保护能力。交流发电机的最大输出电流约为额定电流的 1.5 倍。

2. 空载特性

空载特性指发电机空载时，端电压 U 与转速之间 n 的关系，即 $U=f(n)$ 曲线，如图 2-42所示。

从图 2-42 可以看出，随着转速的升高，端电压上升较快，由他励变为自励时，除供给用电设备电能外，还向蓄电池充电。空载特性反映了交流发电机性能的好坏。

3. 外特性

外特性指发电机转速一定时，发电机端电压与输出电流之间的关系，即 $U=f(I)$ 曲线。图 2-42 所示为一组不同转速 n 时的外特性曲线。

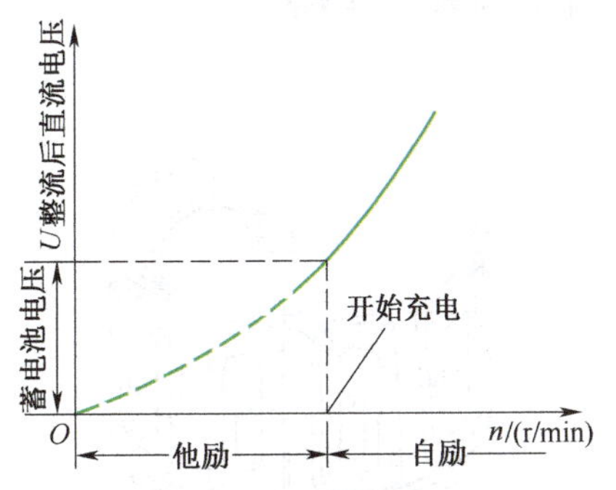

图 2-42 交流发电机的空载特性

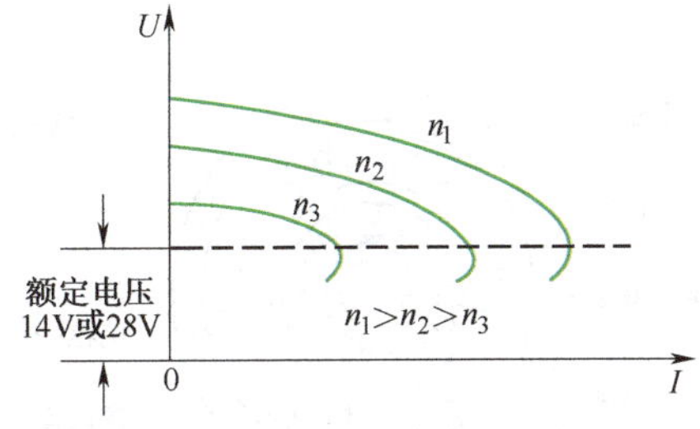

图 2-43 交流发电机的外特性

从图 2-43 可以看出，发电机转速越高，端电压越高，输出电流越大。当保持一定转速时，端电压随输出电流的增大而下降。由于端电压受转速和负载变化的影响，交流发电机必须配用电压调节器才能保持电压的恒定。否则，当发电机高速运转时，若突然失去负载，其电压会突然升高，可能击穿电子元件和烧毁用电设备。

八、汽车用直流电动机

直流电动机是将直流电能转换为机械能的装置。直流电动机跟交流电动机相比具有较好的调速和起动性能，这对汽车电器设备的工作是重要的。

串励式直流电动机起动转矩和过载能力较大，同时转速随负载变化明显，且输出功率变

化不大。基于这些优点，串励式直流电动机应用在汽车起动机中。现以串励式直流电动机为例学习直流电动机的结构、工作原理及机械特性等。

（一）串励式直流电动机的结构

串励式直流电动机主要由磁极、电枢、机壳、端盖、电刷与电刷架等组成，如图2-44所示。

1. 磁极（定子）

磁极由主磁极、换向磁极等组成，如图2-45所示。

主磁极由铁心和励磁绕组组成，励磁绕组通以励磁电流产生主磁场。为了增大起动转矩，磁极数一般为4个或以上，如图2-46所示。

换向磁极由换向磁极铁心和绕组组成，位于两主磁极之间，并与电枢（转子）串联，通以电枢电流后产生附加磁场，以改善电动机的换向条件。为减小换向器上的火花，在小功率直流电动机中不装换向磁极。

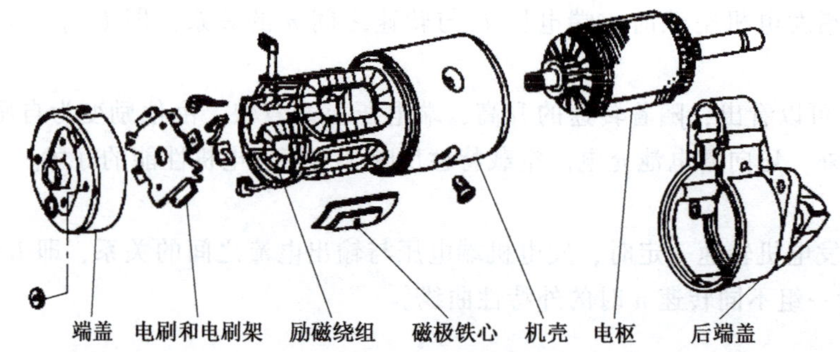

图2-44 直流电动机的结构

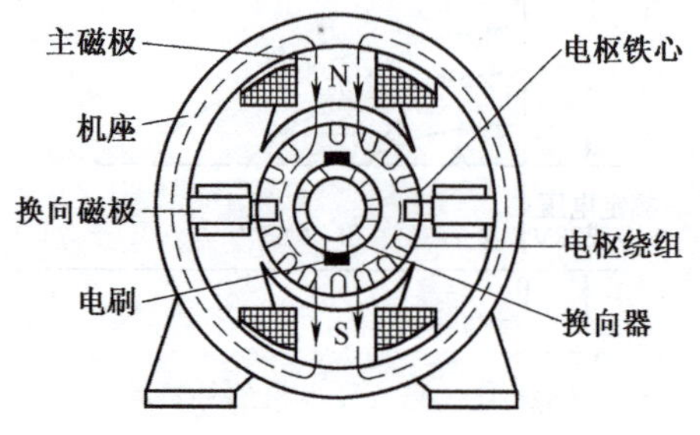

图2-45 直流电动机的剖面

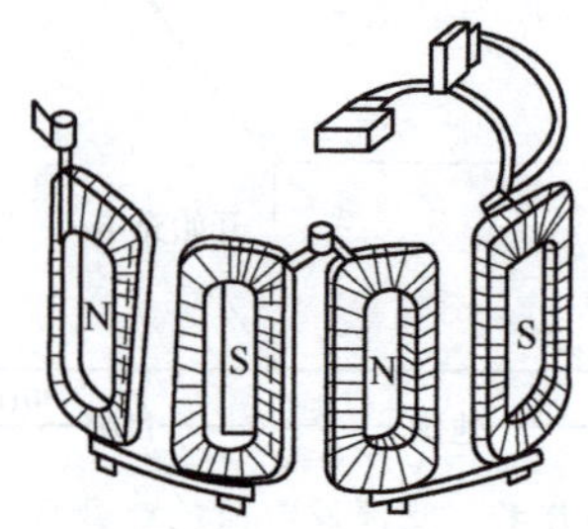

图2-46 直流电动机主磁极的励磁绕组

2. 电枢（转子）

电枢主要由电枢铁心、电枢绕组、换向器和电枢轴等组成，如图2-47所示。

电枢铁心由硅钢片叠压而成，其表面有许多均匀分布的槽，用来嵌入电枢绕组。电枢绕组由许多相同的线圈组成，按一定规律嵌入电枢铁心的槽内并与换向器的两换向片相连；通以电流时在主磁场的作用下产生电磁转矩。

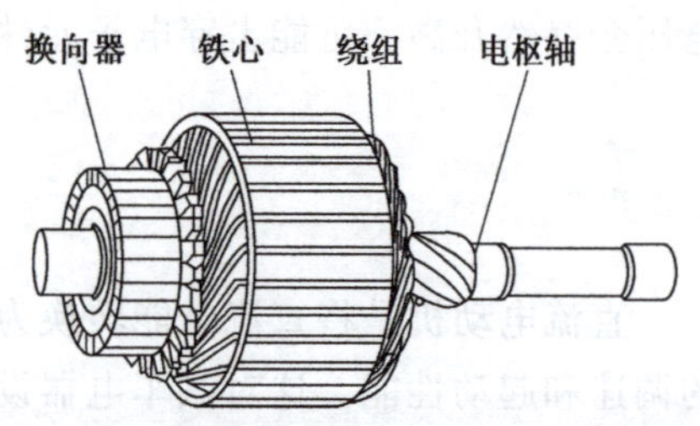

图2-47 直流电动机电枢

换向器是直流电动机的特有装置，它由许多楔形铜片组成，各片间用云母或其他垫片绝缘；外表呈圆

柱形，装在转轴上。在换向器表面压着电刷，使旋转的电枢绕组与静止的外电路一直相通，以引入直流电。

3. 机壳

机壳构成直流电动机的导磁回路。在机壳的一端留有检视孔，以便对电刷和换向器进行检修。

4. 端盖

端盖有两个，前端盖由铸铁浇铸而成，后端盖一般由钢板压制而成，用螺钉固定在底座的两端，盖内有轴承用以支撑旋转的电枢。

5. 电刷与电刷架

电刷与换向器配合，将电流引入电动机的励磁绕组及电枢绕组。电刷由铜粉与石墨粉混合后压制而成，以减少电阻，并增加耐磨性。电刷架一般都制成框式，固定在后端盖内，正极刷架与端盖绝缘，负极刷架本身搭铁。电刷架上装有弹力较强的盘形弹簧，工作中压在电刷后部，以保证电刷与换向器接触良好。

（二）串励式直流电动机的工作原理

1. 转动原理

如图 2-48 所示，当直流电压加在电刷两侧时，直流电流经过电刷 A、换向片 1、线圈 $abcd$、换向片 2 和电刷 B 形成回路，线圈 ab 边和 cd 边在磁场中受到电磁力的作用，受力方向可由左手定则确定。电磁力将使线圈电枢按逆时针方向旋转。随着电枢的旋转，线圈的 ab 边从 N 极处转到 S 极处，换向片 2 脱离电刷 B 而与电刷 A 接触，这时流经线圈的电流方向相反，但 N 极下导体中电流方向始终不变，因此电磁转矩的大小和方向保持不变，所以，直流电动机通电后能按一定方向连续旋转。

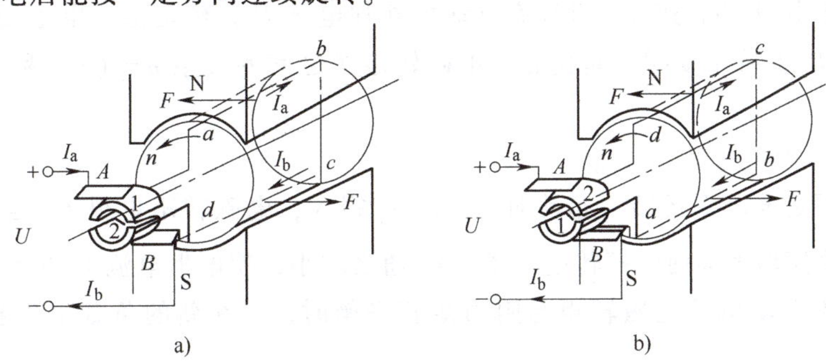

图 2-48　直流电动机工作原理

a）线圈初始位置　b）线圈转过 180°后

2. 电磁转矩

直流电动机的电磁转矩是由电枢绕组通入直流电流后在磁场中受力而形成的。根据电磁力分布，每根导体所受电磁力为 $F=BIL$。对于给定的电动机，磁感应强度 B 与每极磁通 Φ 成正比，导体电流 I 与电枢电流成正比，而导体在磁场中的有效长度 L 及转子半径等都是固定的，取决于电动机的结构，因此直流电动机的电磁转矩 T 的大小可表示为

$$T=C_{\mathrm{T}}\Phi I_{\mathrm{a}} \tag{2-17}$$

式中，C_T 为转矩常数，与电动机的结构有关；Φ 为每极磁通；I_a 为电枢电流。

3. 电枢反电动势和电流

当电枢旋转时，电枢绕组中的导体切割磁感线，因此在导体中产生感应电动势，其大小为 $E_a=BLv$，其方向由右手定则确定。该电动势的方向与电枢电流的方向相反，因此称为反电动势，其大小为

$$E_a=C_E\Phi n \tag{2-18}$$

式中，C_E 为电动势常数，与电动机的结构有关；n 为电动机转速。

由此可见，直流电动机在旋转时，电枢反电动势 E_a 的大小与每极磁通 Φ 及电动机转速 n 的乘积成正比，它的方向与电枢电流方向相反，所以反电动势在电路中起限制电流的作用。图2-49所示为直流电动机的电枢电路。由基尔霍夫定律可知，电动机在运行时，基于电枢绕组的端电压 U_a 等于电枢电阻 R_a 的压降 R_aI_a 和反电动势 E_a 之和，即

$$U_a=E_a+I_aR_a \tag{2-19}$$

故电枢电流为

$$I_a=\frac{U_a-E_a}{R_a} \tag{2-20}$$

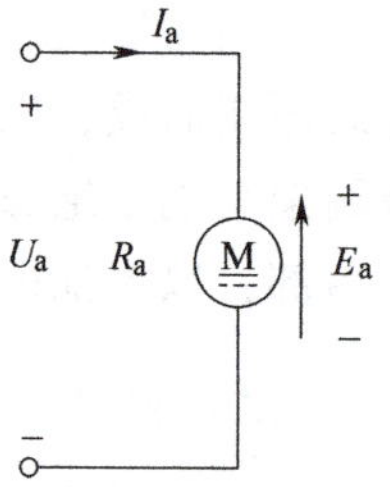

图2-49 直流电动机的电枢电路

式（2-20）说明，电枢电流 I_a 的大小不仅与 U_a、R_a 有关，而且受到反电动势 E_a 的制约。当 U_a 和 R_a 一定时，I_a 仅取决于 E_a。

（三）串励式直流电动机的机械特性

电动机拖动机械负载旋转，对于机械负载来说，最重要的是驱动它的转矩和转速，即电动机的电磁转矩 T 和转速 n。当直流电动机外加电压 U 为额定值，电枢回路电阻 R_a 和励磁回路电阻 R_f 保持不变时，转速 n 与电磁转矩 T 之间的关系 $n=f(T)$ 称为电动机的机械特性。

1. 起动转矩大且过载能力强

电动机在恒定电压下运转，起动时 $n=0$，I_a 很大，电磁转矩也很大。当负载增强时，由于轴上的阻力矩增大而使电枢转速下降，E_a 随之减小，使电枢电流 I_a 增大，所以，电磁转矩增大，直流电动机的电磁转矩与阻力矩相平衡时，则在新的负载下以新的转速平稳运转。

2. 重载转速低，轻载转速高

对于串励式直流电动机，电枢电流与励磁电流相同。磁通是随电枢电流而变化的。磁路未饱和时，磁通基本上与电枢电流成正比，即 $\Phi=C_\Phi I_a$（C_Φ 为磁通常数），因而

$$T=C_T\Phi I_a=C_TC_\Phi I_a^2$$

或

$$I_a=\sqrt{\frac{T}{C_TC_\Phi}}$$

所以

$$n=\frac{E}{C_E\Phi}=\frac{U-I_aR_a}{C_EC_\Phi I_a}=\frac{U-\sqrt{\frac{T}{C_TC_\Phi}}R_a}{C_EC_\Phi\sqrt{\frac{T}{C_TC_\Phi}}}=\frac{U}{C_EC_\Phi\sqrt{\frac{T}{C_TC_\Phi}}}-\frac{R_a}{C_EC_\Phi}$$

上式中第二项是一个常数，且数值很小，可忽略，因此

$$n=\frac{U}{C_EC_\Phi\sqrt{\frac{T}{C_TC_\Phi}}}=\frac{U}{\frac{C_E\sqrt{C_\Phi}}{\sqrt{C_T}}\sqrt{T}}=\frac{U}{C\sqrt{T}} \tag{2-21}$$

式中，$C=C_E\sqrt{C_\Phi}/\sqrt{C_T}$。

由式（2-21）可知，串励式直流电动机在磁路不饱和时的机械特性曲线为双曲线，如图 2-50 所示。转速随转矩的增加下降较快，是软特性。因空载转速过高，串励式直流电动机不允许空载运行，为保证这一点，它和负载不能用传动带传动，以防传动带断裂或滑脱造成“飞车”事故。当磁路饱和时，转矩增大，电枢电流 I_a 增大时，磁通 Φ 变化不大，机械特性为直线，如图 2-50 曲线后面部分。

（四）直流电动机的分类

直流电动机的主磁场由励磁绕组中的励磁电流产生，根据励磁方式的不同，直流电动机可分为他励电动机、并励电动机、串励电动机和复励电动机，如图 2-51 所示。

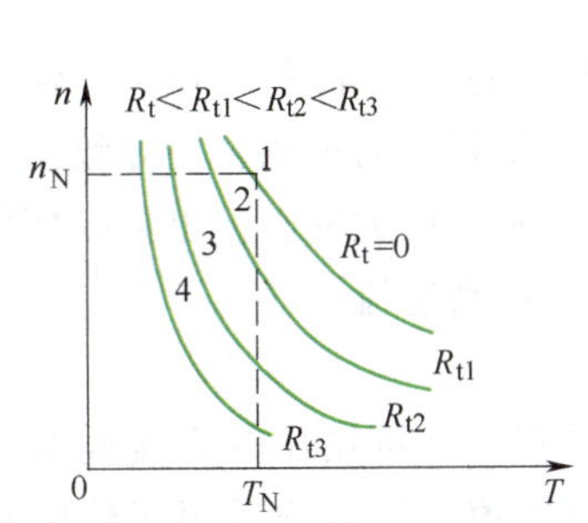

图 2-50　串励式直流电动机机械特性曲线

1—自然特性曲线　2、3、4—人工机械特性曲线

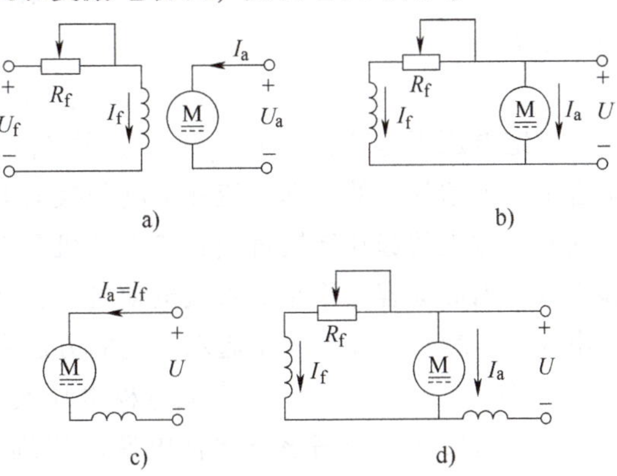

图 2-51　直流电动机的分类

a）他励　b）并励　c）串励　d）复励

此外，在小型直流电动机中，也有用永久磁铁作为主磁极的，称为永磁电动机。永磁电动机可视为他励电动机的一种。

1. 他励直流电动机

其励磁绕组与电枢绕组由单独电源供电，其特点是电枢总电流 I 等于负载电流 I_a，如图 2-51a 所示。

2. 并励直流电动机

其励磁绕组与电枢绕组并联，其特点是 $I=I_a+I_f$，如图 2-51b 所示。

3. 串励直流电动机

其励磁绕组与电枢绕组串联，其特点是 $I=I_a=I_f$，如图 2-51c 所示。

4. 复励直流电动机

其励磁绕组分为两部分，一部分与电枢绕组并联，另一部分与电枢绕组串联，如图2-51d 所示。

不同励磁方式的直流电动机，其机械特性差别很大，适用于不同的场合。汽车用起动电动机要求起动转矩大，因而采用串励式直流电动机。

（五）直流电动机的起动、调速和反转

1. 直流电动机的起动

直流电动机从接通电源开始，转子由静止到稳定运行的过程称为起动。

直流电动机的起动过程是一个过渡过程，因为起动过程中电枢电流 I_{st}、电磁转矩 T、转速 n 都随时间而变化。开始起动瞬间的电枢电流为起动电流，对应的电磁转矩为起动转矩。机械负载对直流电动机起动的基本要求是：起动转矩够用但不要过大，起动电流要小，起动时间要短，起动设备要简单、经济、可靠。

直流电动机如果把电枢直接接入直流电源起动，在起动开始瞬间，反电动势尚未建立，所以起动电流为

$$I_{st}=\frac{U_a-E_a}{R_a}=\frac{U_a}{R_a} \tag{2-22}$$

起动转矩为

$$T_{st}=C_T\Phi I_{st} \tag{2-23}$$

在额定电压下起动，由于 R_a 很小，故 I_{st}非常大，一般可达额定电流的 10~20 倍，起动转矩也很大。这样大的起动电流在电刷与换向器接触处会产生强烈的火花，易导致换向器损坏。同时，过大的起动转矩将使直流电动机及其负载遭受突然的巨大冲击，也会损坏传动机构和负载。因此除容量很小的直流电动机外，必须设法减小起动电流。

由式（2-22）可知，减小起动电流的方法有两种：

（1）降低电枢电压起动　降低电枢电压起动时，需要有一个可调压的直流电源专供电枢电路用。随转速的升高该电源使电源电压逐渐升高到额定值。该方法适用于他励直流电动机。

（2）在电枢电路中串联电阻起动　对于并励、串励和复励电动机，一般都采用在电枢电路内串联起动电阻 R_{st}的方法进行起动。这时的电流为

$$I_{st}=\frac{U_a}{R_a+R_{st}}$$

起动开始瞬间，将起动电阻调到最大，随着电动机转速的上升，逐段将起动电阻切除，当 $R_{st}=0$ 时起动过程结束。

2. 直流电动机的调速

用人为的方法使直流电动机在同样的负载下得到不同的转速，称为调速。

直流电动机得到广泛应用的重要原因是直流电动机具有调速性能，可以在宽广的范围内

进行平滑而经济的调速。由式（2-18）、式（2-19）可得转速公式：

$$n=\frac{U-I_{a}R_{a}}{C_{E}\Phi} \tag{2-24}$$

由式（2-24）可知，当负载不变时，直流电动机有 3 种调速方法。

（1）电枢回路串联电阻调速　当负载一定时，在电枢回路串联电阻能使转速下降。这种调速方法增加了串联电阻上的损耗，使电动机效率降低，所以调速范围较窄。这种方法多用于对调速性能要求不高的设备上，如起重机等。

（2）改变电枢电压调速　对并励和串励直流电动机而言，改变电源电压不仅影响电枢电路，也影响了励磁回路，使磁通发生变化。因此改变电枢电压调速一般在他励电动机中采用。这样可以保证在磁通恒定的情况下，达到改变电枢电压的目的。

改变电枢电压调速的特点是：只能是降速调速；调速范围宽；电能损耗小，效率高；需要专用调压直流电源。

（3）改变磁通 Φ 调速　保持电源电压和负载转矩不变，调节励磁回路的电阻 R_f，通过励磁电流 I_f 的变化来改变磁通 Φ。

变磁通调速的特点是：控制方便，宜于从低速向高速方向调节；调速范围较小；调速效率高；机械特性的硬度变化不大，电动机运行平稳。

3. 直流电动机的反转

直流电动机的转动方向由电磁转矩方向决定。由式（2-17）可知，实现直流电动机反转的方法有两种：

1）保持电枢电压两端极性不变，把励磁绕组反接，使励磁电流方向改变。

2）保持励磁绕组电流方向不变，把电枢绕组反接，使电枢电流方向改变。

他励和并励电动机绕组匝数多、电感大，励磁电流从正向额定值变到负向额定值时间长，反向磁通建立缓慢，且在励磁绕组反接断开瞬间，绕组中产生很大的自感电动势，可能造成绝缘击穿，所以他励和并励电动机通常采用改变电枢电流的方向使其反转。

（六）步进电动机

1. 步进电动机的概念

步进电动机是一种控制电动机，它可以将脉冲电信号变换为转角或转速，所以又称为脉冲电动机。

2. 步进电动机的特点

步进电动机的转角与输入的电脉冲数成正比，其转速与电脉冲频率成正比，因此，不受电压、负载以及环境条件变化的影响，在脉冲技术、数控及汽车电控系统中应用广泛。

3. 步进电动机的分类

目前应用最多的步进电动机，按转子材料的不同可分为反应式和永磁式。反应式转子用高磁导率的软磁材料制成，永磁式转子用永久磁铁制成；按定子相数的不同，步进电动机可分为三相、四相、五相和六相等几种。

4. 步进电动机的结构与工作原理

现以三相反应式步进电动机为例来说明步进电动机的基本结构和工作原理。如图 2-52 所示，定子和转子由硅钢片叠成，定子上有 6 个磁极，磁极上绕有励磁绕组，每两个相对的

磁极组成一相，转子上均匀分布很多齿（图中只画出4个），其上无绕组。

工作时，定子各相绕组轮流通电（即轮流输入脉冲电压）。从一次通电到另一次通电称为一拍，每一拍转子转过的角度称为步距角。对于给定的步进电动机，步距角的大小与通电方式有关。

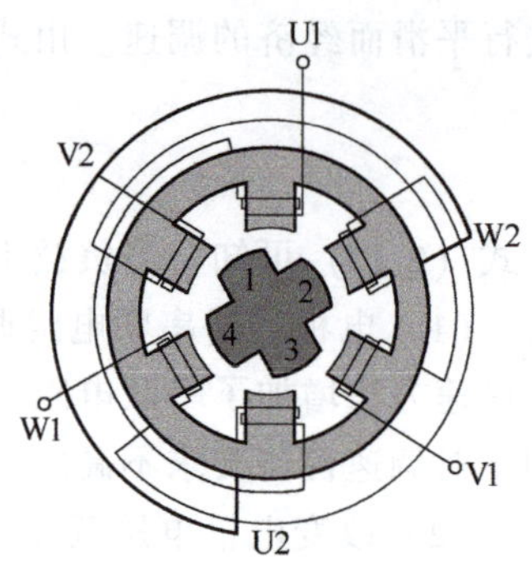

图 2-52　三相反应式步进电动机的基本结构

图 2-53 所示为三相单三拍反应式步进电动机的工作原理。

将三相绕组轮流单独通电，通电3次完成一个通电循环。通电顺序为 U→V→W→U，或反之。每次通电时，该相定子磁极吸引转子相应的齿，使之转到磁阻最小的位置，从而使转子转过一个相应的角度。每次通电时，转子的位置如图2-53所示，其步距角为30°。改变通电顺序（即按 U→W→V→U 顺序通电），则转子反向转动。

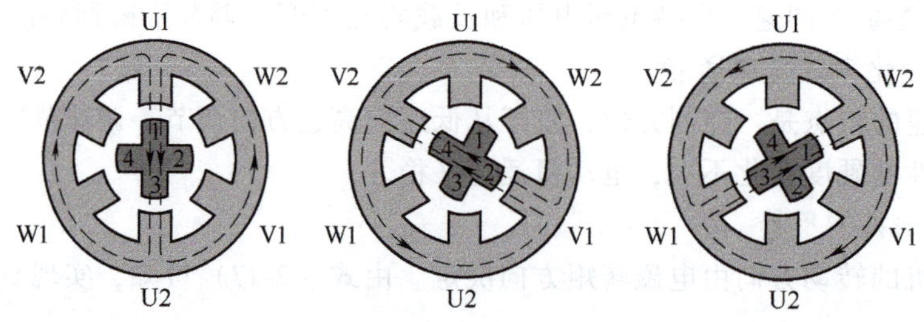

图 2-53　三相单三拍反应式步进电动机的工作原理

此外，步进电动机还有其他结构及通电方式，如三相双三拍、三相六拍等。其工作原理与此相同，只是不同结构的步进电动机其步距角不同。但无论采用何种通电方式，步距角 θ 与转子齿数 Z 和拍数 N 之间的关系均可表示为

$$\theta=\frac{360°}{ZN}$$

由于转子每经过一个步距角，相当于转了 $1/ZN$ 圈，若脉冲频率为 f，则转子每秒钟就转了 f/ZN 圈，故转子每分钟的转速为

$$n=\frac{60f}{ZN}$$

目前，由于结构和工艺的改进，转子齿数可以做得很多，步距角可以做得很小。图 2-54 所示步进电动机为25齿转子，采用不同拍数即可得到较小的不同的步距角。

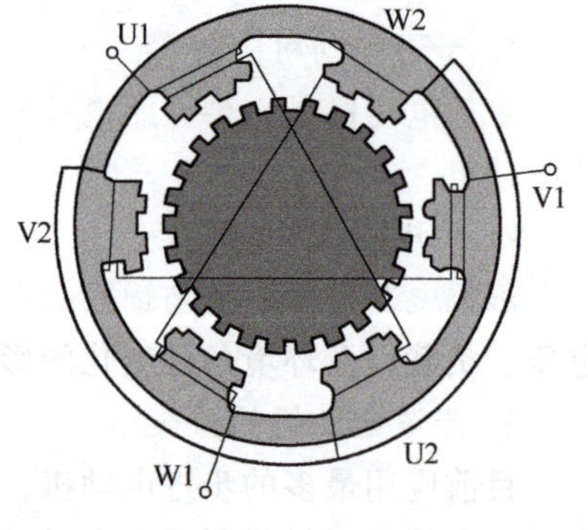

图 2-54　三相反应式步进电动机结构

步进电动机的输入脉冲电压是由驱动电源提供的，它是步进电动机的专用电源，它可以按照指令的要求将脉冲信号按一定的顺序输送给步进电动机的各相绕组，使步进电动机按一定的通电方式工作。

5. 步进电动机的应用

步进电动机在汽车上有重要应用。步进电动机应用在发动机怠速控制中，作为怠速控制阀的主要执行部件，可以通过控制怠速转速来降低燃油消耗和排放。所谓怠速，就是汽车起动后温度上升到正常温度，发动机处于空档时稳定的最低转速。

机电式里程表所使用的步进电动机控制里程表计数器如图 2-55 所示。步进电动机的电枢内部有一个永久磁铁，定子部分由两个或 4 个磁场绕组组成。ECU 输出的电压脉冲信号加至步进电动机的磁场绕组，电枢便前进规定的度数。

（七）直流电动机在汽车上的应用

直流电动机在汽车上的应用非常广泛，除了车辆起动、行驶及控制所必需的直流电动机之外，在汽车辅助电器设备中大量应用了直流电动机。这些直流电动机的应用主要是为了完善汽车性能、体现汽车的豪华、舒适、安全与可靠。例如，汽车刮水器的作用是刮除风窗玻璃上的雨水、雪或灰尘，确保驾驶人有良好的视线；鼓风机用于促使车内冷气、暖气、除霜及通风的气流流动；电动调节的后视镜使驾驶人只需操作开关便能将后视镜调整到合适的位置；电动座椅调整系统可以为乘员提供乘坐的舒适性。此外，在汽车门锁、电动天线、散热器冷却等系统中也有应用。

1. 起动机用直流电动机

车用起动机一般由直流电动机、单向传动机构和电磁开关组成，如图 2-56 所示。

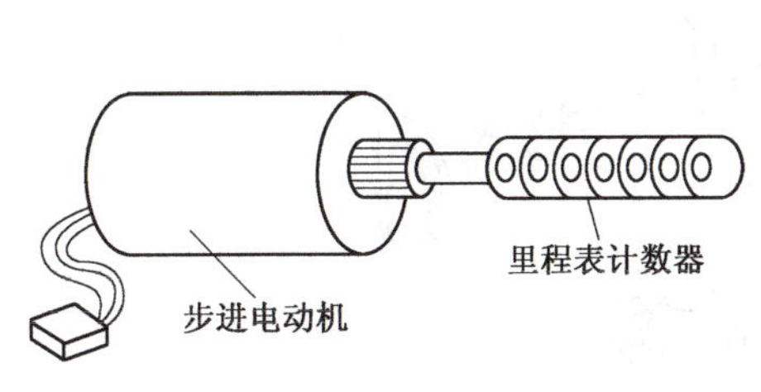

图 2-55　步进电动机控制里程表计数器

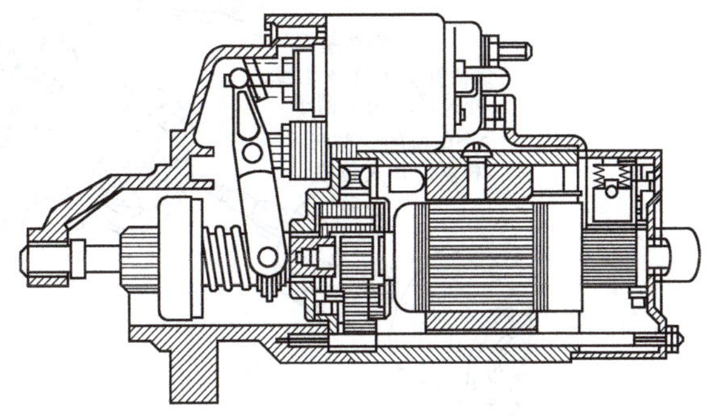

图 2-56　起动机的结构

直流电动机是起动机的核心，其作用是产生发动机起动时所需的转矩。汽车上的起动机一般采用串励式直流电动机。单向传动机构又称为单向离合器，其作用是连接或切断发动机与起动机之间的转矩传递。电磁开关的作用是接通或切断起动机与蓄电池之间的主电路。车用起动机的直流电动机由磁极、电枢、换向器等组成。磁场绕组的连接方式如图 2-57 所示。

2. 永磁式刮水电动机

（1）结构　永磁式刮水电动机总成的结构如图 2-58 所示。

（2）变速原理　永磁式刮水电动机为了满足刮水器的要求，要实现高、低档位工作，采用三刷式电动机。其工作原理如图 2-59 所示。

直流电动机工作时，在电枢内的所有线圈中同时产生反向电动势，每个小线圈都产生相等的反向电动势 $E_R = Cn\Phi$，电动势的方向如图 2-59 所示。当开关 S 拨到低速档 L 时，在两个电刷 B_1、B_3 之间有两条并联支路，各有 3 个线圈，电动势方向如图 2-59 所示。根据电动

机的电压平衡式得到转速表达式为

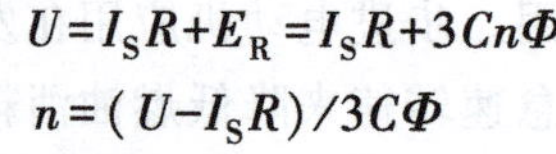

$$U=I_SR+E_R=I_SR+3Cn\Phi$$

$$n=(U-I_SR)/3C\Phi$$

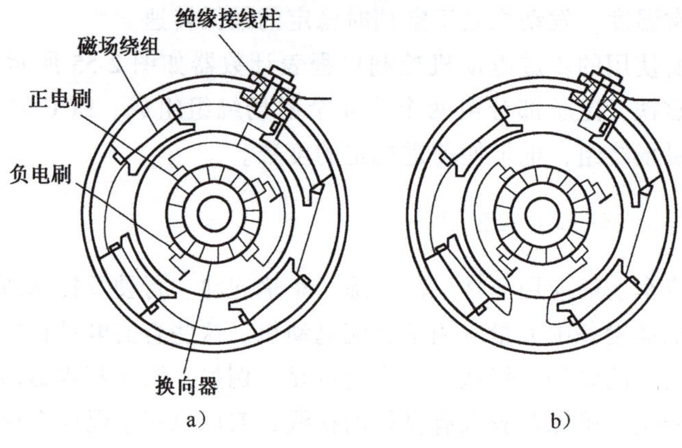

图 2-57 磁场绕组的连接方式

a) 4个绕组相互串联 b) 两个绕组串联后并联

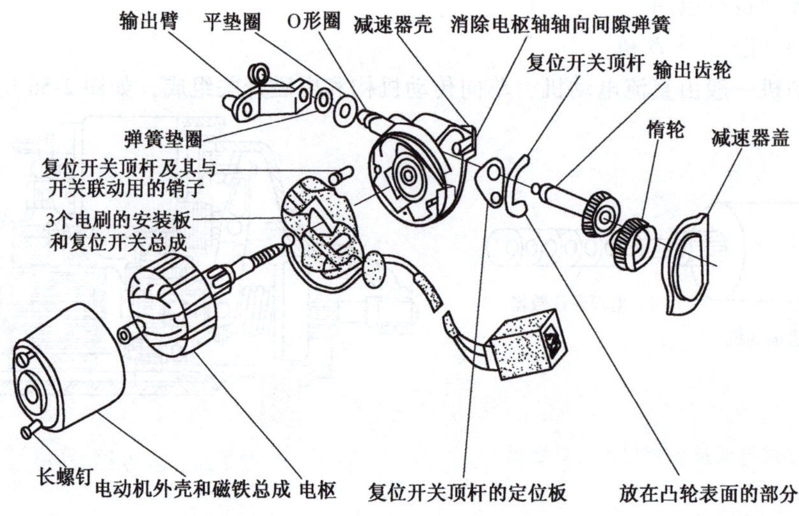

图 2-58 永磁式刮水电动机总成的结构

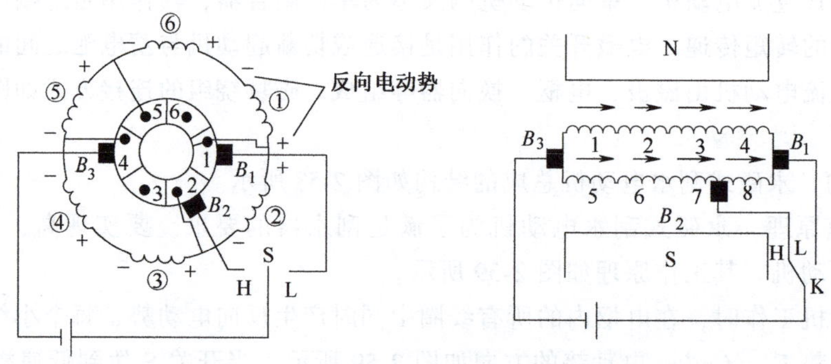

图 2-59 永磁式刮水电动机的工作原理

当开关 S 拨到高速档 H 时，在两个电刷 B_2、B_3 之间有两条并联支路，一个支路有两个线圈串联，另一支路有 4 个线圈串联，但其中一个线圈的电动势与另外 3 个线圈的电动势方向相反，故在电动机电枢绕组上得到的总的反向电动势为 $2Cn\Phi$。根据电动机的电压平衡式得到转速表达式为

$$U=I_SR+E_R=I_SR+2Cn\Phi$$

$$n=(U-I_SR)/2C\Phi$$

由上式可知，由于反向电动势的减小，使电枢的转速上升，重新达到电压平衡。这样永磁式刮水电动机就得到了高、低不同的转速，使得刮水器具有高、低两种工作档位。

3. 空调用鼓风电动机

空调用鼓风电动机通常采用永磁式单速电动机，大多数安装在暖风机总成内，如图 2-60 所示。鼓风电动机开关位于仪表板上，开关通过控制调速电阻来控制电动机转速，其电路如图 2-61 所示。

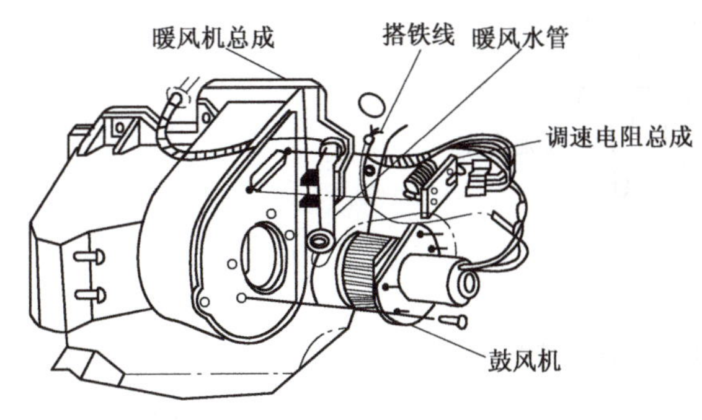

图 2-60　鼓风电动机安装位置

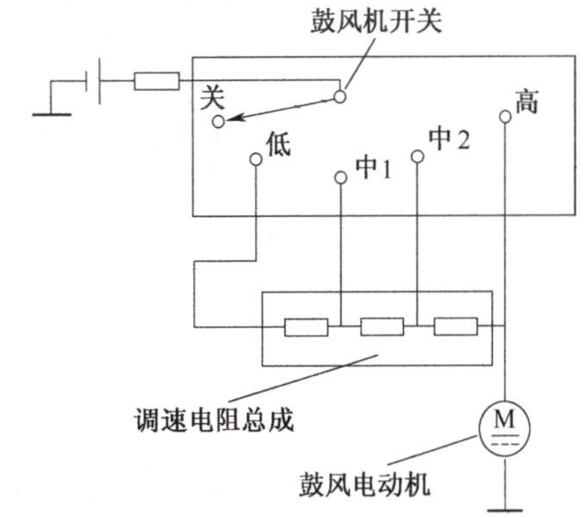

图 2-61　鼓风电动机电路

鼓风电动机的工作原理为：当鼓风机开关置于低速、中速 1、中速 2 或高速档时，电路中所串联的电阻值越来越小。电阻值变化改变了鼓风机的工作电压。由于鼓风机是单速电动机，工作电压越高，转速越高，所以随着串联的电阻越小，鼓风机的工作电压越高，转速越高。

电路分析

1. 磁电式转速传感器的工作原理

磁电式转速传感器的结构如图 2-62a 所示。当转子（磁性体）旋转时，转子和轭铁间的气隙发生变化，相应改变了磁路的磁阻。当转子凸齿接近轭铁时，气隙变小，线圈中的磁通增加；当转子凸齿远离轭铁时，气隙变大，线圈中的磁通则减少。在线圈中可感应出大小和方向均周期性变化的交流电压 u，如图 2-62b 所示。交流电压 u 与磁通的变化率成正比，此交流电压的频率能够反映转子速度的变化。

2. 变压器的变比计算

图 2-63 所示电路中，信号源 $U_S=1.0\text{V}$，内阻 $R_0=200\Omega$，负载电阻 $R_L=8\Omega$，要使负载从信号源获得最大功率，试求变压器的变比。

解：若要负载获得最大功率，应使其等效负载等于电源内阻：

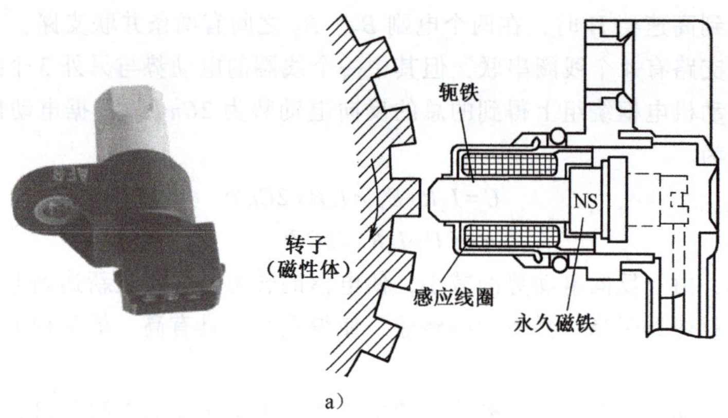

a）

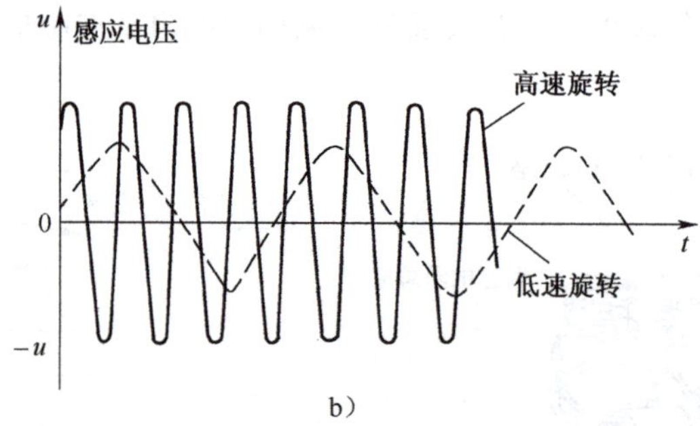

b）

图 2-62　磁电式转速传感器

a）结构　b）输出信号波形

$$Z'_L = K^2 R_L = R_0$$

故变压器的电压比为

$$K = \sqrt{\frac{R_0}{R_L}} = \sqrt{\frac{200}{8}} = 5$$

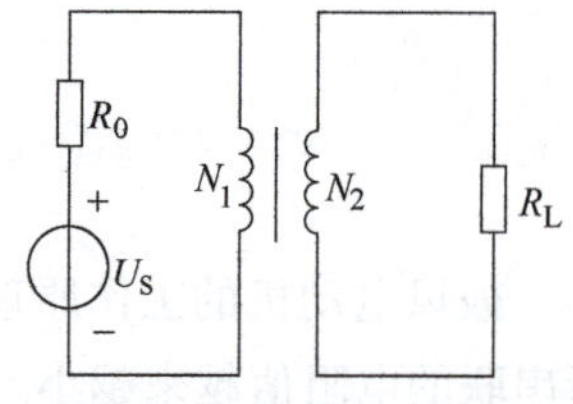

图 2-63　变压器变比例图

3. 触点式电压调节器的工作原理

触点式电压调节器利用电磁铁在不同电流下的磁力变化，使衔铁触点断开或吸合，控制发电机励磁电路的闭合与断开，达到调节发电机输出电压的目的。

图 2-64 所示为双级触点式电压调节器的结构。动触点在两个静触点中间形成一对动断的低速触点，另一对动合的高速触点能调节两级电压，故称为双级触点式。高速静触点与金属底座直接搭铁。对外只有点火和磁场（或 F）两个接线柱。

低速触点和加速电阻、调节电阻并联，高速触点与发电机励磁绕组并联，温度补偿电阻串入磁化线圈电路中。另外，还有电磁铁心、

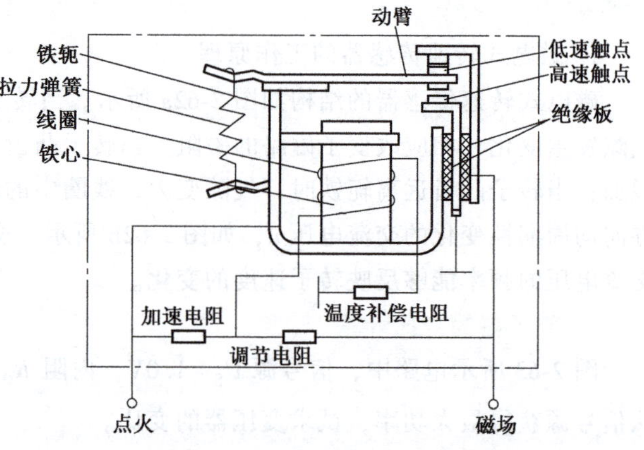

图 2-64　双级触点式电压调节器的结构

磁化线圈、活动触点臂衔铁、拉力弹簧等。硅整流发电机输出电压的高低取决于转子的转速和磁极磁通。保持电压恒定的调控原理，只能在转速升高时，相应减弱磁通，而减弱磁通只能以减小励磁电流来实现。双级触点式电压调节器就是控制硅整流发电机励磁电流的大小来控制发电机输出电压的。

4. 电喇叭的工作原理

电喇叭利用衔铁触点控制电磁铁电路的通断，使电磁铁不断吸合和断开，产生振荡，发出声音。

汽车电喇叭靠电磁原理使膜片振动而发出声音警告信号。电喇叭由电磁铁、可动的衔铁、膜片和动断的触点等到构成，如图 2-65a 所示。触点与电磁线圈串联，其中一个触点依附于衔铁。

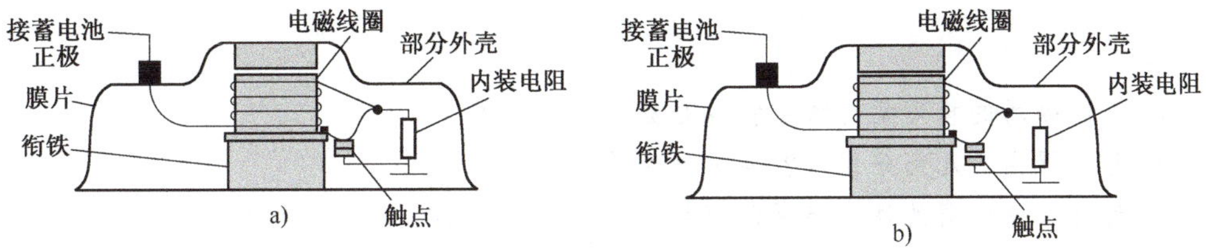

图 2-65　电喇叭结构示意图

当电流流过电磁线圈时，线圈便建立起吸引可动衔铁的磁场，周边被固定的膜片随着衔铁移动，衔铁移动导致触点打开，如图 2-65b 所示，从而断开电路，膜片回到原来位置，触点再次闭合而重复上述动作。这便引起膜片以每秒数次的频率来回振动。膜片振动，引起电喇叭里面的空气柱振动，从而发出声音。

5. 起动继电器的工作原理

图 2-66 所示为电磁啮合式起动机的控制电路。当点火开关转到起动位置时，起动继电器线圈中有电流通过，铁心磁化，动合触点闭合，接通了从蓄电池到起动机电磁开关的电路，吸引线圈和保持线圈通电。其电路为蓄电池正极→蓄电池接线柱→衔铁→动合触点→起动机接线柱→起动机电磁开关接线柱，起动机开始工作，使发动机起动。发动机起动后，切断起动开关，起动机才停止工作。由于通过起动继电器线圈的电流较小，从而保护了起动开关。

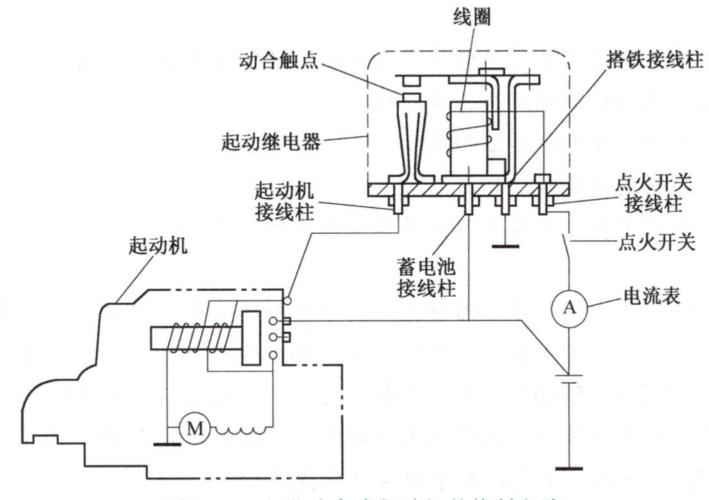

图 2-66　电磁啮合式起动机的控制电路

6. 喇叭继电器的工作原理

图2-67所示为喇叭继电器的应用电路示意图。蓄电池电压加到继电器线圈的一端，另一端接喇叭按钮。喇叭按钮是常开式开关，其一端搭铁。因此只要按下喇叭按钮便接通电路。电路接通后继电器得电，线圈建立磁场，磁场将触点吸合，蓄电池电压便加到喇叭上。控制电路只需0.25A电流流过，而喇叭发声需要20~30A以上的电流，使喇叭流过大电流即可发声。

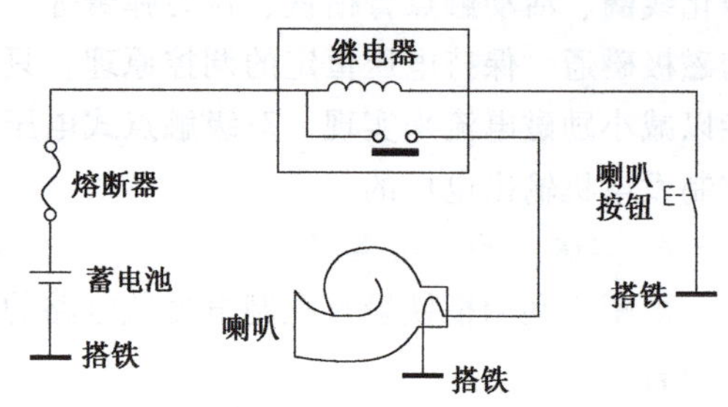

图2-67 喇叭继电器的应用电路示意图

思考练习

1. 描述磁场的物理量有哪些？各是如何定义的？
2. 变压器由哪几部分组成？各有什么作用？
3. 为什么变压器的铁心要用硅钢片叠成？用整块的铁心行不行？
4. 变压器能否用来变换直流电压？如果将变压器接到与额定电压相同的直流电源上，会有输出吗？会产生什么后果？
5. 变压器运行中有哪些损耗？它们与哪些因素有关？
6. 有一空载变压器，一次侧加额定电压220V，并测得一次绕组电阻$R_1=10\Omega$，一次电流是否等于22A？
7. 为什么空心线圈的电感是常数，而铁心线圈的电感不是常数？
8. 使用电压互感器和电流互感器，接线时应注意哪些问题？为什么？
9. 串励式直流电动机有哪些特点，为什么汽车起动机要用串励式直流电动机？
10. 汽车交流发电机由哪几部分组成？各起什么作用？
11. 铁磁材料有哪些特点？
12. 什么是铁磁材料的磁滞性？它是如何形成的？
13. 直流电动机的电枢绕组中流过的是直流电还是交流电？换向器在直流电动机中起什么作用？
14. 直流电动机的电磁转矩是怎样产生的？它的大小与哪些因素有关？
15. 试述直流电动机的结构与工作原理。
16. 试述汽车交流发电机的工作原理。
17. 试述电磁铁的结构与工作原理。
18. 霍尔元件有何特点？在汽车上具体应用在哪些场合？试举一个例子说明其工作原理。
19. 电磁式继电器由哪些主要部分组成？常见形式有哪些？在汽车上有何应用？
20. 已知汽油发动机点火线圈二次绕组为23800匝，一次绕组为340匝，一般要点燃混合气，二次电压需15000V左右，问在点火时一次电压应为多少？
21. 已知某单相变压器的一次电压为3000V、二次电压为220V，负载是一台220V、25kW的电阻炉，求一次、二次绕组中的电流各为多少？

22. 有一单相照明变压器，容量为10kVA，电压为3300/220V，今欲在二次侧接上60W、220V的白炽灯，如果要求变压器在额定状态下运行，可接多少个白炽灯？并求一次、二次绕组的额定电流。

23. 已知信号源的交流电动势$E=2.4V$，内阻$R_0=600\Omega$，通过变压器使信号源与负载完全匹配，若这时负载电阻的电流$I_2=4mA$，则负载电阻应为多大？

第3章 常用半导体器件与应用

理论目标：

1）了解 PN 结结构及形成过程，掌握半导体导电特性。

2）掌握二极管结构、单向导电性及在汽车电路中的应用。

3）掌握晶体管结构、工作状态及放大、开关作用在汽车电路中的应用。

4）掌握基本放大电路的组成及各元件的作用。

5）掌握集成运算放大器的构成、特点及其应用。

6）掌握晶闸管的结构、工作原理及其在汽车电路中的应用。

7）掌握直流稳压电源的组成，整流、滤波及稳压的原理。

技能目标：

1）能够熟练使用万用表对二极管、晶体管进行检测与识别。

2）能够对基本放大电路、开关电路进行电路分析。

内容概述

党的二十大报告提出，要“健全新型举国体制，强化国家战略科技力量”“加快实施创新驱动发展战略”“加快实现高水平科技自立自强”“集聚力量进行原创性引领性科技攻关，坚决打赢关键核心技术攻坚战”。半导体二极管、晶体管、晶闸管等都是常用的半导体器件，了解它们的结构、原理、特性及参数是学习电子技术和分析电子电路必不可少的基础，更是学好汽车控制技术必备的条件。本章重点讲解半导体导电特性、PN 结形成过程、二极管结构与单向导电性、晶体管结构与工作状态、基本放大电路的放大与开关特性、集成运算放大器的构成特点、晶闸管结构与工作原理、直流稳压电源组成及工作原理等，并结合汽车电路进行分析介绍。

一、半导体基础知识

自然界的各种物质，根据其导电能力的不同，可分为导体、绝缘体和半导体三大类。各种物质的电阻率分布如图 3-1 所示。金属导体的电阻率一般是 $10^{-5}\Omega\cdot cm$ 量级；塑料、云母等绝缘体的电阻率通常是 $10^{22}\sim10^{10}\Omega\cdot cm$ 量级；半导体的电阻率则是 $10^{9}\sim10^{-2}\Omega\cdot cm$ 量级。

所谓半导体，就是导电能力介于导体和绝缘体之间的物质。常用的半导体有硅（Si）、锗（Ge）和大多数金属氧化物等，应用极其广泛。半导体材料的独特性能是由其内部导电

机理决定的。

1. 热敏性

半导体对温度特别敏感，环境温度升高时，其电阻率明显下降，导电能力要增强很多。人们利用这种特性制成了各种热敏电阻，并用于各种温度控制。

2. 光敏性

有些半导体（如镉、铅等的硫化物）受到光照时，其电阻率下降很多，它们的导电能力变得很强；当无光照时，又变得像绝缘体那样不导电。人们利用这种特性制成光敏电阻，应用于各种光控装置。

3. 掺杂性

除热敏和光敏特性外，更重要的特性是，如果在纯净的半导体中掺入某种微量杂质元素后，其导电能力就会大幅度增加。例如在纯净硅中掺入百万分之一的硼元素（B），硅的电阻率就从大约 $2\times10^{3}\Omega\cdot m$ 减小到 $4\times10^{-3}\Omega\cdot m$。人们利用这种特性制成了各种不同用途的半导体器件，如二极管、晶体管及晶闸管等。

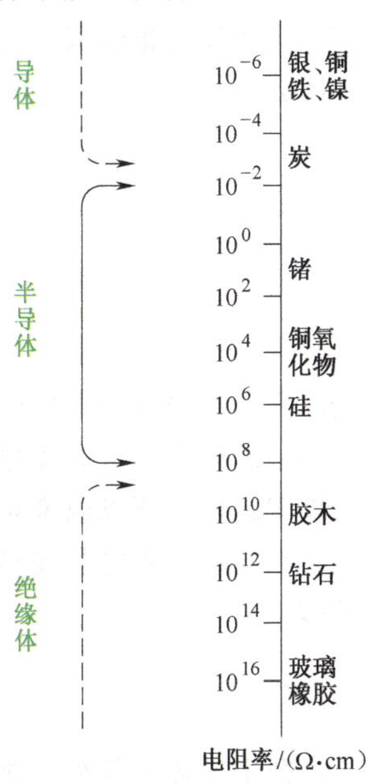

图 3-1　物质电阻率分布

（一）本征半导体

完全纯净的半导体称为本征半导体。根据本征半导体硅和锗的原子结构（图 3-2）可知，它们的原子核最外层都有 4 个价电子，都是四价元素。它们排列成非常整齐的晶格结构。在本征半导体的晶格结构中，每一个原子均与相邻的 4 个原子结合，即与相邻 4 个原子的价电子两两组成电子对，构成共价键结构，如图 3-3 所示。

在共价键结构中，有 8 个电子处于较稳定状态，但在共价键结构中的电子不像绝缘体中的价电子被束缚的那样牢固，当获得一定能量（如温度升高或光照）时，很可能挣脱原子核的束缚（电子受激发）成为自由电子，温度越高晶体中产生自由电子的数目越多。

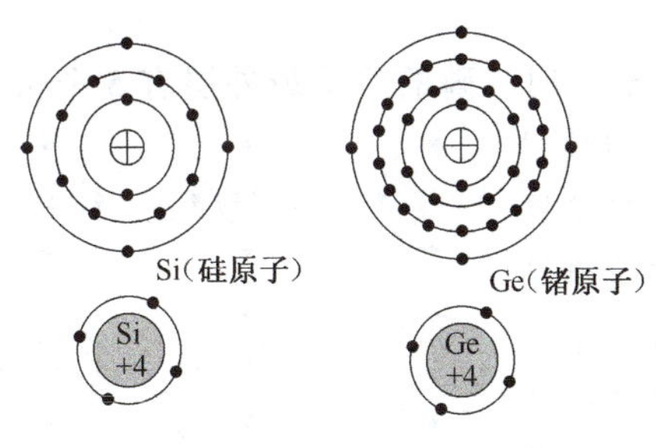

图 3-2　硅和锗的原子结构图

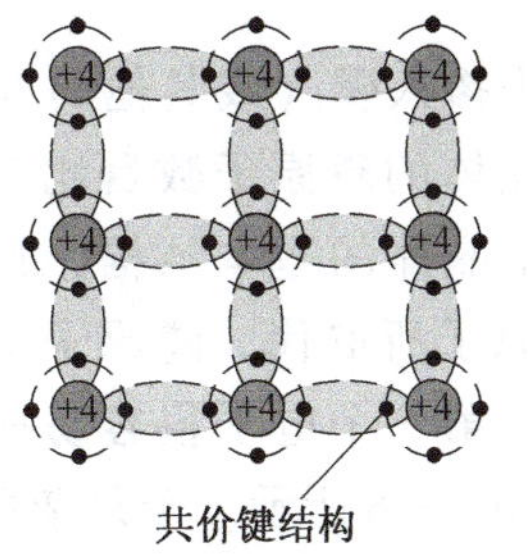

半导体的三维晶格结构

图 3-3　半导体共价键结构

在电子挣脱原子核的束缚成为自由电子后，共价键中就留下一个空位，称为空穴。在一般情况下，原子的中性便被打破而显正电。具有空穴的原子可以吸引相邻原子的价电子，填补这个空穴，即复合运动。同时，失去价电子的相邻原子的共价键中又出现了一个空穴，它

也可以由相邻原子中的价电子来递补，如此继续下去，就好像自由电子和空穴都在运动，然而这种运动是杂乱无章的，如图 3-4 所示。

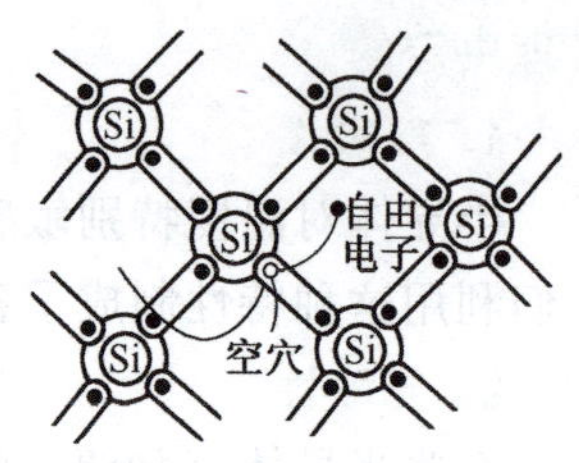

图 3-4 自由电子和空穴的形成

由于光照或升温而在晶体中出现电子空穴对的现象称为本征激发。本征激发的结果，造成了半导体内部自由电子载流子运动的产生，由此本征半导体的电中性被破坏，使失掉电子的原子变成带正电荷的离子。由于共价键是定域的，这些带正电的离子不会移动，即不能参与导电，成为晶体中固定不动的带正电离子。

但是，在电场力作用下，空穴和自由电子的运动方向相反，空穴顺着电场线运动，相当于正电荷的运动而形成电流（空穴电流）；而自由电子逆着电场线运动也形成电流（电子电流），如图 3-5 所示。因此，当半导体两端加上外电压时，半导体内部在电场力作用下将出现两部分电流，即电子电流和空穴电流，这就是半导体导电方式的最大特点，也是半导体和金属导体在导电原理上的本质差别。

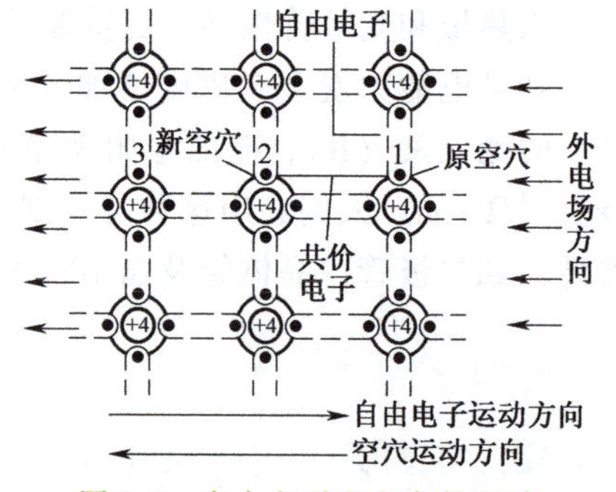

图 3-5 自由电子和空穴的运动

自由电子和空穴统称为载流子。本征半导体中的自由电子和空穴总是成对出现，同时又不断复合。在一定温度下，当载流子的产生和复合达到动态平衡时，半导体中的载流子（自由电子和空穴）便会维持一定的数目。温度越高，载流子数目越多，导电性就越好，所以温度对半导体器件的性能影响很大。

天然硅和锗不能制成半导体器件，必须先经过高度提纯，形成晶格结构完全对称的本征半导体。

（二）杂质半导体

本征半导体的载流子数目很少，受热激发所限，导电能力很差，如果在本征半导体中掺入微量的杂质元素，这将使掺杂后的半导体（杂质半导体）的导电能力大大增强。根据掺入杂质的不同，杂质半导体可分为两大类，即 N 型半导体和 P 型半导体。

1. N 型半导体

在硅（或锗）的晶体中掺入磷（或其他的五价元素）时，磷的原子最外层有 5 个价电子，由于掺入硅（或锗）晶体的磷原子数目比硅原子的数目少得多，所以不会改变整个晶体的基本结构，只是某些位置上的硅（或锗）原子被磷原子所取代，磷原子参加共价键结构只需 4 个价电子，多余的第 5 个电子很容易挣脱磷原子核的束缚而成为自由电子，如图 3-6 所示。于是杂质半导体中的自由电子数目大大增加。因此这种半导体主要以自由电子导电为主，称为 N 型半导体或电子半导体。在 N 型半导体中，自由电子是多数载流子，而空穴则是少数载流子。

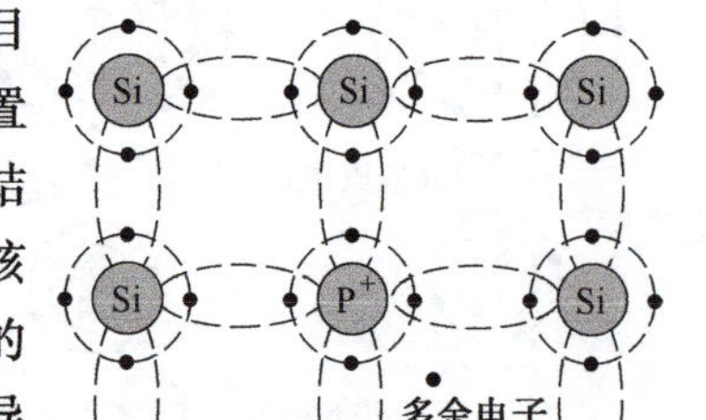

图 3-6 硅晶体中掺入磷原子形成 N 型半导体

2. P 型半导体

在硅（或锗）的晶体中掺入少量的硼（或其他三价元

素)。每个硼原子只有 3 个价电子，在构成共价键结构时，将缺少一个电子而产生一个空位(空穴)，当相邻原子中的价电子受到激发得到能量时，就有可能填补这个空穴，而在该相邻的原子中出现一个空穴，如图 3-7 所示，每个硼原子都能提供一个空穴。渗入杂质后，在杂质半导体中就出现了大量空穴，因此，这种半导体以空穴导电为主，称为 P 型半导体或空穴半导体。在 P 型半导体中多数载流子是空穴，少数载流子是自由电子。

注意：不论 N 型或 P 型半导体，它们都会有一种载流子占多数，但是整个晶体还是中性的。

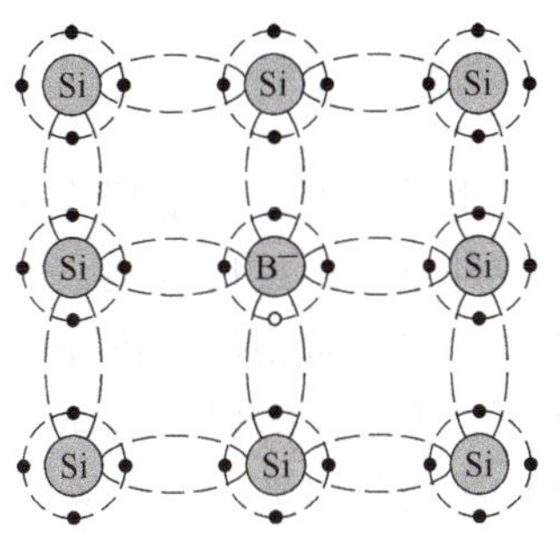

图 3-7　硅晶体中掺入硼原子形成 P 型半导体

(三) PN 结

P 型或 N 型半导体的导电能力虽然大大增强，但必须用特殊工艺将它们结合起来才能形成常用半导体器件的基本结构，即 PN 结。

1. PN 结的形成

当 P 型半导体和 N 型半导体结合在一起时，在交界面处就出现自由电子和空穴的浓度差。P 区空穴浓度大，N 区自由电子浓度大，由于浓度差别，自由电子和空穴都要从浓度高的区域向浓度低的区域扩散。于是在交界面附近形成了自由电子和空穴的扩散运动，N 区有一些自由电子向 P 区扩散并与空穴复合，而 P 区也有空穴向 N 型扩散并与电子复合。扩散运动的结果是在交界面附近的 P 区一侧失去了一些空穴而留下带负电的杂质离子，N 区一侧失去了一些自由电子而留下了带正电的杂质离子，这样，在 P 型半导体和 N 型半导体交界面的两侧形成了一个空间电荷区，这个空间电荷区称为 PN 结。PN 结形成后，在其内部就形成了一个电场称为内电场，其方向是由 N 型区指向 P 型区，如图 3-8 所示。

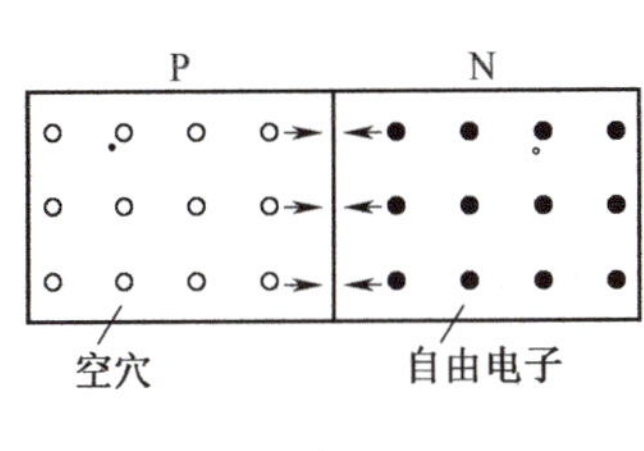

a)

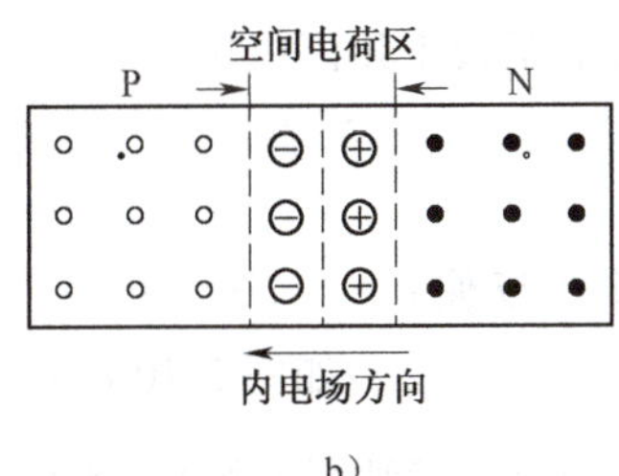

b)

图 3-8　PN 结的形成

a) 扩散运动　b) 形成内电场

空间电荷区的形成对进一步的扩散运动起到了阻挡作用，所以空间电荷区又称为阻挡层。

另一方面，内电场可推动少数载流子（P 区中的自由电子和 N 区中的空穴）越过空间电荷区，进入对方。少数载流子在内电场的作用下有规则的运动称为漂移运动。扩散运动和漂移运动是相互矛盾的，少数载流子的漂移运动使空间电荷区变窄，在 PN 结形成过程中，初期空间电荷区电荷较少，内电场不强，扩散运动占优势。随着多数载流子的不断扩散，空间电荷不断加宽，内电场也加强，这就使多数载流子的扩散运动减弱，而少数载流子的漂移运动却逐渐加强，最后，当扩散运动和漂移运动达到动态平衡时，空间电荷区的宽度基本确定，PN 结处于基本稳定状态。

2. PN结的单向导电性

PN结在应用时，半导体内部载流子的运动看不到，可以通过外特性（即伏安特性）来描述PN结的导电特性，即伏安特性曲线。处于动态平衡的PN结，若在两端施加电压即会打破动态平衡，出现导电特性。

（1）正向偏置（正偏） 当PN结的P区接外电源正极、N区接外电源负极，即PN结加正向电压时，称为正向偏置，如图3-9所示。

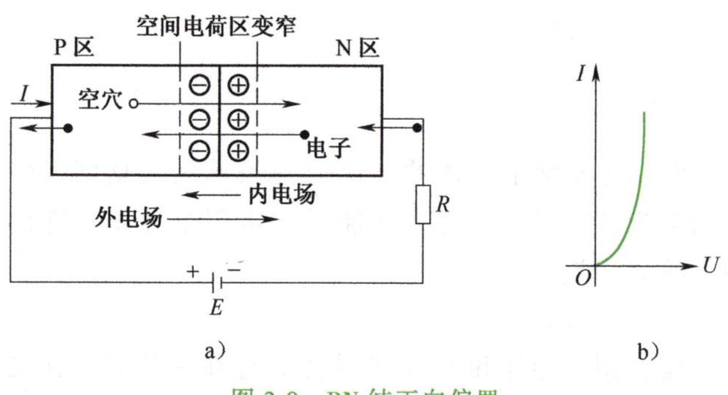

图3-9 PN结正向偏置

a）PN结加正向电压 b）正向伏安特性曲线

由图可见，外电压在PN结上形成外电场，此时外电场与PN结内电场的方向相反。在外电场的作用下，载流子的扩散运动和漂移运动的平衡被打破，外电场驱使P区中的多数载流子（空穴）和N区中的多数载流子（自由电子）都向PN结运动。当P区空穴进入PN结后，就要与PN结中P区的负离子复合，使P区的电荷量减少。同时，当N区自由电子进入PN结后，就要与PN结中的正离子复合，使N区中的电荷减少。结果PN结变窄，于是N区的自由电子不断地扩散到P区，P区的空穴不断扩散到N区，形成扩散电流。

当外电压较小时，并不能完全削弱内电场，此时，只有很小的电流，只有外电压增加到某一值时，才能抵消掉内电场，产生较大的扩散电流，该电压称为PN结的死区电压。硅材料的死区电压约为0.5V，锗材料的死区电压约为0.1V。由上可知，PN结正向偏置时有很大导通电流（外加电压大于死区电压时）。

综上所述，PN结加正向电压时，PN结变窄，正向电流较大，正向电阻较小，PN结处于导通状态。

（2）反向偏置（反偏） 当PN结的P区接外电源负极、N区接外电源正极，即PN结加反向电压时称为反向偏置，如图3-10所示。

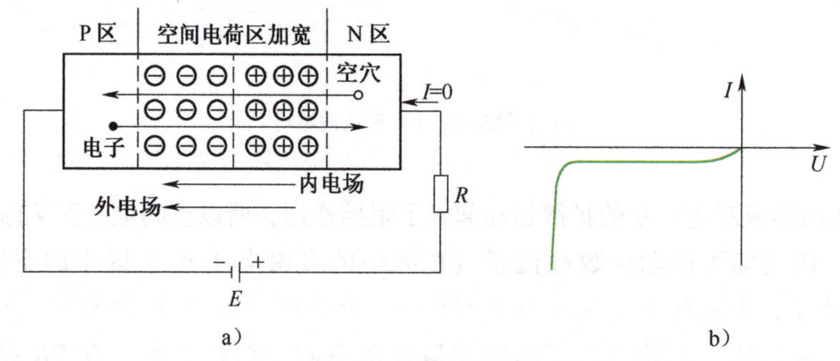

图3-10 PN结反向偏置

a）PN结加反向电压 b）反向伏安特性曲线

由图可见，此时外电场的方向与PN结内电场的方向相同。在外电场作用下，多数载流子将背离PN结，即P区中的空穴和N区中的自由电子都将从原来的PN结附近移去，使空

间电荷增加，空间电荷区变宽，内电场增强，因此，P 区和 N 区的多数载流子就更难越过 PN 结，但是由于内电场增强，使少数载流子更容易产生漂移运动，这样，PN 结原来的扩散与漂移也被打破，此时扩散电流趋近于零。而在内电场的作用下，N 区中的少数载流子（空穴）越过 PN 结进入 P 区，P 区中的少数载流子（自由电子）越过 PN 结进入 N 区，于是在外电源的作用下形成了连续不断的由 N 区流向 P 区的电流，称为反向电流。

反向电流是由少数载流子在反向电压作用下的漂移运动形成的。由于少数载流子的浓度很小，因此形成的反向电流也很小，一般为微安级，但是，随着环境温度的升高，少数载流子的浓度越大，反向电流也越大，所以反向电流的数值取决于温度，即几乎与外加电压大小无关。这是由于在一定温度下，少数载流子的数量是一定的，只要在一定的反向电压作用下就可以使所有的少数载流子全部都漂移过 PN 结而形成反向电流，即使电压增加，也不会使反向电流增加，因而反向电流趋于恒定，此时的反向电流称为反向饱和电流。由于反向电流很小，因此在 PN 结反向偏置时，可以认为基本上不导通（或称截止），表现很大电阻性。

综上所述，PN 结加反向电压时，PN 结变宽，反向电流较小，反向电阻较大，PN 结处于截止状态。

由上述可知，PN 结正偏时导通，电阻很小，电流很大；PN 结反偏时截止，电阻很大，电流很小。这就是 PN 结的单向导电性。

根据 PN 结的单向导电性可知，PN 结的导通与截止相当于一个开关的接通和打开。

二、二极管

（一）二极管的基本结构

将 PN 结封装并引出两根电极就形成了二极管。目前的封装有金属封装、塑料封装、玻璃封装等。P 区引出的线称为阳极，用“+”表示；从 N 区引出的线称阴极，用“-”表示。二极管的图形符号和文字符号如图 3-11 所示。

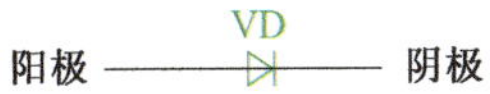

阳极 —VD— 阴极

图 3-11　二极管的图形符号和文字符号

二极管的分类方法较多，按使用材料不同可分为硅二极管和锗二极管；按制造结构不同可分为点接触型和面接触型，如图 3-12 所示。点接触型二极管一般为锗管，由于其 PN 结结面积很小，因此结电容很小。所谓结电容是由于 PN 结的 P 区和 N 区带有不同的电荷，可以看成电容器的两个极板，因此把 PN 结的电容称为结电容。一般点接触型二极管适用于高频小功率的工作或数字电路中的开关元件。面接触型二极管一般为硅管，因其 PN 结结面积很大（结电容大），

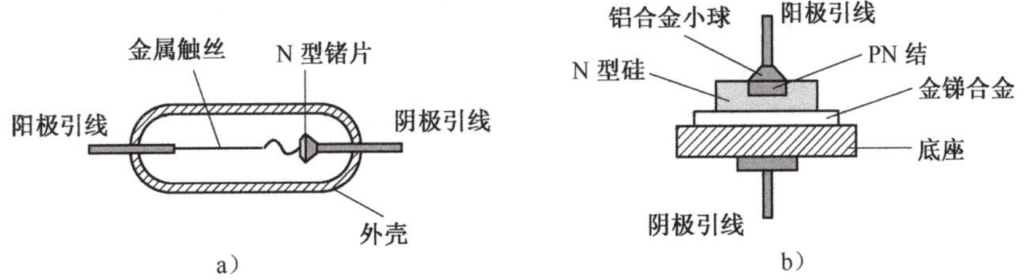

图 3-12　二极管的结构

a）点接触型　b）面接触型

故可通过较大电流。二极管按用途不同可分为普通二极管、整流二极管、稳压二极管、光敏二极管和发光二极管等。另外，从外形上分除了管状外，还有平面型，用于集成电路，如图3-13所示。

（二）二极管的伏安特性

二极管的伏安特性就是加在二极管两端的电压与流过二极管的电流之间的关系，即 $I=f(U)$。图3-14所示为硅二极管和锗二极管的实际伏安特性曲线。由图可见，二极管的伏安特性是非线性的，说明二极管是非线性元件。

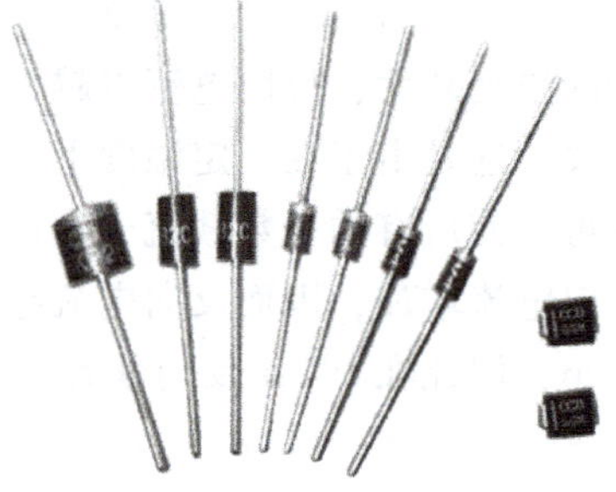

图3-13 二极管的外形

1. 正向特性

在图3-14中曲线①的部分为正向特性。由图可见，在外加正向电压较小时，由于外电场较弱，还不足以克服PN结内电场对多数载流子扩散运动的阻力，因此此时正向电流很小，几乎为零，二极管呈现出很大的电阻。

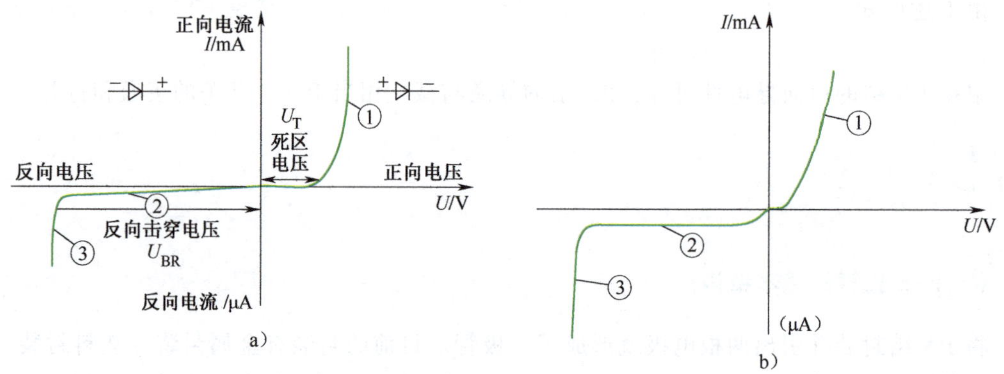

图3-14 二极管的伏安特性

a）硅二极管的伏安特性 b）锗二极管的伏安特性

电流几乎为零的范围称为死区电压或阈值电压。一般硅二极管的死区电压约为0.5V，锗二极管的死区电压约为0.1V。死区电压用 U_T 表示。

当正向电压超过死区电压后，PN结内电场被大大削弱，电流急剧增加，二极管处于正向导通状态，此时二极管的电阻很小，其电压降也很小，一般约为死区电压。

由3-14可以看出，硅管和锗管曲线相近，硅的陡一些，锗的缓一些。

在实际电路分析过程中，当电源电压与二极管导通时的正向电压降相差不多时，二极管的正向压降不可忽略。当电源电压远大于二极管导通时正向压降时，二极管可看作理想二极管。即加正向电压时，二极管导通，正向压降和正向电阻为零，二极管相当于短路。加反向电压时，二极管截止，反向电流等于零，反向电阻等于无穷大，二极管相当于开路。

2. 反向特性

图3-14中曲线②的部分为反向特性。二极管加反向电压时，由少数载流子漂移而形成的反向电流很小，且在一定电压范围内基本不随反向电压变化而变化，所以这个电流称反向

电流。反向电流只随着温度升高而增加。一般硅二极管的反向电流为一到几十微安，锗二极管的反向电流为几十到几百微安。由二极管的正向特性及反向特性可以看出其单向导电性。

3. 反向击穿特性

当外加反向电压达到一定值时，反向电流将突然增大，二极管失去单向导电性，这种现象称为击穿，如图 3-14 中曲线③的部分所示。二极管被击穿后一般不能恢复原来的特性。击穿发生在空间电荷区，发生的原因一种是当反向电压高到一定数值时，因外电压过强而把共价键中的价电子强行拉出，造成很大的反向电流；另一种是强电场引起自由电子加速后与原子碰撞，将价电子轰击出共价键而产生新的电子空穴对，使少数载流子的数量增加，形成很大的反向电流。反向击穿电压用 U_{BR} 来表示。

综上所述，二极管具有正向导通、反向截止和反向击穿特性。

（三）二极管的主要参数

二极管的参数是表征二极管的性能及其适用范围的重要数据，是选择、使用二极管的主要依据。

1. 最大整流电流 I_{OM}

它指二极管长期工作时，允许通过二极管的最大正向平均电流。使用时通过二极管的电流不能超过最大整流电流，否则会使二极管迅速损坏。

2. 最大反向工作电压 U_{RM}

它是二极管不被击穿所允许的最大反向电压，一般取击穿电压的 1/3～2/3 作为最大反向电压 U_{RM}。

3. 最大反向电流 I_{RM}

它是二极管加最大反向电压时的反向电流。反向电流越小，二极管的单向导电性越好。

（四）二极管的命名

二极管的命名方法各国不同，根据中华人民共和国国家标准 GB 249—2017 的规定，二极管的命名由五部分组成，参见附录 B。

（五）二极管的简易判别

使用二极管时，需要先判别二极管的好坏与极性。一般二极管可以从外表判别，如果从外表不能判别，需要借助万用表（模拟式万用表或数字式万用表）进行判别。

1. 好坏判别

（1）使用模拟式万用表判别　根据二极管的单向导电性即正向电阻小、反向电阻大的特点，可用万用表的电阻档来大致判别二极管的好坏和极性。

将万用表的拨盘拨到电阻档的 $R\times100$ 或 $R\times1\text{k}$ 档（小功率二极管不能用 $R\times1$ 和 $R\times10\text{k}$ 档）来测量二极管的正、反向电阻。一般二极管的正向电阻为几十到几百欧，反向电阻为几百到几千欧，二极管的正、反向电阻差别越大，就表明二极管的单向导电特性越好。

如果测得的正、反向电阻均为无穷大，则二极管内部已断路。如果测得的正、反向电阻均很小或为零，则二极管内部已短路。如果测得正、反电阻接近，则二极管的性能已不良。上述三种情况说明二极管已经损坏，不能再正常使用。

(2) 使用数字式万用表判别　将数字式万用表拨到“二极管测试”档，两表笔分别正接或反接在被测二极管的两端，测其值。一只性能良好的二极管其正向值为0.5V或0.3V左右（硅二极管为0.5V，锗二极管为0.3V），反向值为溢出符号（有的数字式万用表在二极管反接时显示为2.7V或1V）。

如果正、反向测量值均为溢出符号（或2.7V或1V），则二极管内部已经断路。如果正、反向测量值均为很小或零，则二极管内部已短路。以上两种情况均不能继续使用。

2. 极性判别

(1) 使用模拟式万用表判别　用模拟式万用表的“$R\times100$”或“$R\times1$k”档测量二极管的正向或反向电阻时，如果测得电阻值较小，则黑表笔所接的一端为二极管的阳极，红表笔所接的一端为二极管的阴极。这是因为模拟式万用表的电阻档中黑表笔与万用表内电池的正极相接，红表笔与电池负极相接。二极管的简易判别如图3-15所示。

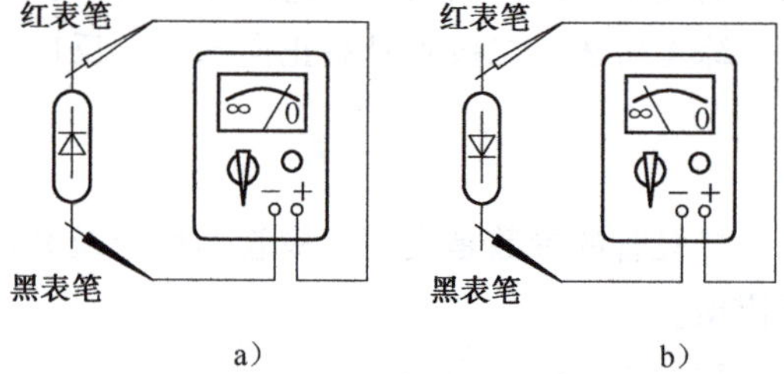

图3-15　二极管的简易判别

a) 正向电阻小　b) 反向电阻大

(2) 使用数字式万用表判别　在测得二极管的正向值为0.5V（硅二极管）或0.3V（锗二极管）左右时，红表笔所接的一端为二极管的正极，黑表笔所接一端为二极管的负极。

在二极管的简易判别过程中值得注意的是：在测量正、反向电阻时，模拟式万用表在使用不同电阻档测量同一二极管的电阻时，其测得值不同。以上判别适用于应用广泛的低频小功率二极管，若对汽车交流发电机中大功率整流二极管进行判别时，模拟式万用表可用“$R\times1$”或“$R\times10$k”档（该系列二极管整流电流较大，反向峰值电压较高）。

(六) 二极管在汽车电路中的应用

1. 普通二极管

利用二极管的单向导电性可以实现限幅、钳位、隔离和保护等作用。

(1) 限幅作用　将输出电压的幅值限制在某一数值称为限幅。在图3-16a所示电路中，设$u_i=2\sin\omega t$V，VD_1和VD_2为锗管，其正向电压降$U_D=0.3$V。由二极管的近似特性可知：在u_i的正半周内，VD_2截止，当$U_i<0.3$V时，VD_1截止，$u_o=u_i$。当$u_i>0.3$V时，VD_1导通，$u_o=u_D=0.3$V。在u_i的负半周内，VD_1截止。当$u_i>-0.3$V时，VD_2截止，$u_o=u_i$。当$u_i<-0.3$V时，VD_2导通，$u_o=-0.3$V。最后求得u_o的波形如图3-16b所示。由于该电路将输出电压的大小限制在±0.3V的范围内，所以VD_1和VD_2是起限幅作用，这种电路称为限幅电路。

(2) 钳位作用　将电路中某点的电位钳制在某一数值，称为钳位。在图3-17所示电路中，二极管VD_A和VD_B为硅二极管，其正向电压降$U_D=0.7$V。它们的阳极通过R接在+6V的电源上，阴极分别接输入端。若电位$V_A=3$V，$V_B=0$V，由于$V_A>V_B$，即加在二极管VD_B上的正向电压比加在二极管VD_A上的正向电压大，所以VD_B先导通，因而输出端的电位$V_F=V_B+U_D=(0+0.7)\text{V}=0.7$V，即$V_F$被钳制在0.7V，故$VD_B$起钳位作用，这种电路称为钳位电路。

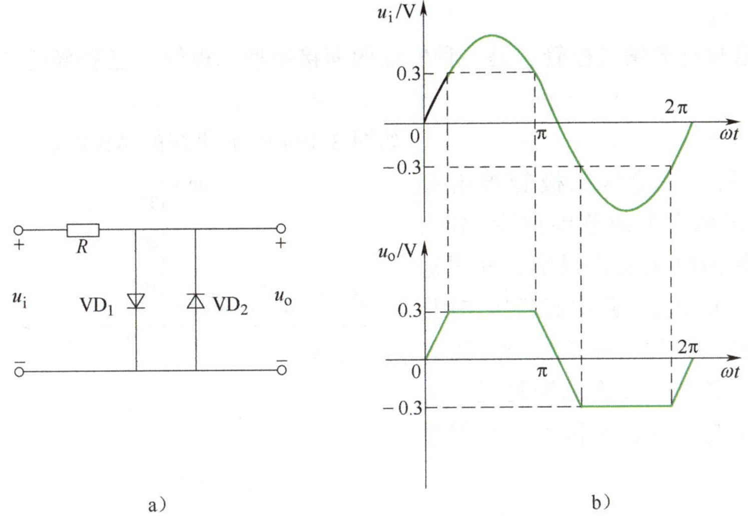

图 3-16　限幅电路

a) 电路　b) 波形

(3) 隔离作用　利用二极管截止时相当于开路的特点，来隔断电路或信号之间的联系称为隔离。在图 3-17 所示电路中，VD_B 导通后，使得 VD_A 承受反向电压而截止，从而隔离了 V_A 和 V_F 的联系和影响，所以 VD_A 在该电路中起隔离作用。

(4) 续流作用　一个通电的线圈突然断电时，就会在线圈中产生一个自感（或感应）电动势，如果这个自感（或感应）电动势叠加在电路中的其他电子元器件（如晶体管）上，就会引起元件的损坏。为了避免这种现象的出现，一般在电路中的线圈旁边并联一个二极管来吸收反向电动势，这种电路就是二极管的续流电路，如图 3-18 所示。

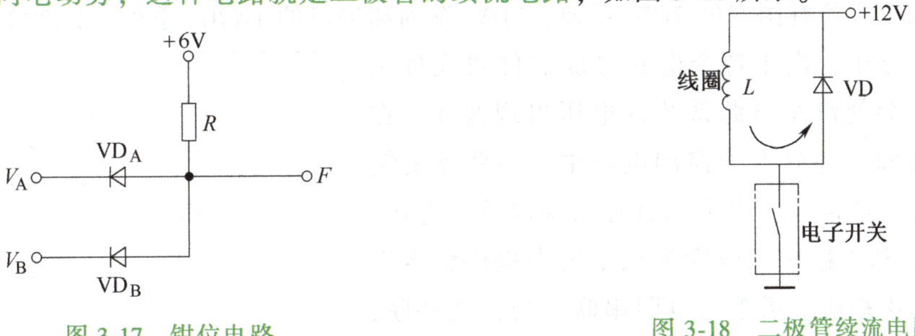

图 3-17　钳位电路

图 3-18　二极管续流电路

在这种电路中，二极管起到了对其他电子元器件的保护作用，所以也称为保护二极管。

2. 整流二极管

整流二极管的作用是利用其单向导电性将交流电变成直流电。其应用将在“直流稳压电源”中讲述。

整流二极管可分为硅管和锗管两大类，每一类又可分为高频整流二极管、低频整流二极管、大功率整流二极管及中、小功率整流二极管等。常见的国产整流二极管有 2CZ20 系列、2CZ55～60 系列、2CP10～20 系列和 2DG 系列等。汽车用整流二极管为 ZQ 系列等。

二极管除了整流外，还可以实现检波及在数字电路中作为开关元件。

3. 稳压二极管

稳压二极管也称齐纳二极管，是一种特殊的面接触型二极管，它和普通二极管一样也有一个 PN 结。稳压二极管的伏安特性与普通二极管相似，其差别是稳压二极管的反向击穿特性曲线比普通二极管陡，且工作在击穿区，如图 3-19a 所示曲线的 AB 段。

如图 3-19 所示，稳压二极管被击穿后，反向电流在相当大的范围内变化时，稳压二极管两端的电压变化很小，利用这一特性，稳压二极管在电路中起稳压作用。

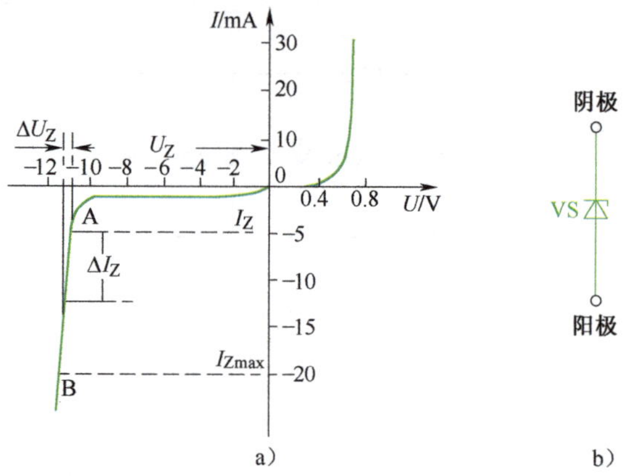

a） b）

图 3-19 稳压管的伏安特性和符号

a）伏安特性曲线 b）图形及文字符号

稳压二极管是一种特殊二极管，当去掉反向电压后，稳压二极管能恢复正常工作，但反向电流超过允许范围时，它将被过热击穿而损坏。

稳压二极管工作在反向击穿状态时，外电路要加合适的限流电阻，以防电流过大而损坏二极管。多个稳压二极管不能并联使用，因为每个二极管的稳压值有差异，并联后通过每个二极管的电流不同，个别二极管会因过载而损坏。稳压二极管可以串联使用，其总稳压值为每个稳压二极管的稳压值之和。

稳压二极管的主要参数有两个：一个是稳定电压 U_Z（稳压值），指稳压二极管在正常反向击穿状态时二极管两端的电压；另一个是最大稳定电流 I_{Zmax}，指稳压二极管允许通过的最大反向电流。使用时要限制其工作电流不能超过 I_{Zmax}，否则稳压二极管会因发热而损坏。

常见稳压二极管有国产的 2CW 系列、2DW 系列和进口的 1N700 系列、1N900 系列等。

在汽车电路中，由于各个电路总成器件或元件工作电流较大，会使汽车电源系统的电压出现波动。在汽车仪表电路和一部分电子控制电路中，一些需要精确电压值的地方经常利用稳压二极管来获取所需电压。图 3-20 所示为利用稳压二极管为汽车仪表提供稳定电压的电路。图中稳压二极管与电阻串联、与仪表并联，即使电源电压发生变化，也只是引起不同大小的电流通过电阻和稳压二极管，改变降落在电阻上的电压，而稳压二极管始终维持工作电压不变。

图 3-20 简化汽车仪表稳压电路

4. 发光二极管

发光二极管（LED）是一种由磷化镓等半导体材料制成的，能直接把电能变为光能的发光显示器件。当其内部正向导通时，则发光，截止时，不发光。其结构与电路符号如图 3-21 所示。

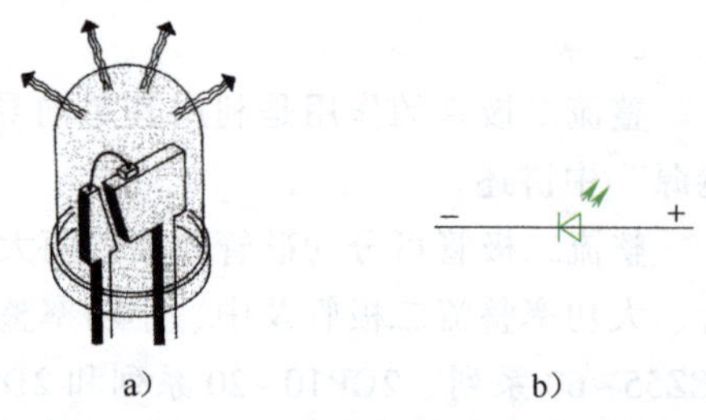

a） b）

图 3-21 发光二极管的结构与电路符号

a）结构 b）图形符号

LED 由 PN 结构成，具有单向导电性。普通单色 LED 的发光颜色与发光的波长有关，而发光的波长取决于制造 LED 所用的半导体材料，它属于电流控制器件。正向工作电压一般不超过 2V，正向工作电流为 10mA 左右。

LED 具有体积小、功耗低、使用寿命长等特点，常用来制作显示器。LED 没有点亮时间延迟，可以立即点明照亮，不闪烁。LED 作为一种光源几乎不发热。LED 可持续发光 10 万小时。此外，LED 可以直接把电能转化为光能，满足节能环保要求。

LED 可以单个使用，也可以做成七段数码显示器、矩阵显示屏等。目前，LED 广泛应用于日常生活照明、交通信号系统、汽车仪表照明及报警信号灯等。

5. 光敏二极管

光敏二极管是一种能将光能转变为电能的敏感型二极管。当光敏二极管被光照射时，就会有电流通过，无光照射时则无电流通过，利用这一特性可以实现各种控制。其结构及电路符号如图 3-22 所示。

如果在光线照射的光敏二极管上加反向电压，则反向电流就会通过，且电流强度的变化和照在光敏二极管的光线多少成比例，如图 3-23 所示。

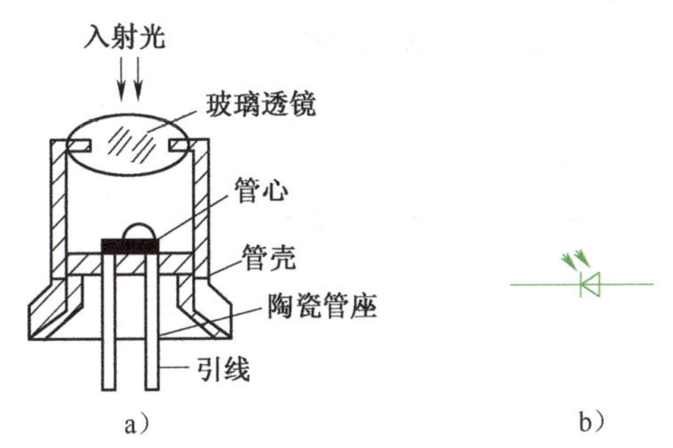

图 3-22　光敏二极管的结构及电路符号

a）结构　b）电路符号

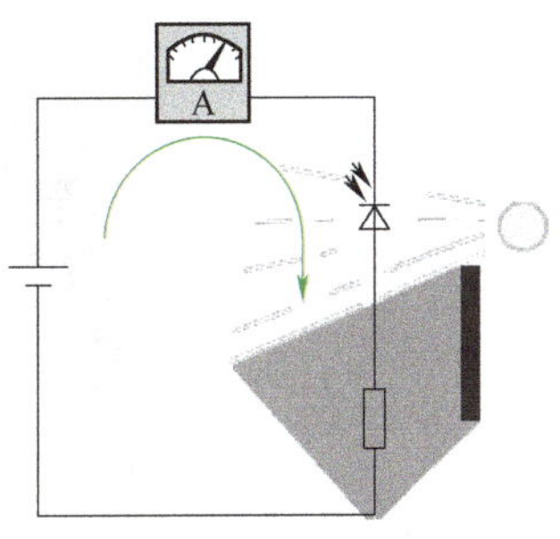

图 3-23　光敏二极管工作原理

汽车上的许多传感器是利用光敏二极管制成的。光敏二极管应用于日照强度传感器，可以把阳光的照射情况转换成电流的变化，车内自动空调 ECU 对这种变化进行检测，来调节排风量和排风口温度，如图 3-24 所示。

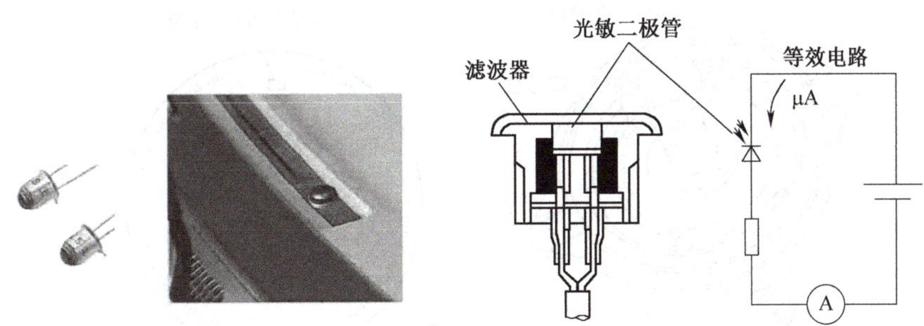

图 3-24　光敏二极管用作日照强度传感器

光敏二极管应用于汽车自动防眩目后视镜。汽车自动防眩目后视镜由一面特殊镜子和两个光敏二极管及电子控制器组成。电子控制器接收光敏二极管送来的前射光和后射光信号。当灯光照射在车内后视镜上，如果车后面灯光强于前面灯光，电子控制器将输出一个电压到导电层上，该电压改变镜面电化层颜色，电压越高，电化层颜色越深，此时即使再强的照射光照到后视镜上，经防眩目车内后视镜反射到驾驶人眼睛上都会显示暗光，不会眩目。镜面

电化层使反射光根据后方光线的入射强度，自动持续变化以防止眩目，如图3-25所示。

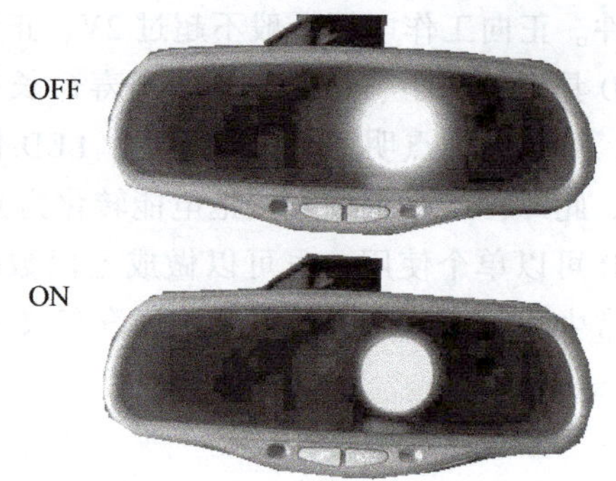

图3-25 汽车防眩目后视镜工作原理

光敏二极管应用于汽车雨量传感器。雨量传感器通过发光二极管发射光束，风窗玻璃干燥时，整个光束都由风窗玻璃表面反射回来；风窗玻璃潮湿时，光线折射角度发生变化，少量光线由风窗玻璃表面反射到光敏二极管内，光敏二极管向刮水和清洗间隔自动控制继电器发送一个信号并使刮水器接通。其原理如图3-26所示。

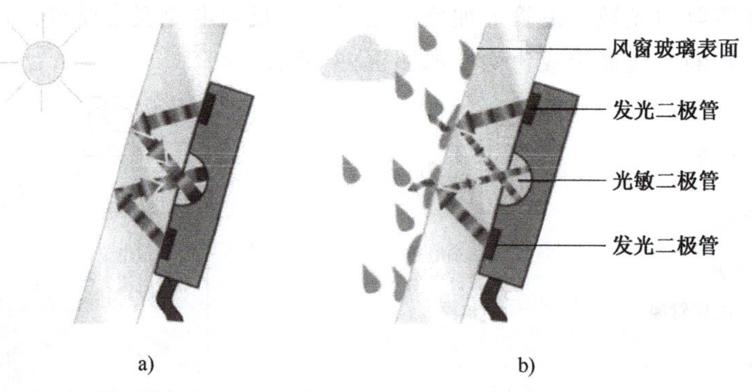

图3-26 汽车雨量传感器工作原理

a）风窗玻璃干燥 b）风窗玻璃潮湿

光敏二极管应用于光电式曲轴位置传感器。利用发动机曲轴运转时带动分电器轴和信号盘转动，使发光二极管发出的光线通过信号盘（边缘刻有小孔）产生交替变化的透光和遮光，从而使光敏二极管导通与截止产生脉冲电压信号。通过该脉冲电压信号确定曲轴位置。光电式曲轴位置传感器的安装位置与信号盘如图3-27所示。

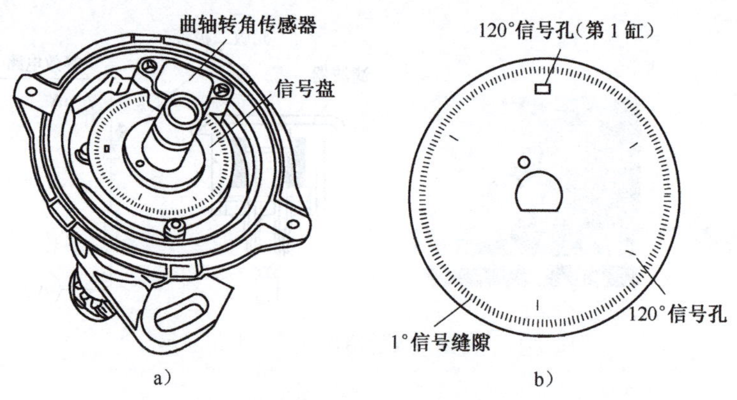

图3-27 光电式曲轴位置传感器的安装位置与信号盘

a）安装位置 b）信号盘

光敏二极管作为光传感器还被应用到汽车灯光自动控制器中，用来检测车辆周围的亮暗程度。

光敏二极管有普通光敏二极管、红外光敏二极管等。在各种电子产品的遥控接收系统中得到广泛应用的是红外光敏二极管，它是一种特殊结构的光敏二极管，可以将红外发光二极管发射的红外光信号转变为电信号。

常见的普通光敏二极管有 2CU 系列、2DU 系列等。

三、晶体管

晶体管是最重要的一种半导体器件，它的放大作用和开关作用促使电子技术飞速发展。晶体管的特性是通过特性曲线和工作参数来分析研究的，为了更好地理解和熟悉晶体管的外部特性，首先介绍晶体管的结构。

（一）晶体管的基本结构

晶体管是通过在半导体锗或硅的单晶上通过一定的工艺制备两个能相互影响的 PN 结，再引出 3 个电极，然后用管壳封装而成的。晶体管分为 NPN 型和 PNP 型两类。其结构示意图和图形符号如图 3-28 所示，文字符号为 VT。

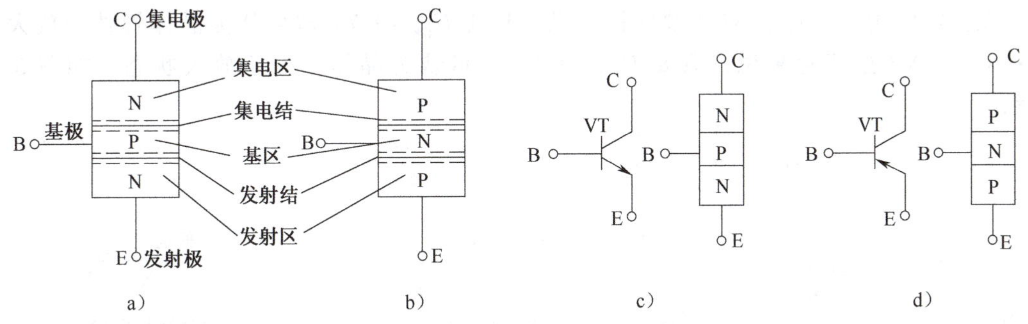

图 3-28　晶体管的结构示意图及图形符号

a）NPN 型晶体管　b）PNP 型晶体管　c）NPN 型图形符号　d）PNP 型图形符号

每一类晶体管都分成基区、发射区、集电区。从基区、发射区和集电区分别引出 1 个电极称为基极 B（或 b）、发射极 E（或 e）和集电极 C（或 c）。每一类晶体管都有两个 PN 结：基区和发射区之间的 PN 结称为发射结，基区和集电区之间的 PN 结称为集电结，如图 3-28 所示。

晶体管分为锗管和硅管。常见晶体管的外形如图 3-29 所示。

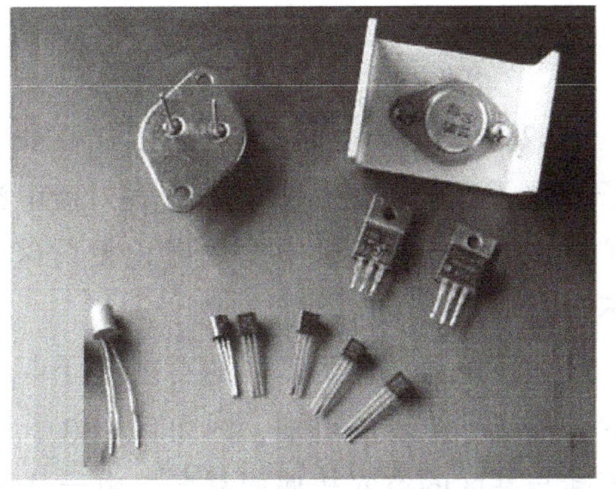

图 3-29　常见晶体管的外形

从晶体管的制造工艺上看，基区很薄，掺杂浓度很低，主要用来控制经过基区的载流子；发射区相对于集电区和基区的载流子浓度最高，用来发射载流子；集电区的结面积很大，浓度较低，有利于接收从基区来的载流子。

NPN 型和 PNP 型晶体管的工作原理类似，仅在使用时所接电源极性不同，下面仅以

NPN 型晶体管为例分析讨论。

（二）晶体管的电流放大作用

晶体管上 PN 结的偏置方式决定了晶体管的导通与截止。由于晶体管有两个 PN 结、3 个电极，如果构成电路，需要以一个电极为公用端接两个外加电压，故晶体管有 3 种接法的放大电路：共发射极放大电路、共基极放大电路和共集电极放大电路。下面以共发射极放大电路为例进行讲述。

根据晶体管各 PN 结所处状态不同，晶体管有三种工作状态，即放大状态、饱和状态和截止状态。

1. 放大状态

（1）条件　晶体管处于放大状态的条件是发射结正偏、集电结反偏。

发射结正向偏置可以保证发射区的多数载流子能到达基区，而集电结反向偏置可以保证发射到基区的大多数载流子都能传输到集电区。

如图 3-30 所示，适当调整 R_B 可以保证发射结正偏、集电结反偏，从而使晶体管处于放大状态。

在实际应用中，对于 NPN 型硅管来说，只要 $U_{BE}>0.7V$ 即可认为晶体管处于放大状态；对于 PNP 型锗管来说，只要 $U_{EB}>0.3V$ 即可认为晶体管处于放大状态，如图 3-31 所示。

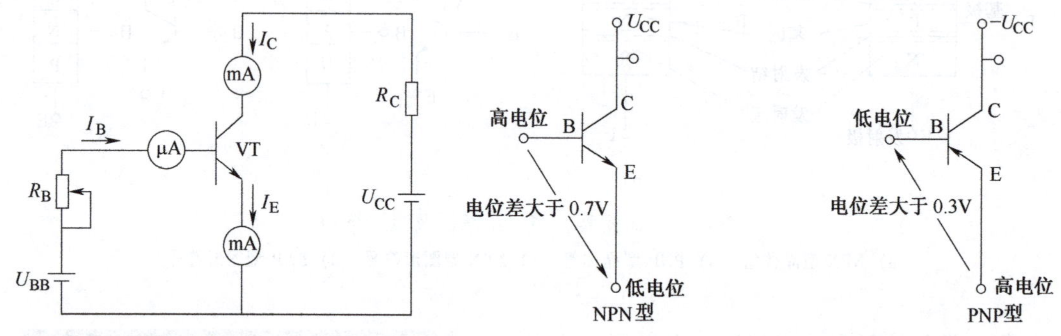

图 3-30　晶体管的放大状态

图 3-31　晶体管处于放大状态的实际应用

（2）载流子运动过程　发射结正偏，多数载流子的扩散运动加强，发射区的多数载流子（电子）向基区扩散，形成发射极电流 I_E，同时基区的多数载流子（空穴）也向发射区扩散，但由于基区的空穴浓度比发射区自由电子浓度低得多，因此空穴电流很小，可忽略不计。

从发射区扩散到基区的自由电子起初都聚集在发射结附近，靠近集电结的自由电子很少，形成了浓度的差别，因而自由电子将向集电结方向继续扩散。在扩散过程中，自由电子不断与基区的空穴相遇而复合，由于基区接电源 U_{BB} 正极，U_{BB} 将基区中受激发的价电子不断拉走，形成电流 I_B，基本上等于基极电流 I_B，同时补充了基区被复合掉的空穴；而基区很薄，掺杂浓度很低，被复合的自由电子就很少，因此绝大部分自由电子能扩散到集电结的边缘。

由于集电结反向偏置，集电结内电场增强，因此它对多数载流子的扩散运动起阻挡作用，阻挡集电区的自由电子向基区扩散，但可将从发射区扩散到基区并到达集电结边缘的自由电子拉入集电区，从而形成电流 I_C。晶体管内载流子的运动示意如图 3-32 所示。

此外，由于集电结反向偏置，导致在内电场作用下集电区的少数载流子（空穴）和基区的少数载流子（电子）发生漂移运动，形成电流 I_{CBO}。这部分电流很少，它构成集电极电流 I_C 和基极电流 I_B 的一小部分。I_{CBO}受温度影响很大。

如上所述，从发射区扩散到基区的电子只有小部分在基区复合，大部分到达集电区。

(3) 晶体管各极电流关系　经实验证明，发射极电流等于集电极电流与基极电流之和，即

$$I_E = I_B + I_C$$

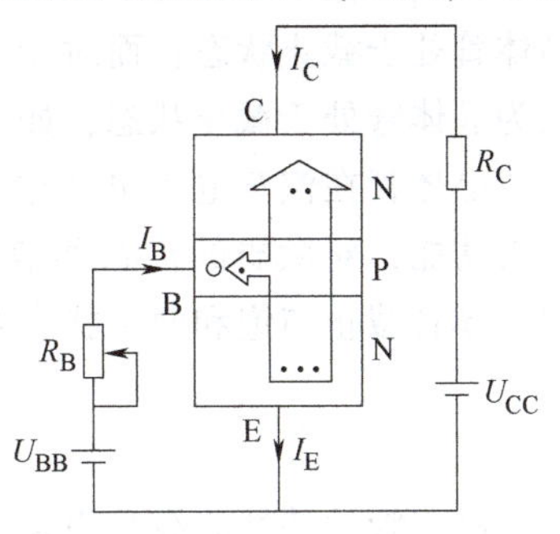

图 3-32　晶体管内载流子的运动示意图

另外，当 I_B 增大时，I_C 成正比例相应增大。集电极电流 I_C 与基极电流 I_B 的比值称为晶体管的直流电流放大系数，以 $\bar{\beta}$ 表示：

$$\bar{\beta} \approx \frac{I_C}{I_B}$$

当基极电流发生微小变化时，集电极电流将发生较大变化。集电极电流的变化量 ΔI_C 与基极电流的变化量 ΔI_B 的比值，称为晶体管的交流电流放大系数，用 β 表示：

$$\beta = \frac{\Delta I_C}{\Delta I_B}$$

由于 $\bar{\beta}$ 和 β 数值很接近，一般不作区别，并统称为晶体管的电流放大系数，用 β 表示。

综上可知：晶体管的基极电流发生微小变化时，集电极电流会发生较大变化，且比值基本恒定。这种小电流对大电流的控制作用就是晶体管的电流放大作用。

2. 饱和状态

所谓晶体管的饱和状态，就是集电极电流 I_C 不随基极电流 I_B 的增大而增大的现象。

(1) 条件　晶体管处于饱和状态的条件是发射结正偏、集电结正偏。

如图 3-30 所示，适当调整 R_B，可使 $V_B > V_E$、$V_B > V_C$，从而保证发射结正偏、集电结正偏，使晶体管处于饱和状态。实际应用中，当 $U_{CE} < U_{BE}$时晶体管即处于饱和状态。

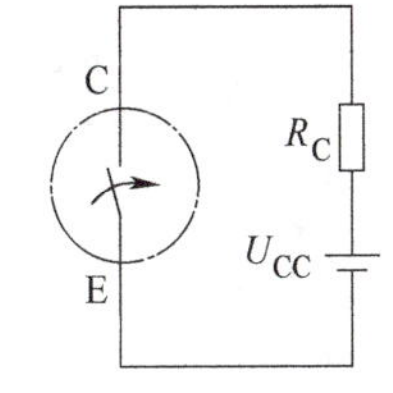

图 3-33　晶体管处于饱和状态

(2) 特征　当晶体管处于饱和状态时，若 I_B 增加，I_C 基本不变。另外，$U_{CE} \approx 0$。从以上特征可知，此时晶体管的集电极和发射极间相当于短路，如图 3-33 所示。

3. 截止状态

(1) 条件　晶体管处于截止状态的条件是发射结反偏、集电结反偏。

图 3-30 所示电路中，当 $V_B < V_E$、$V_B < V_C$ 时，晶体管即处于截止状态。实际应用中，当 $V_B < V_E$ 时，晶体管即处于截止状态。

(2) 特征　晶体管处于截止状态时，基极电流 $I_B = 0$、集电极电流 $I_C = 0$、$U_{CE} = U_{CC}$。从

以上特征可知，此时晶体管集电极和发射极间相当于开路，如图 3-34 所示。

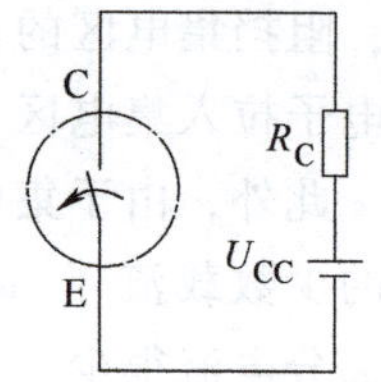

图 3-34 晶体管处于截止状态

在实际应用中，对于 NPN 型硅管来说，只要 $U_{BE}<0.7V$ 即可认为晶体管处于截止状态；而对于 PNP 型锗管来说，只要 $U_{EB}<0.3V$ 即可认为晶体管处于截止状态，如图 3-35 所示。

晶体管在汽车电子电路中通常有两种应用：一种是利用晶体管的放大功能，对微弱的传感器信号进行放大后，传给 ECU；另一种是利用晶体管截止与饱和两个状态互相变换，作为一个电子开关，控制其他电子元件。

（三）晶体管的特性曲线

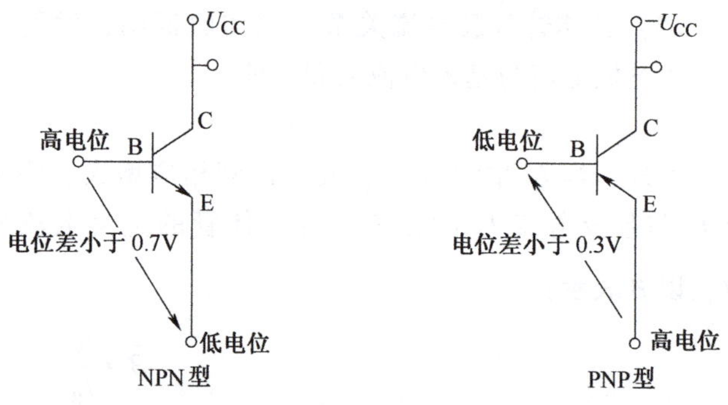

图 3-35 晶体管处于放大状态的实际应用

晶体管的特性曲线是用来表示该晶体管各极电压和电流之间相互关系的，它反映出晶体管的性能，也是分析放大电路的重要依据。

最常用的是共发射极接法的输入特性曲线和输出特性曲线，这些曲线可用晶体管特性图示仪直接观测得到，也可以通过图 3-36 所示的实验电路进行测绘。对于不同型号的晶体管，其特性也不相同，现以 NPN 型硅管 3DG6 为例测出其特性。

1. 输入特性曲线

输入特性曲线指当集射极电压 U_{CE} 为常数时，基极电流 I_B 与基射极电压 U_{BE} 之间的关系曲线，即 $I_B=f(U_{BE})|_{U_{CE}=\text{常数}}$，如图 3-37 所示。

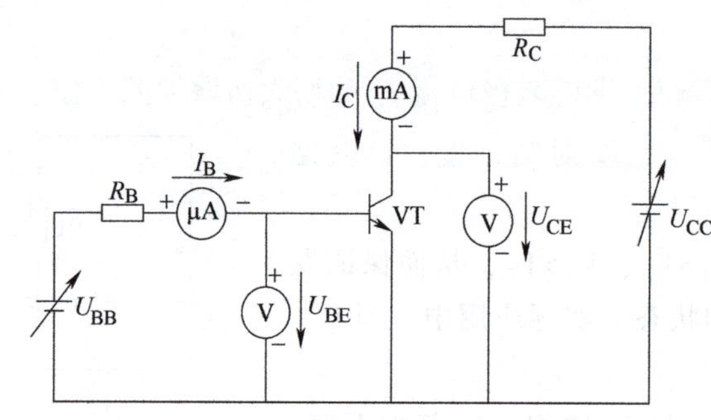

图 3-36 测量晶体管特性的实验电路

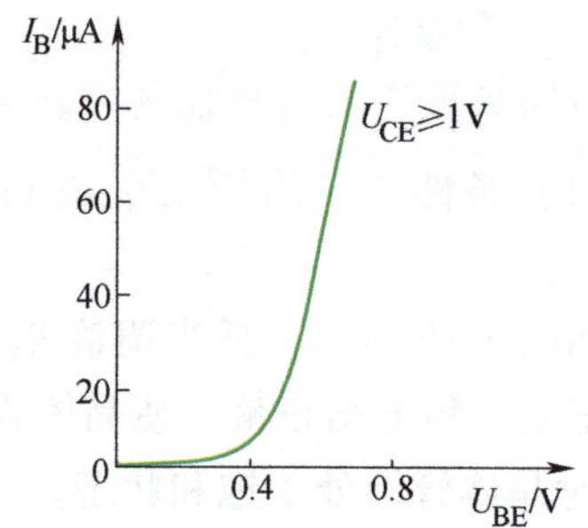

图 3-37 晶体管的输入特性曲线

对硅管而言，当 $U_{CE}\geq 1V$ 时，集电结反向偏置，只要 U_{BE} 相同，发射区扩散到基区的电子数目必然相同，而集电结的内电场足够大，可以把从发射区扩散到基区的电子中绝大部分拉入集电区。若此时增加 U_{CE}，只要 U_{BE} 保持不变，则从发射区扩散到基区的电子数就一定，I_B 电流也不再明显变化了，也就是说 $U_{CE}>1V$ 后的输入特性曲线基本上是重合的。所以通常只画出 U_{CE} 大于等于 1V 的一条输入特性曲线。

由图可见，晶体管的输入特性和二极管的伏安特性一样（均为 1 个 PN 结）都有一定的死区电压。硅管的死区电压约为 0.5V，发射结导通电压为 0.6~0.7V；锗管的死区电压约为 0.1V，发射结导通电压为 0.2~0.3V。

2. 输出特性曲线

输出特性曲线指当基极电流 I_B = 常数时，晶体管的集电极电流 I_C 和集射极电压 U_{CE} 之间的关系曲线，即 $I_C = f(U_{CE})|_{I_B=常数}$。在不同的 I_B 下，可得出一族不同的曲线，如图 3-38 所示。

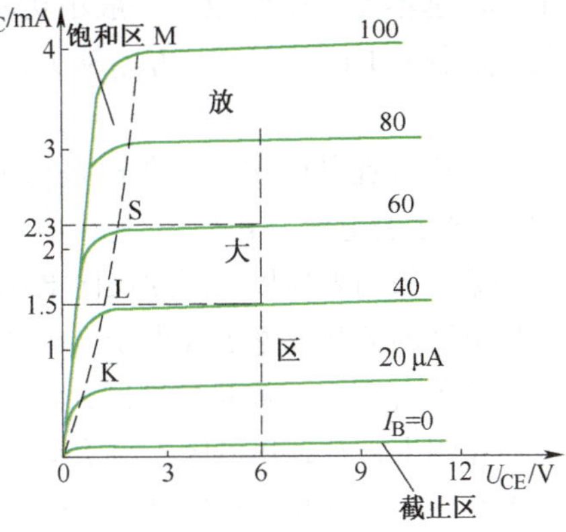

图 3-38　晶体管的输出特性曲线

当 I_B 一定时，从发射区扩散到基区的电子数大致一定，在 U_{CE}>1V 后，这些电子的绝大部分被拉入集电区而形成 I_C，以致再增加 U_{CE}，I_C 也不会有明显增加，具有恒流源特性。当 I_B 增加时，相应的 I_C 增加，曲线上移，而且 I_C 比 I_B 增加得多，这就是晶体管的电流放大作用。

根据晶体管输出特性曲线的特点，可以将特性曲线划分为 3 个不同的区域，分别对应晶体管 3 种不同的工作状态，即放大状态、截止状态和饱和状态，如图 3-38 所示。

(1) 放大区　输出特性曲线的近于水平部分是放大区。在放大区内，$I_C = \beta I_B$，晶体管具有恒流特性，放大区也称为线性区。如前所述，晶体管工作在放大状态时，发射结处于正向偏置，集电结处于反向偏置。

(2) 截止区　当 I_B = 0 时，曲线以下的区域称为截止区。在截止区内 $I_B = 0$，$I_C = I_{CEO} \approx 0$。对于 NPN 型晶体管，U_{BE} 等于死区电压时，即开始截止，但是为了可靠截止常使 $U_{BE} \leqslant 0$。此时发射结、集电结都处于反向偏置，晶体管的电流很小可以忽略不计，相当于发射极和集电极作为触点的开关断开。

(3) 饱和区　如图 3-38 所示，晶体管输出特性曲线中除了放大区和截止区以外的区域即为饱和区。在此区域内，$U_{BE} > U_{CE}$，发射结、集电结都处于正向偏置，晶体管处于饱和工作状态。

在饱和区，I_B 的变化对 I_C 的影响很小，两者不成正比，放大区的 β 不能用于饱和区。由于饱和时，两结都正向偏置，阻挡层消失，电流很大，相当于发射极和集电极作为触点的开关闭合。

(四) 晶体管的命名

晶体管的命名方法各国不同，根据中华人民共和国国家标准 GB 249—2017 的规定，晶体管的命名由五部分组成，参见附录 B。

(五) 晶体管的主要参数

晶体管的特性除用特性曲线表示外，还可用一些数据来表示，这些数据就是晶体管的参数，它是设计电路、选用晶体管的主要依据。

1. 电流放大系数 β

晶体管的电流放大系数表示晶体管的电流放大能力。由于制造工艺的离散性，同一型号

的晶体管的电流放大系数也有差异。晶体管的电流放大系数一般为20~200。

2. 集-基极反向饱和电流 I_{CBO}

在发射极开路的情况下，集电极与基极之间加反向电压时的反向电流，称为集-基极反向饱和电流（I_{CBO}）。它实际上和单个PN结的反向电流一样，受温度影响很大。在一定温度下 I_{CBO} 基本是一个常数。一般小功率锗晶体管的 I_{CBO} 为几微安到几十微安，小功率硅晶体管的 I_{CBO} 小于1μA。显然，I_{CBO} 越小，锗晶体管或硅晶体管的工作稳定性越好。

3. 集-射极反向穿透电流 I_{CEO}

在基极开路的情况下，集电极与发射极之间加上一定反向电压时的集电极电流，称为集-射极反向穿透电流（I_{CEO}）。这个电流是从集电区穿过基区到发射区的。

当集电极与发射极之间加反向电压时，会使集电结处于反向偏置，发射结处于正向偏置，此时发射区的多数载流子（电子）就要扩散到基区。集电结反向偏置，一方面要使集电区的少数载流子（空穴）漂移到基区，另一方面，从发射区扩散到基区的大部分电子在集电结反向电压作用下被拉到集电区。由于基极开路使得集电区的空穴漂移到基区后，不能由基极外部电源补充电子与其复合形成电流，而只能与发射区扩散到基区的电子中小部分复合形成反向电流 I_{CBO}。可以证明：$I_{CEO}=I_{CBO}+\beta I_{CBO}=(1+\beta)I_{CBO}$。$I_{CBO}$ 和 I_{CEO} 都随着温度升高而增加，都是衡量晶体管稳定性的重要参数。因此，在选用晶体管时，I_{CEO} 越小越好。

4. 集电极最大允许电流 I_{CM}

集电极电流超过某一值时，电流放大系数 β 值就要下降，I_{CM} 就是 β 下降到其正常值的2/3时的集电极电流。使用晶体管时，I_C 超过 I_{CM} 晶体管不一定会损坏，但 β 值会显著下降。

5. 集-射极反向击穿电压 $U_{(BR)CEO}$

$U_{(BR)CEO}$ 是在基极开路时加在集-射极之间的最大允许电压，当晶体管的集-射极电压 U_{CE} 大于 $U_{(BR)CEO}$ 时，I_{CEO} 剧增，晶体管被击穿。

（六）晶体管的简易测试

使用晶体管时，需要判别晶体管的好坏与极性，一般晶体管可以从外表判别，如果从外表不能判别，就需要借助万用表（模拟表或数字表）进行判别。

晶体管有3个电极，不论是PNP型还是NPN型，都由两个PN结构成，且PN结具有正向电阻小、反向电阻大的特点，可以根据这一特点，用万用表的电阻档来大致判别晶体管的好坏和极性。现以模拟式万用表为例来说明。

1. 判断基极B和晶体管类型

将万用表电阻档置于 $R\times100$ 或 $R\times1k$ 档（不能用 $R\times1$ 和 $R\times10k$ 档）处，用黑表笔接晶体管的任一管脚（设该管脚为晶体管的基极），再用红表笔分别接另外两个管脚。如果表针两次的阻值都很大，那么该晶体管就是PNP型晶体管，其中与黑表笔相接的那一管脚就是基极。若表针两次指示的阻值均很小，说明该晶体管是NPN型晶体管，其中与黑表笔相接的那一管脚就是基极。如果指针指示的阻值是一个很大，一个很小，那么黑表笔所接的管脚就不是晶体管的基极，要另换一个管脚进行类似的测试，直到找出基极。

2. 判断集电极C和发射极E

使用万用表电阻档 $R\times100$ 或 $R\times1k$ 档，在未判别出的两个管脚中任意假定一个管脚为集电极，若为NPN型晶体管，则将黑表笔接假设的C极管脚，红表笔接另一管脚，将两手指

接在 B、C 之间（或用一只 100k 电阻），此时可测得一个电阻值；然后将假设的 C、E 对调，同样将两手指接在 B、C 之间（或用一只 100k 电阻），此时可测得一个电阻值，两次测量中电阻值小的一次，黑表笔所接管脚为 NPN 管的实际集电极，红表笔所接的为实际的发射极。此时晶体管处于放大状态，其判断原理图及等效电路如图 3-39 所示。

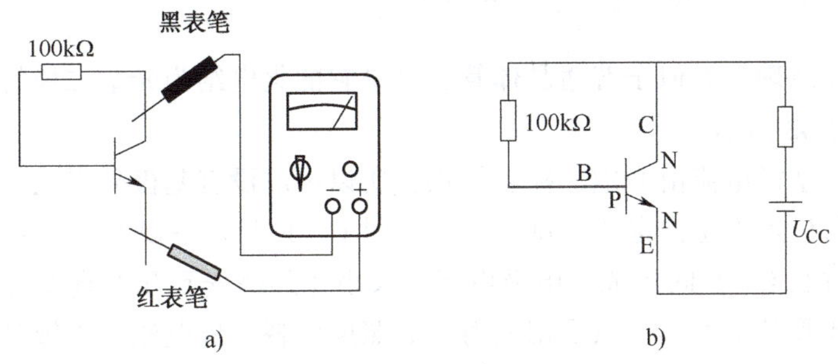

图 3-39 晶体管 C、E 极判断原理图及等效电路

a）判断原理图 b）等效电路

3. 电流放大倍数的估测

电流放大倍数用万用表 R×1k 档测量。用左手拇指和中指捏紧管壳，使管脚向上，右手以握筷子的姿势握住表笔，如图 3-40 所示。如果测的是 NPN 型晶体管，用黑表笔接集电极，红表笔接发射极，这时指针应不动或摆动不大。如果指针摆动较大，表明该管的穿透电流太大。用左手食指搭接在 B、C 极端部（也可用 30～100k 的电阻代替），这时指针应向低阻值的方向摆动，摆动幅度越大（电阻越小），则电流放大倍数越大。如果测的晶体管是 PNP 型晶体管，则红、黑表笔应对调，即红表笔接 C 极、黑表笔接 E 极。如果各管脚接触良好，但估测电流放大倍数时指针不断右移或摆动不定，则说明此晶体管电流放大倍数不稳定。

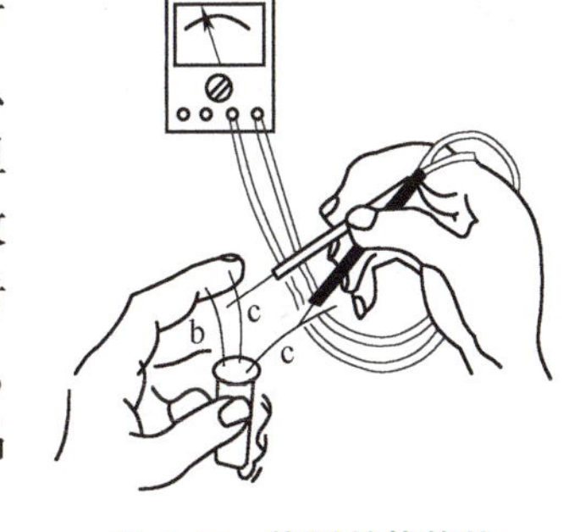

图 3-40 估测晶体管的电流放大倍数

当用数字式万用表进行上述判别时，如果用电阻档，要注意数字式万用表的电源正极接红表笔（模拟式万用表电源正极接黑表笔）。如果使用专门的晶体管档，根据其测量电压值的不同可判断 PN 结导通或截止。

（七）达林顿管及其在汽车电路中的应用

达林顿管是达林顿晶体管的简称。所谓达林顿管就是连接在一起的两只晶体管，又称复合管，其结构如图 3-41 所示。

达林顿管的放大倍数是两个晶体管放大倍数的乘积。晶体管 VT1 作为前置放大管，产生推动 VT2 的基极电流，VT2 作为末级放大管，其输出与控制电路是隔离的，将电流继续放大以驱动负载部件。

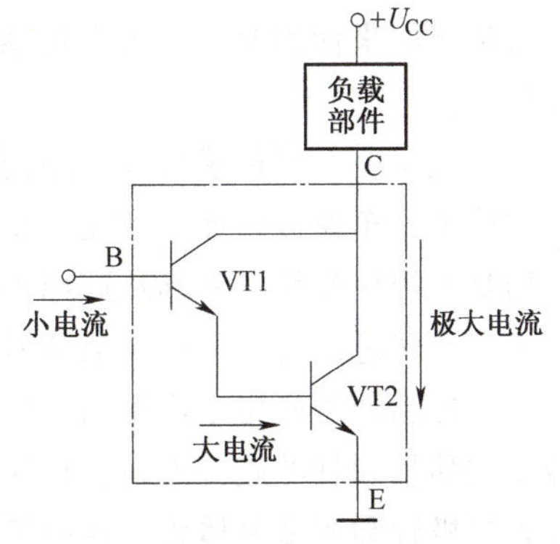

图 3-41 达林顿管的结构

在分析电路时，可将达林顿管看作是点画线内构成

的一个大功率晶体管。由于达林顿管具有增益高、开关速度快、能简化电路设计等优点，主要用于大功率开关电路、电动机调速，也用于驱动继电器以及驱动 LED 智能显示屏等。早期的汽车、摩托车的点火控制模块使用达林顿管，而现在多采用大功率集成电路。

（八）光敏晶体管及其在汽车电路中的应用

光敏晶体管在原理上类似于普通晶体管，只是它的集电结为光敏二极管结构。它的等效电路和符号如图 3-42 所示。

光敏晶体管的基极电流由光敏二极管提供，所以一般没有基极外引线。如果在光敏晶体管的集电极和发射极加上正向电压，则没有光照时 C、E 间几乎没有电流；有光照射时基极产生光电流，同时在 C、E 间形成集电极电流，大小在几毫安到几百毫安之间。光敏晶体管的输出特性与晶体管基本类似，只是用入射光的照度代替基极电流。光敏晶体管制成达林顿管形式时，可以获得较大的输出电流而能直接驱动某些继电器。光敏晶体管的响应速度比光敏二极管慢，灵敏度比较高。在要求响应快、对温度敏感小的场合，选用光敏二极管而不用光敏晶体管。

光敏晶体管的基本应用电路如图 3-43 所示。A 点电位随着外界光线的照射而发生变化。在图 3-43a 中，当有光照时，$V_A = U_{CC}$；当无光照时，$V_A = 0$。在图 3-43b 中，当有光照时，$V_A = 0$；当无光照时，$V_A = U_{CC}$。这样就可以通过有无光照实现对连接在 A 点上的电器设备进行控制。

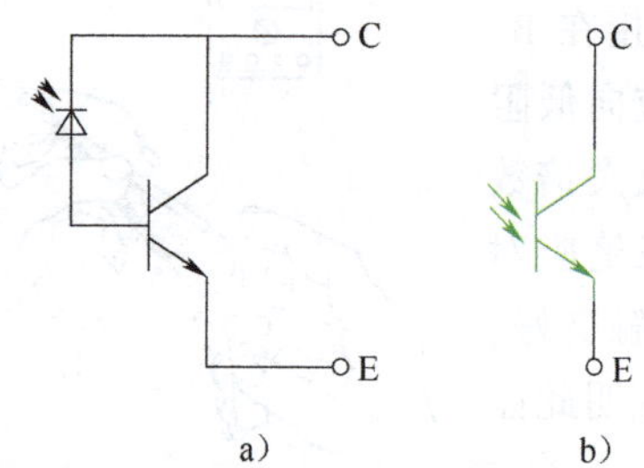

图 3-42 光敏晶体管的等效电路和符号

a）等效电路 b）符号

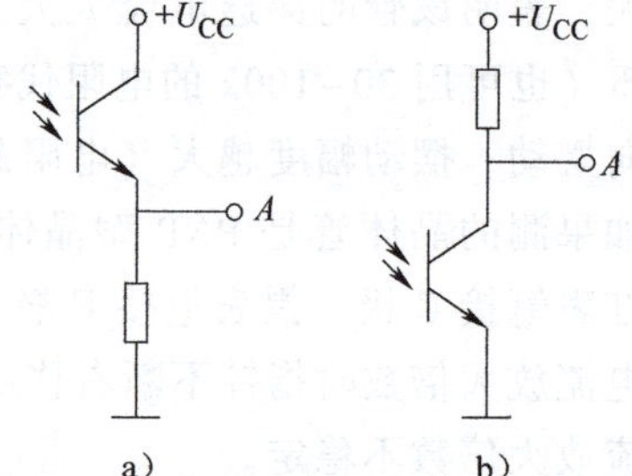

图 3-43 光敏晶体管的基本应用电路

光敏晶体管在汽车上主要应用于传感器中。把发光二极管和光敏晶体管组合在一起，可实现以光信号为媒介的电信号的转换，采用这种组合方式的器件称为光耦合器。当光耦合器作为传感器来使用时，称为光传感器，如图 3-44 所示，它可以检测物体的有无和遮挡次数等信号。

在汽车上，光传感器被应用到许多场合，主要用于曲轴位置检测、车高位置检测、转向角度检测、车速传感器、减速传感器等。光传感器工作中均是在其中间设置遮挡物，监测遮挡物是否挡住光线，来判断遮挡物的位置（遮挡物均和被检测的对象连接在一起）、传递位置信号或转过的遮挡物的个数信号。

光传感器可应用于汽车动力转向电控系统的转向传感器中。转向传感器为了检测轴的旋转角位移量和轴的旋转方向，在转向器的主轴上设有一个遮光盘，夹在遮光盘两侧的是两组发光二极管和光敏晶体管。这两组光耦合器件与可旋转的遮光盘组成了光脉冲发生器，其结构如图 3-45 所示。遮光盘固定在转向轴上，当转向轴旋转时，遮光盘也随之转动，遮光盘

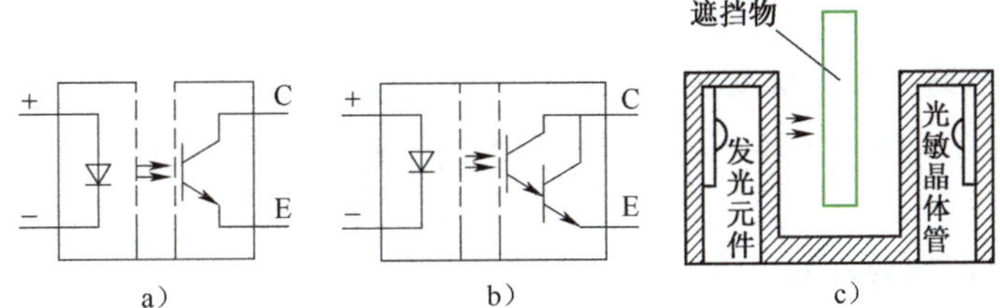

图 3-44 光传感器示意图

a）晶体管型 b）达林顿型 c）槽型

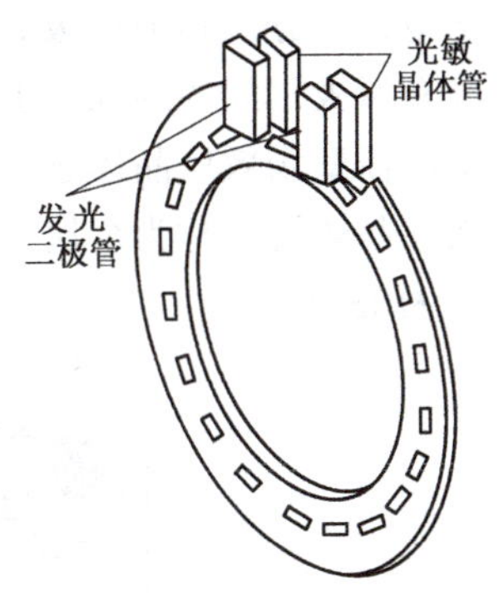

图 3-45 转向传感器

整个圆周上均匀分布有一些槽。遮光盘的旋转使发光二极管的光时而通过遮光盘上的槽作用于光敏晶体管，从而使光敏晶体管导通；时而被遮光盘遮挡，从而使光敏晶体管截止。根据二极管导通、截止的速度，就可以检测出转向器的速度。汽车动力转向电控系统能够实现转向操纵轻便、响应快速，还可以增大输出功率、减少发动机损耗，达到节省燃油的目的。此外，转向传感器还用于 GPS 导航、ESP 系统等。

光传感器可应用于车身高度传感器中。车身高度传感器的工作原理如图 3-46 所示。传感器的光电器件由发光二极管和光敏晶体管组成，且分布在带孔的遮光板的两侧。车身高度变化时，悬架的位移发生变化，与悬架连在一起的拉紧螺栓移动，从而带动连杆和传感器轴转动，传感器轴的转动带动遮光板的转动，使发光二极管和光敏晶体管之间时而透光，时而被遮光板挡住，从而使光敏晶体管导通或截止，进而使电路接通（ON）或断开（OFF）。传感器将这种电路的通断信号（即 ON、OFF 信号）输入给悬架 ECU，ECU 根据输入的信号检测出遮光板的转动角度，即可检测出车身高度的变化。

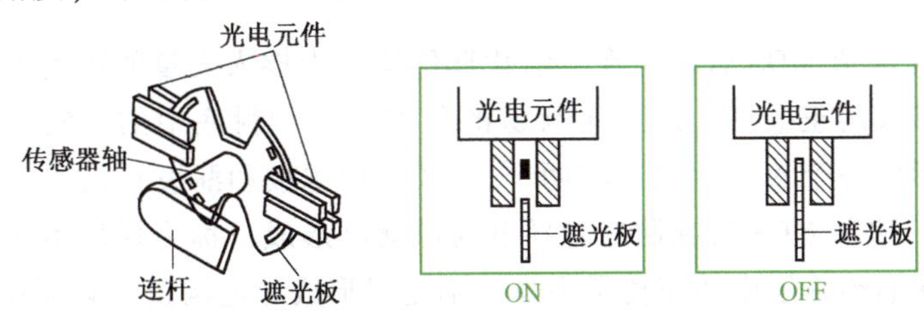

图 3-46 车身高度传感器工作原理

此外，由光敏晶体管组成的光传感器还常应用于汽车点火系统的光电式点火信号发生器、光电式车速传感器中。

四、绝缘栅型场效应晶体管

场效应晶体管（简称 FET）是利用电场效应来控制电流的一种半导体器件。它具有输入电阻大（可高达 10^5 ~$10^{12}\Omega$）、噪声低、热稳定性好和耗电少等优点。因此，场效应晶体管被广泛应用于各种电子电路中。场效应晶体管按其结构不同，可分为结型场效应晶体管和绝缘栅型场效应晶体管两大类。绝缘栅型场效应晶体管的应用较为广泛，这里介绍其结构、

工作原理和应用。

（一）绝缘栅型场效应晶体管的基本结构

绝缘栅型场效应晶体管按其导电类型可分为 N 沟道（电子导电）和 P 沟道（空穴导电）两类。

1. N 沟道绝缘栅型场效应晶体管

图 3-47 所示为 N 沟道绝缘栅型场效应晶体管的结构示意图及图形符号。它用一块杂质浓度很低的 P 型硅片作衬底，在硅片上扩散两个掺杂浓度很高的 N 型区（称为 N^+区），并引出电极，分别称为源极 S 和漏极 D。在 P 型硅表面覆盖一层极薄的二氧化硅的绝缘层，在源极和漏极之间的绝缘层上制作一个金属电极称为栅极 G。栅极和其他电极是绝缘的，故称为绝缘栅型场效应晶体管。金属栅极和半导体之间的绝缘层目前常用二氧化硅，故绝缘栅型场效应晶体管又称为金属（Metal）-氧化物（Oxide）-半导体（Semiconductor）场效应晶体管，简称 MOS 管。

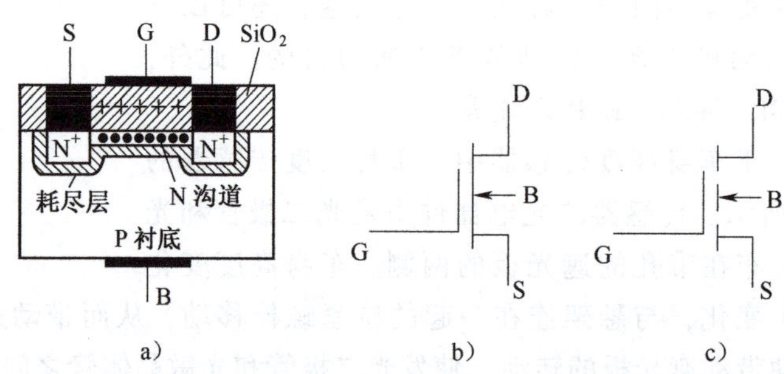

图 3-47 N 沟道绝缘栅型场效应晶体管的结构示意图及图形符号

a）耗尽型 NMOS 管的结构示意图 b）耗尽型 NMOS 管的图形符号
c）增强型 NMOS 管的图形符号

如果在制造 N 沟道 MOS 管时，在二氧化硅绝缘层中掺入大量的正离子，就会在 P 型衬底的表面产生足够大的正电场，这个强电场将会排斥 P 型衬底中的空穴，并把衬底中的电子吸引到表面，形成一个 N 型薄层，将两个 N^+区（即源极和漏极）沟通。这个 N 型薄层称为 N 型导电沟道。这种 MOS 管在制造时导电沟道就已形成，称为耗尽型场效应晶体管。如果在制造时二氧化硅绝缘层中的正离子很少，不足以形成导电沟道，必须在栅极和源极之间外加一定的电压才能形成导电沟道，则称为增强型场效应晶体管。N 沟道耗尽型和增强型 MOS 管的图形符号如图 3-47b、c 所示。在增强型 MOS 管的符号中，源极 S 和漏极 D 之间的连线是断开的，表示 $U_{GS}=0$ 时导电沟道没有形成。

2. P 沟道绝缘栅型场效应晶体管

P 沟道 MOS 管是用 N 型硅片作衬底，在衬底上面扩散两个杂质浓度很高的 P 区（称为 P^+区），两个 P^+区之间的表面覆盖二氧化硅，然后分别加上金属电极作为源极、漏极和栅极。P 沟道 MOS 管工作时，连通两个 P^+区的是一条 P 型导电沟道。P 沟道 MOS 管分为耗尽型和增强型两种，它们的符号分别如图 3-48a、b 所示。

（二）场效应晶体管的工作原理

现以增强型 NMOS 管为例说明其工作原理。N 沟道增强型 MOS 管不存在原始导电沟道。

如图 3-47a 所示，当栅源极间电压 $U_{GS}=0$ 时，增强型 MOS 管的漏极和源极之间相当于存在两个背靠背的 PN 结。此时无论 U_{DS}是否为 0，也无论其极性如何，总有一个 PN 结处于反偏状态，因此 MOS 管不导通，$I_D=0$。MOS 管处于截止区。

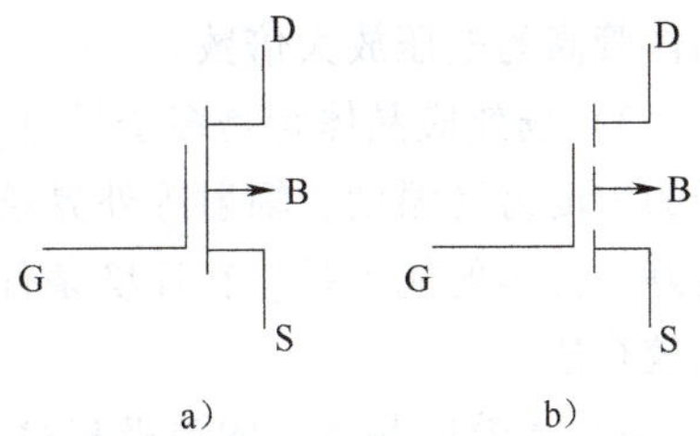

图 3-48 P 沟道 MOS 管的图形符号

a) 耗尽型 b) 增强型

在栅极和衬底间加 U_{GS}且与源极连在一起，由于二氧化硅绝缘层的存在，电流不能通过栅极，但金属栅极被充电，因此聚集大量正电荷。导电沟道形成时，对应的栅源间电压 U_{GS}等于死区电压，称为开启电压。

当 U_{GS}大于死区电压、$U_{DS}\neq 0$ 且较小时，当 U_{GS}继续增大，U_{DS}仍然很小且不变时，I_D随着 U_{GS}的增大而增大。此时增大 U_{DS}，导电沟道出现梯度，I_D 将随着 U_{DS}的增大而增大。直到 $U_{GD}=U_{GS}-U_{DS}$为死区电压时，相当于 U_{DS}增加使漏极沟道缩减到导电沟道刚刚开启的情况，称为预夹断，I_D 基本饱和。

沟道出现预夹断时工作在放大状态，放大区 I_D 几乎与 U_{DS}的变化无关，只受 U_{GS}的控制。即场效应晶体管是利用栅源电压 U_{GS}来控制漏极电流 I_D 大小的一种电压控制器件。

如果继续增大 U_{DS}，使 U_{GD}小于死区电压时，沟道夹断区延长，I_D 达到最大且恒定，场效应晶体管将从放大区跳出而进入饱和区。

（三）场效应晶体管使用注意事项

1）场效应晶体管中，有的产品将衬底引出，形成 4 个管脚，使用者可视电路需要进行连接，P 衬底接低电位，N 衬底接高电位。但当源极电位很高或很低时，可将源极与衬底连在一起。

2）场效应晶体管的漏极与源极通常可以互换，且不会对伏安特性曲线产生明显影响。值得注意的是，有些产品出厂时已将源极与衬底连在一起了，这时源极与漏极就不能进行对调。

3）场效应晶体管不使用时，由于它的输入电阻非常高，须将各电极短路，以免受外电场作用时被损坏。即场效应晶体管在不使用时应避免栅极悬空，务必将各电极短接。

4）焊接场效应晶体管时，电烙铁须有外接地线，用来屏蔽交流电场，以防止损坏场效应晶体管。特别是焊接绝缘栅型场效应晶体管时，最好断电后再进行焊接。

（四）场效应晶体管和普通晶体管的比较

场效应晶体管和普通晶体管的应用都比较广泛。场效应晶体管在工作中只有一种载流子参与导电，称为单极型晶体管；普通晶体管在工作时，同时有两种载流子参与导电，故称为双极型晶体管。

1）场效应晶体管的源极 S、栅极 G、漏极 D 分别对应于双极型晶体管的发射极 E、基极 B、集电极 C，它们的作用相似。在构成放大电路时其连接方法相似。

2）场效应晶体管是电压控制器件，场效应晶体管栅极基本上不取电流，而双极型晶体管工作时基极总要取一定的电流。所以，在只允许从信号源取极小量电流的情况下，应该选用场效应晶体管；而在允许取一定量电流时，选用双极型晶体管进行放大可以得到比场效应

晶体管高的电压放大倍数。

3）场效应晶体管是多子导电，而双极型晶体管则是既利用多子，又利用少子。由于少子的浓度易受温度、辐射等外界条件的影响，因而场效应晶体管比双极型晶体管的温度稳定性好、抗辐射能力强。在环境条件（温度等）变化比较剧烈的情况下，选用场效应晶体管比较合适。

4）场效应晶体管的源极和衬底通常是连在一起时，源极和漏极可以互换使用，耗尽型绝缘栅场效应晶体管的栅极电压可正可负，灵活性比双极型晶体管强。晶体管的集电极与发射极互换使用时，其特性差异很大，放大倍数值将减小很多。

5）与双极型晶体管相比，场效应晶体管的噪声系数较小，所以在低噪声放大器的前级通常选用场效应晶体管，也可以选特制的低噪声双极型晶体管。当信噪比是主要矛盾时，还应选用场效应晶体管。

6）场效应晶体管和双极型晶体管都可以用于放大或可控开关，但场效应晶体管还可以作为压控电阻使用，而且制造工艺便于集成化，具有耗电少、热稳定性好、工作电源电压范围宽等优点，因此在电子设备中得到广泛的应用。

（五）场效应晶体管的主要参数

1. 开启电压 $U_{GS(th)}$ 和夹断电压 $U_{GS(off)}$

开启电压 $U_{GS(th)}$ 和夹断电压 $U_{GS(off)}$ 定义前面已介绍过，前者适用于增强型 MOS 管，后者适用于耗尽型 MOS 管。

2. 低频跨导 g_m

漏、源极间的电压为定值时，漏极电流的变化量 ΔI_D 和相应的栅-源输入电压的增量 ΔU_{GS} 的比值，称为低频跨导，即

$$g_m = \left.\frac{\Delta I_D}{\Delta U_{GS}}\right|_{U_{DS}=\text{常数}}$$

它是衡量场效应晶体管放大能力的重要参数。跨导的大小是转移特性曲线在工作点的斜率。因此，也可从转移特性曲线上求得。显然，跨导的大小与工作点位置有关，g_m 的单位为西门子（S）。

3. 最大漏源击穿电压 $U_{(BR)DS}$

$U_{(BR)DS}$ 是漏-源极间允许加的最高电压值，即 I_D 开始急剧上升时的 U_{DS} 值。

4. 最大漏极电流 I_{DM} 和最大耗散功率 P_{DM}

最大漏极电流 I_{DM} 指场效应晶体管正常工作时所允许的漏极电流的最大值。最大耗散功率 P_{DM} 等于漏极电压的最大值和漏极电流的最大值之乘积。

五、基本放大电路及其分析

（一）基本放大电路的组成

放大电路一般由电压放大和功率放大两部分组成。先由电压放大电路将微弱信号加以放

大去推动功率放大电路，再由功率放大电路输出足够大的功率去推动执行元件。电压放大电路通常工作在小信号情况下，而功率放大电路通常工作在大信号情况下。通常所说的低频放大电路是指工作频率为 20Hz~20kHz 的放大电路。

放大电路必须遵循以下几个原则：

1）电源的极性必须使发射结正向偏置、集电结反向偏置，以保证晶体管处于放大状态。

2）在接输入回路时，应当使输入的变化电压产生变化的基极电流。接输出回路时，应使集电极电流尽可能多地流到负载上去，减少其他支路的分流作用。

3）合理地设置静态工作点，失真不超过允许范围。即在无外加信号时，不仅要使晶体管处于放大状态，还要有一个合适的工作电压和电流。

图 3-49 所示为根据上述要求由 NPN 型晶体管组成的最基本的放大电路。许多放大电路就是以它为基础，经过适当的改造组合而成的。因此，掌握它的工作原理及分析方法是分析其他放大电路的基础。

在一般放大电路中，有两个端点与输入信号相接，而由另两个端点引出输出信号，所以放大电路是一个四端网络。作为放大电路中的晶体管，只有 3 个电极，因此必有一个电极作为输入、输出电路的公共端。由于公共端选择不同，晶体管放大电路有 3 种连接方式：共发射极放大电路、共集电极放大电路和共基极放大电路。在实际应用中，3 种电路各有特点，现以共发射极放大电路为例进行分析。

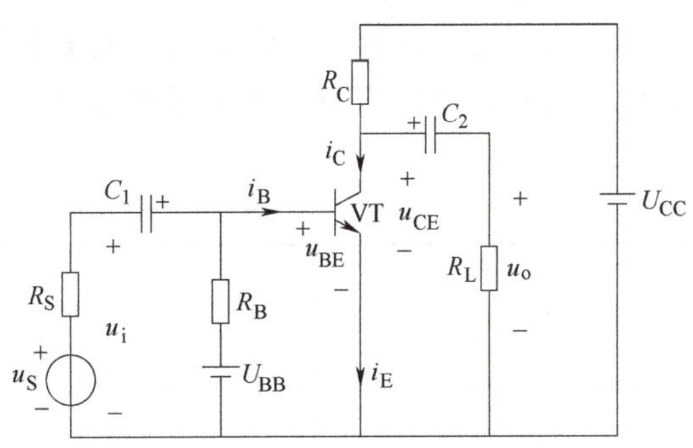

图 3-49　共射极单管放大电路

1）晶体管 VT。如图 3-49 所示，VT 是放大电路的放大器件，利用它的电流放大作用，在集电极电路可获得放大的电流，该电流受输入信号的控制。从能量观点来看，输入信号的能量是较小的，而输出信号的能量是较大的，但并不是放大电路把输入的能量放大了。能量是守恒的，不能被放大，输出的较大能量来自于直流电源 U_{CC}。即能量较小的输入信号通过晶体管的控制作用，去控制电源 U_{CC} 所供给的能量，以便在输出端获得一个能量较大的信号。这种小能量对大能量的控制作用，就是放大作用的实质，所以晶体管是一种电流控制器件。也就是说，晶体管只是实现了对能量的控制，使之转换成信号能量，并传递给负载。

2）集电极电源 U_{CC}。它除了为输出信号提供能量外，还保证集电结处于反向偏置，以使晶体管起到放大作用。U_{CC} 一般为几伏到几十伏。

3）集电极负载电阻 R_C。它的主要作用是将已经放大的集电极电流的变化变换为电压的变化，以实现电压放大。R_C 阻值一般为几千欧到几十千欧。

4）基极电源 U_{BB} 和基极电阻 R_B。U_{BB} 的作用是使发射结处于正向偏置，串联 R_B 是为了控制基极电流 I_B 的大小，使放大电路获得较合适的静态工作点。R_B 阻值一般为几十千欧。

5）耦合电容 C_1 和 C_2。它们分别接在放大电路的输入端和输出端。利用电容器对直流的阻抗很大、对交流的阻抗很小这一特性，一方面隔断放大电路的输入端与信号源、输出端与负载之间的直流通路，保证放大电路的静态工作点不因输出、输入的连接而发生变化；另

一方面要保证交流信号畅通无阻地经过放大电路，沟通信号源、放大电路和负载三者之间的交流通路。通常要求 C_1、C_2 上的交流压降小到可以忽略不计，即对交流信号可视作短路；电容值要求取值较大，对交流信号频率其容抗近似为零；一般取值 5~50μF，用电解电容器，在连接时一定要注意其极性。

图 3-49 所示的电路中，用两个电源 U_{BB}、U_{CC}供电。实际上 U_{BB}可以省去，再把 R_B 改接一下，只由 U_{CC}供电，这样只要适当增大 R_B，使 I_B 维持不变即可。

在放大电路中，通常把公共端接地，设其电位为零，作为电路中其他各点电位的参考点。同时为了简化电路，习惯上常不画电源符号，而只在连接其正极的一端标出它对“地”的电压值 U_{CC}和极性（+或-），如图 3-50 所示。

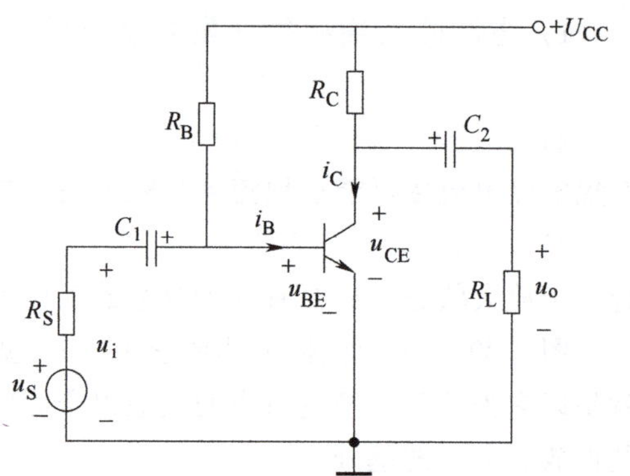

图 3-50 共射极基本放大电路

通常为了便于分析，可将电压和电流的符号作统一规定，以便区分，本书采用表 3-1 中符号。

表 3-1 放大电路中电压和电流的符号

参数名称	静态值	动态值	
		交流瞬时值	交、直流叠加的瞬时值
基极电流	I_B	i_b	i_B
集电极电流	I_C	i_c	i_C
发射极电流	I_E	i_e	i_E
集射极电压	U_{CE}	u_{ce}	u_{CE}
基射极电压	U_{BE}	u_{be}	u_{BE}

（二）基本放大电路的分析

1. 放大电路的静态分析

对放大电路可以从两种状态来分析，即静态和动态。静态指当放大电路没有输入信号（$u_i=0$）时的工作状态，动态指放大电路有输入信号（$u_i \neq 0$）时的工作状态。

（1）静态工作点的确定　静态分析就是确定放大电路的静态值（直流值）I_B、I_C、U_{BE}和 U_{CE}。求解静态值的过程就是确定放大电路静态工作点的过程。放大电路的质量与其静态工作点的关系很大。动态分析是要确定放大电路的电压放大倍数 A_u、输入电阻 r_i 和输出电阻 r_o 等。

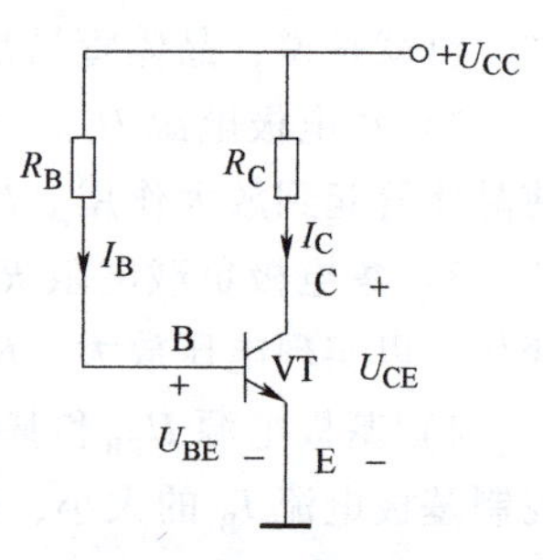

图 3-51 放大电路的直流通路

静态值是直流值，故可用放大电路的直流通路来分析计算。

在图 3-50 所示电路中，因电容 C_1 和 C_2 对直流可以看成开路，所以其直流通路如图 3-51 所示。

由 KVL 可以确定静态时的基极电流为

$$I_B=\frac{U_{CC}-U_{BE}}{R_B}\approx\frac{U_{CC}}{R_B} \tag{3-1}$$

当 $U_{CC}\gg U_{BE}$（硅管的 U_{BE} 约为 0.7V，锗管的 U_{BE} 约为 0.3V）时，U_{BE} 可忽略不计。显然当 U_{CC} 和 R_B 确定后，静态基极电流 I_B 就近似为一个固定值。因此，常把这种电路称作固定式偏置放大电路。I_B 称为固定偏置电流，R_B 称为固定偏置电阻。

由 I_B 可得出静态时的集电极电流为

$$I_C=\beta I_B \tag{3-2}$$

静态时的集射极电压为

$$U_{CE}=U_{CC}-I_CR_C \tag{3-3}$$

静态时 I_B、I_C、U_{CE} 的值称为放大电路的静态工作点。

（2）静态工作点对放大电路性能的影响　静态工作点可以用图解法来确定。所谓图解法，就是通过电路的直流负载线和非线性元器件的伏安特性曲线的交点来确定静态工作点。它既符合非线性元器件上的电压与电流的关系，也符合线性电路中电压与电流的关系。

晶体管是一种非线性器件，其输出特性曲线如图 3-52a 所示。在图 3-51 所示的直流通路中，可列出如下方程：

$$U_{CE}=U_{CC}-I_CR_C$$

由此可得

$$I_C=-\frac{1}{R_C}U_{CE}+\frac{U_{CC}}{R_C}$$

显然这是一个直线方程，在横轴和纵轴上的截距分别为 U_{CC} 和 U_{CC}/R_C，连接两点为一直线。它是由直流通路得出的，且与集电极负载电阻 R_C 有关，所以称为直流负载线，如图 3-52b 所示。负载线与晶体管的某条输出特性曲线的交点 Q，即为放大电路的静态工作点。Q 点所对应的电流、电压值即为晶体管静态工作时的电流值（I_B、I_C）和电压值（U_{CE}）。

由图 3-52c 可见，基极电流 I_B 的大小不同，静态工作点在负载线上的位置就不同。$R_B\uparrow\to I_B\downarrow\to Q$ 点沿着直流负载线下移，如图中 Q_2；$R_B\downarrow\to I_B\uparrow\to Q$ 点沿着直流负载线上移，如图中 Q_1。在放大电路中，为了获得合适的静态工作点，使晶体管工作于特性曲线的放大区，通常用改变偏置电阻 R_B 阻值大小的方法来调整偏流 I_B 大小。

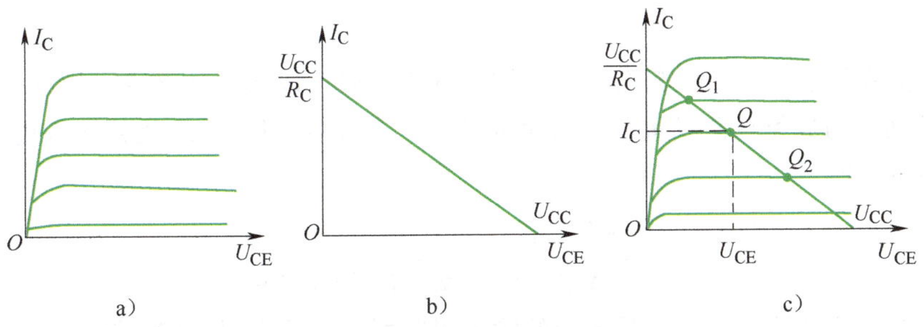

图 3-52　图解法确定静态工作点

静态工作点位置的不同，对放大电路性能的影响很大。

R_B 较大时，I_B 会很小，当工作点处于 Q_2 点以下时，接近于晶体管输出特性曲线的截止区，此时根本不能保证动态时在输入信号的整个周期内晶体管都处于放大状态，因此就出现了放大电路的输出波形与输入波形不一致的现象，即截止失真。相反，当工作点接近于饱和区 Q_1 时，晶体管就会出现饱和失真。

无论是截止失真还是饱和失真，都是由于晶体管的非线性引起的，所以统称为非线性失真。为了不引起非线性失真，静态工作点的选择应保证动态时在输入信号的整个周期内晶体管都处于放大状态，如图 3-52c 中 Q 点较为合适。

2. 放大电路的动态分析

在静态分析的基础上，当放大电路接入交流输入信号时，晶体管的各个电流和电压都含有直流分量和交流分量，此时放大电路的工作状态称为动态。

动态分析就是分析交流信号在电路中的传输情况，即分析各个电压、电流随输入信号变化的情况。通常用微变等效电路法进行动态分析。

（1）微变等效电路　放大电路的微变等效电路就是把非线性器件晶体管组成的放大电路等效为一个线性电路。这样，就可以像处理线性电路一样处理晶体管放大电路。当小信号（微变量）输入放大电路时，放大电路运行于静态工作点附近的小范围内，晶体管的特性曲线可以近似为一条直线。在这种情况下，可以把由非线性器件晶体管组成的放大电路等效为一个线性电路来分析。

首先，从晶体管的输入回路着手。图 3-50 所示放大电路的输入回路如图 3-53a 所示，输入回路中只有发射结，其特性曲线是非线性的，如图 3-53b 所示。

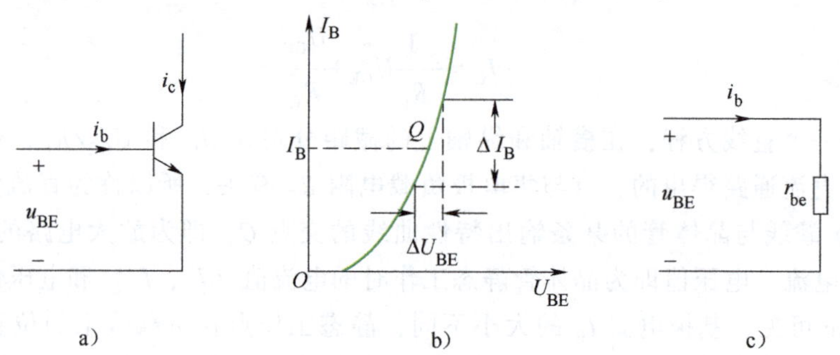

图 3-53　放大电路输入回路的等效分析

a）放大电路的输入回路　b）从晶体管的输入特性曲线求 r_{be}

c）放大电路输入回路的等效电路

当输入信号很小时，在静态工作点 Q 附近的工作段可以认为是直线（即线性），这样就会使 Q 点的切线与原特性曲线重合，因而可以用一个等效电阻 r_{be} 来代替输入电压和输入电流之间的关系，即

$$r_{be}=\left.\frac{\Delta U_{BE}}{\Delta I_B}\right|_{U_{CE}=\text{常数}}=\left.\frac{u_{be}}{i_b}\right|_{U_{CE}=\text{常数}}$$

式中，r_{be} 为晶体管的输入电阻。晶体管的输入回路可以等效为图 3-53c 所示的电路。低频小功率晶体管的输入电阻常用下式进行估算：

$$r_{be}=300\Omega+(1+\beta)\frac{26\text{mV}}{I_E\text{mA}} \tag{3-4}$$

式中，I_E 是发射极电流的静态值。r_{be}一般为几百欧到几千欧。它是对交流而言的动态电阻，在晶体管手册中常用 h_{ie}代表。

然后分析晶体管的输出回路。图 3-50 所示放大电路的输出回路如图 3-54a 所示，图 3-54b是晶体管的输出特性曲线，在 Q 点附近的线性工作区是一组近似等距离的平行直线。当 U_{CE}为常数时，ΔI_C 与 ΔI_B 之比为

$$\beta=\left.\frac{\Delta I_C}{\Delta I_B}\right|_{U_{CE}=常数}=\left.\frac{i_c}{i_b}\right|_{U_{CE}=常数}$$

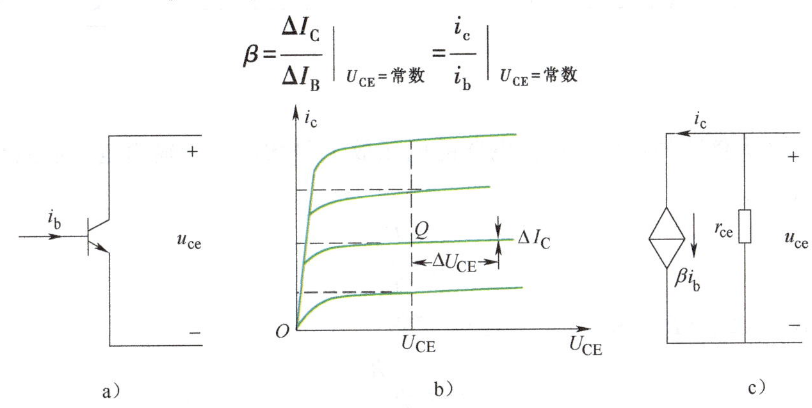

图 3-54　放大电路输出回路的等效分析

a）放大电路的输出回路　b）从晶体管的输出特性曲线求 r_{ce}和 β

c）放大电路输出回路的等效电路

即为晶体管的电流放大系数。在小信号条件下，β 是一个常数。晶体管的输出回路可以用一个等效电流源 $i_c=\beta i_b$ 代替，显然 i_c 是受 i_b 控制的，因此它实际上是一个受 i_b 控制的电流源。此外，晶体管的输出特性曲线并不完全与横轴平行。当 I_B 为常数时，ΔU_{CE}与 ΔI_C 之比为

$$r_{ce}=\left.\frac{\Delta U_{CE}}{\Delta I_C}\right|_{I_B=常数}=\left.\frac{u_{ce}}{i_c}\right|_{I_B=常数}$$

式中，r_{ce}为晶体管的输出电阻。在小信号条件下，r_{ce}是一个常数。

可见，晶体管的输出回路可以等效成 r_{ce}与电流源 βi_b 并联。由于 r_{ce}的阻值很高，约为几十千欧到几百千欧，因此一般在微变等效电路中常将其省略掉。

综上所述，晶体管可以用图 3-55 所示的等效电路来表示。晶体管的输入端用它的输入电阻 r_{be}来等效，输出端用一个电流源 βi_b 来等效。

动态分析是分析交流信号在电路中的传输情况，所以必须明确放大电路的交流通路。所谓交流通路就是交流信号在放大电路中的传输通道。在图 3-50 所示的电路中，当有交流信号流入时，电路中耦合电容 C_1、C_2 的容抗 X_C 很小，可视为短路。直流电源的内阻一般很小，其压降也可以忽略，视为短路。据此就可画出其交流通路，如图 3-56 所示。

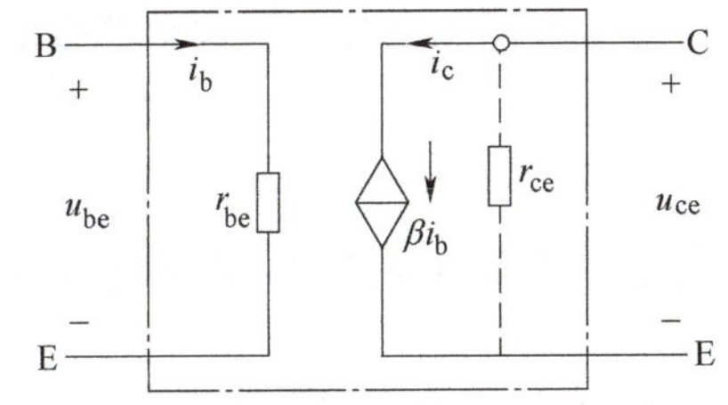

图 3-55　晶体管的微变等效电路

将基本放大电路的交流通路中的晶体管用其等效电路替代，就可得到基本放大电路的微

变等效电路，如图 3-57 所示。所谓微变就是指信号的变化量很小，即小信号。

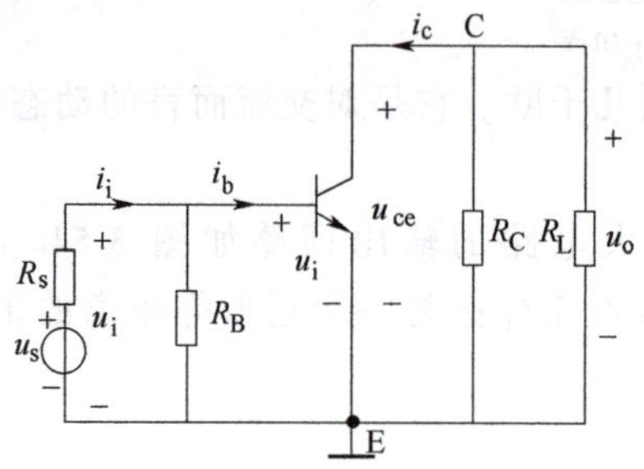

图 3-56 基本放大电路的交流通路

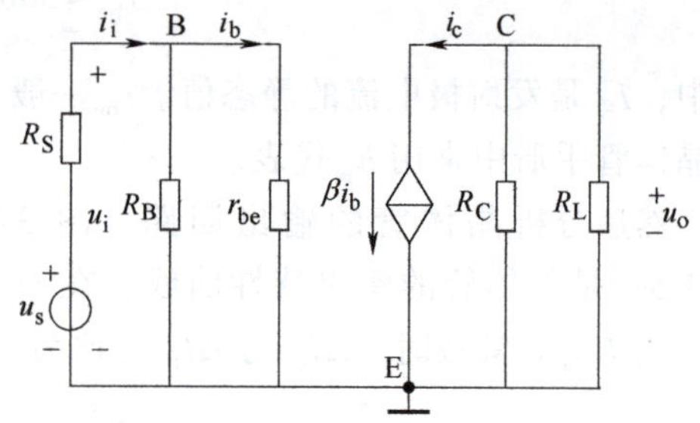

图 3-57 基本放大电路的微变等效电路

(2) 电压放大倍数的计算 放大电路的电压放大倍数定义为输出电压有效值与输入电压有效值之比，即

$$A_u = \frac{U_o}{U_i}$$

当放大电路不带负载（$R_L = \infty$）时，经推导可得

$$A_u = -\beta \frac{R_C}{r_{be}} \tag{3-5}$$

当放大电路带负载时，可得

$$A_u = -\beta \frac{R_L'}{r_{be}} \tag{3-6}$$

式中，交流等效电阻 $R_L' = \frac{R_C R_L}{R_C + R_L}$。

由于 $R_L' < R_C$，所以接上负载后电压放大倍数下降。式中的负号表示输入电压与输出电压相位相反。

(3) 放大电路输入电阻和输出电阻的计算 一个放大电路的输入端总是与信号源（或前级放大电路）相连，其输出端总是与负载（或后级放大电路）相连。因此放大电路与信号源和负载之间，或前级放大电路与后级放大电路之间，都是相互联系、相互影响的。利用放大电路输入电阻和输出电阻的概念，可以帮助分析和解决放大电路与信号源、负载之间及放大电路各级之间的耦合问题。

1）输入电阻。因放大电路对信号源（或对前级放大电路）来说相当于一个负载，故可用一个等效电阻来代替，这个等效电阻就是放大电路的输入电阻 r_i，即

$$r_i = \frac{u_i}{i_i}$$

它等于从放大电路的输入端看进去所呈现的交流等效电阻，可推得

$$r_i \approx r_{be} \tag{3-7}$$

2）输出电阻。放大电路对负载（或对后级放大电路）来说是一个信号源，其内阻即为放大电路的输出电阻 r_o。它等于从放大电路的输出端看进去所呈现的交流等效电阻。放大电路的输出电阻可在信号源短路和输出端开路的情况下求得。

$$r_o \approx R_C \tag{3-8}$$

由于 R_C 一般为几千欧，因此，共射极放大电路的输出电阻较高。

3）输入、输出电阻的大小对放大电路的影响。通常情况下，要求放大电路的输入电阻要大，输出电阻要小。这是因为输入电阻越大，作为信号源的负载所分得的电压越高，放大电路从信号源或前级放大电路索取的电流就越小，即放大电路对信号源（或后级放大电路）的影响就越小。输出电阻要小的原因是，当负载电阻改变时，使输出电压变化小，即带负载能力越强。所以输入电阻和输出电阻是放大电路性能优劣的一个重要标志。

六、集成运算放大器

集成运算放大器（集成运放）是模拟集成电路中发展最早、应用最广泛的一种集成器件，早期应用于模拟信号的运算。随着集成技术的发展，集成运算放大器的品种除了通用型外，还出现了多种专用型。因此，目前集成运算放大器的应用已经远远超出数学运算范围，而广泛应用于信号的处理和测量、信号的产生和转换以及自动控制等许多方面，成为电子技术领域中广泛应用的基本电子器件。

（一）集成运算放大器概述

1. 集成电路的基本概念

（1）概念　利用微电子技术将二极管、晶体管、场效应晶体管、电阻、电容等元器件和连接导线等整个电路都集合在一小块半导体晶片上，封装外壳，向外引出若干个引脚，构成的一个完整的具有一定功能的固体块，即为集成电路。

集成电路一般是在一块长 0.2~0.5mm、面积约为 0.5mm^2 的 P 型硅片上通过平面工艺制作的。按其所集成的半导体元器件的个数可分为：小规模集成电路（不超 100 个元器件）、中规模集成电路（不超 1000 个元器件）、大规模集成电路（不超 10000 个元器件）和超大规模集成电路（超过 10000 个元器件）。目前最大规模的集成电路有 39 亿个晶体管。

受技术条件的限制，不是所有的元器件都能做成集成电路。集成电路目前只适于制造对称性高的电路。对于电阻元件，只有 100Ω~30kΩ 的电阻容易制造；对于电容元件，不适于制作 200pF 以上的电容；电感更难制作。

集成电路具有体积小、质量小、功耗小、特性好、可靠性强等一系列优点，是分立元件电路无法比拟的。

（2）分类　集成电路按其所处理信号的不同可分为模拟集成电路和数字集成电路。

模拟集成电路研究输出与输入信号之间的大小和相位关系，如常用的 F007、LM386 等；数字集成电路研究输出与输入信号之间的逻辑关系，如 74LS 系列产品。

2. 集成运算放大器的特点及组成

集成运算放大器是一种具有很高放大倍数、性能优越的多级放大电路，是发展最早、应用最广泛的一种模拟集成电路。由于集成运算放大器的类型、性能和用途不同，因此，内部电路结构也有很大差异。其基本组成部分为输入级、中间级、输出级和偏置电路，如图 3-58 所示。

输入级是集成运算放大器的关键部分，由差动放大电路组成，可以减小放大电路的

“零点漂移”，提高输入电阻。中间级的作用是提高整个电路的电压放大倍数，它可由一级或多级放大电路组成。输出级一般由射极输出器或互补对称电路构成，输出电阻很低，能输出较大的功率，提高带负载的能力。偏置电路的作用是给集成运算放大器的各级电路提供合适的静态工作点。

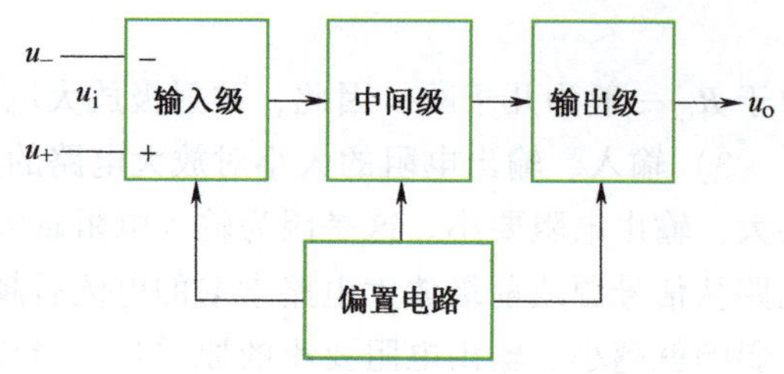

图 3-58 集成运算放大器的基本组成

3. 集成运算放大器的外形

集成运算放大器的外形有双列直插式、扁平式和圆筒式 3 种，如图 3-59 所示。

4. 集成运算放大器的性能及符号

集成运算放大器具有放大倍数（A_o）很高、输入电阻大（r_i）、输出电阻小（r_o）、零点漂移小、抗干扰能力强、可靠性高、成本低、体积小、耗电少等优点。A_o 可达 $10^4 \sim 10^6$，r_i 可达 $10^5 \sim 10^6 \Omega$，r_o 可达几十到几百欧姆。

集成运算放大器的符号如图 3-60 所示。

图 3-59 集成运算放大器的外形

反相输入端 u_- − ▷ A_o 输出端 + u_o
同相输入端 u_+ +

图 3-60 集成运算放大器的符号

集成运算放大器的符号中有 3 个引线端：两个输入端，一个输出端。一个称为同相输入端，即该端输入信号变化的极性与输出端相同，用符号“+”表示；另一个称为反相输入端，即该输入端信号变化的极性与输出端相异，用符号“−”表示。输出端一般画在输入端的另一侧，符号边框内标有“+”号。实际的运算放大器通常必须有正、负电源端，有的类型还有补偿端和调零端，在符号中未画出。

5. 集成运算放大器输入、输出方式

集成运算放大器的输入方式可分为：同相输入、反相输入和差分输入。同相输入和反相输入都是对“地”输入的，即以“地”为公共端；差分输入是双端输入，输入信号大小取同相端与反相端输入信号的差值。输出信号是对“地”输出的。

6. 集成运算放大器的电压传输特性

集成运算放大器的电压传输特性指开环（无反馈）时输出电压与输入电压的关系曲线，即 $u_o = f(u_i)$。集成运算放大器的电压传输特性曲线如图 3-61 所示，它有一个线性区和两个饱和区。

如图所示，A、B 之间呈线性关系，是集成运放的线性工作区，满足

$$u_o = A_o u_i = A_o (u_+ - u_-) \tag{3-9}$$

式中，u_+ 和 u_- 分别是同相输入端和反相输入端的对地电压。

图 3-61 所示的 A、B 以外的区域分别为正、负饱和区。在正饱和区，$u_o = +U_{opp}$；在负

饱和区，$u_o=-U_{opp}$。即输出分别为正饱和电压和负饱和电压，其绝对值分别略低于正、负电源电压。

由于集成运算放大器的开环电压放大倍数很大，而输出电压为有限值，因此传输特性曲线中的线性区是很窄的。

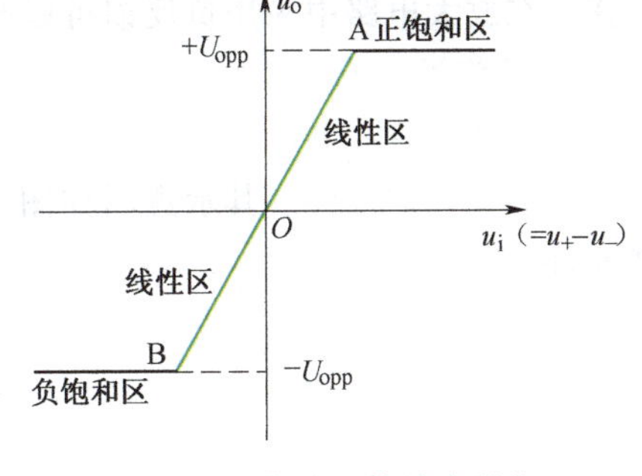

图 3-61 集成运算放大器的电压传输特性曲线

（二）理想运算放大器

为了突出主要特性，简化分析过程，在分析实际电路时，一般将实际运算放大器当作理想运算放大器来处理。

1. 理想运算放大器的主要参数

常用集成运算放大器具有很高的开环电压放大倍数、很大的输入电阻、很小的输出电阻。因此，在实际应用中可将集成运算放大器理想化，即认为：

1）开环电压放大倍数 $A_o\to\infty$。

2）输入电阻 $r_i\to\infty$。

3）输出电阻 $r_o\to 0$。

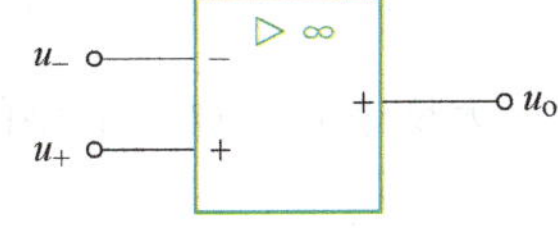

图 3-62 理想运算放大器的电路符号

2. 理想运算放大器的电路符号

理想运算放大器的电路符号如图 3-62 所示。

3. 理想运算放大器的特点

工作在线性区的理想运算放大器，利用它的理想参数可以导出分析运算放大器的两条重要依据：

1）“虚短” 在线性区内，由于 u_o 为有限值，而 $A_o\to\infty$，所以 $u_+-u_-=u_o/A_o\approx 0$，或

$$u_+\approx u_- \tag{3-10}$$

即理想运算放大器两输入端间的电压为零（但不是短路），常称为“虚短”。

2）“虚断” 因为 $r_i\to\infty$，所以运算放大器的反相输入端电流 i_-和同相输入端电流 i_+均为零，即

$$i_-=i_+=0 \tag{3-11}$$

电流为零但不是断路，称理想运算放大器两输入端为“虚断”。

利用这两条来分析各种运算放大器的线性应用电路，将十分简便。

理想运算放大器工作在非线性区时的电压传输特性曲线如图 3-63 所示。

如图 3-63 所示，当 $u_+-u_->0$（即 $u_+>u_-$）时，集成运算放大器呈现正饱和，$u_o=+U_{opp}$；当 $u_+-u_-<0$（即 $u_+<u_-$）时，集成运算放大器呈现负饱和，$u_o=-U_{opp}$。

集成运算放大器在应用时，工作于线性区的称为线性应用，工作于饱和区的称为非线性应用。由于集成运算放大器的 A_o 非常大，线性区很陡，即使输入电压很小，由于外部干扰等原因，不引入深度的负反馈很难在线性区稳定工作。

（三）反馈的基本概念

如前所述，集成运算放大器引入负反馈才能在线性区工作。反馈技术在电子电路中应用

广泛。在放大电路中采用负反馈可以改善放大电路性能。

1. 反馈的概念

反馈就是将放大电路的输出信号（电压或电流）的一部分或全部，通过某一电路或元件再送回输入端回路。其示意图如图 3-64 所示。实现反馈的电路和元件称为反馈电路和反馈元件。

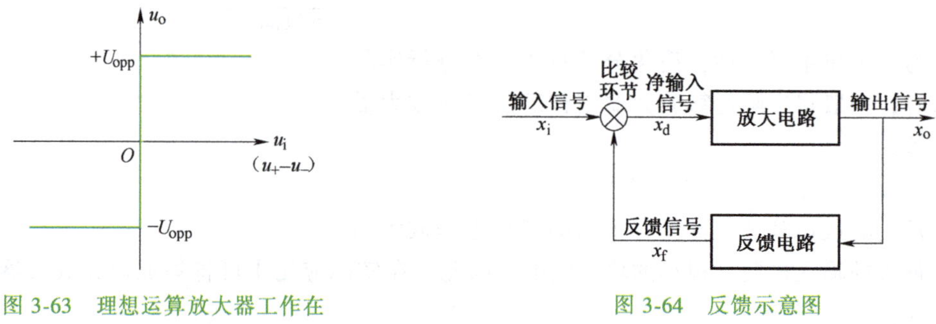

图 3-63　理想运算放大器工作在非线性区时的电压传输特性曲线

图 3-64　反馈示意图

无反馈时，放大电路的电压放大倍数称为开环电压放大倍数，即

$$A_o=\frac{x_o}{x_d} \tag{3-12}$$

有反馈时，放大电路的电压放大倍数称为闭环电压放大倍数，即

$$A_f=\frac{x_o}{x_i} \tag{3-13}$$

反馈信号与输出信号之比称为反馈系数，即

$$F=\frac{x_f}{x_o} \tag{3-14}$$

2. 反馈的分类

（1）正反馈和负反馈　根据反馈极性的不同，反馈可以分为正反馈和负反馈。若反馈信号使净输入信号增加，电压放大倍数增大，则为正反馈；若反馈信号使净输入信号减少，电压放大倍数降低，则为负反馈。

（2）串联反馈和并联反馈　根据反馈信号与输入信号在放大电路输入端连接方式的不同，反馈可以分为串联反馈和并联反馈。若反馈信号以电压形式作用于信号输入端（即反馈信号与输入信号串联），称为串联反馈；若反馈信号以电流形式作用于输入端（即反馈信号与输入信号并联），称为并联反馈。

（3）电压反馈和电流反馈　根据反馈信号采样方式的不同，反馈可以分为电压反馈和电流反馈。若反馈信号取自输出电压，或与输出电压成正比，称为电压反馈；若反馈信号取自输出电流，或与输出电流成正比，称为电流反馈。

（4）直流反馈和交流反馈　根据反馈信号的交、直流性质，反馈可以分为直流反馈和交流反馈。直流反馈的作用是稳定静态工作点，交流反馈的作用是改善放大电路的各项动态性能指标。

3. 反馈的判断

（1）有无反馈的判断　判断某一电路中是否有反馈，就看是否有将输出回路与输入回路联系起来的反馈元件。在图 3-65 所示的电路中，R_f 的一端接在输出回路中，另一端接在输入回路中，所以 R_f 是反馈元件，该电路中有反馈。反馈信号是通过反馈元件和接地端送到输入回路的。

（2）正、负反馈的判断　正、负反馈的判断常采用瞬时极性法。这种方法就是设想输入电压 u_i 瞬时增加，然后顺着信号的传输方向，逐步推出输出信号和反馈信号的瞬时极性，最后判断反馈信号是增强还是削弱净输入信号。若使净输入信号增强，则是正反馈；若使净输入信号削弱，则为负反馈。

在对反馈信号和输入信号进行比较时，注意以下两种情况：当反馈元件 R_f 接回到信号输入端一侧时，如图 3-65a 所示，反馈信号与输入信号以电流的形式进行比较。在图 3-65a 所示电路中，u_i 加在同相输入端，u_i 增加时，u_o 增加，R_f 上的电压减小，使得反馈信号 i_f 减小，净输入信号 $i_d=i_i-i_f$ 随之增加，故为正反馈。上述分析过程可简述为

$$u_i\uparrow\rightarrow u_o\downarrow\rightarrow i_f\downarrow\rightarrow i_d\uparrow$$

当反馈元件 R_f 接回到接地输入端一侧时，如图 3-65b 所示，反馈信号与输入信号应以电压的形式进行比较。在图 3-65b 所示电路中，u_i 加在同相输入端，u_i 增加时，u_o 增加，使得反馈信号 u_f 增加，净输入信号 $u_d=u_i-u_f$ 随之减少，故为负反馈。上述分析过程可简述为

$$u_i\uparrow\rightarrow u_o\uparrow\rightarrow u_f\uparrow\rightarrow u_d\downarrow$$

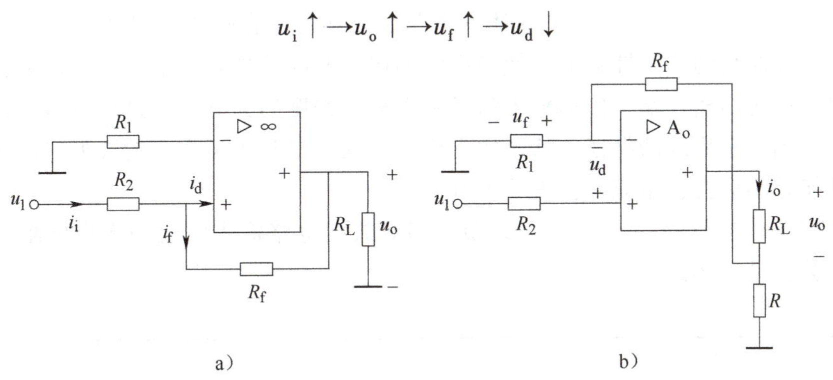

图 3-65　集成运算放大器电路中的反馈

a）并联电压正反馈　b）串联电流负反馈

（3）串联反馈和并联反馈的判断　串联反馈和并联反馈的判断可以根据反馈信号与输入信号的上述比较方式来判断。当反馈信号与输入信号以电流形式比较时，说明它们是以并联的形式作用于净输入端的，故为并联反馈。当反馈信号与输入信号是以电压的形式进行比较时，说明它们是以串联的形式作用于净输入端的，故为串联反馈。因此，图 3-65a 所示为并联反馈，图 3-65b 所示为串联反馈。

（4）电压反馈和电流反馈的判断　比较简单的方法是：令 $R_L=0$，即输出端短路，则 $u_o=0$，如果这时反馈信号等于零，说明它与 u_o 成比例，为电压反馈。若反馈信号不为零，说明它与 i_o 成比例，为电流反馈。或者令 $R_L\rightarrow\infty$，即输出端开路，则 $i_o=0$，如果这时反馈信号等于零，说明它与 i_o 成比例，为电流反馈。若反馈信号不为零，说明它与 u_o 成比例，

为电压反馈。按照这一方法可判断出图3-65a所示为电压反馈，图3-65b所示为电流反馈。

（5）交流反馈和直流反馈的判断　交流反馈和直流反馈的判断比较简单。如果反馈元件仅存在于直流通路中，则为直流反馈。如果反馈元件仅存在于交流通路中，则为交流反馈。如果反馈元件既存在于直流通路中，又存在于交流通路中，则既有直流反馈又有交流反馈。

4. 负反馈对放大电路性能的改善

在放大电路中经常利用负反馈来改善电路的工作性能，在振荡电路中则采用正、反馈。运算放大器在作线性应用时普遍采用负反馈，在作非线性应用时或加正反馈或不加反馈。

负反馈对放大电路性能的改善是以降低电压放大倍数为代价的。因为在有负反馈的放大电路中，反馈信号与输入信号作用相反，使净输入信号减小，等于削弱了输入信号，使得输出信号减小，因而电压放大倍数下降。负反馈虽使电压放大倍数下降，而这一损失是容易弥补的，但是它能从多方面改善放大电路的性能。

1）负反馈提高了放大倍数的稳定性。在集成运放和其他放大电路中，由于温度的变化、器件的老化或更换、负载的变化等原因都会引起电压放大倍数的变化。放大倍数的不稳定将影响放大电路的准确性和可靠性。

理论可以证明，放大电路闭环放大倍数的相对变化量只有开环放大倍数相对变化量的$\frac{1}{1+|A_o||F|}$倍，即放大倍数的稳定性提高了$1+|A_o||F|$倍。

2）负反馈改善了非线性失真。晶体管是非线性器件，在输入信号较大时，其工作范围可能会进入特性曲线的非线性部分，使输出波形产生非线性失真。引入负反馈后，可将输出端的失真信号反送到输入端，使净输入信号发生某种程度的失真，经过放大后，即可使输出信号的失真得到一定程度的补偿。从本质上说，负反馈是利用了失真的波形来改善波形的失真，因此只能减小失真，不能完全消除失真。

3）负反馈改变了输入、输出电阻。负反馈对放大电路输入电阻和输出电阻的影响与反馈的方式有关，见表3-2。

表3-2　负反馈对输入、输出电阻的影响

反馈类型 / 电阻名称	电压串联负反馈	电压并联负反馈	电流串联负反馈	电流并联负反馈
输入电阻	增大	减小	增大	减小
输出电阻	减小	减小	增大	增大

4）负反馈可以展宽通频带。

5）负反馈可以稳定输出电压和输出电流。

（四）集成运算放大器在汽车电路中的应用

集成运算放大器在现代电子技术领域的应用较广。集成运算放大器接入适当的反馈电路就可构成各种运算电路，主要有比例运算，加、减法运算和微、积分运算等。微分电路和积分电路常用以实现波形变换。例如，微分电路可将方波电压变换为尖脉冲电压，积分电路可将方波电压变换为三角波电压。

汽车电控单元（ECU）是集成运算放大器在汽车电路中的典型应用。电控单元由输入电路、CPU、输出电路三部分组成。输入数据通过传感器提供，系统将这个参数与电控单元内的设定值进行对比，如果测量值与设定值不一致，电控单元就会通过执行机构调节物理参数，从而使测量的实际值重新与设定值一致。但是，传感器所测定的参数信号一般比较微弱，在输入电控单元之前必须经过放大才能被其识别。实现信号放大的电路大多为集成运算放大器。

图 3-66 所示电路为电桥式信号放大电路，该电路常用于温度、压力或形变等检测。图中，电桥电路构成了传感器。

当传感器的阻值不变化时，电桥平衡，电路输出电压 $u_o=0$。当传感器因温度、压力或其他变化而使传感器元件的电阻值发生变化时，电桥就失去平衡，变化量变成了电信号送到集成运放的输入端，放大后产生输出电压 u_o，再送入 ECU。

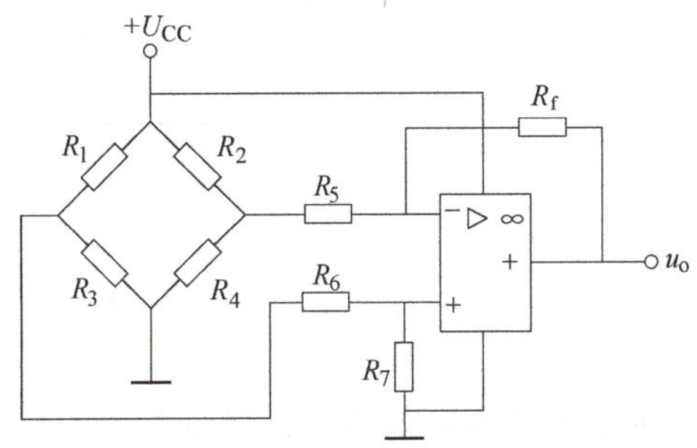

图 3-66　集成运算放大器在桥式信号放大电路中的应用

在压敏电阻式进气压力传感器中，压力转换元件是由 4 个压敏电阻构成的硅膜片，这 4 个压敏电阻作为电桥的 4 个电阻构成了传感器电路。该传感器有一个通气口与进气管相通，进气压力通过该口加到压力转换元件上，当硅膜片受压力变形后，电桥输出信号，压力越大，输出信号越强。该信号经集成运算放大器放大后送给 ECU。

此外，在汽车轮速传感器中，当齿圈随着车轮旋转时，霍尔元件上的磁场会发生周期性变化，霍尔元件两端就会产生毫伏级的正弦电压，集成运算放大器将霍尔元件产生的微弱正弦波电压信号放大并整形后，作为标准的脉冲信号向外输出，从而可以测定汽车轮速。

（五）电压比较器及其在汽车电路中的应用

集成运算放大器工作于非线性区时，可构成幅值比较器。其功能是对送到集成运算放大器输入端的两个信号（输入信号和参考信号）进行比较，并在输出端以高、低电平的形式给出比较结果。

图 3-67a 所示为电压比较器电路，3-67b 所示为输入信号接在同相输入端、参考电压 U_R 接在反相输入端时的电压传输特性曲线。

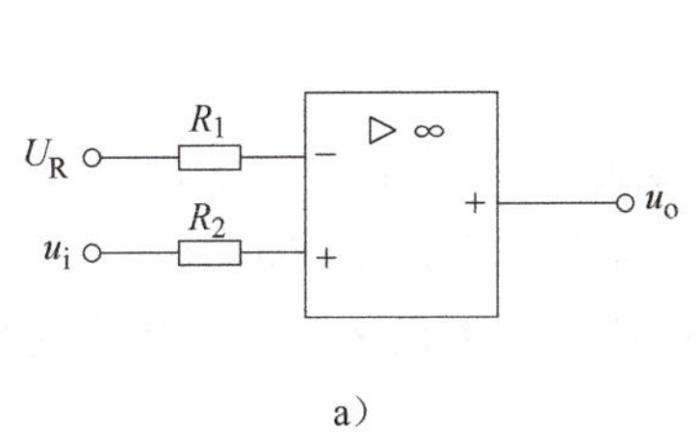

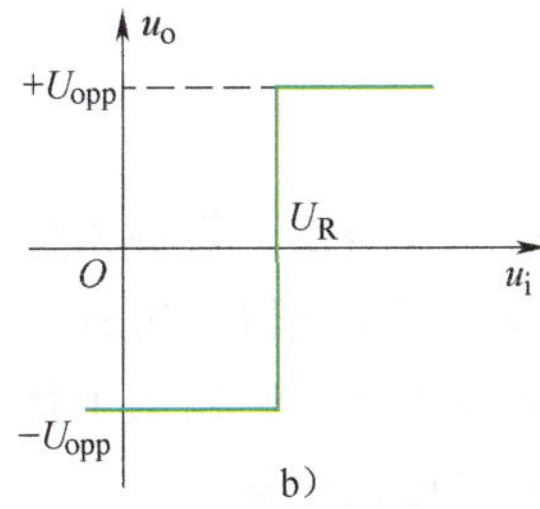

图 3-67　信号接在同相输入端、参考电压接在反相输入端时的电压传输特性

a）电路　b）传输特性曲线

如图 3-67 所示，当 $u_i<U_R$ 时，$u_o=-U_{opp}$；当 $u_i>U_R$ 时，$u_o=+U_{opp}$；当 $u_i=U_R$ 时，是状态转换点，输出电压 u_o 产生跃变。因此，根据输出状态便可以判断两个输入电压的相对大小，这就是一般意义上的比较器。

当输入信号接在反相输入端、参考电压接在同相输入端时，电路的工作特性为：$u_i>U_R$ 时，$u_o=-U_{opp}$；$u_i<U_R$ 时，$u_o=+U_{opp}$。其电压传输特性如图 3-68 所示。

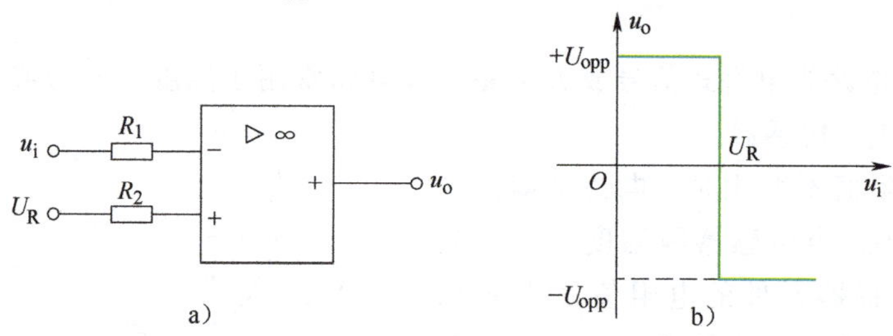

图 3-68 信号接在反相端、参考电压接在同相输入端时的电压传输特性

a）电路 b）传输特性曲线

在图 3-67 所示电路中，当参考电压 $U_R=0$ 时，输入电压每经过一次零值，输出电压就要产生一次跃变，这种比较器称为过零电压比较器。其电压传输特性曲线如图 3-69 所示。

利用过零电压比较器可以实现信号的波形变换，这在数模转换、数字仪表、自动控制和自动检测等技术领域中经常应用到。例如，若 u_i 为正弦波时，如图 3-70a 所示，u_i 每过零一次，比较器的输出电压就产生一次跳变，正、负输出电压的幅度决定于运算放大器的最大输出电压，输出电压 u_o 是与 u_i 同频率的方波，如图 3-70b 所示。

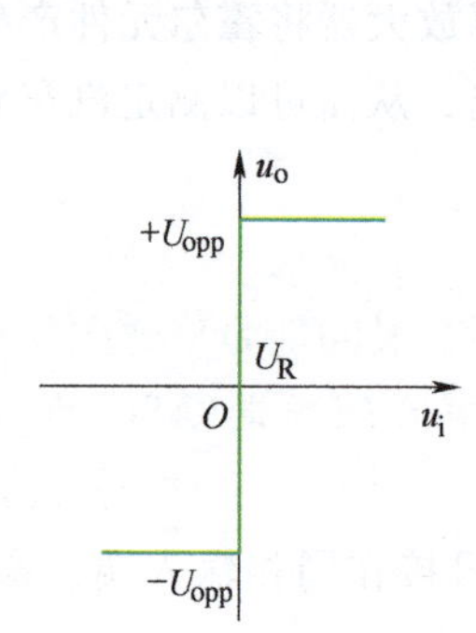

图 3-69 过零电压比较器的电压传输特性曲线

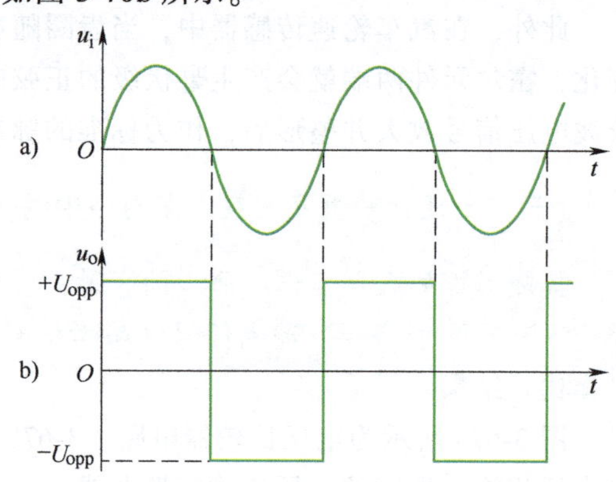

图 3-70 过零比较器的波形变换作用

以上的电压比较器都是将输入信号加到一个输入端上，而另一端加上固定的参考电压，这就构成了单限电压比较器。这种电压比较器电路简单，但抗干扰能力差，若输入电压与固定的参考电压相差不多，则稍遇干扰信号输出电压便会发生误跳变。如果要提高其抗干扰能力，可采用滞回电压比较器。

在简单电压比较器的基础上加正反馈就构成了滞回电压比较器，如图 3-71 所示。

在汽车 ABS 中，车轮的速度数据是靠轮速传感器来传递给 ECU 的，但在送入 ECU 之前，传感器的信号要经过集成放大和滞回电压比较的整形才能变成 ECU 能识别的脉冲信号。有关滞回电压比较器的理论与应用可参阅相关资料，这里不作叙述。

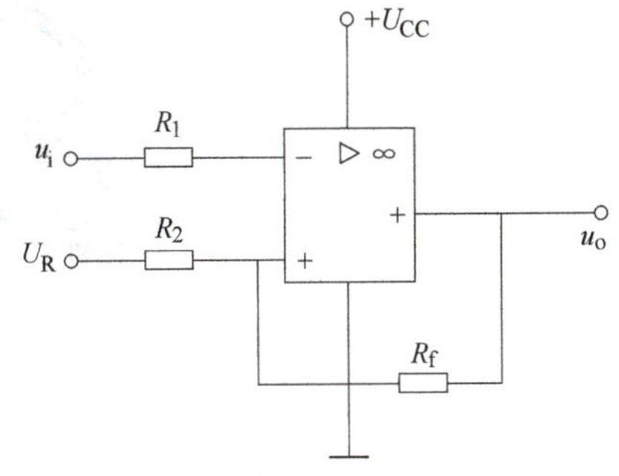

图 3-71　滞回电压比较器

在现代汽车电路中，常用的集成电路很多，在电子调压电路中经常用到 SGS-Thomson 公司生产的 L485 及美国 Motorola 公司生产的 MC3325；在电子点火电路中经常用到 SGS-Thomson 公司生产的 L482 和美国 Motorola 公司生产的 MC3334；在闪光器电路中经常用到 LD7208 和美国国家半导体公司生产的 LM3909；在仪表显示电路中经常用到美国国家半导体公司生产的 LM3914 和 LM2907/2917；在汽车音乐语音电路中经常用到 SR8808、WWC-888、CW9561 及 555 时基电路。

七、晶闸管

晶闸管是晶体闸流管的简称，俗称可控硅（SCR）。它是一种大功率可控整流元件，只要给它的门极以小的电流，它就像闸门打开一样，让大电流通过。因此，利用晶闸管可以对大功率的电源进行控制和变换。晶闸管具有体积小、质量小、功耗低、使用寿命长、效率高、控制灵敏、容量大等优点，得到了广泛的应用。晶闸管在电子设备中起着电子开关、调压、调速、调光、逆变等作用。

（一）晶闸管的结构

晶闸管是由 3 个 PN 结组成的半导体器件，其内部结构如图 3-72a 所示。它有 3 个电极：由外层 P 区引出的电极为阳极 A、外层 N 区引出的电极为阴极 K、中间 P 区引出的电极为门极 G（又称触发极或控制极）。图 3-72b 所示为晶闸管电路符号。晶闸管的文字符号为 V。

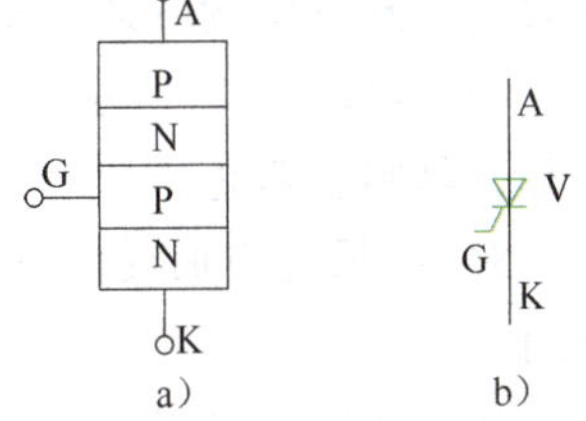

图 3-72　晶闸管内部结构及电路符号

a）结构图　b）电路符号

普通晶闸管的外壳结构主要有两种形式：一种是螺栓型，螺栓一端是阳极引出端，并利用它与散热器固定，另一端粗的引出线是阴极，细的是门极，如图 3-73a 所示；另一种是平板式，平板式的中间金属环引出线为门极，离门极较远的端面为阳极，近的端面为阴极，使用时将晶闸管夹在两散热器中间，如图 3-73b 所示。除此之外还有一种小功率塑封式晶闸管，外形类似于晶体管。各种类型的实物如图 3-73c、d、e 所示。

（二）晶闸管的工作原理

为说明晶闸管的导电原理，先观察图 3-74 所示的晶闸管导电实验情况。

1. 导电实验

1）如图 3-74a 所示，晶闸管阳极接直流电源的正端，阴极经灯泡接电源的负端，此时晶闸管承受正向电压。门极电路中开关 S 断开（不加电压），这时灯不亮，说明晶闸管不

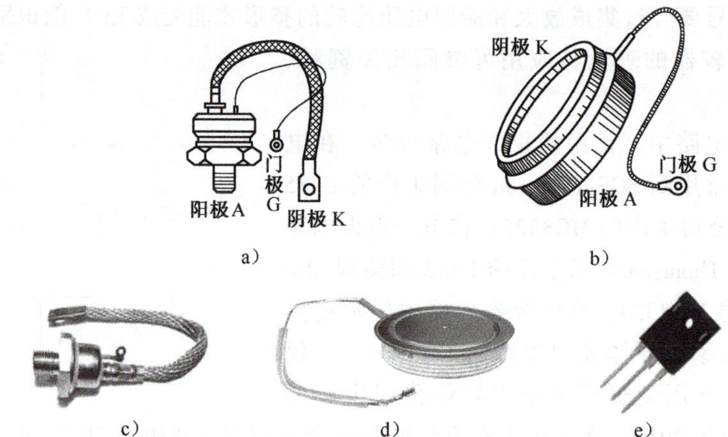

图 3-73　晶闸管外部结构及实物

a）螺栓型外部结构　b）平板型外部结构　c）螺栓型实物　d）平板型实物　e）小功率塑封管实物

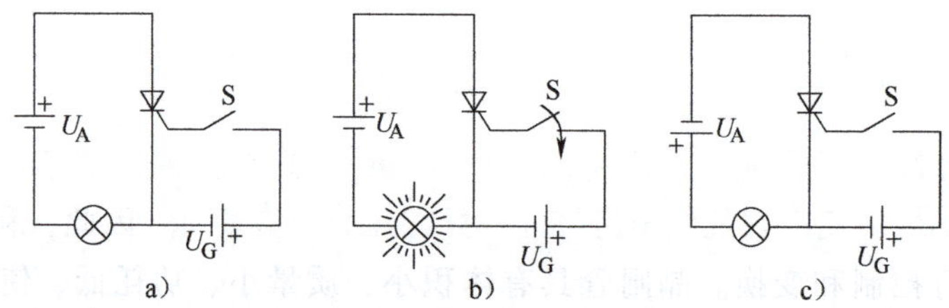

图 3-74　晶闸管演示电路

a）S断开　b）S接通后断开　c）U_A 反接

导通。

2）如图 3-74b 所示，晶闸管的阳极和阴极之间加正向电压，门极相对于阴极也加正向电压，这时灯亮，说明晶闸管导通。

3）晶闸管导通后，如果去掉门极上的电压（将图 3-74b 中的开关 S 断开），灯仍然亮。这表明晶闸管继续导通，即晶闸管一旦导通后，门极就失去了控制作用。

4）如图 3-74c 所示，晶闸管的阳极和阴极间加反向电压，无论门极加不加电压，灯都不亮，晶闸管截止。

5）如果门极加反向电压，晶闸管阳极回路无论加正向电压还是反向电压，晶闸管都不导通。

从上述实验可以看出，晶闸管的导通与关断必须满足相应条件。

2. 导通、关断条件

晶闸管导通时必须同时具备两个条件：

1）晶闸管阳极回路加正向电压。

2）门极电路加适当的正向电压（实际工作中加正触发脉冲信号）。

晶闸管关断的条件是：在阳极与阴极之间加反向电压，或去掉正向电压，使流过晶闸管的阳极主电流小于某一数值。

3. 工作原理

为说明晶闸管的工作原理，可把晶闸管看作是两个晶体管 PNP（VT1）管和 NPN（VT2）管的组合，其等效电路如图 3-75 所示。

设在阳极和阴极之间接上电源 U_A，在门极和阴极之间接入电源 U_G，如图 3-76 所示。

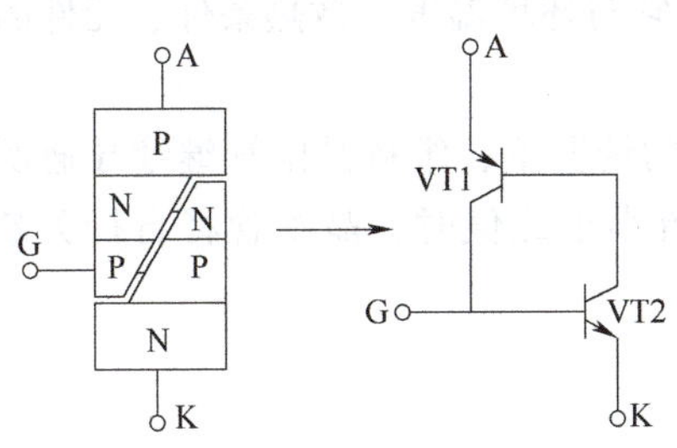

图 3-75　晶闸管电路模型

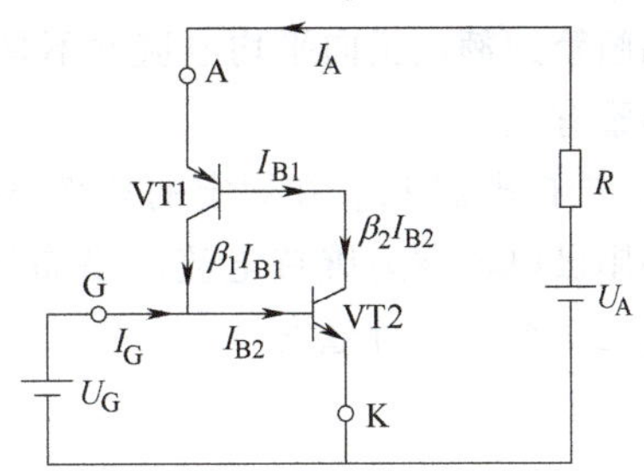

图 3-76　晶闸管工作原理

1）晶闸管阳极加正电压 U_A 时，若门极不加电压，且其中有一个 PN 结反偏截止，则晶闸管截止。此时，晶闸管的状态称为正向阻断状态。

2）晶闸管阳极加正电压 U_A，同时门极加正电压 U_G，则 VT1、VT2 两个晶体管都满足放大条件。在 U_G 作用下，产生门极电流 I_G，为 VT2 提供基极电流 I_{B2}，I_{B2}经 VT2 放大后形成集电极电流 $I_{C2}=\beta_2 I_{B2}=\beta_2 I_G$。$I_{C2}$就是 VT1 的基极电流 I_{B1}，I_{B1}经 VT1 放大后，产生较大的集电极电流 I_{C1}，$I_{C1}=\beta_1 I_{B1}=\beta_1\beta_2 I_G$，这个电流又流回 VT2 的基极，再进行放大。这个正反馈过程如此循环往复，使 VT1 和 VT2 的电流迅速增大，从而进入饱和导通状态，即晶闸管由截止状态转变为导通状态。晶闸管导通后，如果撤掉门极电压，由于 I_{C1}远大于 I_G，故 VT2 仍有较大的基极电流进入放大循环，使晶闸管继续导通。因此，U_G 只起触发作用，一经触发后，晶闸管就不受 U_G 控制。

门极电压 U_G 称为触发电压。晶闸管导通后，性能与二极管相同。要使导通的晶闸管截止，必须将阳极电压降至零或为负，使晶闸管阳极电流降至维持电流 I_H 以下。维持电流指维持上述正反馈过程所需的最小电流。

3）晶闸管阳极加负电压 $-U_A$ 时，因为至少有一个 PN 结反偏截止，只能通过很小的反向漏电流，所以晶闸管截止。此时，晶闸管的状态称为反向阻断状态。

综上所述，晶闸管阳极加正电压 U_A，同时门极加正电压则晶闸管导通，晶闸管一旦导通，门极即失去控制作用。要使晶闸管重新关断，必须将阳极电压降至零或为负，使晶闸管阳极电流降至维持电流 I_H 以下。

（三）晶闸管的主要参数

为了正确使用晶闸管，需要了解它的参数。其主要参数有以下几个：

1）正向阻断峰值电压 U_{FRM}。在门极断开和晶闸管正向阻断的情况下，允许重复加到晶闸管阳极与阴极之间的正向峰值电压称为正向阻断峰值电压。

2）反向阻断峰值电压 U_{RRM}。在门极断开的情况下，允许重复加到晶闸管阳极与阴极间的反向峰值电压称为反向阻断峰值电压。如果晶闸管的 U_{FRM}和 U_{RRM}不相等，则取较小的那个电压值作为该元件的额定电压。

在实际应用中，由于晶闸管的过载能力较差，所以在选择晶闸管的额定值时，需要留有一定的余量。通常额定电压和额定电流是实际工作电压和工作电流的 2 倍左右。

3）额定正向平均电流 I_F。在环境温度不超过 40℃ 和规定的散热条件下，晶闸管的阳极

与阴极之间允许连续通过的工频正弦半波电流的平均值称为额定正向平均电流。应当指出的是，晶闸管的额定正向平均电流并不是一成不变的，它与环境温度、散热条件、元件的导通角等因素有关。

4）维持电流 I_H。在规定的环境温度和门极断开的情况下，维持晶闸管继续导通所需要的最小阳极电流称为维持电流。当晶闸管的阳极电流小于此值时，晶闸管将自行关断。I_H 一般为几十至二三百毫安。

八、直流稳压电源

目前市电供给的都是交流电，但是许多电子电路、电子设备和自动控制装置都需要稳定的直流电。除利用干电池、蓄电池和直流发电机等获得直流电外，较为经济和方便的方法是使用交流电变换为直流电的直流稳压电源。

（一）直流稳压电源的组成

直流稳压电源通常由电源变压器、整流电路、滤波电路、稳压电路组成，如图 3-77 所示。

1）电源变压器：将交流电网电压变为整流所需要的交流电压，有时也起隔离交流电源和整流电路的作用。

2）整流电路：将大小和方向都随时间变化的交流电变成方向不变、大小变化的脉动直流电。脉动直流电只能用于电镀、电解和蓄电池充电等波形要求不高的工艺和设备中。而大多数电子设备所需要的直流电源要脉动程度小的平滑直流电压，这就需要在整流之后再进行滤波。

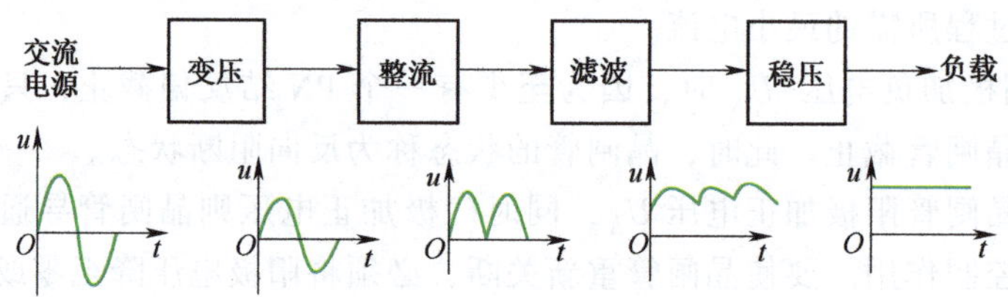

图 3-77 直流稳压电源原理框图

3）滤波电路：将脉动直流电中的交流成分滤除，输出平滑的直流电。由于交流电源电压的波动和负载电流的变化会引起输出直流电压的不稳定，直流电压的不稳定会使电子设备、控制装置、测量仪器等设备的工作不稳定，产生误差，甚至不能正常工作。为此，在需要稳定直流电压的情况下，还需要在滤波电路之后加上稳压电路。

4）稳压电路：将不稳定的直流电压变换为不随电网电压波动或负载的变化而变化的稳定直流电压。通过稳压电路的自动调整使输出电压维持平稳。

直流稳压电源各部分对应的波形变化如图 3-77 所示。

（二）整流电路

整流电路的作用是利用二极管（或晶闸管）的单向导电特性，把交流电转变成单向脉

动直流电。

整流电路按被整流交流电的相数不同可分为单相整流电路和三相整流电路；根据负载电流或电压的波形可分为半波整流电路和全波整流电路；根据整流元件的不同可分为不可控整流电路和可控整流电路。

汽车交流发电机采用的是三相不可控桥式全波整流电路。

1. 单相不可控桥式整流电路

（1）电路组成 单相不可控桥式整流电路如图 3-78a 所示。称为不可控整流是因为构成整流电路的是 4 只二极管，其输出电压不能控制。该电路由 4 只整流二极管接成电桥形式，其中两个共阴极组二极管的阴极接负载 R_L 的一端，为输出直流电的正极；另两个共阳极组二极管的阳极接负载 R_L 的另一端，为输出直流电的负极。两个二极管阳极和阴极相连的端子接整流变压器的二次绕组。

在实际应用中，经常将图 3-78a 所示电路画成如图 3-78b 或图 3-78c 的形式。

（2）工作原理 设整流变压器二次绕组电压为 $u_2(t)=\sqrt{2}U_2\sin\omega t$。当 $u_2(t)$ 为正半周时，VD_1、VD_3 正偏导通，VD_2、VD_4 反偏截止，电流经 $VD_1 \to R_L \to VD_3$ 形成回路，R_L 上输出电压波形与 $u_2(t)$ 的正半周波形相同，电流 i_L 从 b 流向 c。当 $u_2(t)$ 为负半周时，VD_2、VD_4 正偏导通，VD_1、VD_3 反偏截止，电流经 $VD_2 \to R_L \to VD_4$ 形成回路，R_L 上输出电压波形是 $u_2(t)$ 的负半周波形的倒相，电流 i_L 仍从上流向下。所以无论 $u_2(t)$ 为正半周还是负半周，流过 R_L 的电流方向是一致的。单相不可控桥式整流的输出波形如图 3-78d 所示。

在图 3-78a 所示电路中，如果有一个二极管断开时，整流电路的输出电压会减半；如果有一个二极管接反时，会引起短路，烧坏变压器等元器件。

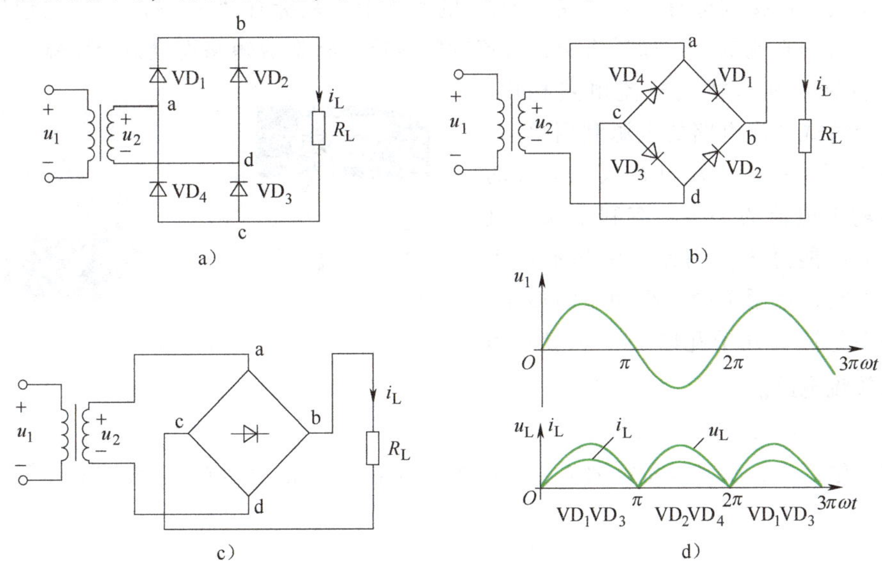

图 3-78 单相不可控桥式整流电路及输出波形

（3）参数估算

1）负载直流电压 U_L。单相不可控桥式整流电路输出负载直流电压 U_L，是指 $u_2(t)$ 在

交流电压一个周期内的平均值。由图 3-78d 可知

$$U_L = \frac{1}{\pi}\int_0^{\pi}\sqrt{2}U_2\sin\omega t\mathrm{d}(\omega t) = \frac{2\sqrt{2}}{\pi}U_2 = 0.9U_2 \tag{3-15}$$

式中，U_2 为整流变压器二次绕组电压有效值。

2）负载直流电流 I_L：

$$I_L = \frac{U_L}{R_L} = 0.9\frac{U_2}{R_L} \tag{3-16}$$

3）二极管平均电流 I_D。由于每个二极管只在半个周期内导通，因此流过每个二极管的电流为

$$I_D = \frac{1}{2}I_L \tag{3-17}$$

4）二极管反向电压最大值 U_{DRM}。在单相不可控桥式整流电路中，二极管导通时压降几乎为零，而二极管截止时，$u_2(t)$ 的峰值电压加在了它上面，即二极管截止时承受的最大反向电压为

$$U_{DRM} = \sqrt{2}U_2 \tag{3-18}$$

式（3-15）、式（3-16）是计算负载直流电压和电流的依据。式（3-17）、式（3-18）是选择二极管的依据。所选用的二极管参数必须满足

$$I_{OM} \geqslant I_D \tag{3-19}$$

$$U_{RM} \geqslant U_{DRM} \tag{3-20}$$

目前封装成一个整体的多种规格的整流桥块已批量生产，其外形如图 3-79 所示。使用时只要将交流电压接到标有“~”或“AC”的管脚上，从标有“+”和“-”的管脚上引出的就是整流后的直流电压。如果将交、直流管脚接反，将造成短路而烧毁变压器。

（4）特点　和非桥式整流电路相比，单相不可控桥式整流电路的电源利用率高，输出电压提高了一倍。流过每只二极管的电流仅为输出电流的一半，有利于保护电路。但电流不能过大，因此，单相不可控桥式整流电路仅适用于中、小功率的整流。对于大功率整流（几千瓦以上）一般采用三相桥式整流电路。

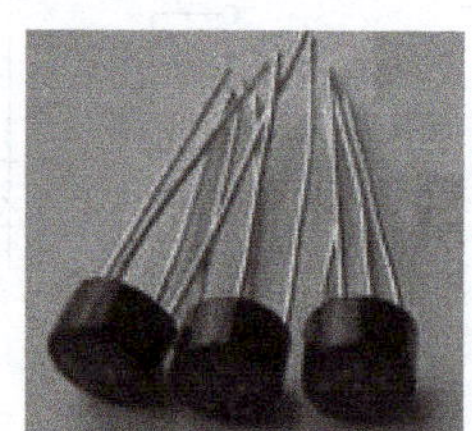

图 3-79　整流桥块实物外形

2. 单相可控桥式整流电路

在实际生产中，很多设备需要大小可调的直流电，例如，电解、电镀、电焊等设备。由二极管组成的整流电路输出电压不能调节，而由晶闸管组成的可控整流电路可以把交流电变成直流电，达到直流电源输出电压可调的目的。

（1）电路组成　图 3-80a 所示为单相可控桥式整流电路。电路中由于 4 个整流元件中的两个为可控的晶闸管，两个为不可控的二极管，故称为“半控”整流。

（2）工作原理　和二极管单相桥式整流电路基本相同，只是每当 V_1 或 V_2 承受正向阳极电压，而且在该晶闸管的门极上加上控制电压时，它才开始导通。门极触发电压用尖脉冲

电压，由专门电路提供。

在 u_2 的正半周内，V_2 和 VD_1 承受反向阳极电压而截止，V_1 和 VD_2 虽承受正向阳电压，但 V_1 在 $\omega t=\alpha$ 时才加上控制电压，故在 $\alpha \leqslant \omega t \leqslant \pi$ 时，V_1 和 VD_2 导通，电流的通路是 a→V_1→R_L→VD_2→b。

在 u_2 的负半周内，V_1 和 VD_2 承受反向阳极电压而截止，V_2 和 VD_1 虽承受正向阳电压，但 V_2 在 $\omega t=\alpha+\pi$ 时才加上控制电压，故在 $\alpha+\pi \leqslant \omega t \leqslant 2\pi$ 时，V_2 和 VD_1 导通，电流的通路是 b→V_2→R_L→VD_1→a。

单相可控桥式整流电路的不完整全波脉动输出电压波形如图 3-80b 所示。u_L 为一个不完整的全波脉动电压，它相当于从完整的脉动电压上切去了 α 前的一块。θ 为晶闸管在一个周期内导通的范围，称为导通角。α 越大，u_L 平均值越小。α 为在正向阳极作用下开始导通的角度，称为触发延迟角。$\alpha=0$ 即为交流开关。

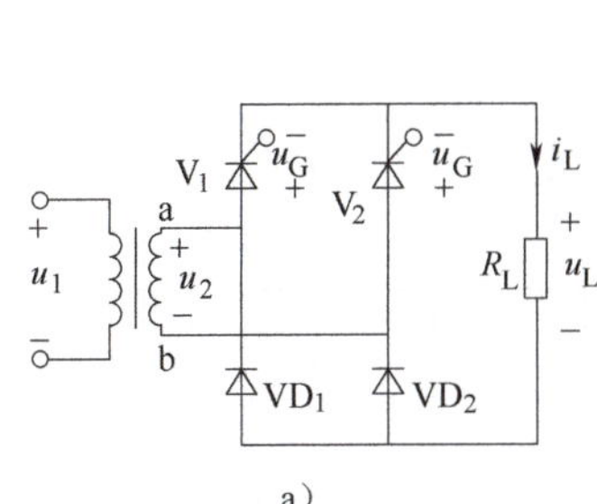

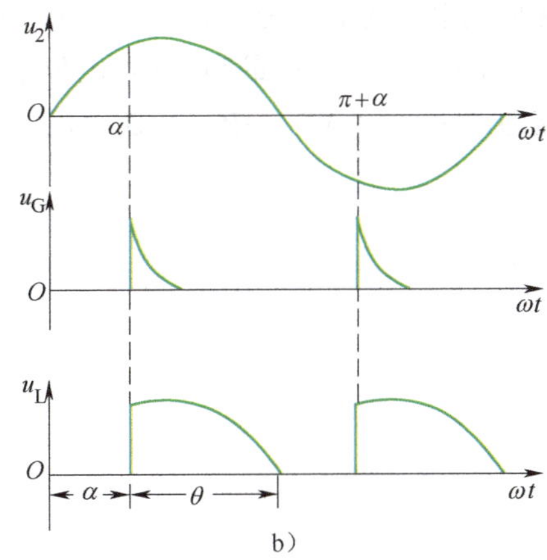

图 3-80　单相可控桥式整流电路

a）电路　b）输出波形

（3）参数估算　由图 3-80b 可知该电路的输出电压和直流电流为：

$$U_L=\frac{1}{\pi}\int_{2}^{\pi}\sqrt{2}U_2\sin\omega t\mathrm{d}(\omega t)=\frac{1+\cos\alpha}{2}0.9U_2 \tag{3-21}$$

$$I_L=\frac{U_L}{R_L}=0.9\frac{1+\cos\alpha}{2}\cdot\frac{U_2}{R_L} \tag{3-22}$$

3. 汽车交流发电机三相桥式整流电路

整流电路在汽车交流发电机中有重要应用。发电机是汽车电器设备的主要电源。汽车上普遍采用的是硅整流交流发电机，其整流部分由 6 个硅二极管组成，如图 3-81 所示。压装在后端盖上的 3 个二极管引线为负极，外壳为正极，俗称负极管，管壳底上有黑色标记。压装在散热板上的 3 个二极管引线为正极，外壳为负极，俗称正极管，管壳底上

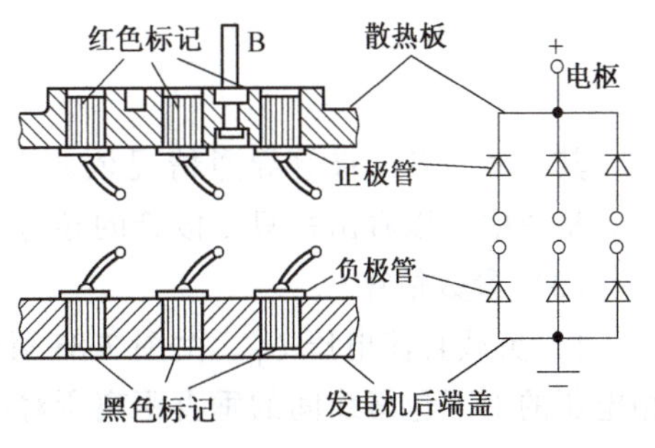

图 3-81　汽车交流发电机中的整流二极管

有红色标记。汽车交流发电机的整流电路为三相桥式不可控整流电路。

（1）整流电路的组成　三相桥式整流电路如图 3-82 所示。电路由 3 个绕组和 6 个二极管组成。6 个二极管中，VD_1、VD_3、VD_5 阴极连在一起，为共阴极管，阳极电位最高者导通。VD_2、VD_4、VD_6 阳极连在一起，为共阳极管，阴极电位最低者导通。共阴极端和共阳极端分别为整流器输出直流电的正端和负端。VD_1、VD_3、VD_5 的阳极和 VD_2、VD_4、VD_6 的阴极，分别连接到三相绕组各相的端点 a、b、c 上。

（2）工作原理　设三相绕组输出的交流电压 u_a、u_b、u_c 为对称三相电压（幅值相等、频率相同、相位相差 120°），其波形如图 3-83a 所示。为了便于分析，现将交流电压的波形在时间上等分成若干小区间加以说明。

在 $t_1 \sim t_2$ 期间，由于 a 点电位最高，因此 VD_1 导通，VD_1 导通后使 VD_3、VD_5 承受反向电压而截止。由于 b 点电位最低，因此 VD_4 导通，VD_4 导通后使 VD_2、VD_6 承受反向电压而截止。此期间电流的通路为：$a \to VD_1 \to R_L \to VD_4 \to b$。

在 $t_2 \sim t_3$ 期间，a 点电位最高，c 点电位最低，所以 VD_1、VD_6 导通，其余 4 个二极管都截止，电流通路为：$a \to VD_1 \to R_L \to VD_6 \to c$。

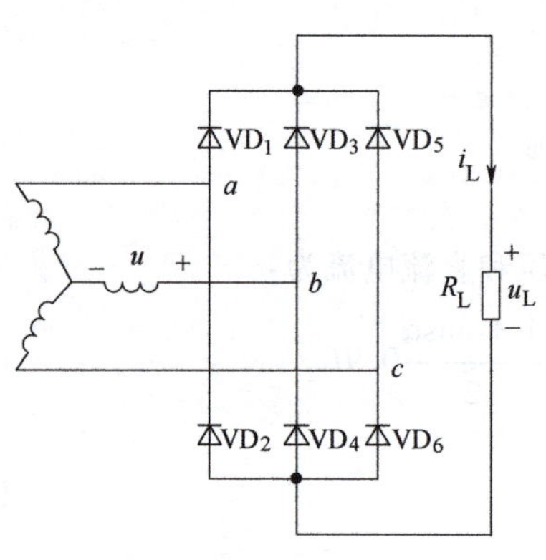

图 3-82　三相桥式整流电路

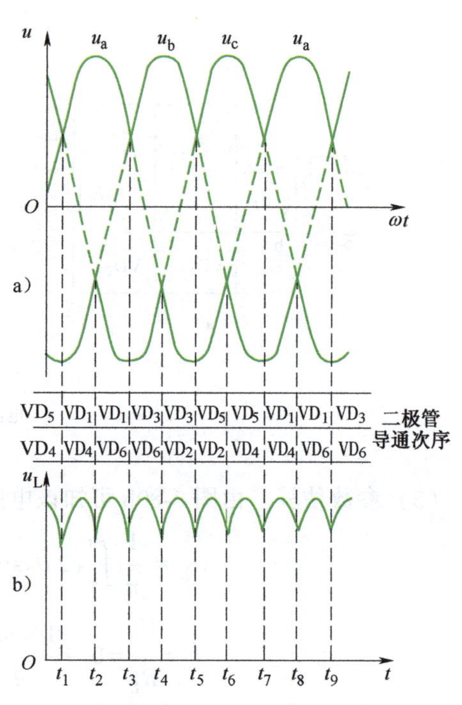

图 3-83　三相桥式整流的电压波形

其余时间各二极管导通情况依此类推。输出电压波形及二极管导通顺序如图 3-83b 所示。从图中可以看出每只二极管的导通时间是 1/3 周期。

（3）参数估算

1）负载直流电压 U_L。由图 3-83 可知，负载所得整流电压 U_L 的大小，等于三相绕组每相电压的上下包络线间的垂直距离所对应的电压值。它的脉动较小，其平均值可推得

$$U_L = 2.34U_2 \tag{3-23}$$

式中，U_2 为三相绕组每相电压的有效值。

2）负载直流电流 I_L：

$$I_L=\frac{U_L}{R_L}=2.34\frac{U_2}{R_L} \tag{3-24}$$

3）二极管上直流电流 I_D。由于在一个周期中，每个二极管只有 1/3 的时间导通，因此流过每管的平均电流为

$$I_D=\frac{1}{3}I_L=0.78\frac{U_2}{R_L} \tag{3-25}$$

4）二极管反向工作电压 U_{DRM}。每个二极管所承受的最高反向电压为三相绕组线电压的幅值，即

$$U_{DRM}=\sqrt{3}U_{2m}=\sqrt{3}\cdot\sqrt{2}U_2=2.45U_2 \tag{3-26}$$

（三）滤波电路

整流电路虽然可以把交流电转换为直流电，但是它们的输出电压都含有较大的脉动成分，这远不能满足需要。在大多数电子设备中都需要接滤波器，以改善输出电压的脉动程度，使输出电压更加平滑。

滤波电路的主要元件是电容和电感，利用它可构成电容滤波电路、电感滤波电路和 π 型滤波电路等，其中以电容滤波电路最常用。

1. 电容滤波电路

（1）电路组成　在整流电路和负载之间并联一个电容就组成了电容滤波电路。电容滤波电路如图 3-84a 所示。

（2）工作原理　根据电容器两端电压不能突变的特点，可以实现电容滤波。电容滤波电路输出波形如图 3-84b 所示。

设 $t=0$ 时电路接通电源，电路中电容电压 u_C 从零开始增大，电流分成两路：一路流向 R_L，一路向电容器 C 充电。由于桥式整流电路中二极管导通时的内阻和整流变压器二次绕组的直流电阻都很小，因此充电时间常数 τ_1 很小，充电速度很快，$u_C(t)$ 可跟随 $u_2(t)$ 变化。当 $u_2(t)$ 达到 $\sqrt{2}U_2$ 时，$u_C(t)$ 也达到 $\sqrt{2}U_2$。$u_2(t)$ 达到最大值后开始下降，由于 $u_C(t)$ 放电也逐渐下降，当 $u_2(t)<u_C(t)$ 时，电桥中二极管截止，电容器 C 经 R_L 放电，这个回路的放电时间常数 $\tau_2=R_LC$ 较大，因此 $u_C(t)$ 下降比较缓慢。τ_2 越大，$u_C(t)$ 下降越缓慢，输出电压波形就越平滑。当下一个正弦半波来到并大于 $u_C(t)$ 时，电容器 C 开始充电，充至最大值后再次放电向 R_L 供电。如此周而复始地进行下去，就得到图 3-84b 所示的比较平滑的波形。

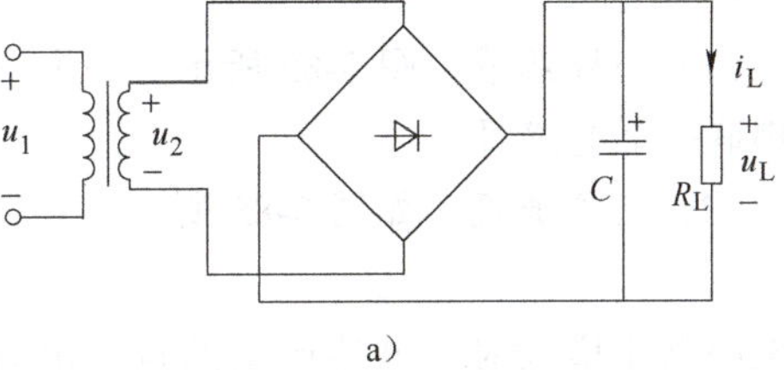

a)

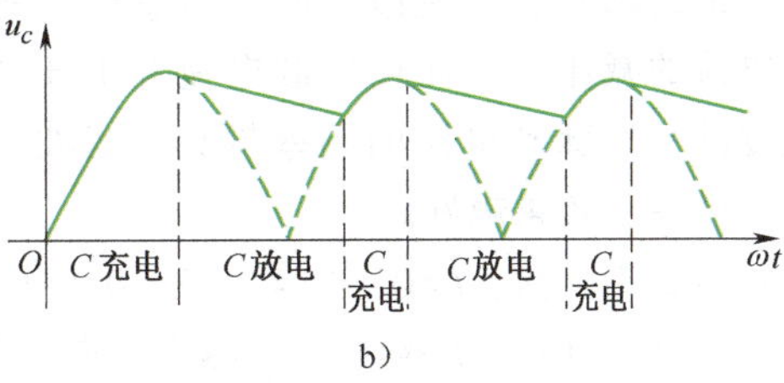

b)

图 3-84　电容滤波电路

a）滤波电路　b）滤波波形图

(3) 参数估算

1) 负载直流电压 U_L。根据以上分析，可得出单相桥式整流电容滤波电路的输出直流电压为

$$U_L \approx 1.2U_2 \tag{3-27}$$

2) 滤波电容器的电容量。滤波电容器的电容量通常取 $R_L C \geqslant \frac{T}{2}$，一般取

$$C \geqslant (3 \sim 5)\frac{T}{2R_L} \tag{3-28}$$

式中，T 为电网交流电压的周期。

3) 滤波电容器耐压 U_C。滤波电容器的额定工作电压（又称耐压）应大于 $u_2(t)$ 的峰值，通常取

$$U_C \geqslant (1.5 \sim 2)U_2 \tag{3-29}$$

(4) 电容滤波的特点

1) 滤波后的输出电压中直流分量提高了，交流分量降低了。

2) 由于 $R_L C$ 较大时滤波效果好，因此电容滤波适用于负载电阻 R_L 较大的场合。

3) 电路中存在浪涌电流。当电路接入电源的瞬间，$u_2(t)$ 若不为零，由于充电电阻较小，会产生很大的充电电流（即浪涌电流），因此有可能烧毁整流二极管。实用中，常采用在每个整流二极管两端并联一个 0.01μF 的电容器来防止浪涌电流烧坏整流二极管。

4) $R_L C$ 值的改变可以影响输出直流电压的大小。R_L 开路时，输出 U_L 为 $1.4U_2$。C 开路时，输出 U_L 为 $0.9U_2$。若 C 的容量减小，则输出 U_L 小于 $1.2U_2$。这些典型数值有助于电路故障的判断。

2. 电感滤波电路

(1) 电路组成　图 3-85 所示为一个桥式整流电感滤波电路，它是在整流电路之后与负载串联一个电感器。

(2) 工作原理　如图 3-85 所示，利用通过电感的电流不能突变的特性来实现滤波。当电感电路电流增大时，电感产生的自感电动势阻止电流的增加；电流减小时，自感电动势则阻止电流的减小，从而使负载电流和电压的脉动程度减小。脉动电流的频率越高，滤波电感越大，则滤波效果越好。

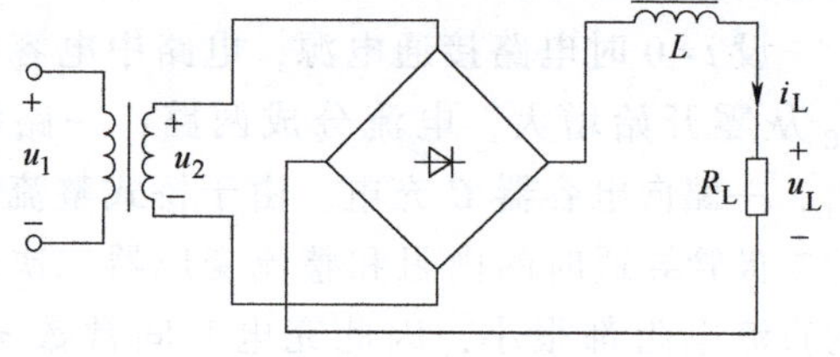

图 3-85　电感滤波电路

对直流分量：$f=0$，$X_L=2\pi fL=0$，电感相当于短路，电压大部分降落在 R_L 上。

对谐波分量：f 越高，X_L 越大，电压大部分降落在电感上。因此，在输出端得到比较平滑的直流电压。

(3) 电感滤波电路特点　L 越大，滤波效果越好；但 L 越大，匝数越多，成本越高。电感滤波电路适用于大功率整流设备和负载电流变化较大的场合。

3. 复式滤波电路

为了得到更好的滤波效果，还可以将电容滤波和电感滤波混合使用而构成复式滤波电路。图 3-86a 所示的 π 型滤波电路就是一种复式滤波电路。由于电感器体积大，成本高，在负载电流较小时，可以用电阻代替电感，其电路如图 3-86b 所示。因为 C_2 的容抗较小，所以脉动电压的交流分量较多地降落在电阻 R 的两端，而 R_L 值比 R 大，故直流分量主要降落在 R_L 两端，使输出电压脉动减小。

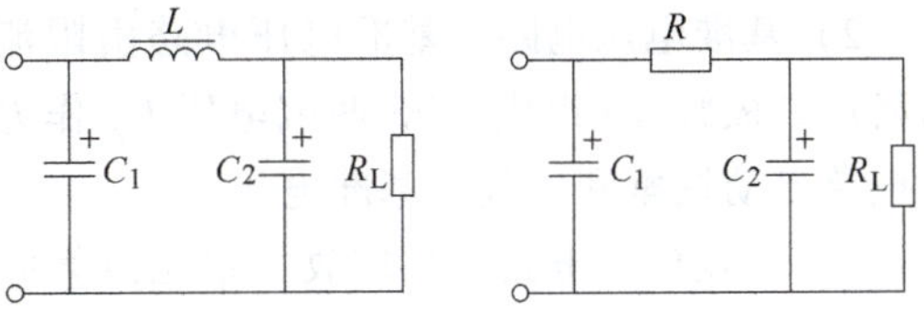

a)　　b)

图 3-86　π 型滤波电路

a) π 型 LC 滤波　b) π 型 RC 滤波

(四) 稳压电路

整流滤波后所得的直流电压虽然比较平滑，但是当电网电压波动或负载变动时，输出的直流电压也跟着变动。实际工作中，电网电压的波动及负载的变动是客观存在的，因此，负载两端的电压是不稳定的。稳压电路的作用是向负载提供稳定的直流电压。

稳压电路按所用器件的不同可分为分立元件直流稳压电路和集成直流稳压电路；按电路结构的不同可分为并联型直流稳压电路和串联型直流稳压电路；按电压调整单元工作方式的不同可分为线性直流稳压电路和开关型直流稳压电路。

1. 并联型稳压电路

如图 3-87 所示，将稳压二极管与适当数值的限流电阻 R 配合即组成了稳压电路。由于稳压二极管与负载并联，所以称为并联型稳压电路。

如图 3-87 所示，由 KCL 和 KVL 有

$$I = I_Z + I_L \qquad U_i = U_R + U_L$$

式中，U_i 为整流滤波电路的输出电压（也是稳压电路的输入电压）。其稳压过程如下：

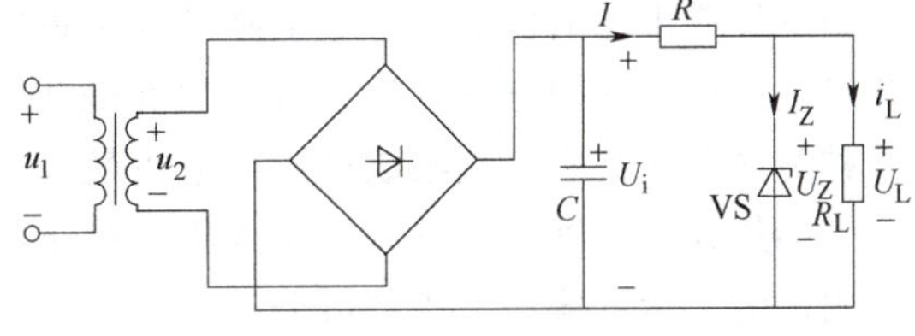

图 3-87　并联型稳压电路

1）当交流电网波动使电压上升时，则

$$U_i\uparrow\rightarrow U_L\uparrow\rightarrow U_Z\uparrow\rightarrow I_Z\uparrow\rightarrow I\uparrow\rightarrow U_R\uparrow\rightarrow U_L\downarrow$$

2）当负载 R_L 变动使 R_L 减小时，则

$$I_L\uparrow\rightarrow I\uparrow\rightarrow U_R\uparrow\rightarrow U_L\downarrow\rightarrow U_Z\downarrow\rightarrow I_Z\downarrow\rightarrow I\downarrow\rightarrow U_R\downarrow\rightarrow U_L\uparrow$$

总之，无论是电网波动还是负载变动，负载两端电压经稳压管自动调整后都能维持稳定。

并联型稳压电路结构简单，在负载电流变动较小时，稳压效果较好。但其输出电压只能等于稳压管的稳定电压，允许电流变化的幅度也受到稳压管稳定电流的限制。因此这种电路只适用于功率较小和负载电流变化不大的场合。

2. 串联型稳压电路

（1）电路组成　串联型稳压电路是一个反馈调节系统，它由取样电路、基准电压电路、比较放大电路和调整电路组成，如图 3-88 所示。

1）取样电路。取样电路由 R_P 和 R_1 组成，与负载 R_L 并联，通过它可以反映输出电压 U_o 的变化。反馈电压 U_f 与输出电压 U_o 有关，即

$$U_f = \frac{R_{P2}+R_1}{R_P+R_1}U_o$$

反馈电压 U_f 取出后送到集成运算放大器的反相输入端，改变电位器 R_P 的滑动端子可以调节输出电压 U_o。

2）基准电压电路。基准电压电路由限流电阻 R 与稳压二极管 VS 组成。VS 两端电压 U_Z 作为整个稳压电路自动调整和比较的基准电压。

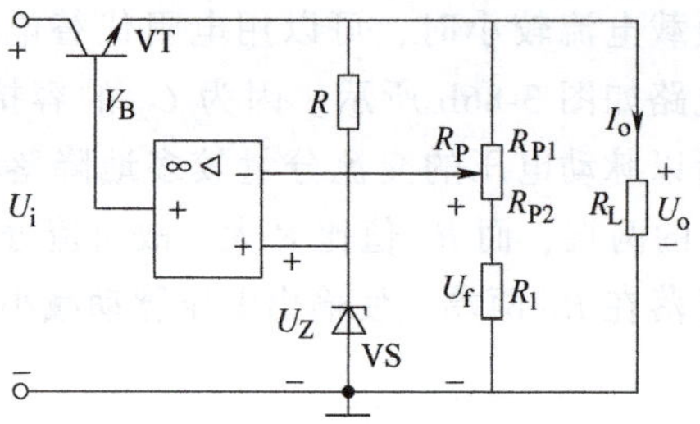

3）比较放大电路。比较放大单元由集成运算放大器组成。它将取样所得的反馈电压 U_f 与基准电压 U_Z 比较放大后加到 VT 的输入端基极，控制调整管 VT 基极的电位 V_B。

图 3-88　串联型稳压电路

4）调整电路。调整电路由晶体管 VT 组成，它和负载串联，因此称为串联型稳压电路。VT 的基极电位 V_B 反映了整个稳压电路的输出电压 U_o 的变动，控制调整管 VT 基极的电位 V_B，就可自动调整 U_o 的值，使其维持稳定。

（2）工作原理　如图 3-88 所示，当电网电压波动或负载电阻变动时，串联型稳压电路的自动稳压过程如下：

$$U_i\uparrow\rightarrow U_o\uparrow\rightarrow U_f\uparrow\rightarrow(U_Z-U_f)\downarrow\rightarrow V_B\downarrow\rightarrow I_B\downarrow\rightarrow U_{CE}\uparrow\rightarrow U_o\downarrow$$

$$R_L\uparrow\rightarrow U_o\uparrow\rightarrow U_f\uparrow\rightarrow(U_Z-U_f)\downarrow\rightarrow V_B\downarrow\rightarrow I_B\downarrow\rightarrow U_{CE}\uparrow\rightarrow U_o\downarrow$$

当 $U_i\downarrow$ 或 $R_L\downarrow$ 时的调整过程与上述相反。由此可以实现自动稳压。

3. 三端集成稳压器

随着集成工艺的发展，稳压电路制成了集成器件。它具有体积小、质量小、内部含有过流和过热保护、使用方便、运行可靠和价格低等一系列优点，因而得到广泛应用。集成稳压器件种类繁多，其中三端集成稳压器应用最广。

三端集成稳压器分为三端固定式集成稳压器和三端可调式集成稳压器两种，前者输出电压是固定的，后者输出电压是可调的。

（1）三端固定式集成稳压器　国产三端固定式集成稳压器有输出正电压的 W7800 系列和输出负电压的 W7900 系列两种。W7800 系列的外形如图 3-89 所示。其三端指输入端（1 脚）、输出端（2 脚）及公共端（3 脚）3 个引出端。W7800 系列和 W7900 系列可输出电压±5V、±6V、±9V、±12V、±15V、±18V、±24V 等。型号后两位数字（00）为输出电压值，例如 W7815 表示输出电压为+15V。在选择稳压器型号时，要求输入电压高于输出电压 2~3V（输出负电压时要低 2~3V），但不宜过大。

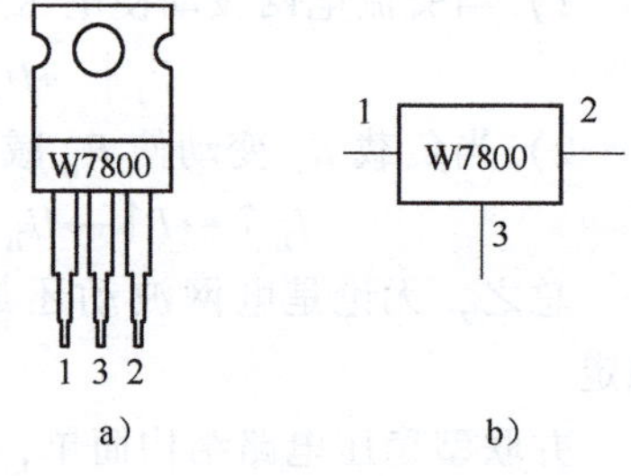

图 3-89　三端固定式集成稳压器的外形及符号
a）外形　b）电路符号

W7900 系列的三端为：输入端 3 脚、输出端 2 脚及公共端 1 脚。

1）基本应用电路。三端固定式集成稳压器的基本应用电路如图 3-90 所示。在图 3-90 中 C_1 用以抑制过电压，抵消因输入线过长产生的电感效应并消除自激振荡；C_2 用以改善负载的瞬态响应，即瞬时增减负载电流时不致引起输出电压有较大的波动。C_1，C_2 的容量为 0.1μF 至几个 μF。

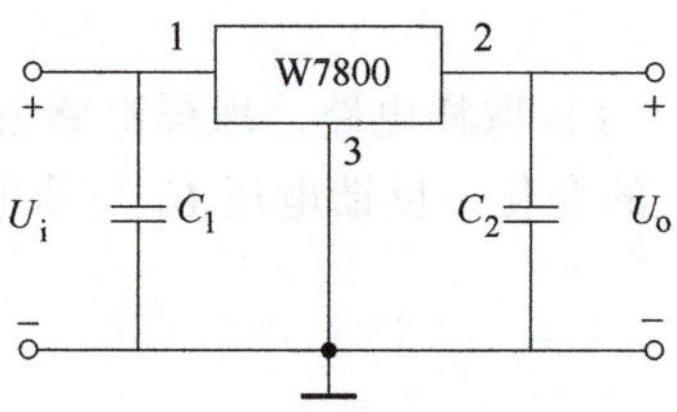

图 3-90　三端固定式集成稳压器基本应用电路

2）同时输出正、负电压的电路。图 3-91 所示为一个双向稳压电路。利用 W7815 和 W7915 两个三端集成稳压器，

可构成同时输出+15V 和−15V 两种电压的双向稳压电源。

（2）三端可调式集成稳压器　国产三端可调式集成稳压器有输出正电压的 CW117、CW217、CW317 和输出负电压的 CW137、CW237 和 CW337 等产品，它既保持了三端的简单结构，又实现了输出电压连续可调。

三端可调式集成稳压器与三端固定式集成稳压器 W7800 比较，它们没有接地（公共）端，只有输入、输出和调整 3 个端子。不同系列的 3 端可调式集成稳压器引脚功能不同，如图 3-92 所示。

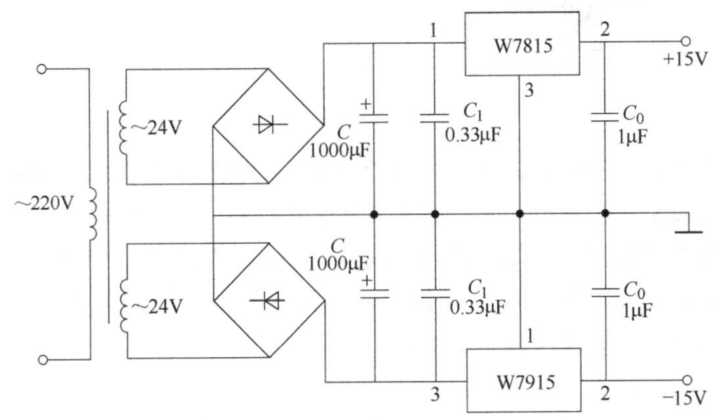

图 3-91　双向稳压电路

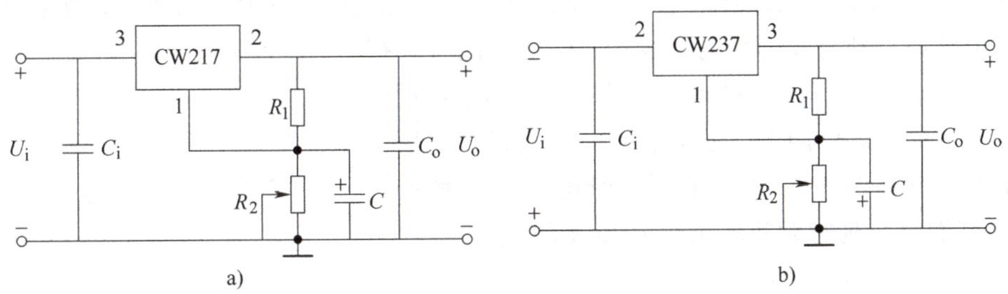

图 3-92　三端可调式集成稳压器接线图

a）CW217 系列接线图　b）CW237 系列接线图

图 3-92 所示为 CW217 和 CW237 系列接线图。调节 R_2 即可调节输出电压 U_o 的大小，调压范围为±1.25~37V，输出电流为 0.1A、0.5A 和 1.5A 三个等级。由于上述产品的输出端和调节端之间的电压为 1.25V，故输出电压的计算公式为

$$U_o = \pm 1.25\left(1+\frac{R_2}{R_1}\right)$$

电路分析

1. 舌簧开关式液位传感器及报警电路工作原理

图 3-93 所示为应用 LED 的浮子舌簧管开关式液位传感器及报警电路。

如图 3-93a 所示，圆管状轴内装有易磁化的强磁性材料制成的触点（舌簧管），浮子内

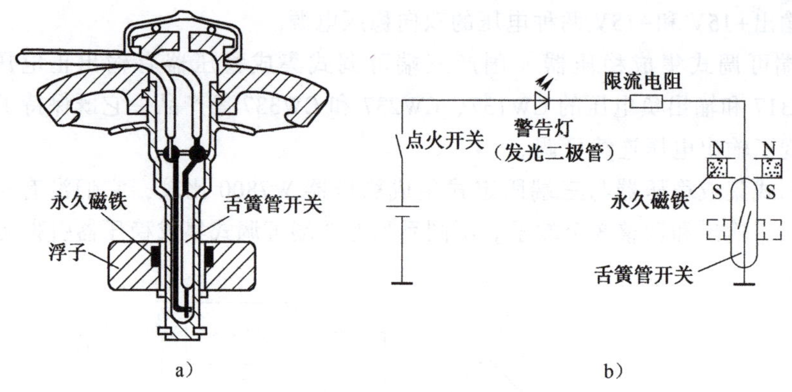

图 3-93　浮子舌簧管开关式液位传感器及报警电路

嵌有永久磁铁。当液位低于规定值时，舌簧管与浮子的位置关系如图 3-93b 中虚线浮子位置所示。当永久磁铁接近舌簧管时，磁感线从舌簧管中通过，舌簧管的触点闭合，报警二极管电路被接通，报警二极管发光，提示驾驶人液位已经低于规定值。当液位达到规定值时，浮子上升到规定位置，没有磁感线通过舌簧管，在舌簧管本身的弹力作用下，舌簧管触点打开，报警二极管熄灭，表示液位合乎要求。

2. 前照灯延时控制电路工作原理

目前，汽车的前照灯延时控制电路也采用了达林顿管作为功率放大电路，如图 3-94 所示。当发动机熄火后，润滑油压力开关的触点闭合，驾驶人在离开驾驶室以前，按下仪表板上的前照灯延时按钮，电源就对电容器 C 充电。在 C 充电时，达林顿管 VT 基极电位逐渐升高，使 VT 导通，延时控制继电器线圈通电触点闭合，接通了前照灯电路。松开前照灯延时开关后，C 通过电阻 R 和 VT 放电，前照灯仍能保持通电照明，一直到 C 电压下降到 VT 无法导通为止。VT 截止后，继电器断电触点张开，前照灯熄灭。延时时间取决于 C 和 R 的值。

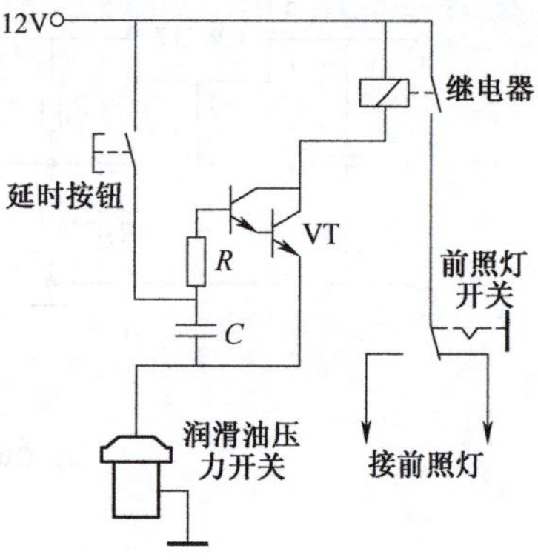

图 3-94　前照灯延时控制电路

3. 计算放大电路的静态值

图 3-50 所示电路中，已知：$U_{CC}=12V$，$R_C=2k\Omega$，$R_B=200k\Omega$，$\beta=50$，试求放大电路的静态值。

解：由式（3-1）得

$$I_B \approx \frac{U_{CC}}{R_B}=\frac{12}{200}\mu A=60\mu A$$

由式（3-2）和式（3-3）得

$$I_C=\beta I_B=50\times 60\mu A=3mA$$

$$U_{CE}=U_{CC}-I_C R_C=(12-3\times 2)V=6V$$

4. 汽车搭铁探测器的工作原理

在汽车电控系统中，任一个传感器输出的信号都是微弱的电信号，必须经过放大之后才能输入汽车电控单元（ECU），经处理后执行自动控制。在驱动执行元件时也需要对功率较小的控制信号进行放大。

图 3-95 所示为汽车搭铁探测器电路。

当汽车出现搭铁短路时，该电路可以快速查找搭铁故障点所在的位置。当导线搭铁后，在搭铁点处的短路电流会发出高频波信号，这个信号被由线圈和铁心构成的传感器接收到，在传感器中产生交变电信号。该信号较微弱，但经 VT1 和 VT2 放大后，使 LED 发光，耳机发声。探测器离故障点越近，LED 越亮，耳机越响，从而快速找到故障点所在位置。

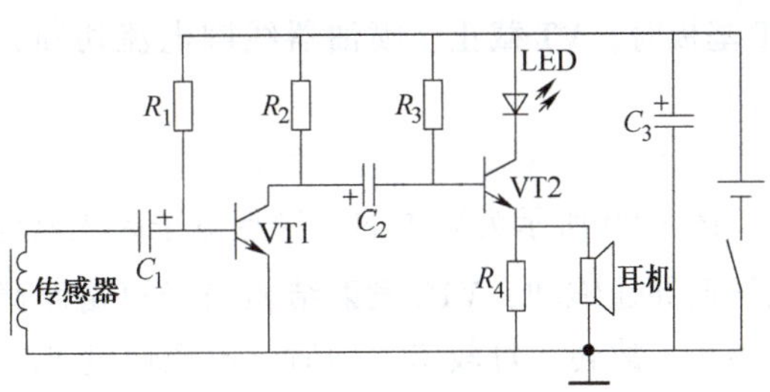

图 3-95　汽车搭铁探测器电路

5. 晶体管开关电路的基本应用电路

由晶体管的工作特性可知，当晶体管在饱和状态和截止状态转换时，晶体管即工作在开关状态。

汽车电路中的开关电路很多。开关电路在工作时，受控制的电子器件一般接在晶体管的集电极上，控制信号加在基极上，当基极上有控制信号来临时，晶体管就处于饱和导通状态，集电极和基极之间相当于开关闭合，接在集电极上的电子元器件由于得电而工作。当控制信号与基极断开时，晶体管处于截止状态，集电极与基极之间相当于开关断开，电子元器件的电路被切断而失电，如图 3-96 所示。

在汽车电子电路中，通过较小的控制信号经过晶体管开关电路，可以控制喷油器、继电器、指示灯等大功率器件的工作。此外，因为晶体管响应速度更快、没有噪声而且不会造成机械磨损，所以在车辆电气电子系统中经常用晶体管取代机械开关或继电器等有触点开关，如图 3-97 所示。

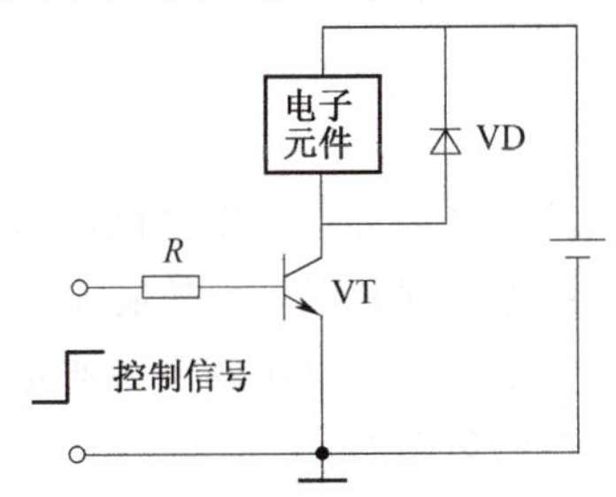

图 3-96　晶体管开关电路基本应用示意图

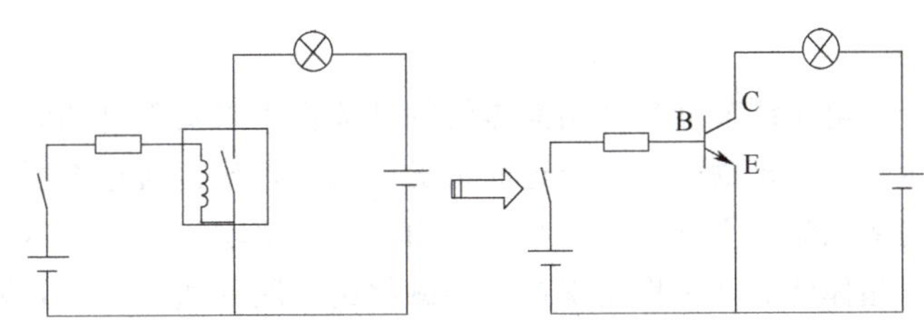

图 3-97　晶体管开关电路替代继电器工作原理图

6. 喷油器控制电路基本工作原理

图 3-98 所示为汽车发动机喷油器控制电路。发动机工作时，各种传感器的信号输入给 ECU 后，ECU 根据计算和逻辑分析判断结果，发出脉冲信号指令到图 3-98 所示晶体管的基极控制喷油器喷油。当脉冲信号的高电平加到 VT 基极时，VT 导通，喷油器线圈电流接通，产生电磁吸力将阀门打开，喷油器开始喷油。当脉冲信号的低电平加到

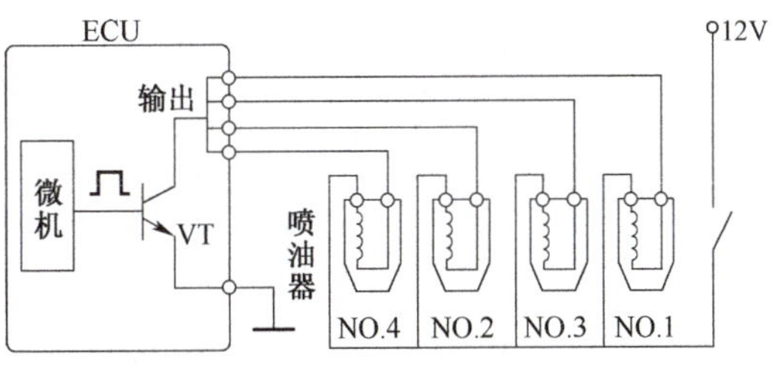

图 3-98　汽车发动机喷油器控制电路

VT 基极时，VT 截止，喷油器线圈电流切断，在回位弹簧的作用下阀门关闭，喷油器停止喷油。

7. 无触点电子闪光器工作原理

图 3-99 所示为简单的无触点电子闪光器电路。接通转向开关 S，VT1 通过 R_2 得到正向电压而导通饱和，VT2 发射结相当于短路而截止，同理 VT3 也截止。由于 VT1 的发射极电流很小，故转向灯较暗。同时，电源通过 R_1 对 C 充电，使 VT1 的基极电位下降，当低于其导通所需正向偏置电压时，VT1 截止。VT1 截止后，VT2 通过 R_3 得到正向偏置电压而导通，VT3 也随之导通饱和，转向灯变亮。此时，C 经 R_1、R_2 放电，使 VT1 仍保持截止，转向信号灯继续发亮。随着 C 放电电流减小，VT1 基极电位升高，当高于其正向导通电压时，VT1 导通，VT2、VT3 截止，转向信号灯变暗。随着电容的充电、放电，VT3 不断地导通、截止，如此反复，使转向灯闪烁。

8. 电子式电压调节器工作原理

电子式电压调节器安装在汽车交流发电机内部，如图 3-100 所示。

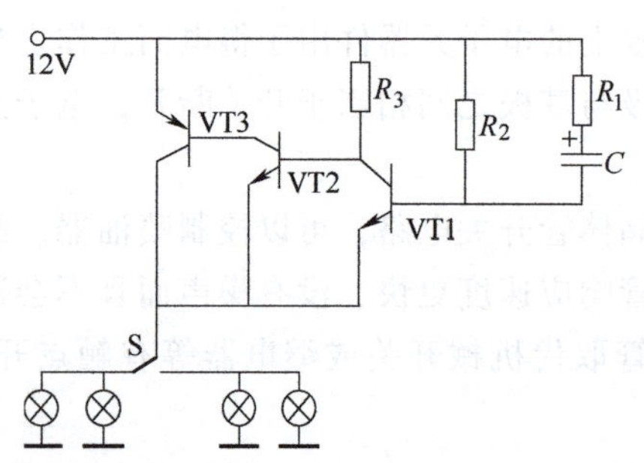

图 3-99 简单的无触点电子闪光器电路

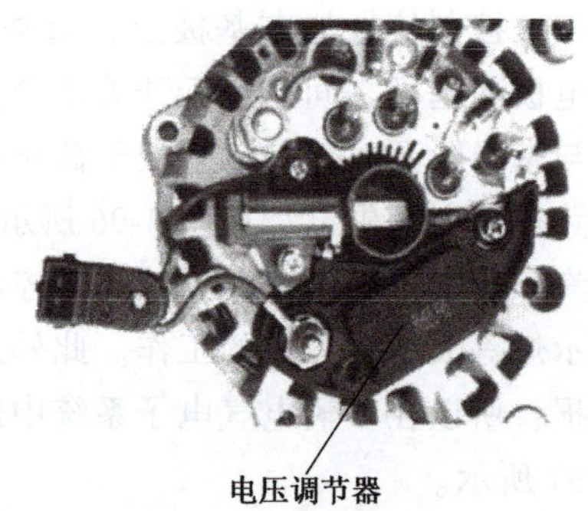

图 3-100 电子式电压调节器

电压调节器是利用晶体管的开关作用来实现自动调节电压的。其原理是：发电机输出电压与发电机励磁绕组通过的励磁电流成正比，通过控制励磁绕组电路通断就可以控制流过的励磁电流的平均值的大小，从而使发电机输出电压基本稳定在一个定值。电压调节器就是利用晶体管的开关作用来控制励磁绕组电路的通断，达到调节电压的目的的。

图 3-101 所示为电子式电压调节器的基本电路。发电机电压通过 R_1、R_2 组成的分压器，

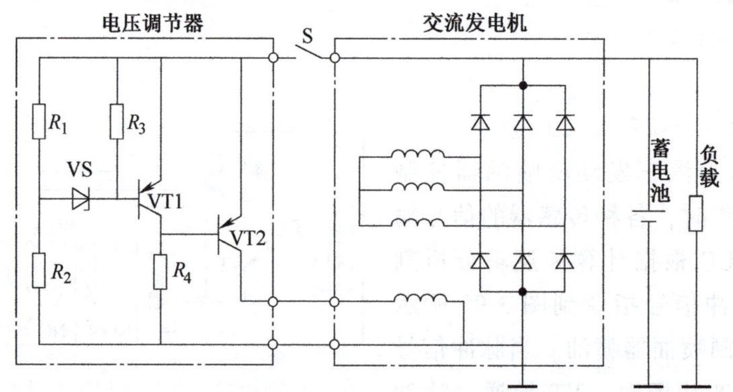

图 3-101 电子式电压调节器的基本电路

将一定比例的电压加于稳压管 VS。VS 随着发电机电压的变化而导通或截止，VT1 为小功率晶体管，主要起放大作用，VT1 的导通或截止由 VS 控制。大功率晶体管 VT2 用于控制励磁电流，VT2 导通时，发电机磁场绕组励磁回路通路，VT2 截止，励磁回路则断路。电路参数的设置使 VT1、VT2 均工作在开关状态。

发电机电压达到调节电压前，R_1 上的分压低于稳压管 VS 的导通电压，VS 不导通，从而 VT1 也不导通。VT1 的截止使得 VT2 的基极电位很低，从而 VT2 有足够高的正向偏压而饱和导通，发电机励磁回路通路。当发电机的电压上升到设定的调节电压时，R_1 上的分压达到了稳压管 VS 的导通电压，VS 导通，VT1 也导通，从而使 VT2 的基极与发射极之间被短路，VT2 无正向偏压而截止，发电机励磁回路断路。由于无励磁电流，发电机电压迅速下降，当降到 R_1 上的分压不足以维持 VS 导通时，VS 截止，VT1 也截止，从而使 VT2 导通，发电机励磁回路通路。如此反复，使发电机的电压维持在设定的调节电压值范围内。

9. 多谐振荡器工作原理

多谐振荡器是由晶体管放大电路和将晶体管集电极输出信号反传给晶体管基极的正反馈（反馈指将放大电路的输出信号的一部分或全部，通过某一电路或元器件送回输入端）。若反馈使电压放大倍数增大，则为正反馈电路组成的，如图 3-102a 所示。这种电路一般都画成左右对称的形式，在电路中比较容易辨认。图 3-102b 所示电路为帮助理解多谐振荡器的电路。当开关断开后，由于电容的隔直作用，B 点电位为+12V，当电容充满电后，A 点电位为零。在开关闭合的瞬间，B 点电位突然为零，这时由于电容两端电压不能突变，还是 12V，A 点电位就变为-12V。理解上述过程，有助于理解图 3-102a 所示多谐振荡器电路。

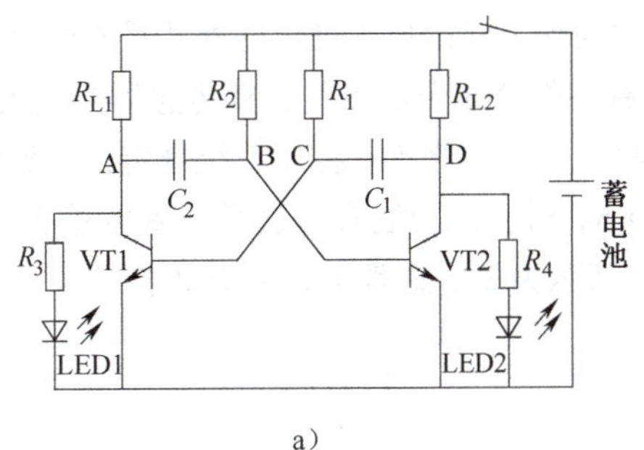

a)

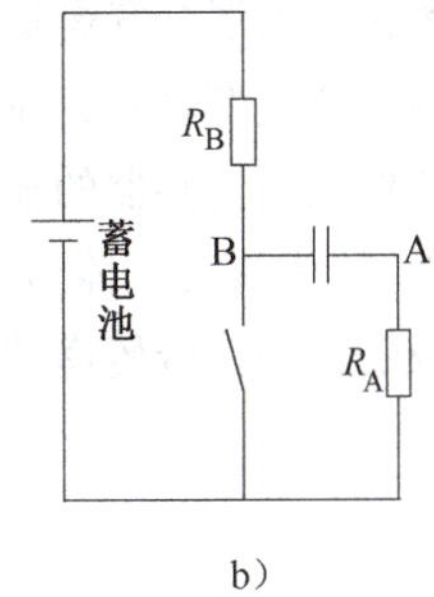

b)

图 3-102 多谐振荡器电路

多谐振荡器工作原理：多谐振荡器是自激工作，在一开始得电工作时，可能是两个晶体管中的任意一个导通，另一个截止。假设开始时是 VT1 导通，VT2 截止。在这种状态下，A 点电位为零，LED1 不亮。12V 电压通过 R_4 加到 LED2 上，LED2 发光。VT1 导通，电容 C_2 被充电，充电电路是+12V→R_2→C_2→VT1 的集电结→负极。电容 C_1 被充电，充电电路是+12V→R_{L2}→C_1→VT1 的发射结→负极。电路中电阻 R_{L1}、R_{L2} 的阻值小于电阻 R_1、R_2 的阻值，这样电容 C_1 的充电很快完成。由于 R_1 向 VT1 提供基极电流，使 VT1 维持导通。随着电容 C_2 的充电，B 点电位上升，使晶体管 VT2 逐步由截止向饱和导通过渡。当 B 点电位足够大时，VT2 导通，D 点电位变为零，LED2 熄灭，同时由于电容 C_1 电压的存在，C 点电位变为负电位，强迫 VT1 截止。VT1 截止，A 点电位上升，由于 C_2 电压的存在，使 B 点电位进一步升高，加速了晶体管 VT2 的导通。VT1 截止，使+12V 电压通过电阻 R_{L1} 加到 LED1 上，LED1 发光。这时变为 VT1 截止、VT2 导通，电容 C_1 被从 C→D 方向充电，充电电路是

$+12V \to R_1 \to C_1 \to$ VT2 的集电结→负极。电容 C_1 被从 A→B 充电，电路是 $+12V \to R_{L1} \to C_2 \to$ VT2 的发射结→负极。重复上述变化，使两个发光二极管以固定周期亮、灭。在两个晶体管的集电极就会得到振荡信号。电阻 R_3 和 R_4 是发光二极管的限流电阻。

10. 由多谐振荡器构成的闪光器工作原理

汽车在转向时，驾驶人拨动转向开关，转向灯不停地闪动指明转向方向。转向灯的闪动是由闪光器来控制完成的。图 3-103 所示为晶体管闪光器电路。它实际上是一个由晶体管 VT1 和 VT2，电阻 R_1、R_2、R_3、R_4，电容 C_1、C_2 构成的一个典型多谐振荡器。振荡信号从 VT2 的集电极经一个二极管输出到 VT3 的基极，当振荡信号为正电位时，VT3 饱和导通。当振荡信号为负电位时，二极管 VD 截止，VT3 没有基极电流而截止。当汽车转向，驾驶人将转向开关闭合某一边时，该边转向灯就会随着 VT3 的导通和截止而闪动。电阻 R_6 作为 VT3 的负载电阻，当汽车不转向时，VT3 的电流经 R_6 流回蓄电池负极。

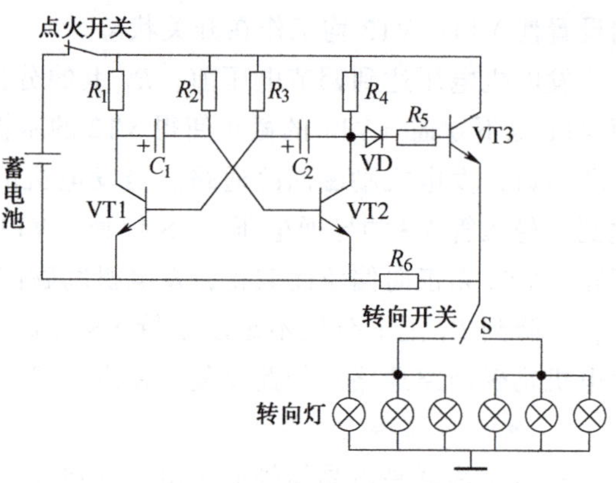

图 3-103 晶体管闪光器电路

11. 电喷汽车氧传感器工作原理

使用电喷发动机的主要目的是控制发动机在理论空燃比附近工作，保证排放合乎法规要求。氧传感器在电喷发动机控制系统中承担着向 ECU 传递发动机是否工作在理论空燃比附近的任务。在小于理论空燃比的浓混合气燃烧时，排气中的氧消耗殆尽，氧传感器几乎不产生电压；在大于理论空燃比的稀混合气燃烧时，排气中还含有一部分多余的氧气，氧传感器产生大约 1V 左右的电压。控制系统根据氧传感器的输出信号对喷油量进行修正。控制系统规定，当氧传感器输出电压大于 0.5V 时，认为混合气体过浓；小于 0.5V 时，认为混合气过稀。氧传感器与 ECU 之间就是通过电压比较器进行信号传递的。图 3-104 所示为氧传感器与 ECU 的连接。

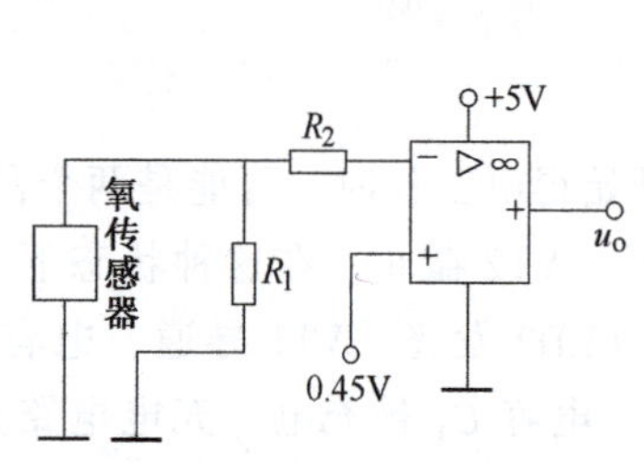

图 3-104 氧传感器与 ECU 的连接

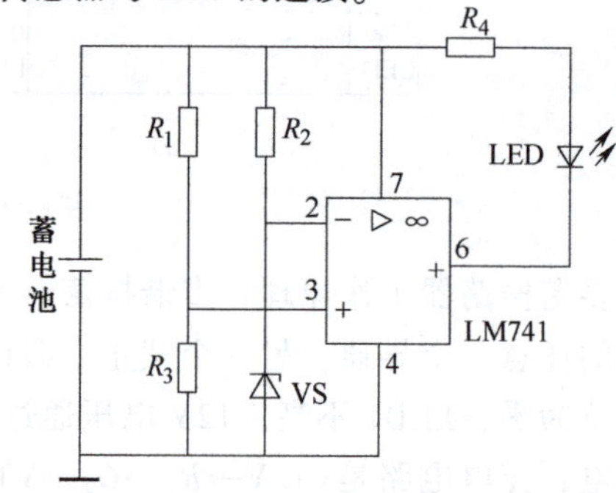

图 3-105 蓄电池电压过低报警电路

ECU 设定 0.45V 为基准电压，当氧传感器信号电压大于基准电压时，比较器输出 $u_o \approx 0V$，ECU 判断混合气过浓，减少喷油量；当氧传感器信号电压小于基准电压时，比较器输出 $u_o \approx 5V$，ECU 判断混合气过稀，增加喷油量。

12. 蓄电池电压过低报警电路工作原理

图 3-105 所示为蓄电池电压过低（低于 10V）报警电路。该电路由集成运算放大器、稳压二极管、发光二极管及一些电阻组成。

图 3-105 所示电路中，$R_1 = R_2 = R_3 = 100\text{k}\Omega$，$R_4 = 1\text{k}\Omega$，VS 稳压值为 5V。电阻 R_2 与稳压管 VS 组成电压基准电路，向比较器的反相输入端提供 5V 的基准电压。R_1、R_3 组成分压电路，中间点作为电压检测点。当蓄电池电压高于 10V 时，同相输入端电压大于 5V，比较器输出电压高于 10V，发光二极管不发光，指示电压正常。当蓄电池电压低于 10V 时，同相输入端电压小于 5V，比较器输出电压为零，发光二极管发光，指示电压过低。

13. 晶闸管式燃油油量警告灯电路工作原理

图 3-106 所示为晶闸管式燃油油量警告灯电路。

燃油油量警告灯电路与汽车上已有的燃油表和传感器一起工作。当仪表电源稳压器每输送一个电压脉冲给指示表，在可变电阻式传感器上便会出现与燃油液位成比例的脉冲电压。当燃油液位下降时，串入指示表电路中的可变电阻值增大，脉冲电压振幅增大，当脉冲电压振幅达到一定值时，触发晶闸管导通，接通警告灯电路，使警告灯亮。通过警告灯闪烁提示驾驶人及时加油。只有燃油箱内加入一定量的燃油后，警告灯才熄灭。电阻 R_1 用来调整晶闸管导通时机。

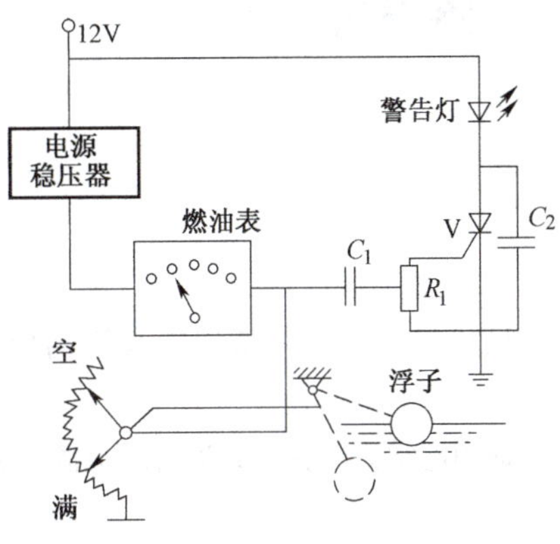

图 3-106　晶闸管式燃油油量警告灯电路

14. 单相不可控桥式整流电路计算

如图 3-78a 所示的单相不可控桥式整流电路，若要求在负载上得到 24V 直流电压，80mA 的直流电流，求整流变压器二次电压 U_2，二极管平均电流和反向工作电压最大值。

解： 由式（3-15）可得

$$U_2 = \frac{U_L}{0.9} = \frac{24}{0.9}\text{V} \approx 26.7\text{V}$$

由式（3-17）、式（3-18）可得二极管的平均电流和反向工作电压最大值分别为：

$$I_{OM} = \frac{1}{2} I_L = 50\text{mA}$$

$$U_{RM} = \sqrt{2} U_2 = 37.5\text{V}$$

15. 单相桥式整流电容滤波电路计算

已知单相桥式整流电容滤波电路如图 3-84a 所示。要求 $U_L = 12\text{V}$，$I_L = 8\text{mA}$，电网工作频率为 50Hz。试计算整流变压器二次电压有效值 U_2，并计算 R_L 和 C 的值。

解： 根据式（3-27）可得

$$U_2 = \frac{U_L}{1.2} = \frac{12}{1.2}\text{V} = 10\text{V}$$

因为 $I_L = \frac{U_L}{R_L}$，所以

$$R_L = \frac{U_L}{I_L} = \frac{12}{8}\text{k}\Omega = 1.5\text{k}\Omega$$

由式（3-28）可得

$$C \geqslant (3 \sim 5)\frac{T}{2R_L} = (3 \sim 5)\frac{0.02}{2 \times 1.2 \times 10^3}\text{F} = (24.3 \sim 41.5)\mu\text{F}$$

取 C 为 47μF，其耐压为

$$U_C \geq (1.5 \sim 2)U_2 = 15 \sim 20\text{V}$$

取 $U_C = 25\text{V}$。故整流变压器二次电压有效值为 10V，负载 R_L 为 1.5kΩ，滤波电容器的参数为 47μF/25V。

技能练习

一、二极管的伏安特性测试

1. 训练目标

用伏安法测量并认识二极管的特性曲线。

2. 训练器材

通用电学试验台的直流稳压电源部分和元件插板、万用表、直流电流表、二极管及导线若干。

3. 训练原理

二极管正偏时，正向电阻小，正向电流大，二极管导通。二极管反偏时，反偏电流小，反向电阻很大，二极管截止。二极管具有单向导电性。

4. 训练内容与步骤

（1）正向特性的测试　按图 3-107 所示电路接好线路，经检查无误后，接通 6V 直流电源，调节电位器 R_p，使电流表读数与表 3-3 所列的数值相同，用万用表分别测出二极管两端电压 U_{DZ}并记录于表 3-3 中。

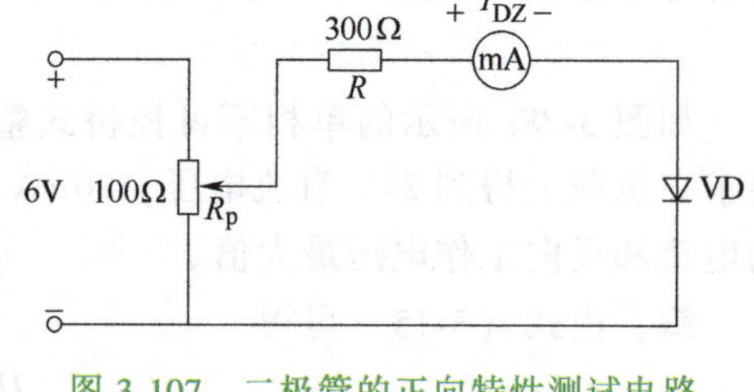

图 3-107　二极管的正向特性测试电路

表 3-3　二极管的正向特性测试数据

I_{DZ}/mA	0	0.05	0.1	0.5	1	10	20
U_{DZ}/V							

按表 3-3 中的数据，在坐标纸上绘制出二极管的正向特性曲线。

（2）反向特性的测试　按图 3-108 所示电路接好线路，经检查无误后，接通 20V 直流电源，调节电位器 R_p，使电流表读数与表 3-4 所列的数值相同，用万用表分别测出二极管两端电压 U_{DF}并记录于表 3-4 中。

按表 3-4 中的数据，在坐标纸上绘制出二极管的反向特性曲线。

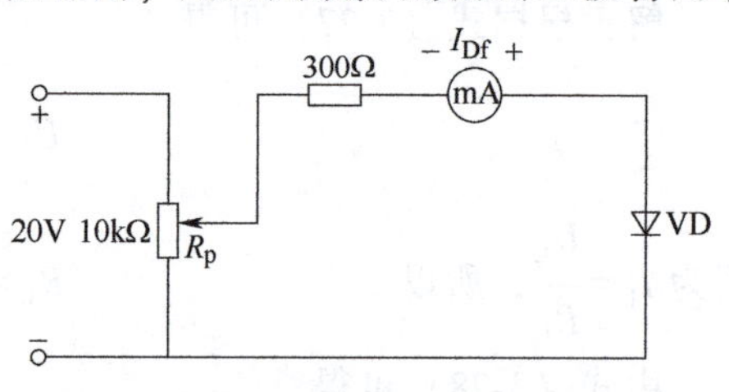

图 3-108　二极管的反向特性测试电路

5. 训练思考

1）由二极管的正向特性和反向特性曲线分析其是线性元件还是非线性元件。

2）由二极管的正向特性和反向特性曲线能得出二极管的什么性质？

表 3-4 二极管的反向特性测试数据

$I_{DF}/\mu A$	0	2	4	6	8	10	15
U_{DF}/V							

二、晶体管的伏安特性测试

1. 训练目标

用伏安法测量并认识晶体管的输入、输出特性曲线。

2. 训练器材

通用电学试验台的直流稳压电源部分和元件插板、万用表、直流电流表、晶体管及导线若干。

3. 训练原理

要使晶体管工作在放大状态，必须使发射结正向偏置、集电结反向偏置。此时晶体管各极上的电流满足 $I_E = I_C + I_B$。晶体管有微小的 I_B 变化就可以引起较大的 I_C 变化，这就是电流放大作用。晶体管的电流放大系数 $\beta = I_C / I_B$。

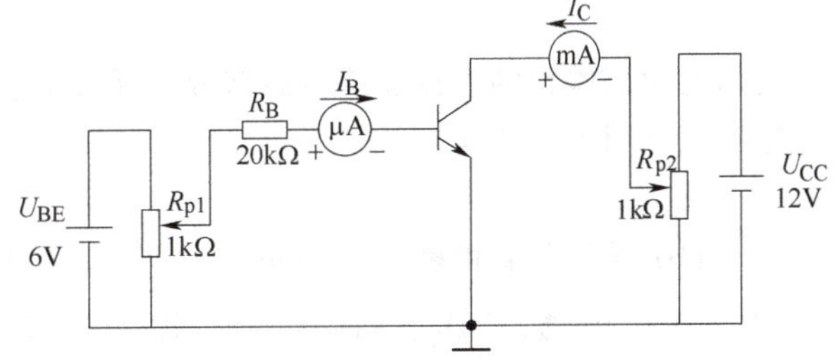

图 3-109 晶体管的输入输出特性测试电路

4. 训练内容与步骤

(1) 输入特性曲线的测量　按图 3-109 所示电路接好线路并检查确认无误，先调节电位器 R_{p2}，使其滑动臂与下端的“地”相连。然后调节电位器 R_{P1}，使 U_{BE} 和 I_B 从零开始逐渐增大，把相应的 U_{BE} 和 I_B 记录于表 3-5 中。

表 3-5 晶体管的输入特性测试数据

$I_B/\mu A$	0	1	2	5	10	20	40	60	80	100
U_{BE}/V										

按表 3-5 中的数据，在坐标纸上绘制出晶体管的输入特性曲线。

(2) 输出特性曲线的测量

1) 图 3-109 所示电路中，先将基极回路断开，使 $I_B = 0$，然后调节电位器 R_{p2}，使 U_{CE} 从零开始逐渐增大（用万用表测量），按表 3-6 所列数据的要求记录相应的 I_C。

2) 接通基极回路，先调节 R_{p1}，使 I_B 分别为 20μA、40μA、60μA，重复 1）的测量步骤，将相应的测量数据记录于表 3-6 中。

表 3-6 晶体管的输出特性曲线数据

I_C/mA　U_{CE}/V I_B/μA	0	0.2	0.5	1	5	10
0						
20						
40						
60						

按表 3-6 中的数据，在坐标纸上绘制出晶体管的输入、输出特性曲线。

5. 训练思考

1）由晶体管的特性曲线分析其是线性元件还是非线性元件。

2）晶体管特性曲线分为几个区域？在各区时晶体管起什么作用？晶体管各处于什么状态？

三、单相桥式整流电容滤波电路的测试

1. 训练目标

1）学会单相桥式整流电路和滤波电路的连接方法。

2）学会用示波器观察整流电路的输入、输出波形，了解输入、输出的电压关系。

3）测量整流、滤波电路的输入、输出电压。

2. 训练器材

通用电学试验台的直流稳压电源部分和元件插板、万用表、示波器、变压器、二极管若干、电容、电阻及导线等。

3. 训练原理

图 3-110 所示为单相桥式整流电路。当 u_2 为正半周时，VD_1、VD_3 导通，VD_2、VD_4 截止，电流经 $VD_1 \rightarrow R_L \rightarrow VD_3$ 形成回路，R_L 上输出电压波形与 u_2 的正半周波形相同。当 u_2 为负半周时，VD_2、VD_4 导通，VD_1、VD_3 截止，电流经 $VD_2 \rightarrow R_L \rightarrow VD_4$ 形成回路，R_L 上输出电压波形是 u_2 的负半周波形的倒相。单相桥式整流电路输出直流电压 $U_L = 0.9U_2$。

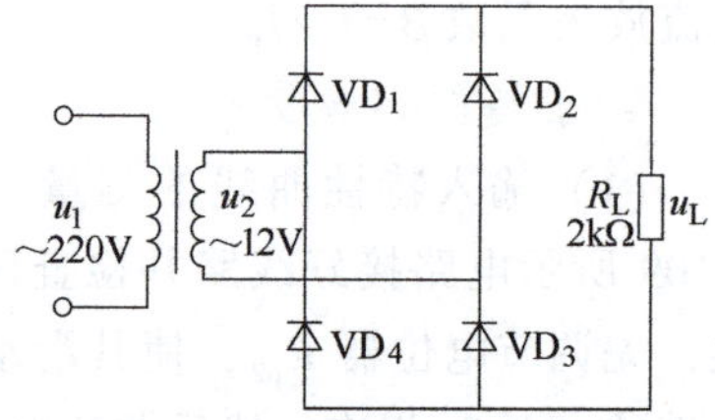

图 3-110　单相桥式整流电路

在整流电路和负载之间并联一个电容就组成了电容滤波电路。电容滤波电路如图 3-111 所示。根据电容器两端电压不能突变的特点，可以实现电容滤波。单相桥式整流电容滤波电路的输出直流电压 $U_L \approx 1.2U_2$。

4. 训练内容与步骤

1）观察单相桥式整流电路的输入、输出波形，测量输入、输出电压并验证其关系。

① 按图 3-110 所示电路连接好线路，确认无误后，接通电源。

② 用示波器观察变压器二次绕组的电压 u_2 和负载电阻 R_L 上电压 U_L 的波形，并将其绘制在坐标纸上。

③用万用表交流电压档测量变压器二次绕组的电压 u_2 与整流输出电压 U_L，并将数据记录于表 3-7 中。

表 3-7　单相桥式整流电路的电压测量数据

U_2/V	U_L/V	U_L/U_2

2）按图 3-111 所示连接好电路，确认无误后接通电源，用万用表的直流电压档测量负载电阻 R_L 上的直流电压 U_L 并记录于表 3-8 中。用示波器观察负载 R_L 上的直流电压波形并把波形绘制于坐标纸上。

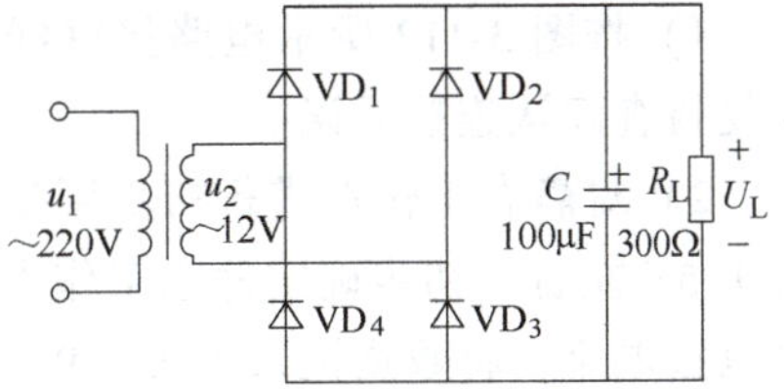

图 3-111　单相桥式整流电容滤波电路

5. 训练思考

1）通过表 3-7 和表 3-8 的计算，能得出什么结论？

2）试通过 u_2、图 3-110 中的 u_L 和图 3-111 中的 U_L 的波形对比，说明单相桥式整流电容滤波电路的工作原理。

表 3-8　单相桥式整流电容滤波电路的电压测量数据

U_2/V	U_L/V	U_L/U_2

3）如果在图 3-110 中有一只二极管断路，则示波器显示的输出电压波形将会出现什么变化？如果有一只二极管接反了，会出现什么后果？

4）直流稳压电源由哪几部分组成？各部分的作用是什么？

四、基本放大电路的调整与测试

1. 训练目标

1）学会调整基本放大电路的静态工作点。

2）掌握测量放大电路电压放大倍数的方法。

2. 训练器材

通用电学试验台的直流稳压电源部分、信号源部分和元件插板，晶体管毫伏表、示波器、万用表、电子元器件及导线若干。

3. 训练原理

在低频放大电路中，共发射极电路是一种常用的电路。其输出信号与输入信号相位相反。放大电路的工作既有静态又有动态。静态是当放大电路没有输入信号时的工作状态。通过放大电路的直流通路可确定静态工作点 Q。要合理设置静态工作点，若 Q 点太高，可能产生饱和失真；若 Q 点太低，可能产生截止失真。Q 的高低直接受 I_B 影响，而 I_B 决定于 R_B，因此调整 R_B 即可以调整 Q 点的高低。R_B 增大时 I_B 减小，Q 点下移；R_B 减小时 I_B 增大，Q 点上移。

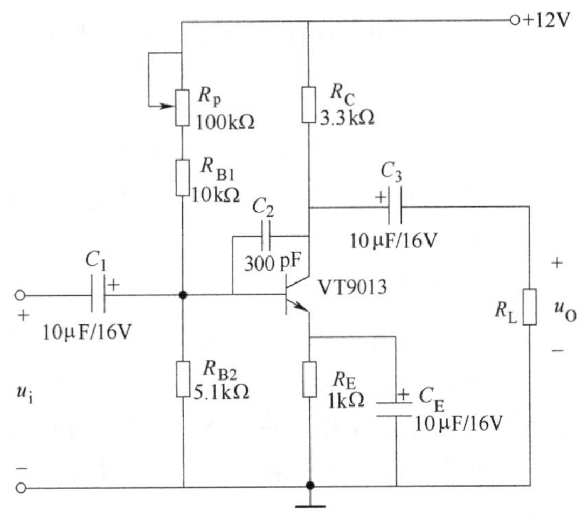

图 3-112　基本放大电路实验电路

4. 训练内容与步骤

1）按图3-112所示电路接好线路，并反复检查确认连接无误。

2）对静态工作点进行初步调整。接通电源，调节基极偏置电阻 R_P，使VT发射极电压为1.5V左右，初步确定静态工作点。用万用表测量晶体管各极对地直流电压值，并计算出集电极电流，将数据记录于表3-9。

表3-9 静态工作点的测量与计算数据

初步测量静态工作点			计算	确定静态工作点			
V_B/V	V_C/V	V_E/V	I_C/mA	V_{BQ}/V	V_{CQ}/V	V_{EQ}/V	I_{CQ}/mA

3）通过观察放大电路的输出波形，对静态工作点做再次调整。逐渐增大 u_i，同时观察 u_o 的波形。通过调节 R_P，使 u_o 波形上下对称，均达到相等的最大不失真幅值，至此静态工作点调整完毕。取消 u_i，用万用表测量晶体管各极对地直流电压值，并计算静态工作点，将数据记录于表3-9。

4）测量电压放大倍数。在接入负载 R_L 和不接入负载 R_L 两种情况下，用毫伏表分别测量 u_i 和 u_o 的有效值，将数据记录于表3-10，并计算各相应的电压放大倍数 A_u。

表3-10 测量电压放大倍数实验数据

信号频率 f	R_L 情况	输入信号电压 U_i/mV	输出信号电压 U_o/mV	电压放大倍数 $A_u=U_o/U_i$
1kHz	不接入			
	接入			

5）观察放大电路的波形失真。保持电源电压和输入信号幅度不变，调节 R_P，改变静态工作点，当 R_P 阻值增大和减小时，从示波器观察输出信号的失真情况，将两种情况下的失真波形绘制于坐标纸上，并说明是何种失真。

5. 训练思考

1）静态工作点选择得是否合适，对放大电路的放大效果有何影响？

2）简述利用信号源和示波器调整静态工作点的方法。

3）影响放大电路电压放大倍数的主要因素有哪些？

思考练习

1. N型半导体带负电，而P型半导体带正电，这种说法是否正确？

2. 什么是扩散运动？什么是漂移运动？如何形成的？PN结的正向电流和反向电流属于何种运动的结果？

3. 试述半导体PN结的单向导电性。

4. 金属导电原理和半导体导电的原理有何不同？

5. 在杂质半导体中多子的数量与什么有关（掺杂浓度、温度）？在杂质半导体中少子的数量与什么有关（掺杂浓度、温度）？当温度升高时，少子的数量如何变化？在外加电压的作用下，P型半导体中的电流主要是什么电流？N型半导体中的电流主要是什么电流？

6. 什么是“虚短”“虚断”？

7. 为什么二极管会出现死区电压？

8. 什么是晶体管的电流放大作用？晶体管有电压放大作用吗？

9. 试比较普通二极管和稳压二极管的异同点。

10. 稳压二极管为什么能稳压？使用稳压二极管应注意什么？

11. 怎样判断二极管的阳极和阴极？怎么判断二极管的好坏？

12. 晶体管作开关使用时工作在什么区？

13. 晶闸管和二极管都具有单向导电性，二者有何不同？

14. 晶闸管和晶体管都有 3 个电极，试从结构和工作原理说明它们的不同。

15. 晶闸管导通的条件是什么？为什么晶闸管导通后门极就失去作用？在什么条件下晶闸管才能由导通变为截止？

16. 基本电压放大电路由哪几部分组成？其组成原则是什么？

17. 晶体管用微变等效电路来代替的条件是什么？

18. 为什么在交流放大电路中要设置合适的静态工作点？否则输出电压信号将会出现什么现象？

19. 什么是反馈？负反馈可以改善电路的哪些性能？

20. 直流稳压电源由几个部分组成？各部分的作用是什么？各利用了元件的什么特性？

21. 为什么在整流电路之后加接滤波电容会使输出的直流电压升高？

22. 集成电路有何特点？一般将它分成哪两大类？

23. 理想运算放大器有哪些主要参数？简述其含义。

24. 一般在什么情况下采用三相桥式整流电路，而不采用单相桥式整流电路？

25. 为什么不能用稳压管或普通二极管的正向压降来实现稳压？

26. 如图 3-113 所示，图中二极管均为硅管，试判断图中二极管的状态。

27. 图 3-114 所示电路中，已知 $u_i = 10\sin\omega t$V，试画出 u_i 与 u_o 的波形。设二极管正向导通电压可忽略不计。

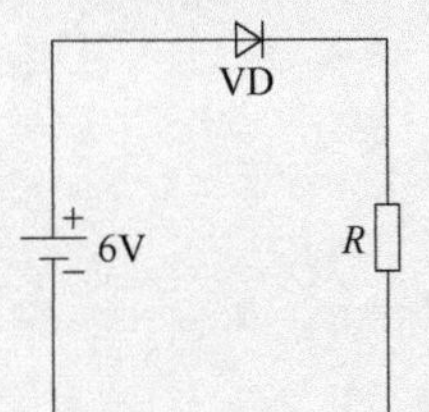

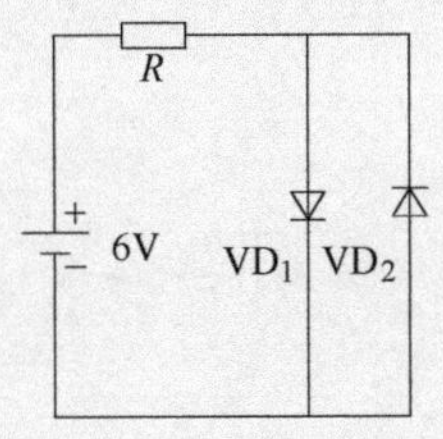

图 3-113　题 26 图

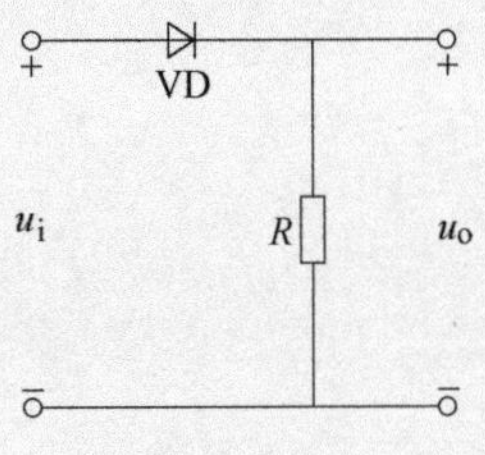

图 3-114　题 27 图

28. 特性完全相同的稳压二极管 2CW15（硅管），$U_Z = 8.2$V，接成如图 3-115 所示的电路，各电路输出电压 U_o 是多少？

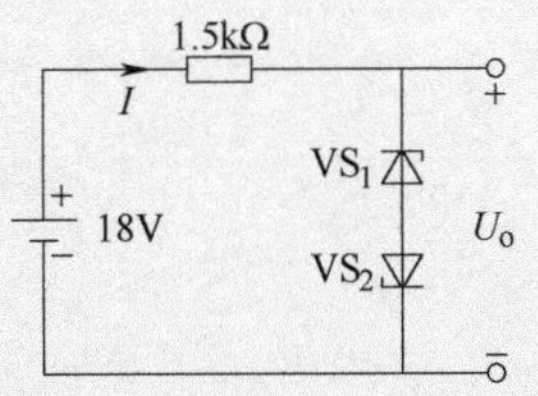

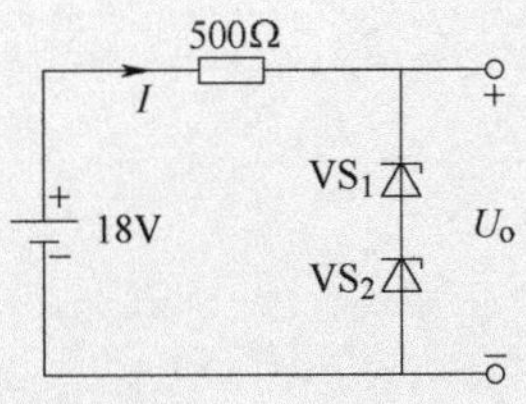

图 3-115　题 28 图

29. 图 3-116 所示放大电路中，已知 $U_{CC}=12V$，$R_C=4k\Omega$，$R_B=300k\Omega$，晶体管 $\beta=50$，试计算放大电路的静态工作点。

30. 在图 3-116 所示放大电路中，$U_{CC}=12V$，$R_B=300k\Omega$，$R_C=5k\Omega$，晶体管 $\beta=40$，试画出放大电路的微变等效电路，并求放大电路的电压放大倍数、输入电阻和输出电阻。

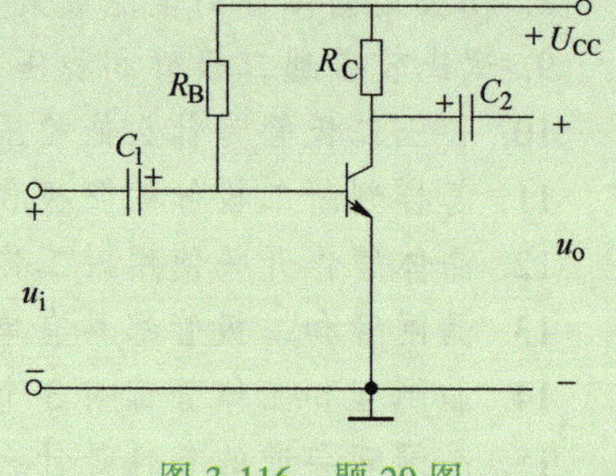

图 3-116　题 29 图

31. 已知单相桥式整流滤波电路的变压器二次电压为 $u_2=25\sin\omega t$V，$f=50$Hz。

1）估算负载电压 U_L，若 R_L 断开，则输出电压 U_L 为多少？

2）滤波电容 C 开路时，U_L 为多少？

3）当有一个二极管的正、负极接反时，将产生什么后果？

第4章

数字电路基础

学习目标

理论目标：

1）理解脉冲、数制和数码的概念，脉冲的基本参数。

2）掌握与、或、非 3 种逻辑关系、表达式及其真值表。

3）掌握基本门电路的逻辑功能。

4）理解编码器、译码器和数字显示器的原理。

5）掌握常用触发器逻辑功能。

6）理解寄存器、计数器的工作原理及逻辑功能。

7）理解 555 定时器工作原理。

技能目标：

1）能熟练分析基本门电路应用的逻辑功能。

2）能熟悉常用触发器、编码器、译码器和数字显示器的应用。

内容概述

党的二十大报告提出，“一些关键核心技术实现突破，战略性新兴产业发展壮大，载人航天、探月探火、深海深地探测、超级计算机、卫星导航、量子信息、核电技术、新能源技术、大飞机制造、生物医药等取得重大成果”。报告重点提及超级计算机、卫星导航、量子信息等通信新技术，未来通信新技术有望重点突破。

在汽车电子电路中，电信号主要在传感器、ECU 及执行器件之间进行传递。传感器输入 ECU 的信号大体上可以分两大类：一类是连续变化的信号，被称为模拟信号，如图 4-1a 所示；另一类是电压“高”“低”间隔变化的脉冲式信号，被称为数字信号，如图 4-1b 所示。

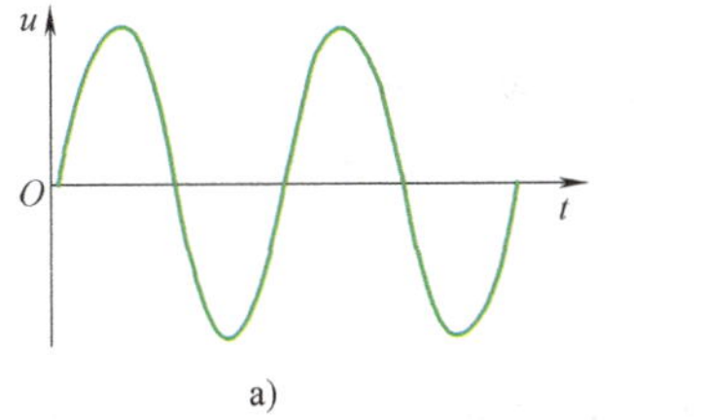

a)

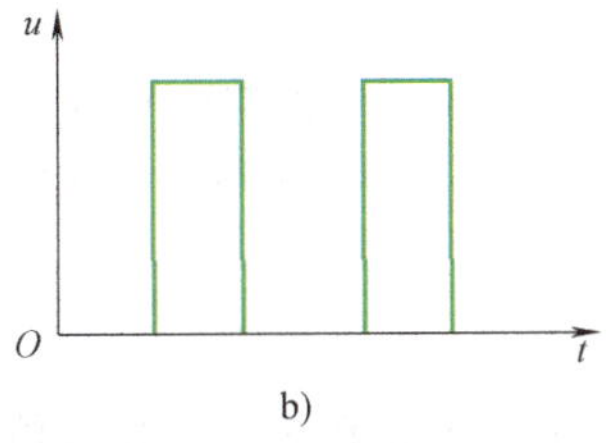

b)

图 4-1　模拟信号和数字信号

a）正弦信号　b）矩形波

汽车上传感器很多，常用传感器的输出信号见表 4-1。

表 4-1 汽车传感器输出信号的分类

输出模拟信号的传感器	输出数字信号的传感器
叶片式空气流量传感器、热丝式空气流量传感器、冷却液温度传感器、压力传感器、节气门位置传感器、浮子可变电阻式液位传感器	卡门涡旋式空气传感器、曲轴位置传感器、各种光电式传感器、各种霍尔式传感器、各种笛簧开关式传感器、各种报警电路的传感器

数字电路和模拟电路都是电子技术的重要基础。数字电路只研究输入、输出信号之间的逻辑关系，数字电路只需要能正确地反映信号的有无，而允许数值上存在一定范围的误差。数字电路因为其抗干扰能力强、能耗低、便于集成等优点而发展迅猛，在电子计算机、数字式仪表、数字控制装置、汽车电控单元（ECU）、汽车总线控制等方面都有非常广泛的应用。本章重点介绍门电路、组合逻辑电路、触发器和时序逻辑电路等。

相关知识

一、数字电路基础知识

（一）脉冲

1. 脉冲的基本概念

脉冲信号是多种多样的，常见的有方波、三角波、矩形波、尖峰波等，如图 4-2 所示。各种脉冲波的共同特点是突然变化和不连续性。

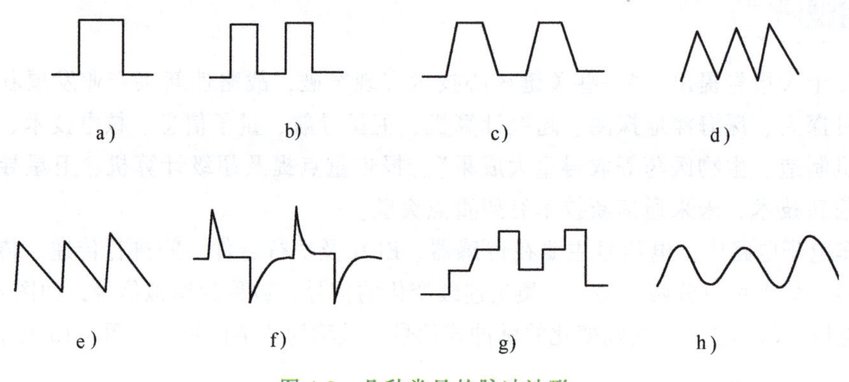

图 4-2 几种常见的脉冲波形

a）方形波 b）矩形波 c）梯形波 d）三角波
e）锯齿波 f）尖峰波 g）阶梯波 h）钟形波

2. 脉冲信号的主要参数

正弦波电压或电流可以用三要素等参数来表征其变化情况。同样，各种各样的脉冲信号也可以用一些参数来描述它的特征。矩形脉冲是一种典型的数字信号。图 4-3a 所示为矩形脉冲信号的理想形式。矩形脉冲有正脉冲和负脉冲之分。脉冲跃变后的值比初始值高的称为正脉冲；反之，则称为负脉冲，如图 4-3b 所示。但实际的矩形脉冲波形的脉冲上升和下降都需要一定的时间，不可能达到理想脉冲那么陡峭，是如图 4-3c 所示的形式。它的参数主要有：

（1）脉冲幅度 U_m　是脉冲电压变化的最大值。它是一个表示脉冲信号强弱的主要参数。

（2）脉冲前沿时间 t_r 和脉冲后沿时间 t_f

1）脉冲前沿时间指脉冲幅度从 $0.1U_m$ 上升到 $0.9U_m$ 所需的时间。前沿时间越小，前沿越陡。

2）脉冲后沿时间指脉冲幅度从 $0.9U_m$ 下降到 $0.1U_m$ 所需的时间。

（3）脉冲宽度 t_k　脉冲宽度指从前沿脉冲幅度的 50%到后沿脉冲幅度的 50%的时间。

（4）脉冲频率 f 和脉冲周期 T　脉冲频率指单位时间内的脉冲个数。脉冲周期指脉冲前、后两次出现的时间间隔，$T=1/f$。

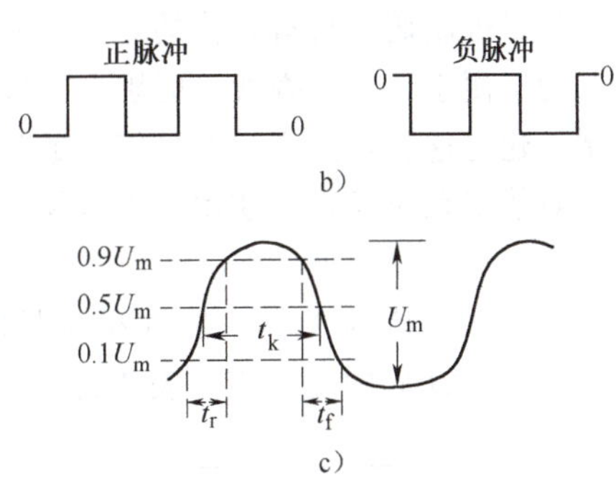

图 4-3　矩形脉冲信号

a）理想的矩形波信号　b）正脉冲和负脉冲　c）实际的矩形信号

（二）数的进制和码制

1. 数制

数制就是数的表示方法。数制有二进制、八进制、十进制和十六进制等，常用的有二进制和十进制。

（1）二进制　二进制数是用 0 和 1 两个数码按照一定的规律排列起来来表示数值大小的。它们与电路的两个状态（开和关、高电平和低电平等）直接对应。

二进制数有两个数码 0 和 1。二进制数的进位规则是“逢二进一”，即 1+1=10。二进制数 10 可表达为 $10=1\times2^1+0\times2^0$，也就是说，二进制数以 2 为基数。例如：

$$(1101)_2=1\times2^3+1\times2^2+0\times2^1+1\times2^0$$

式中，2 是基数，注脚 2 表示二进制数。以 2 为底的指数 2^3、2^2、2^1、2^0 称为二进制数相应各位的权。

显然，一个数中每一位的数值，不仅取决于该位数码的本身，还取决于该位的权，即用每位的数码乘以该位的权就得到该位的值。对于一个 n 位二进制数，其由高到低的各相应位的权分别为 2^{n-1}、2^{n-2}、……2^1、2^0。

（2）十进制　十进制数是用 0~9 共 10 个数码按照一定的规律排列起来来表示数值大小的。十进制数的进位规则是“逢十进一”，即 9+1=10。十进制数 10 可表达为 $10=1\times10^1+0\times10^0$，也就是说，十进制数以 10 为基数。例如：

$$259=2\times10^2+5\times10^1+9\times10^0$$

对于一个 n 位十进制数，其由高到低的各相应位的权分别为 10^{n-1}、10^{n-2}、……10^1、10^0。

（3）二进制数和十进制数之间的转换　二进制数转换为十进制数的方法是：将各位二进制乘以对应位的权，然后相加，其相加所得的和即为转换成的十进制数。例如：

$$(11101)_2=1\times2^4+1\times2^3+1\times2^2+0\times2^1+1\times2^0=(29)_{10}$$

若将十进制数转换成二进制数，用“除 2 取余”法。例如：

	余数	二进制数
2 | 27	……… 1	低位 ↑
2 | 13	……… 1	
2 | 6	……… 0	
2 | 3	……… 1	
2 | 1	……… 1	高位
0		

即 $(27)_{10}=(11011)_2$。

2. 码制

数字信息可分为两类，一类为数值信息，另一类为文字、图形、符号等非数值信息。对后一类信息，在数字系统中用一定位数的二进制数来表示，以便计算机能够处理。这些代表信息的二进制码不再有数值的意义，称为代码。

为了便于记忆、查找、区别，在编制各种代码时，总要遵循一定的规律，这一规律称为码制。建立这种与文字、符号等非数值信息之间一一对应关系的过程称为编码。

对数字系统而言，使用最为方便的是按二进制数编制代码。以二进制数编制十进制数代码称为 BCD 码。例如用四位二进制数码 0000~1001 依次表示一位十进制数的 0~9，则称为 8421BCD 码，因为 8、4、2、1 分别是四位二进制数所在位的权。

8421BCD 码的编码表见表 4-2。

表 4-2 8421BCD 码的编码表

十进制数码	8421 码	十进制数码	8421 码
0	0000	5	0101
1	0001	6	0110
2	0010	7	0111
3	0011	8	1000
4	0100	9	1001

（三）逻辑代数及基本运算

1. 逻辑代数

逻辑代数也称布尔代数，是分析和设计逻辑电路的一种数学工具，用来描述数字电路和数字系统的结构和方法。

逻辑代数有 1 和 0 两种逻辑值，它们并不表示数量的大小，而是表示两种对立的逻辑状态，例如电平的高低、晶体管的导通与截止、脉冲信号的有无、事物的是非等。所以，逻辑 1 和逻辑 0 与自然数的 1 和 0 有本质的区别。

在逻辑代数中，输出逻辑变量和输入逻辑变量的关系称为逻辑函数，可表示为 $F=f(A,B,C\cdots)$。式中，A、B、C 为输入逻辑变量，F 为逻辑函数。

2. 逻辑代数的基本运算

（1）逻辑与运算 逻辑与是描述与逻辑关系的，又称与运算。其表达式为

$$F=A\cdot B \tag{4-1}$$

其意义是仅当决定事物发生的所有条件 A、B 均具备时，事件 F 才发生。例如，把开关 A、B 和灯 F 串联到电源上，如图 4-4所示，只有当开关 A 与 B 均闭合时灯才亮。两只开关中有一只不闭合，灯就不能亮。

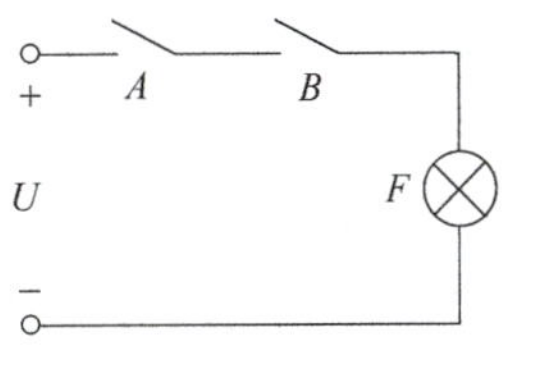

图 4-4 与逻辑电路

若用“0”和“1”分别代表开关的“开”与“关”或灯泡的“暗”与“亮”，则在 A 和 B 分别取 0 或 1 时，F 的逻辑状态可用表 4-3 表示，称为真值表。

表 4-3 与逻辑真值表

A	B	F	A	B	F
0	0	0	1	0	0
0	1	0	1	1	1

（2）逻辑或运算 逻辑或是描述或逻辑关系的，又称或运算。其表达式为

$$F=A+B \tag{4-2}$$

其意义是在决定事物发生的所有条件 A、B 中，只要有一个或一个以上的条件具备时，事件 F 就发生。例如，把开关 A、B 并联后和灯 F 串联到电源上，如图 4-5 所示，当开关 A 或 B 中有一只或一只以上闭合时灯均能亮。只有当两只开关全断开时灯才不亮。

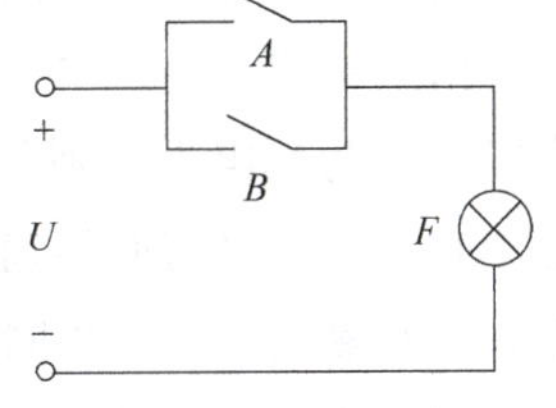

图 4-5 或逻辑电路

A、B、F 间的逻辑状态的真值表见表 4-4。

表 4-4 或逻辑真值表

A	B	F	A	B	F
0	0	0	1	0	1
0	1	1	1	1	1

（3）逻辑非运算 逻辑非是描述非逻辑关系的，是对一个逻辑变量的否定，也称非运算。其表达式为

$$F=\overline{A} \tag{4-3}$$

其意义是事物的结果与发生的条件相反。例如，开关 A 与灯 F 并联后串联到电源上，如图 4-6 所示，当开关 A 闭合时灯 F 不亮，开关 A 断开时灯 F 亮。

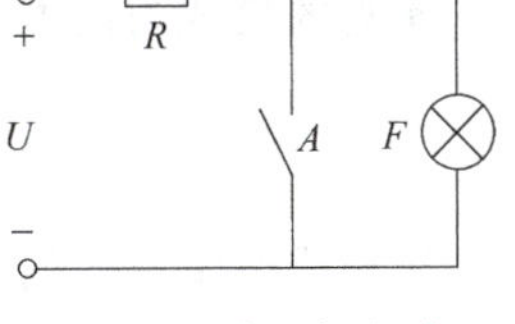

图 4-6 非逻辑电路

A、F 间的逻辑状态的真值表见表 4-5。

表 4-5 非逻辑真值表

A	F
0	1
1	0

二、基本门电路

门电路是数字电路的基础，也是形成组合逻辑电路的基本单元，其应用极为广泛。所谓“门”就是一种开关，在一定条件下它允许信号通过；条件不满足时，信号就不能通过。因此利用开关的不同连接形式，可以实现一定的逻辑关系。门电路中的“开关”是利用二极管、晶体管或场效应晶体管的导通和截止的开关状态来实现的。

（一）与门电路

门电路利用半导体元件的开关特性（导通或截止）实现开关作用。研究逻辑关系所关心的是，条件是否满足及结果是否发生，而在门电路中，条件满足与否及结果发生与否以输入和输出电平的高与低两种状态来表达。

实现与逻辑关系的电路称为与门电路，简称与门。二极管与门电路如图 4-7a 所示。

由图可知，输入端 A、B 中有一个（或一个以上）为低电平，则与输入端相连的二极管必然获得正偏电压而导通，使输出端 F 为低电平。只有输入端 A、B 同时为高电平时，二极管均截止输出端 F 才是高电平。由此可知输入对输出呈现与逻辑关系，即 $F=A\cdot B$，其逻辑电路符号如图 4-7b 所示，其真值表见表 4-3。

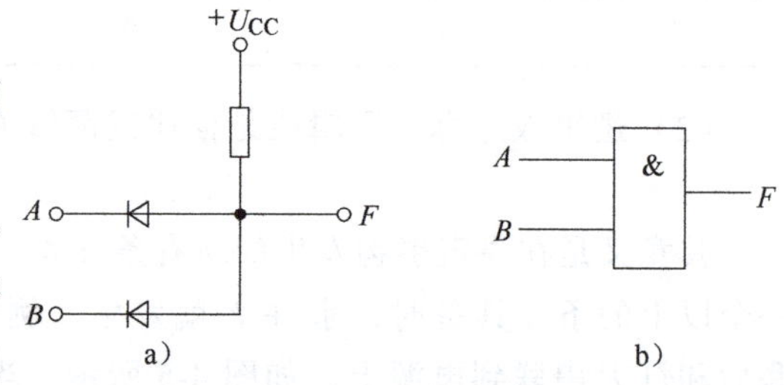

图 4-7　二极管与门电路及其逻辑符号

a）二极管与门电路　b）与门逻辑符号

根据与门电路真值表可得与门电路的逻辑功能为：“有 0 为 0，全 1 为 1”。

根据与门电路真值表和逻辑表达式可以得出逻辑乘的运算规律为：

$$0\cdot 0=0\quad 0\cdot 1=0\quad 1\cdot 0=0\quad 1\cdot 1=1 \tag{4-4}$$

$$A\cdot 0=0\quad A\cdot 1=A\quad A\cdot A=A \tag{4-5}$$

常见的集成与门电路有 74LS08 和 CD4081 等。

（二）或门电路

实现或逻辑关系的电路称为或门电路，简称或门。二极管或门电路如图 4-8a 所示。

由图可知，输入端 A、B 中有一个（或一个以上）为高电平时，与之相连的二极管获得正偏电压而导通，使输出端 F 为高电平。只有输入端 A、B 同时为低电平时，输出端 F 才是低电平。由此可知输入对输出呈现或逻辑关系，即 $F=A+B$，其逻辑电路符号如图 4-8b 所示，其真

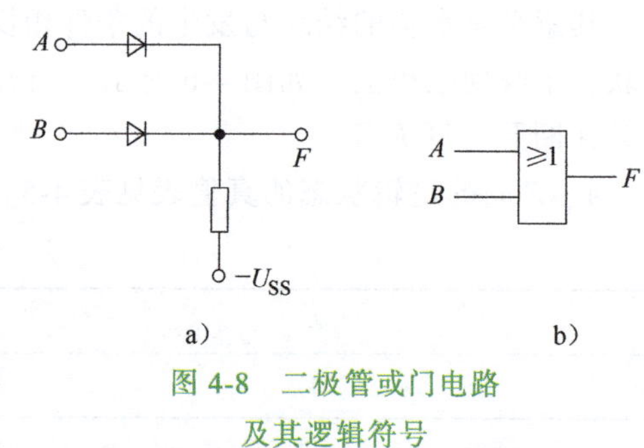

图 4-8　二极管或门电路及其逻辑符号

a）二极管或门电路　b）或门逻辑符号

值表见表 4-4。

根据或门电路真值表可得或门电路的逻辑功能为："有 1 为 1，全 0 为 0"。

根据或门电路真值表和或门电路逻辑表达式，可以得出逻辑加的运算规律为：

$$0+0=0 \quad 0+1=1 \quad 1+0=1 \quad 1+1=1 \tag{4-6}$$

$$A+0=A \quad A+1=1 \quad A+A=A \tag{4-7}$$

常见的或门集成电路有 74LS32 和 CD4071 等。

（三）非门电路

实现非逻辑关系的电路称为非门电路，简称非门。晶体管非门电路如图 4-9a 所示。

非门又称反相器，是实现逻辑翻转的门电路。它对输入的逻辑电平取反，实现相反的逻辑功能输出。只要电阻 R_1、R_2 和负电源 $-U_{SS}$ 参数配合适当，则当输入端 A 为低电平信号时，晶体管基极为负电位，发射结反偏，晶体管可靠截止，输出端 F 为高电平；而当输入端 A 为高电平时，晶体管基极为正电位而饱和导通，输出端 F 为低电平。由此可知输入对输出呈现非逻辑关系，即 $F=\overline{A}$。非逻辑的运算称为非运算，又称逻辑非。非运算的逻辑电路符号如图 4-9b 所示。其真值表见表 4-5。

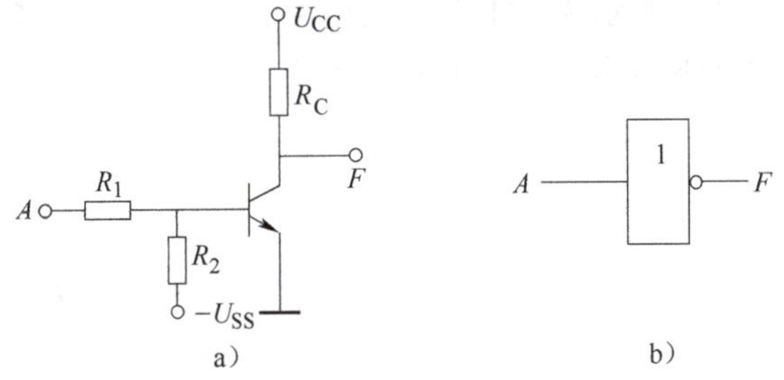

图 4-9 非门电路及其逻辑符号

a）晶体管非门电路 b）非门逻辑符号

非门电路只有一个输入端和一个输出端。非门电路的逻辑功能是：输出与输入的电平相反，即"入 1 出 0，入 0 出 1"。

根据非门真值表和非门逻辑表达式，可以得出逻辑非的运算规律为：

$$\overline{0}=1 \quad \overline{1}=0 \tag{4-8}$$

$$A+\overline{A}=1 \quad A\cdot\overline{A}=0 \quad \overline{\overline{A}}=A \tag{4-9}$$

在非门电路中，若输入端 A 的波形已知，则根据非门电路的逻辑功能可画出输出端 F 的波形，如图 4-10 所示。

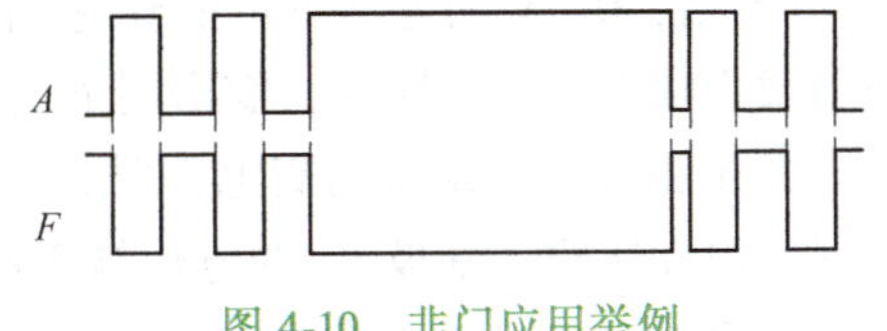

图 4-10 非门应用举例

常见的非门集成电路有 74LS04 和 CD4069。

（四）集成复合门电路

由上述 3 种基本门电路可以组成各种复合门电路。常用的复合门电路有与非门、或非门、异或门、同或门等。在实际应用中，广泛使用的是 TTL 和 CMOS 集成复合门电路。

TTL 门电路是晶体管-晶体管-逻辑门电路的简称。TTL 集成门电路生产较早，制造工艺成熟、产量大、品种全、价格低、速度快，是中小规模集成电路的主流。TTL 门电路有多种类型，国际通用类型分为 74、74L、74H、74S、74LS、74AS、74ALS 等。国产 TTL 集成电

路主要有 CT1000~CT4000 4 个系列。

MOS 电路是金属-氧化物-半导体场效应晶体管电路的简称。MOS 集成电路可分为 NMOS 电路、PMOS 电路和 CMOS 电路。CMOS 电路是互补 MOS 电路的简称。所谓互补是从电路结构来说的，它是由两种不同类型的 MOS 管组合而成的门电路：由 P 沟道增强型 MOS 管作为负载管，由 N 沟道增强型 MOS 管作为驱动管。COMS 集成电路的特点是制造方便、功耗小，带负载和抗干扰能力强，工作速度接近于 TTL 电路。在大规模和超大规模集成电路中大多采用这种电路。国产 CMOS 集成电路主要有 CC0000~CC4000 等几个系列。

1. TTL 与非门电路

（1）TTL 与非门电路的组成　实现与逻辑和非逻辑复合运算的门电路称为与非门电路。图 4-11a 所示为 TTL 与非门电路，VT1 是一个多发射极的晶体管，它在电路中的作用可以用图 4-11b 所示的等效电路来代替。

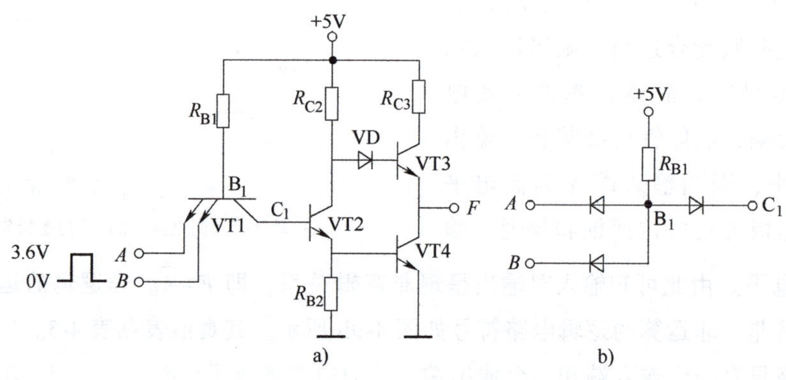

图 4-11　TTL 与非门

a）TTL 与非门电路　b）多发射极晶体管等效电路

（2）TTL 与非门电路工作原理　当 A 或 B 输入端中任一个或两个为低电平时，VT1 的基极 B_1 的电位被箝制在 0.7V 左右，由 B_1 经 VT1 集电结、VT2 发射结和 VT4 发射结到地经过 3 个 PN 结，0.7V 的电压不可能让它们都导通，所以 VT1 将处于饱和状态，VT2 和 VT4 都处于截止状态，VT3 导通，输出端 F 为高电平。

当 A 和 B 输入端都为高电平时，+5V 电源经 R_{B1}、VT1 集电结、VT2 发射结和 VT4 发射结到地构成通路，基极 B_1 的电位被箝制在 2.1V 左右，低于 A 和 B 的电位 3.6V，使得 VT1 截止，而 VT2 和 VT4 饱和导通，VT3 截止，输出端 F 为低电平。

简而言之，当输入端 A 和 B 全为高电平时，输出端 F 为低电平。当输入端 A 和 B 至少有一个为低电平时，输出端 F 为高电平。由以上分析可知该电路实现了与非逻辑功能，其逻辑关系表达式为

A ─ & ─ F
B ─

图 4-12　与非门逻辑符号

$$F=\overline{A\cdot B} \tag{4-10}$$

其逻辑电路符号如图 4-12 所示。

与非门电路的真值表见表 4-6。

表 4-6 与非门真值表

A	B	$A \cdot B$	F
0	0	0	1
0	1	0	1
1	0	0	1
1	1	1	0

由真值表可得与非门的逻辑功能为“有 0 为 1，全 1 为 0”。

(3) 常用 TTL 与非门电路举例 同一集成电路内可含有多个与非门电路，各个与非门电路可独立使用，但共用一个电源线和一个接地线，电源电压为 +5V。图 4-13 所示为一个三三输入与非门 74LS10 的引脚排列图。此外，还有四二输入与非门 74LS00（CT1000）等。

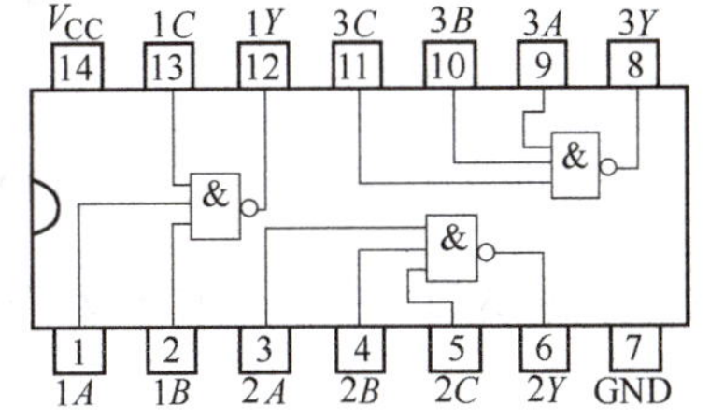

图 4-13 74LS10 引脚排列

2. CMOS 或非门电路

(1) 电路组成 实现或逻辑和非逻辑复合运算的门电路称为或非门电路。图 4-14a 所示为 CMOS 或非门电路。电路中上面两个增强型 PMOS 管串联，下面两个增强型 NMOS 管并联。增强型 NMOS 管的开启电压 $U_{GS(th)}$ 为正值，只有在 $U_{GS}> U_{GS(th)}$ 时，NMOS 管导通；否则，NOMS 管截止。增强型 PMOS 管的开启电压 $U_{GS(th)}$ 为负值，只有在 $U_{GS}<U_{GS(th)}$ 时，PMOS 管导通；否则，PMOS 管截止。

(2) 工作原理

1) 当输入端 $A=0$、$B=0$ 时，PMOS1 和 PMOS2 导通，NMOS1 和 NMOS2 截止，输出端 $F=1$。

2) 当输入端 $A=0$、$B=1$ 时，PMOS1 导通，PMOS2 截止，NMOS1 截止，NMOS2 导通，输出端 $F=0$。

3) 当输入端 $A=1$、$B=0$ 时，PMOS1 截止，PMOS2 导通，NMOS1 导通，NMOS2 截止，输出端 $F=0$。

4) 当输入端 $A=1$、$B=1$ 时，PMOS1 和 PMOS2 截止，NMOS1 和 NMOS2 导通，输出端 $F=0$。

简而言之，当输入端 A 和 B 全为低电平时，输出端 F 为高电平。当输入端 A 和 B 至少有一个为高电平时，输出端 F 为低电平。由以上分析可知该电路实现了或非逻辑功能。或非门的逻辑表达式为

$$F=\overline{A+B} \tag{4-11}$$

或非门电路的逻辑电路符号如图 4-14b 所示。

或非门电路的真值表见表 4-7。

由真值表可得或非门的逻辑功能为“有 1 为 0，全 0 为 1”。

(3) 或非门常用电路举例 同一集成电路内可含有多个或非门电路，各个或非门电路可独立使用，但共用一个电源线和一个接地线，电源电压在 3～18V 范围内都能正常工作。

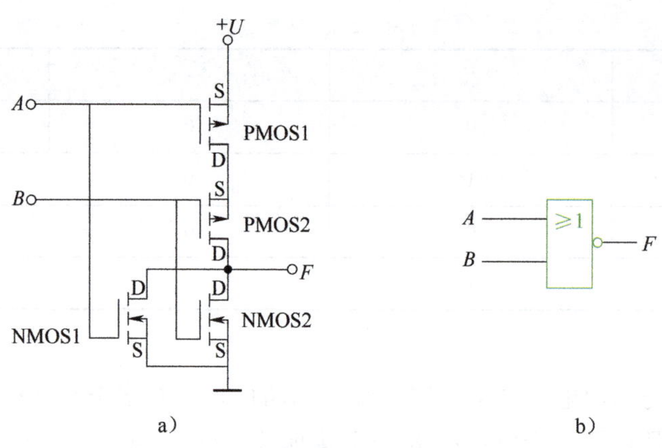

图 4-14 CMOS 或非门

a) CMOS 或非门电路 b) 或非门逻辑符号

图 4-15 所示为一个四 2 输入或非门 74LS02（CT186）的引脚排列图。

表 4-7 或非门真值表

A	B	A+B	F
0	0	0	1
0	1	1	0
1	0	1	0
1	1	1	0

（4）CMOS 电路特点 CMOS 电路具有功耗低、电源电压范围宽、抗干扰能力强、制造工艺较简单、集成度高，宜于实现大规模集成等优点，但延迟时间较大，所以开、关速度较慢。

3. 异或门电路

实现 $F=A\overline{B}+\overline{A}B$ 复合运算的门电路称为异或门电路。其逻辑符号如图 4-16 所示。

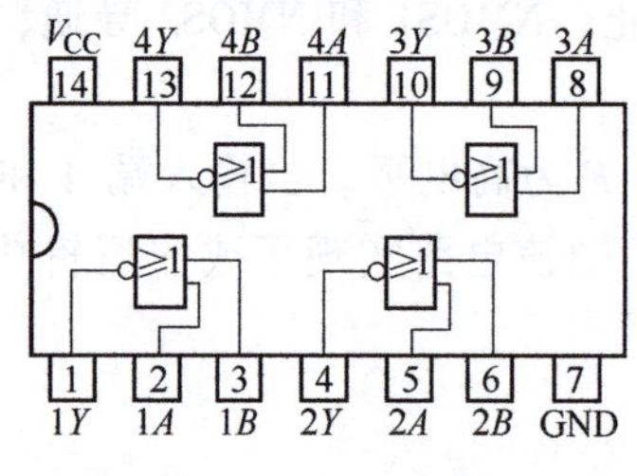

图 4-15 74LS02 引脚排列

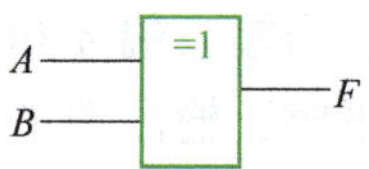

图 4-16 异或门逻辑符号

异或门的逻辑表达式也可记为

$$F=A\oplus B=A\overline{B}+\overline{A}B \tag{4-12}$$

异或门电路的真值表见表 4-8。

表 4-8　异或门真值表

A	B	$A\overline{B}$	$\overline{A}B$	F
0	0	0	0	0
0	1	0	1	1
1	0	1	0	1
1	1	0	0	0

由真值表可得异或门的逻辑功能为“相同出 0，不同出 1”。

常用的异或门电路有 74LS86，其引脚排列如图 4-17 所示。

4. 三态与非门电路

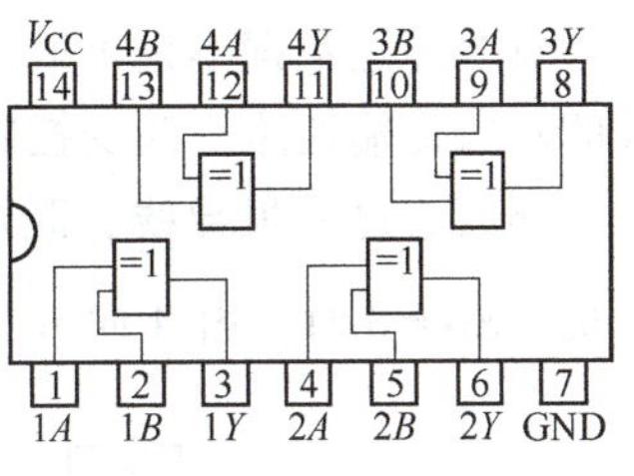

图 4-17　74LS86 引脚排列

在应用中，两个集成 TTL 与非门的输出端不能接在公共的信号传输线上，否则，因为两输出端并联，若一个输出为高电平，另一个输出低电平，两者之间会有很大的电流通过，会使元件损坏。但在实际应用中为了减少信号传输线的数量，以适应各种数字电路的需要，有时需要将两个或多个与非门的输出端接在同一信号传输线上，这就需要一种输出端除了有低电平 0 和高电平 1 两种状态外，还要有第 3 种高阻状态（即开路状态）的门电路，即三态与非门。三态门可以使每个逻辑门能在不同时刻轮流向传输线送信号。

（1）电路组成　三态与非门输出有 1 态、0 态和高阻（即开路）状态，所以称为三态。如果把几个逻辑门的输出端都接到同一根传输线上，要求每个逻辑门能在不同时刻轮流向传输线送信号，这就需要对每个逻辑门进行分时控制，为此可采用一种带有控制端的逻辑门，即三态门。图 4-18 所示为一个 TTL 三态与非门电路。其中$\overline{EN}$即为控制端，或称为使能端。

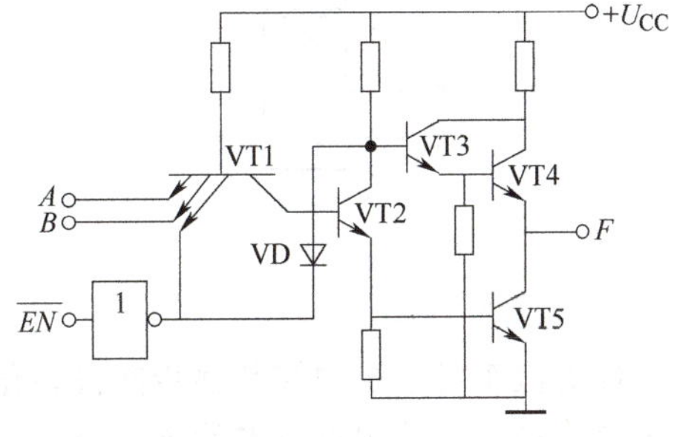

图 4-18　TTL 三态与非门电路

（2）工作原理　当控制信号$\overline{EN}=0$时，VD 截止，与变通与非门一样，$F=\overline{AB}$。当控制信号$\overline{EN}=1$时，多发射极晶体管 VT1 有一个输入端为低电平，所以 VT2、VT5 截止，同时 VD 导通，VT3 基极电位也变低，所以 VT4 截止。因 VT4、VT5 都截止，输出端 F 便被悬空，呈现高阻状态。

三态与非门有两种：一种是低电平有效的三态与非门，即$\overline{EN}=1$时 F 为高阻态，$\overline{EN}=0$时 $F=\overline{A\cdot B}$；另一种是高电平有效的三态与非门，即 $EN=0$ 时 F 为高阻态，$EN=1$ 时 $F=\overline{A\cdot B}$。两种与非门的逻辑符号及逻辑功能表见表 4-9。

表 4-9　三态与非门逻辑符号和逻辑功能表

逻辑符号	逻 辑 功 能		逻辑符号	逻 辑 功 能	
A, B, $\overline{EN}$ 输入，&，▽，EN，输出 F	$\overline{EN}=0$	$F=\overline{A\cdot B}$	A, B, EN 输入，&，▽，EN，输出 F	$EN=0$	$F=$高阻态
	$\overline{EN}=1$	$F=$高阻态		$EN=1$	$F=\overline{A\cdot B}$

表 4-9 中控制端加非表示低电平有效，不加非则表示高电平有效。集成三态门除了三态与非门外，还有三态非门、三态缓冲门等。三态门在信号传输、计算机等数字系统中是一种重要的接口电路。

（3）主要应用 三态门最重要的一个用途是可以实现用一根导线轮流传送几个不同的数据或控制信号。图 4-19 所示导线称为总线（或母线）。

只要让各门的控制端轮流处于高电平，即任何时间只能有一个三态门处于工作状态，而其余三态门均处于高阻状态，这样，总线就会轮流接受各三态门的输出。这种用总线来传送数据或信号的方法，在计算机中被广泛采用。汽车总线控制技术即基于此。

总线传送数据不仅可以单向传输，还可以实现双向传输。图 4-20 所示为三态与非门组成的双向传输通路。改变控制端的电平就可控制信号的传输方向。若 A 为主机，B 为外部设备，那么通过一根导线，既可以由 A 向 B 输出数据，又可以由 B 向 A 输入数据，彼此互不干扰。$\overline{EN}=0$ 时，由 A 向 B 传输；$\overline{EN}=1$ 时，由 B 向 A 传输。

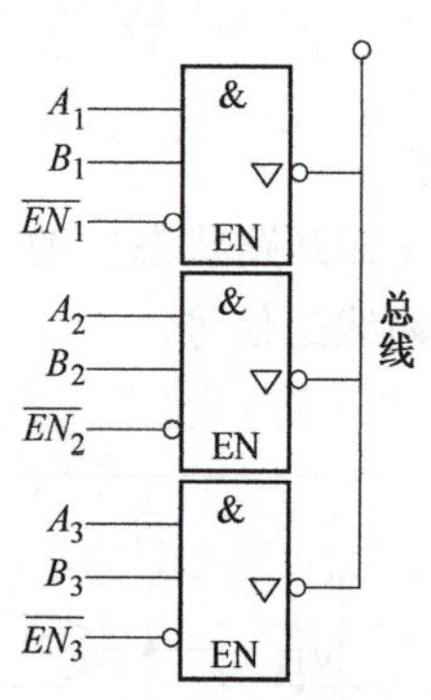

图 4-19 TTL 三态与非门电路

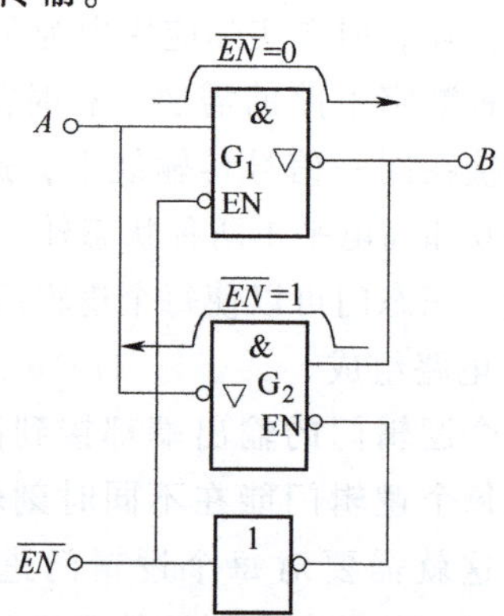

图 4-20 三态与非门组成的双向传输通路

5. 汽车总线控制

随着汽车各系统的控制逐步向自动化和智能化转变，汽车电气系统变得日益复杂。传统的电气系统大多采用点对点的单一通信方式，相互之间少有联系，这样必然会形成庞大的布线系统。据统计，一辆采用传统布线方法的高档汽车中，其导线长度可达 2000m，电气节点可达 1500 个，而且该数字大约每 10 年就将增加 1 倍。

随着汽车电器设备和各种自动控制设备在现代汽车上的使用越来越广泛，传统的点对点连线通信方式已经不能满足现在的要求，为了克服传统通信方式的局限性，实现数据共享，实时对车况进行控制，总线技术应运而生。在总线上传递的信息可以被多个系统共享，从而最大限度地提高系统整体的效率，充分利用有限的资源。例如，电脑键盘有 104 个键，可以发出 100 多个不同的指令，但键盘与主机之间的数据只有 7 条，键盘正是依靠这 7 条导线上不同的电平组合（编码信号）来传递信息的。如果这种方式应用在汽车电气系统上，就可以大大简化汽车电路。目前，在汽车上已经越来越多地使用 CAN 数据总线。在现代轿车的设计中，CAN 总线已经成为必须采用的装置。

CAN 总线是一种多主机方式的串行通信总线。与同类产品相比，CAN 总线在数据通信方面具有高速、实时、可靠和灵活等优点。因此作为一种技术先进、可靠性高、功能完善、成本合理的网络通信控制方式，CAN 总线标准被广泛地应用于车载局域网。

三、组合逻辑电路

基本门电路功能简单，实际应用中将它们组合起来，构成各种组合逻辑电路，以实现各种较复杂的逻辑功能。常用的组合逻辑电路有编码器和译码器电路。

（一）编码器

在数字电路中，把某种控制信息用一个规定的二进制数来表示，这种表示控制信息的二进制数称为代码。将信息变换成二进制代码的过程，称为编码。

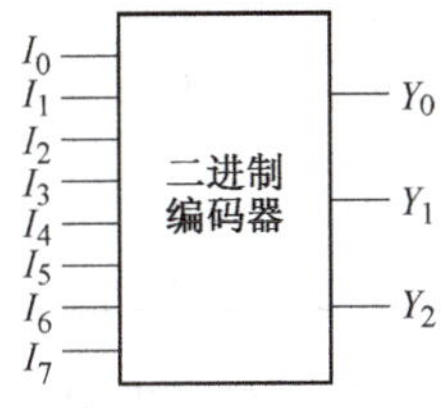

图 4-21　二进制编码电路示意图

图 4-21 所示为 8 个输入端、3 个输出端（3 位二进制数可表达 8 种信息）的编码电路示意图。实现编码功能的组合逻辑电路称为编码器。例如，计算机的输入键盘功能就是由编码器组成的，每按下一个键，编码器就将该按键的含义转换成一个计算机能够识别的二进制数，用它去控制计算机的操作。

编码器可分为二进制编码器、二-十进制编码器和优先编码器。

1. 二进制编码器

用 n 位二进制代码对 2^n 个信息进行编码的电路，称为二进制编码器。例如三位二进制数有 8 种组合，可以用来表示 8 种控制信息，因而这一编码器有 8 根输入线、3 根输出线。图 4-22 所示为由非门和与非门组成的三位二进制编码器。$I_1 \sim I_7$ 为 8 个需要编码的输入信号（$I_1 \sim I_7$ 均为 0 时即为 I_0，故未画出），输出 Y_2、Y_1 和 Y_0 为三位二进制代码。

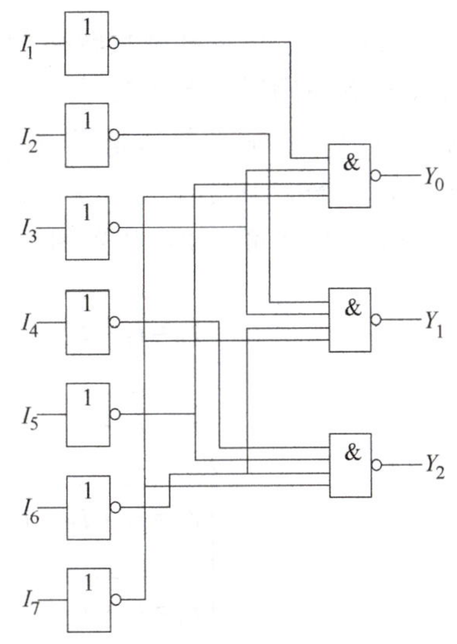

图 4-22　三位二进制编码器

由图 4-22 可写出编码器的输出逻辑函数为

$$
\begin{cases}
Y_0 = \overline{\bar{I}_1 \cdot \bar{I}_3 \cdot \bar{I}_5 \cdot \bar{I}_7} \\
Y_1 = \overline{\bar{I}_2 \cdot \bar{I}_3 \cdot \bar{I}_6 \cdot \bar{I}_7} \\
Y_2 = \overline{\bar{I}_4 \cdot \bar{I}_5 \cdot \bar{I}_6 \cdot \bar{I}_7}
\end{cases}
\tag{4-13}
$$

由式（4-13）可列出表 4-10 所示的真值表。由该表可知，图 4-22 所示编码器在任何时刻只能对一个输入信号进行编码，不允许有两个或两个以上的输入信号同时请示编码，否则，输出编码会发生混乱。这就是说，$I_0 \sim I_7$ 这 8 个编码信号是相互排斥的。在 $I_1 \sim I_7$ 为 0 时，输出就是 I_0 的编码，故 I_0 未画出。

由于该编码器有 8 个输入端、3 个输出端，故称为八线-三线编码器。同理，还有四线-二线编码器、十六线-四线编码器等。常用八线-三线二进制编码器有 74LS148 等。

2. 二-十进制编码器

二进制虽然适用于数字电路，但是人们习惯使用的是十进制。因此，在计算机和其他数控装置中输入和输出数据时，要进行十进制数与二进制数的相互转换。为了便于人机对话，一般是将准备输入的十进制数的每一位数都用一个四位二进制数来表示，它既具有十进制的

表 4-10 八线-三线编码器的真值表

输入								输出		
I_0	I_1	I_2	I_3	I_4	I_5	I_6	I_7	Y_2、	Y_1	Y_0
1	0	0	0	0	0	0	0	0	0	0
0	1	0	0	0	0	0	0	0	0	1
0	0	1	0	0	0	0	0	0	1	0
0	0	0	1	0	0	0	0	0	1	1
0	0	0	0	1	0	0	0	1	0	0
0	0	0	0	0	1	0	0	1	0	1
0	0	0	0	0	0	1	0	1	1	0
0	0	0	0	0	0	0	1	1	1	1

特点又具有二进制的形式，是一种用二进制代码来表示的十进制数，称为二-十进制编码，简称 BCD 码。

四位二进制数 0000、0001、0010、…、1111 共有 16 个，而表示一位十进制数码 0~9，只需要 10 个四位二进制数即可。从 16 个四位二进制数中选择其中的 10 个，来表示十进制数码 0~9 的方式可以有很多种，最常用的方式是取前面 10 个四位二进制数 0000~1001，来表示对应的十进制数码 0~9。由于 0000~1001 中每位二进制数的权（即基数 2 的幂次）分别为 2^3、2^2、2^1、2^0，即为 8421，因此用 0000~1001 分别表示 0~9 的 BCD 编码，又称为 8421BCD 码。

用 0~9 十个十进制数转换为二进制代码的电路，称为二-十进制编码器。图 4-23 所示为二-十进制编码器，$I_1 \sim I_9$ 为 10 个需要编码的输入信号（$I_1 \sim I_9$ 均为 0 时即为 I_0，故未画出），输出 Y_3、Y_2、Y_1 和 Y_0 为四位二进制代码。

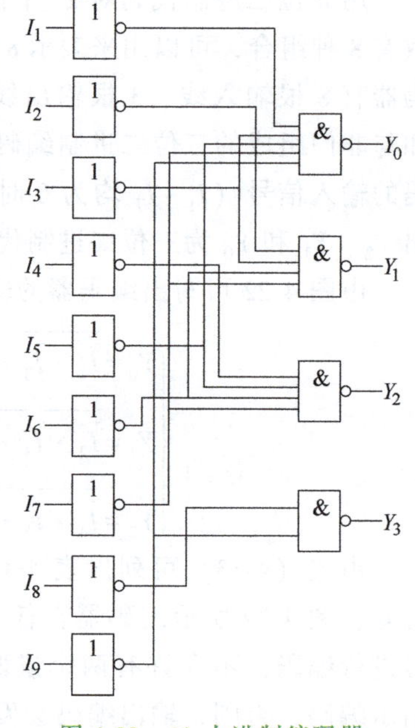

图 4-23 二-十进制编码器

由图 4-23 可写出编码器的输出逻辑函数为

$$\begin{cases} Y_0 = \overline{\overline{I}_1 \cdot \overline{I}_3 \cdot \overline{I}_5 \cdot \overline{I}_7 \cdot \overline{I}_9} \\ Y_1 = \overline{\overline{I}_2 \cdot \overline{I}_3 \cdot \overline{I}_6 \cdot \overline{I}_7} \\ Y_2 = \overline{\overline{I}_4 \cdot \overline{I}_5 \cdot \overline{I}_6 \cdot \overline{I}_7} \\ Y_3 = \overline{\overline{I}_8 \cdot \overline{I}_9} \end{cases} \tag{4-14}$$

由式（4-14）可列出表 4-11 所示的真值表。由该表可知，当编码器某一个输入信号为 1 而其他信号都为 0 时，则有一组对应的数码输出，如 $I_7 = 1$ 时，$Y_3Y_2Y_1Y_0 = 0111$。由表 4-11 可看出，该编码器输入 $I_0 \sim I_9$ 这 10 个编码信号也是相互排斥的。

3. 优先编码器

二进制编码器和二-十进制编码器的输入信号之间是相互排斥的，不许同时输入多个编码信号。而在优先编码器中就不存在这个问题，它允许同时输入多个编码信号，而电路只对其中优先级别最高的信号进行编码，而不会对级别低的信号编码，这样的电路称为优先编码器。

表 4-11　8421BCD 码编码器的真值表

输入										输出			
I_0	I_1	I_2	I_3	I_4	I_5	I_6	I_7	I_8	I_9	Y_3	Y_2	Y_1	Y_0
1	0	0	0	0	0	0	0	0	0	0	0	0	0
0	1	0	0	0	0	0	0	0	0	0	0	0	1
0	0	1	0	0	0	0	0	0	0	0	0	1	0
0	0	0	1	0	0	0	0	0	0	0	0	1	1
0	0	0	0	1	0	0	0	0	0	0	1	0	0
0	0	0	0	0	1	0	0	0	0	0	1	0	1
0	0	0	0	0	0	1	0	0	0	0	1	1	0
0	0	0	0	0	0	0	1	0	0	0	1	1	1
0	0	0	0	0	0	0	0	1	0	1	0	0	0
0	0	0	0	0	0	0	0	0	1	1	0	0	1

在优先编码器中，优先级别高的编码信号排斥级别低的，优先权的顺序完全是根据实际需要来确定的。图 4-24 所示为二-十进制优先编码器 CT74LS147 的逻辑功能示意图，又称十线-四线优先编码器。

CT74LS147 的真值表见表 4-12。

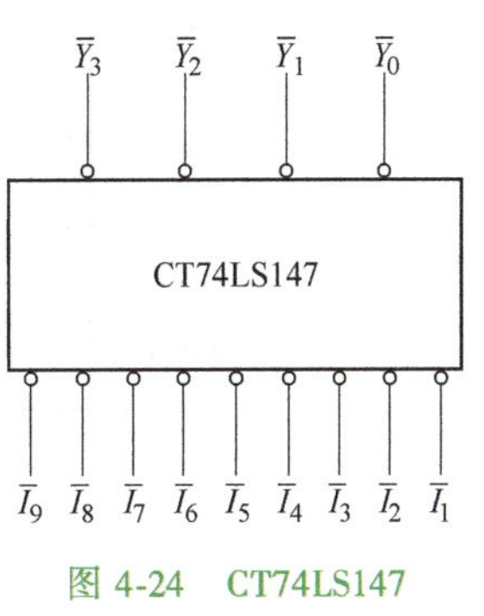

图 4-24　CT74LS147 的逻辑功能示意图

$\overline{Y}_3$、$\overline{Y}_2$、$\overline{Y}_1$、$\overline{Y}_0$ 为数码输出端，输出为 8421BCD 码的反码。$\overline{I}_1 \sim \overline{I}_9$ 为编码信号输入端，输入低电平 0 有效，这时表示有编码请求；输入高电平 1 无效，表示无编码请求。在 $\overline{I}_1 \sim \overline{I}_9$ 中，$\overline{I}_9$ 的优先级别最高，$\overline{I}_8$ 次之，其余依次类推。也就是说，当 $\overline{I}_9=0$ 时，其余输入信号不论是 0 还是 1 都不起作用，电路只对 $\overline{I}_9$ 进行编码，输出 $\overline{Y}_3\overline{Y}_2\overline{Y}_1\overline{Y}_0=0110$，为反码，其原码为 1001。其余类推。在图 4-24 中，没有 $\overline{I}_0$，这是因为当 $\overline{I}_1 \sim \overline{I}_9$ 都为高电平 1 时，输出 $\overline{Y}_3\overline{Y}_2\overline{Y}_1\overline{Y}_0=1111$，其反码为 0000，相当于输入 $\overline{I}_0$。因此，在逻辑功能示意图中没有输入端 $\overline{I}_0$。

表 4-12　CT74LS147 的真值表

输入									输出			
$\overline{I}_1$	$\overline{I}_2$	$\overline{I}_3$	$\overline{I}_4$	$\overline{I}_5$	$\overline{I}_6$	$\overline{I}_7$	$\overline{I}_8$	$\overline{I}_9$	$\overline{Y}_3$	$\overline{Y}_2$	$\overline{Y}_1$	$\overline{Y}_0$
1	1	1	1	1	1	1	1	1	1	1	1	1
*	*	*	*	*	*	*	*	0	0	1	1	0
*	*	*	*	*	*	*	0	1	0	1	1	1
*	*	*	*	*	*	0	1	1	1	0	0	0
*	*	*	*	*	0	1	1	1	1	0	0	1
*	*	*	*	0	1	1	1	1	1	0	1	0
*	*	*	0	0	1	1	1	1	1	0	1	1
*	*	0	1	1	1	1	1	1	1	1	0	0
*	0	1	1	1	1	1	1	1	1	1	0	1
0	1	1	1	1	1	1	1	1	1	1	1	0

CT74LS147 输出为 8421BCD 码的反码。输入端低电平 0 有效，表示有编码请求；输入高电平 1 无效，表示无编码请求。$\overline{I}_9$ 优先级别最高，其余类推。

（二）译码器

译码的作用与编码相反，译码是将二进制代码变换成信息的过程，实现译码功能的组合逻辑电路称为译码器。二位二进制译码器示意图如图 4-25 所示。

1. 二进制译码器

如果译码器输入的信号是两位二进制数，它就有 4 种组合，对应着 4 种信息，即 00、01、10、11，也就是说它有两个逻辑变量，共有 4 种输出状态。变换成信息时，就需要译码器有 2 根输入线、4 根输出线。

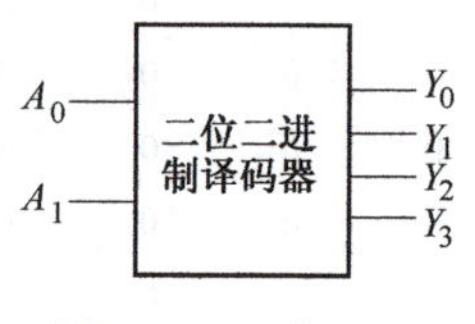

图 4-25 二位二进制译码器示意图

CT74LS139 为双二线-四线译码器，其引脚图和逻辑电路图如图 4-26 示。

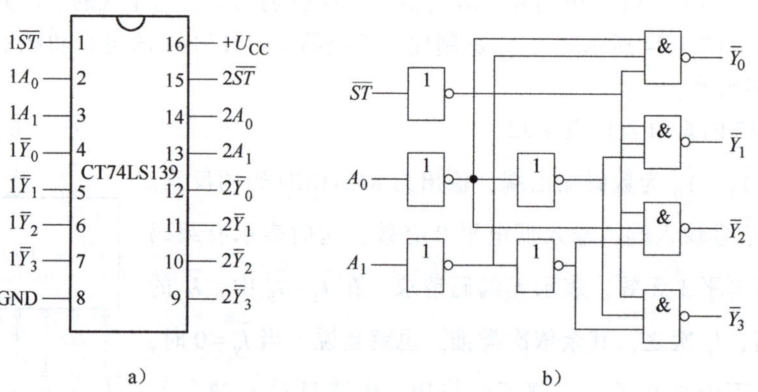

图 4-26 CT74LS139 双二线-四线译码器

a）引脚图 b）逻辑电路图

在图 4-26a 中，CT74LS139 内部包含两个独立的二线-四线译码器，图中 $1\overline{ST}$、$1A_0$、$1A_1$、$1\overline{Y}_0$、$1\overline{Y}_1$、$1\overline{Y}_2$、$1\overline{Y}_3$ 中的 1 表示是同一个译码器的引脚（2 的含义也一样）。图 4-26b 所示为一个译码器的逻辑电路图。图中，A_0、A_1 是输入端，$\overline{S}$为控制端，由$\overline{S}$端的状态决定是进行译码还是禁止译码；$\overline{Y}_0 \sim \overline{Y}_3$ 是输出端。

根据逻辑电路图可列出逻辑状态表见表 4-13。

表 4-13 CT74LS139 的逻辑状态表

输入			输出				功能
控制$\overline{ST}$	选择输入 A_1	选择输入 A_0	$\overline{Y}_0$	$\overline{Y}_1$	$\overline{Y}_2$	$\overline{Y}_3$	
1	*	*	1	1	1	1	禁止译码
0	0	0	0	1	1	1	进行译码（输出低电平有效）
	0	1	1	0	1	1	
	1	0	1	1	0	1	
	1	1	1	1	1	0	

一般来说，一个 n 位的二进制数，就有 n 个逻辑变量，有 2^n 个输出状态，译码器就需要 n 根输入线，2^n 根输出线。因此，二进制译码器可分为二线-四线译码器、三线-八线译码器、四线-十六线译码器等，它们的工作原理则是相同的。现都有集成电路产品出售，使用时可查找有关手册。

2. 显示译码器

在数字电路中，还常常要将需要测量和运算的结果直接用十进制数的形式显示出来，这就是要把二-十进制代码通过显示译码器变换成输出信号再去驱动数码显示器。

（1）数码显示器　数码显示器简称数码管，是用来显示数字、文字或符号的器件。常用的数码显示器有液晶显示器、发光二极管（LED）显示器、辉光数码管、荧光数码管等。不同的显示器对译码器有不同的要求。下面以应用较多的 LED 显示器为例简述数字显示的原理。

发光二极管（LED）显示器又称半导体数码管，是一种能够将电能转换成光能的发光器件。它的基本单元是 PN 结，目前较多采用磷砷化镓做成的 PN 结，当外加正向电压时，能发出清晰的光亮。将 7 个 PN 结发光段组装在一起便构成了 7 段 LED 显示器，如图 4-27a 中的 $a \sim f$。通过不同发光段的组合便可显示 0～9 共 10 个十进制数码。LED 显示器的结构及外引线排列如图 4-27 所示。图 4-27a 所示为外引线排列图（共阴极）。其内部电路有共阴极和共阳极两种接法，共阴极接法如图 4-27b 所示，7 个发光二极管阴极一起接地，阳极加高电平时发光。共阳极接法如图 4-27c 所示，7 个发光二极管阳极一起接正电源，阴极加低电平时发光。其中一个圆点（·）h 为圆形发光二极管。

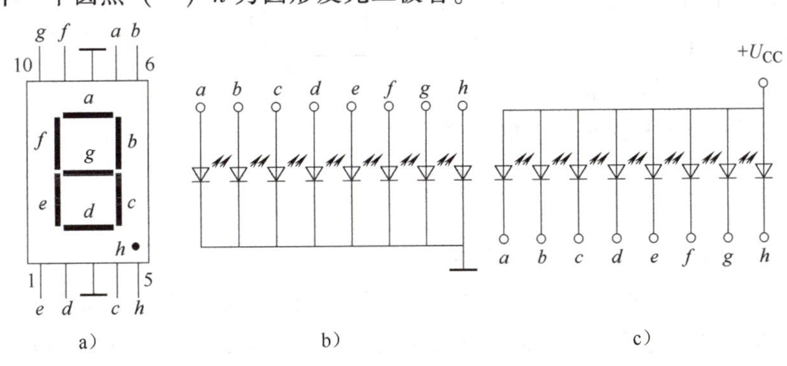

图 4-27　LED 显示器

a）外引线排列图　b）共阴极接法　c）共阳极接法

（2）显示译码器　供 LED 显示器用的显示译码器有多种型号。显示译码器有 4 个输入端、7 个输出端，它将 8421BCD 代码译成 7 个输出信号以驱动 7 段 LED 显示器。其逻辑状态表见表 4-14。

7 段译码器有多种，CT74LS248BCD 7 段译码器与共阴极半导体发光数码管的连接如图 4-28 所示。

如图 4-28 所示，除了译码功能外，CT74LS248BCD 还设置了一些控制测试端。图中，$\overline{LT}$为灯测试端，用来检查 7 段数码管各段的发光是否正常。当$\overline{LT}=0$ 时，数码管 7 段全亮，说明工作正常。正常译码时$\overline{LT}$应为高电平。$\overline{BI}$为灭灯控制端，当$\overline{BI}=0$ 时，7 段全灭。正常

表 4-14　8421BCD 码-7 段译码器逻辑状态表

输入				输出							显示的十进制数
D	*C*	*B*	*A*	*a*	*b*	*c*	*d*	*e*	*f*	*g*	
0	0	0	0	1	1	1	1	1	1	0	0
0	0	0	1	0	1	1	0	0	0	0	1
0	0	1	0	1	1	0	1	1	0	1	2
0	0	1	1	1	1	1	1	0	0	1	3
0	1	0	0	0	1	1	0	0	1	1	4
0	1	0	1	1	0	1	1	0	1	1	5
0	1	1	0	1	0	1	1	1	1	1	6
0	1	1	1	1	1	1	0	0	0	0	7
1	0	0	0	1	1	1	1	1	1	1	8
1	0	0	1	1	1	1	1	0	1	1	9

译码时，$\overline{BI}$应为高电平。$\overline{RBI}$为动态灭灯输入端，当$\overline{LT}=1$、$\overline{BI}=1$，且 DCBA 为 0000 时，若$\overline{RBI}=1$则显示 0，若$\overline{RBI}=0$则 7 段全熄灭，不把 0 显示出来；当 DCBA 不为 0000 时，$\overline{RBI}$不起作用。这样就可以利用$\overline{RBI}$来控制当输入 DCBA 为 0000 时是否要将 0 显示出来。CT74LS248 适用于驱动共阴极半导体数码管，当输入端 DCBA 加上 8421BCD 码时，数码管便显示相应的十进制数码。

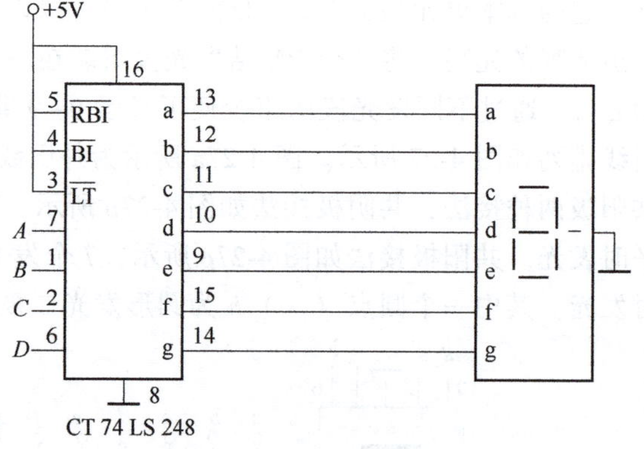

图 4-28　7 段译码器与共阴极半导体发光数码管的连接

3. 组合逻辑电路在汽车电路中的应用

组合逻辑电路在汽车仪表显示电路中应用广泛。汽车在行驶过程中的许多参数，如电压、油量、油压和冷却液温度等信息需要随时提供给驾驶人，因此电子仪表的使用就必不可少。如图 4-29 所示，LM3914 集成电路是一种能检测各种参数的模拟信号，并驱动 LED 进行模拟显示的单片集成电路，其采用的 10 级

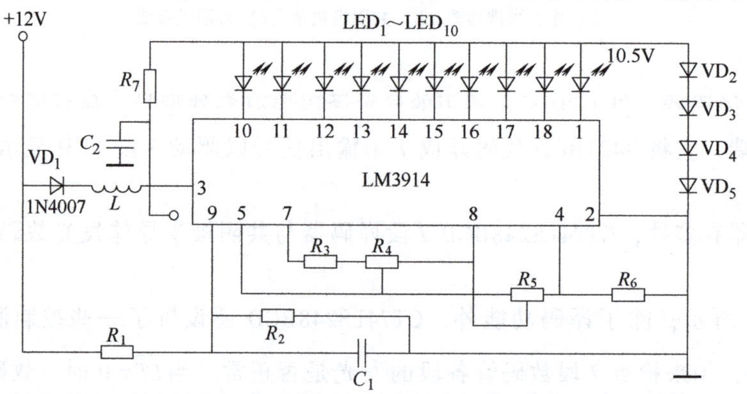

图 4-29　LM3914 汽车仪表显示电路

电压器浮动可连接很宽的电压范围，使用者可根据需要使用柱状或点状显示选线接通或断开。

1 脚和 10~18 脚为输出端，2 脚为接地，3 脚为电源电压端，5 脚为输入端。当输入端电压逐渐增大时，10 个 LED 逐次亮起。9 脚为模式选择端，当 9 脚与电源接通时，LED 为线模式显示。9 脚悬空时，LED 为点模式显示。LM3914 电源电压范围为 6.8~18V，5 脚输入电压比电源电压低 1.5V。

四、触发器及时序逻辑电路

组合逻辑电路在某一时刻的输出是由当时的输入状态决定的，然而，在一个复杂的逻辑电路系统中，还使用着另一类型的电路，称为时序逻辑电路。时序逻辑电路的特点是，它们在某一时刻的输出不仅与当时的输入状态有关，还与电路原来的输出状态有关。触发器是构成时序逻辑电路的基本单元。

（一）基本触发器

在数字系统中，不仅要对数字信号进行运算，还要将运算结果进行保存，这就需要具有记忆功能的逻辑单元。能够存储一位二进制数字信号的基本逻辑单元电路称为触发器。触发器具有两个基本特征：一是触发器具有两个稳定状态，即逻辑“0”状态和逻辑“1”状态，无触发信号作用时，触发器维持原来的稳定状态不变，即触发器具有记忆功能；二是在一定的触发信号作用下，触发器可以从一个稳定状态转变到另一个稳定状态。转变的过程称为翻转。

当触发信号消失后，电路将新建立的稳定状态保存下来。可见触发器具有双稳态，故也称双稳态电路。

触发器可分为基本 RS 触发器、同步 RS 触发器、JK 触发器、D 触发器等。

1. 基本 RS 触发器

在各种触发器中，基本 RS 触发器的结构最简单，它是各种复杂结构触发器的基本组成部分。

（1）基本 RS 触发器的电路组成　基本 RS 触发器的逻辑电路图及图形符号如图 4-30 所示。基本 RS 触发器由两个与非门 G_1 和 G_2 交叉耦合组成。Q 和$\overline{Q}$为触发器的输出端，正常情况下两者的状态相反。通常以 Q 的状态定义为触发器的状态，即 $Q=0$、$\overline{Q}=1$ 时称触发器为 0 态，$Q=1$、$\overline{Q}=0$ 时称触发器为 1 态。$\overline{R}$和$\overline{S}$为触发器的输入端，输入信号采用负脉冲，即无信号时，$\overline{R}=1$ 或$\overline{S}=1$，有信号时，$\overline{R}=0$ 或$\overline{S}=0$。即由与非门组成的基本 RS 触发器低电平有效，所以在输入端 R 和 S 上加“-”。图 4-30b 中，R、S 端的小圆圈表示输入信号为低电平有效。

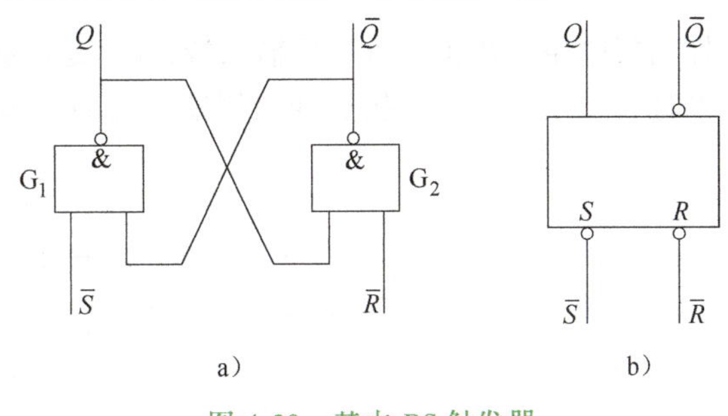

图 4-30　基本 RS 触发器

a）逻辑电路图　b）图形符号

（2）基本 RS 触发器的逻辑功能　当$\overline{R}=0$、$\overline{S}=1$ 时，根据与非门的逻辑功能可知$\overline{Q}=1$、

$Q=0$。可见，$\overline{R}$端有信号输入时，触发器为0态，因此$\overline{R}$端称为置0端或复位端。

当$\overline{R}=1$、$\overline{S}=0$时，$\overline{Q}=0$、$Q=1$。可见，$\overline{S}$端有信号输入时，触发器为1态，因此$\overline{S}$端称为置1端或置位端。

当$\overline{R}=1$、$\overline{S}=1$时，如果触发器原来为0态，则$\overline{Q}=1$、$Q=0$；如果触发器原来为1态，则$\overline{Q}=0$、$Q=1$。可见，触发器无信号输入时，触发器保持原态，所以触发器具有记忆功能。

当$\overline{R}=0$、$\overline{S}=0$时，$\overline{Q}=1$、$Q=1$，不符合两者状态相反的要求，此时触发器既不是0态也不是1态，称为不定状态。因此应约束触发器的输入信号，避免触发器出现该不定状态。

（3）基本RS触发器的真值表　综合上述逻辑功能，可得基本RS触发器的真值表，见表4-15。

表4-15　基本RS触发器的真值表

$\overline{R}$	$\overline{S}$	Q_{n+1}	$\overline{R}$	$\overline{S}$	Q_{n+1}
0	0	不定	1	0	1
0	1	0	1	1	Q_n

由或非门构成的基本RS触发器，其输入信号采用正脉冲，即高电平有效。

2. 同步RS触发器

基本RS触发器虽有记忆功能，但实际应用时，常常要求触发器的动作时刻和其他部件相一致，这就必须有一个同步信号来协调。同步信号为一种脉冲信号，通常称为时钟脉冲（简称CP）。由时钟脉冲控制的触发器称为同步触发器。

（1）同步RS触发器的电路组成　同步RS触发器是同步触发器中最简单的一种，其逻辑电路图和图形符号如图4-31所示。图中，G_1和G_2组成基本RS触发器，G_3和G_4组成输入控制门电路。R和S为信号输入端，CP是时钟脉冲的输入端，Q和$\overline{Q}$是输出端。它的输入电平称为触发电平，时钟脉冲采周期一定的一串正脉冲。

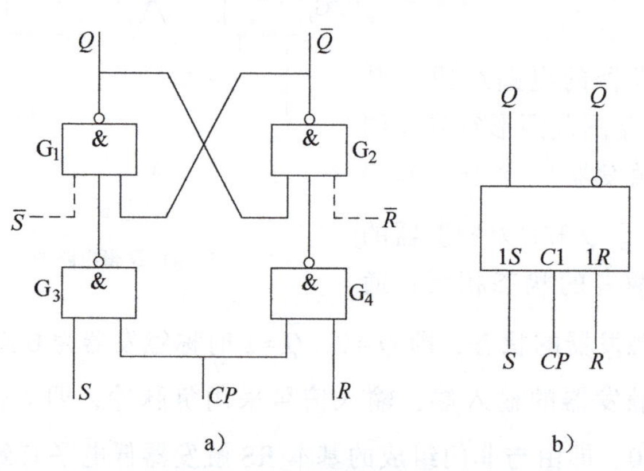

图4-31　同步RS触发器

a）逻辑电路图　b）图形符号

当时钟脉冲 $CP=0$ 时，无论 R 和 S 有无信号输入，G_3、G_4 均为 1，触发器保持原状态不变，R 和 S 不起作用，输入控制门被封锁。当时钟脉冲 $CP=1$ 时，触发器的状态由 R 和 S 的输入信号决定，此时输入控制门被打开。

（2）同步 RS 触发器的逻辑功能　当 $R=0$、$S=0$ 时，时钟脉冲到来（即 $CP=1$）后，G_3、G_4 输出均为 1，对 G_1 和 G_2 无影响。可见，当 R 和 S 都无信号输入时，触发器保持原态。

当 $R=0$、$S=1$ 时，时钟脉冲到来（即 $CP=1$）后，G_3 输出 1、G_4 输出 0，使 $Q=1$、$\overline{Q}=0$。可见，当 S 端有信号输入时，触发器为 1 态，所以 S 称为置 1 端。

当 $R=1$、$S=0$ 时，时钟脉冲到来（即 $CP=1$）后，G_3 输出 0、G_4 输出 1，使 $Q=0$、$\overline{Q}=1$。可见，当 R 端有信号输入时，触发器为 0 态，所以 R 称为置 0 端。

当 $R=1$、$S=1$ 时，时钟脉冲到来（即 $CP=1$）后，G_3、G_4 输出均为 0，对 G_1 和 G_2 状态不定。可见，当 R 和 S 都有信号输入时，触发器的状态是不确定的，应该禁止出现。

（3）同步 RS 触发器的真值表　综合上述逻辑功能，可得同步 RS 触发器的真值表，见表 4-16。

表 4-16　同步 RS 触发器的真值表

R	S	Q_{n+1}	R	S	Q_{n+1}
0	0	Q_n	1	0	0
0	1	1	1	1	不定

（4）同步 RS 触发器存在的问题　与基本 RS 触发器相比，同步 RS 触发器对翻转功能增加了时间控制，且要求在 $CP=1$ 时触发器只能翻转一次，即在 $CP=1$ 期间 R、S 的状态应不变，否则 R、S 状态的变化将会引起触发器状态的相应变化，从而触发器的状态不能严格按时钟节拍变化，即发生空翻现象，失去同步的意义。这种工作方式的触发器在应用中受到一定的限制。现在常见的触发器多为边沿触发器。

边沿触发器只在时钟脉冲 CP 上升沿或下降沿接收输入信号，以使电路状态发生翻转，从而提高了触发器工作的可靠性和抗干扰能力，使之没有空翻现象。边沿触发器主要有 JK 触发器、D 触发器等。

3. JK 触发器

（1）JK 触发器的电路结构　图 4-32 所示为一个主从型电路结构的 JK 触发器，它由两个同步 RS 触发器组成，上面的触发器为低电平触发，下面的触发器为高电平触发。在两个 RS 触发器中，输入信号的 RS 触发器称为主触发器，输出信号的 RS 触发器称为从触发器。从触发器的状态由主触发器的状态决定。

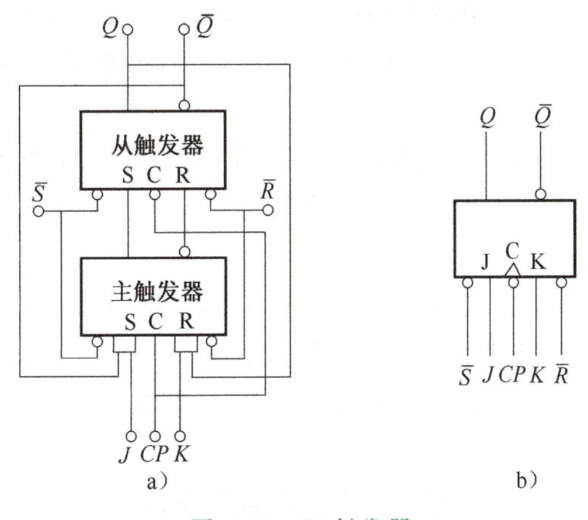

图 4-32　JK 触发器
a）逻辑电路图　b）图形符号

当 CP 从 0 到 1（即时钟脉冲上升沿到来）时，由于 $CP=1$，主触发器（高电平触发）接收输入信号，其输出状态由 J、K、Q、$\overline{Q}$ 决定；

而从触发器（低电平触发）不接收输入信号，其输出状态不变。当 CP 从 1 到 0（即时钟脉冲下降沿到来）时，由于 $CP=0$，主触发器不接收输入信号，其输出状态保持 $CP=1$ 时的状态不变；从触发器接收输入信号，其输出状态由主触发器的状态来决定。可见，在时钟脉冲的上升沿到来时，主触发器接收输入信号，在时钟脉冲的下降沿到来时，从触发器才输出相应的状态。

（2）JK 触发器的逻辑功能　若 $J=0$、$K=0$，主触发器 $R=0$、$S=0$。因此，当 CP 的上升沿到来时，主触发器状态不变；当 CP 的下降沿到来时，从触发器的状态也不变，即 $Q_{n+1}=Q$。

若 $J=0$、$K=1$，当触发器原态为 0 时，则主触发器的 $R=0$、$S=0$，当 CP 的上升沿到来时，主触发器保持 0 态。当触发器原态为 1 时，则主触发器的 $R=1$、$S=0$，当 CP 的上升沿到来时，主触发器翻转为 0 态。可见，无论触发器原态为 0 还是 1，当 CP 的下降沿到来时，从触发器都为 0 态，即 $Q_{n+1}=0$，所以 K 为置 0 端。

若 $J=1$、$K=0$，则触发器状态与 $J=0$、$K=1$ 时相反，即触发器为 1 态，所以 J 为置 1 端。

若 $J=1$、$K=1$，当触发器原态为 0 时，则主触发器的 $R=0$、$S=1$，当 CP 的上升沿到来时，主触发器保持 1 态。当触发器原态为 1 时，则主触发器的 $R=1$、$S=0$，当 CP 的上升沿到来时，主触发器翻转为 0 态。可见，当 CP 的下降沿到来时，从触发器翻转，即 $Q_{n+1}=Q$，不会出现不定状态。

（3）JK 触发器的真值表　综合上述逻辑功能，可得 JK 触发器的真值表，见表 4-17。

表 4-17　JK 触发器的真值表

J	K	Q_{n+1}	J	K	Q_{n+1}
0	0	Q_n	1	0	1
0	1	0	1	1	$\overline{Q}$

从表中可看出，JK 触发器不但具有记忆和置数（0 和 1）功能，而且还具有计数功能。所谓计数就是来一个时钟脉冲触发器就翻转一次，从而记忆脉冲的个数。

（4）JK 触发器常用集成电路及其引脚　常用 JK 触发器集成电路有 74LS112（CT4112）（双下降沿触发）、CC4027（上升沿触发）等。74LS112 引脚排列如图 4-33 所示。

4. D 触发器

（1）D 触发器的电路结构　图 4-34 所示为上升沿触发的 D 触发器的图形符号。注意，图中框内 C1 处有一个符号“∧”，表示 C1 的输入由 0 变 1 时（上升沿），$1D$ 的输入起作用。

（2）D 触发器的逻辑功能　当 $D=0$，CP 上升沿到来时，触发器为 0 态；当 $D=1$，CP 上升沿到来时，触发器为 1 态。

（3）D 触发器的真值表　根据 D 触发器的逻辑功能，可得 D 触发器的真值表，见表 4-18。

（4）D 触发器常用集成电路及引脚　常用 D 触发器集成电路有 74LS74（CT4074、双 D 上升沿触发）、74LS175（CT4175、4D 上升沿触发）、74LS174（6D 触发）、74LS273（8D 触发）及 CD4013（CMOS 双 D 触发）等。74LS74 的引脚排列如图 4-35 所示。

表 4-18　D 触发器的真值表

D	Q_{n+1}
0	0
1	1

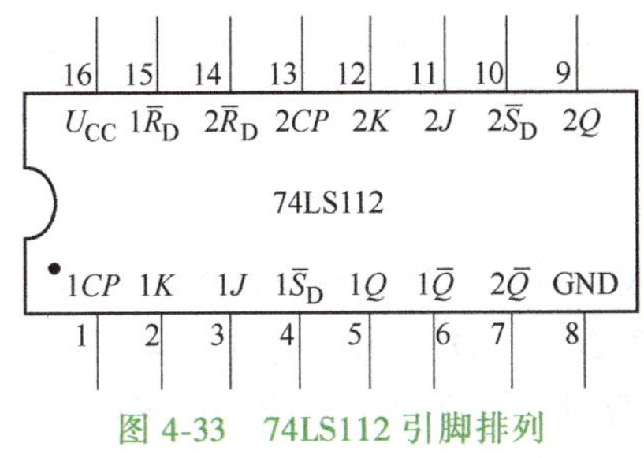

图 4-33　74LS112 引脚排列

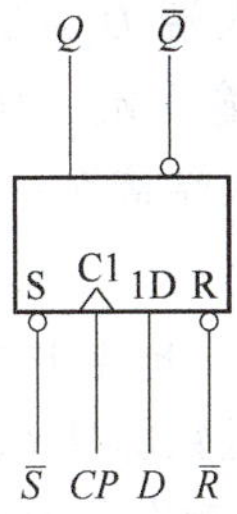

图 4-34　D 触发器的图形符号

（二）时序逻辑电路

若逻辑电路由触发器或触发器加组合逻辑电路组成，则它的输出不仅与当前时刻的输入状态有关，还与电路原来状态有关，这种电路称为时序逻辑电路。这里的时序指电路的状态与时间顺序有密切的关系。

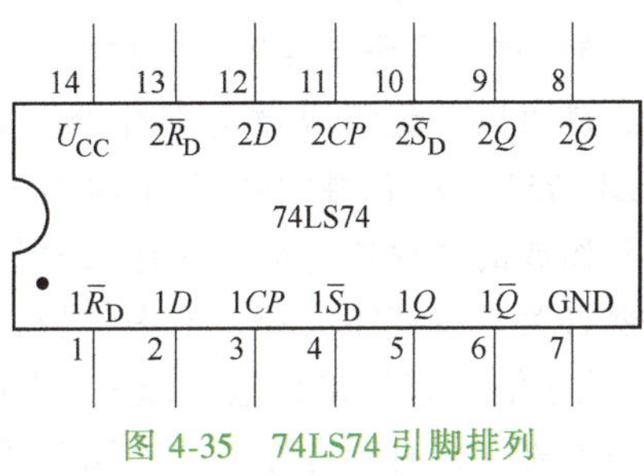

图 4-35　74LS74 引脚排列

时序逻辑电路根据时钟脉冲加入方式的不同，可分为同步时序逻辑电路和异步时序逻辑电路。同步时序逻辑电路中各触发器共用同一个时钟脉冲，因而各触发器的动作均与时钟同步。异步时序逻辑电路中各触发器不共用同一个时钟脉冲，因而各触发器的动作时间不同步。

时序逻辑电路的分析就是找出电路的输出状态随输入变量和时钟脉冲作用下的变化规律。常用的时序逻辑电路有寄存器和计数器等。

1. 寄存器

在数字系统中，常常需要将一些数码或指令存放起来，以便随时调用，这种存放数码和指令的逻辑部件称为寄存器。

寄存器由触发器构成，是因为触发器具有记忆功能。因为触发器具有 0 和 1 两个稳定状态，所以一个触发器只能存放 1 位二进制数码，存放 N 位数码就应具备 N 个触发器。常用的寄存器有 4 位、8 位、16 位寄存器等。

寄存器存放数码的方式有并行和串行两种。并行方式就是数码各位从各对应位输入端同时输入到寄存器中；串行方式是数码从一个输入端逐位输入到寄存器中。从寄存器取出数码的方式也有并行和串行两种。在并行输出方式中，被取出的数码各位在对应于各位的输出端上同时出现；而在串行输出方式中，被取出的数码在一个输出端逐位出现。

一般寄存器都是借助时钟脉冲作用把数据存放或送出触发器的，故寄存器还必须具有控制作用的门电路，以保证信号的接收和清除。

寄存器按所具备的功能不同可分为两大类：数码寄存器和移位寄存器。

（1）数码寄存器　数码寄存器只具有接收数码和清除原有数码的功能。在数字电路系

统中，数码寄存器常用于暂时存放某些数据。

1）电路组成。图 4-36 所示是一个由 D 触发器构成的 4 位数码寄存器。4 个 D 触发器的触发输入端 $D_3 \sim D_0$ 作为数码寄存器的并行数码输入端，$Q_3 \sim Q_0$ 为数据输出端，时钟输入端接在一起作为送数脉冲（CP）控制端。

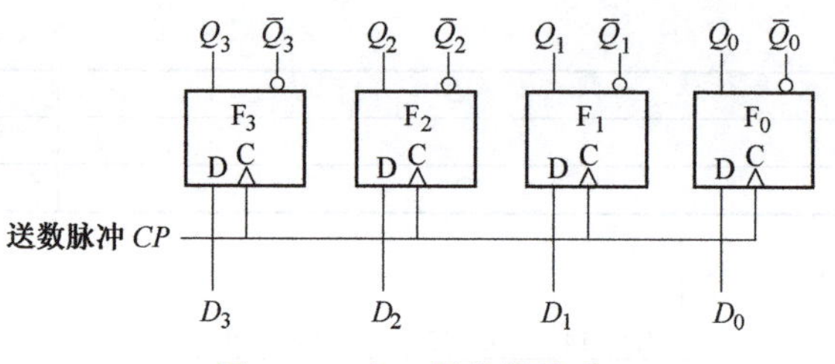

图 4-36　由 D 触发器构成的四位数码寄存器

2）工作原理。根据 D 触发器的工作原理，在触发脉冲到来后，触发器的状态为 D 端的状态。寄存器在送数脉冲 CP 的上升沿作用下，将 4 位数码（$D_3 \sim D_0$）寄存到 4 个 D 触发器（$Q_3 \sim Q_0$）中，即触发器 Q 端的状态与 D 端相同。送数时，特别要注意的是由于触发器为边沿触发，因此在计数脉冲 CP 的触发沿到来之前，输入的数码一定要预先准备好，以保证触发器的正常寄存。

3）集成数码寄存器。将构成寄存器的各个触发器以及有关控制逻辑门集成在一个芯片上，就可以得到集成数码寄存器。集成数码寄存器种类较多，常见的有四 D 触发器（如 74HC175）、六 D 触发器（如 74HC174）、八 D 触发器（如 74HC374、74HC377）等。由锁存器组成的寄存器，常见的有八 D 锁存器（如 74HC373）。锁存器与触发器的区别是：其计数脉冲为一个使能信号（电平信号）。当使能信号到来时，输出跟随输入数码的变化而变化（相当于输入直接接到输出端）。当使能信号结束时，输出保持使能信号跳变的状态不变，这一类寄存器有时也称为“透明”寄存器。

（2）移位寄存器　移位寄存器除具有存储数码功能外，还具有数码移位功能。所谓数码移位功能，就是寄存器中所存的数据可以在移位脉冲作用下逐次左移或右移。

移位寄存器是计算机及各种数字系统中的一个重要部件，其应用范围很广泛。例如在单片机中，将多位数据左移一位就相当于乘 2 运算。又如在串行运算器中，需用移位寄存器把二进制数一位一位地依次送入全加器进行运算，运算的结果一位一位地依次存入寄存器中。另外，在有些数字装置中，要将并行传送的数据转换成串行传送，或将串行传送的数据换成并行传送，要完成这些转换也需要应用移位寄存器。此外，利用移位寄存器还可以构成一些具有特殊功能的计算器等。

根据数码在寄存器中移动情况的不同，可把移位寄存器分为单向移位型和双向移位型。从并行和串行的变换来看，又可分为串入/并出和并入/串出移位寄存器两大类。

图 4-37 所示为由 D 触发器组成的单向移位寄存器。其中每个触发器的输出端 Q 依次接到高一位触发器的 D 端，只有第一个触发器 D_0 的 D 端接收数据。所有触发器的复位端 R 并联在一起作为清 0 端，时钟端并联在一起作为移位脉冲输入端 CP，所以它是一个同步时序电路。

在图 4-37a 所示的右移位寄存器中，每当移位脉冲上升沿到来时，输入数据便一个接一个地依次移入 D_0，同时每个触发器的状态依次移给高一位触发器，这种输入方式称为串行输入。假设输入的数码为 1011，那么在移位脉冲作用下，寄存器中数码的移动情况见表 4-19。可以看到，当经过 4 个 CP 脉冲后，1011 这 4 位数码恰好全部移入寄存器中，$Q_3Q_2Q_1Q_0=1011$。这时，可以从 4 个触发器的 Q 端同时输出数据 1011，这种输出方式称为

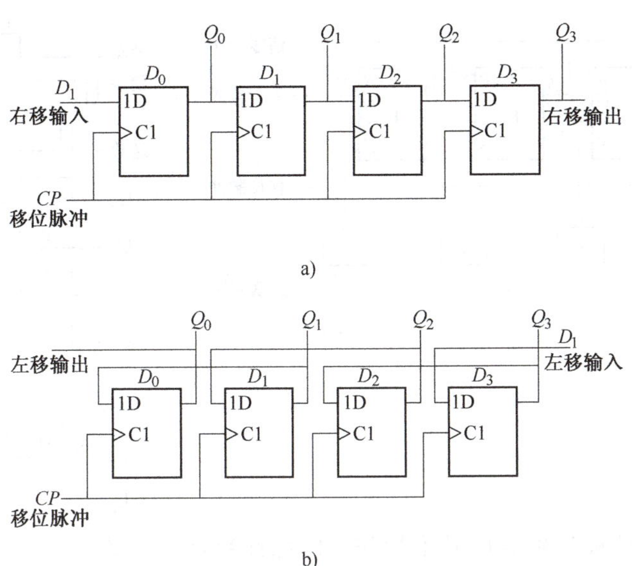

图 4-37　由 D 触发器组成的单向移位寄存器

a）右移位寄存器　b）左移位寄存器

并行输出。若需要将寄存的数据从 Q_3 端依次输出（即串行输出），则只需再输入几个移位脉冲即可，如图 4-38 所示。因此，可以把图 4-37 所示电路称为串行输入、并行输出（串行输出）单向移位寄存器，简称串入/并出（串出）移位寄存器。

表 4-19　寄存器中数码的移动情况

移位脉冲	Q_3	Q_2	Q_1	Q_0	输入数据
初始	0	0	0	0	1
1	0	0	0	1	0
2	0	0	1	0	1
3	0	1	0	1	1
4	1	0	1	1	
并行输出	1	0	1	1	

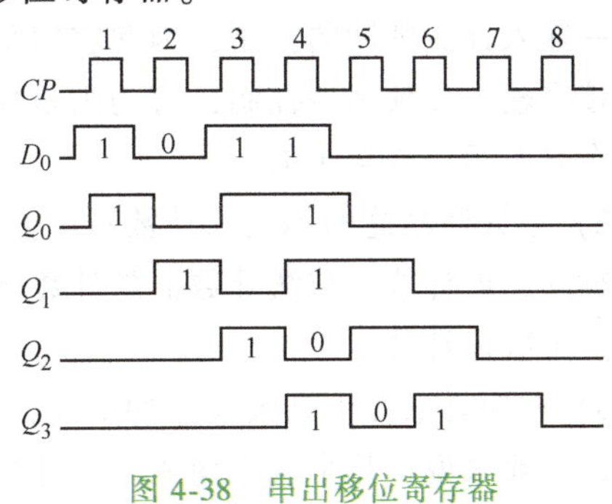

图 4-38　串出移位寄存器

移位寄存器的输入也可以采用并行输入方式。图 4-39 所示为一个串行或并行输入，串行输出的移位寄存器电路。在并行输入时，采用了两步接收：第一步先用清零负脉冲把所有触发器清零，第二步利用送数正脉冲，打开与非门，通过触发器的直接置位端 S 输入数据。然后，在移位脉冲作用下进行数码移位。设输入数据 $D_3D_2D_1D_0$ 为 1011，其工作过程如图 4-40所示。

在上述各单向移位寄存器中，由于数码的移动情况是自左向右或自右向左，完成自低位至高位的移动功能，若在单向移位寄存器中添加一些控制门，在控制信号的作用下，则可构成既能左移又能右移的双向移位寄存器。其电路较复杂，这里不再赘述。

常用的双向移位寄存器有 74LS194 等。其引脚排列如图 4-41 所示，使用方法请查阅相关资料。

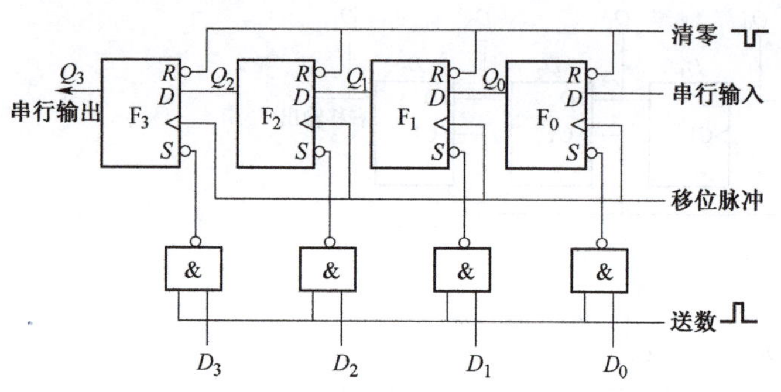

图 4-39　串行（并行）输入，串行输出的移位寄存器

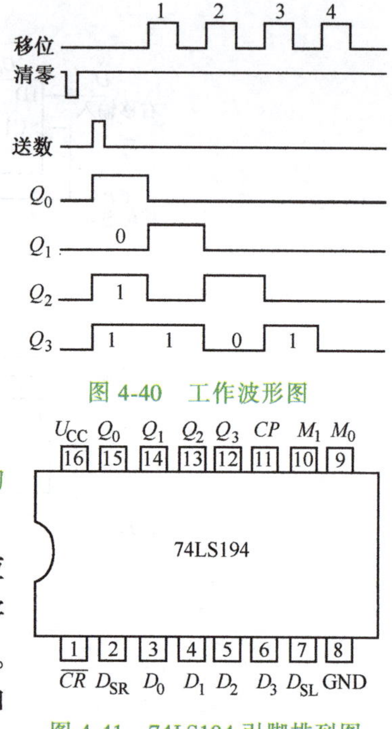

图 4-40　工作波形图

图 4-41　74LS194 引脚排列图

2. 计数器

记忆输入脉冲个数的功能称为计数，实现计数操作的电路称为计数器。

由于计数是一种极为重要的基本操作，因此计数器应用十分广泛。计数器存在于小型数字仪表和大型电子数字计算机中，是任何现代数字系统中不可缺少的组成部分。计数器主要用于计数、定时、分频和进行数字计算等，如各种数字仪表（万用表、测温表）、各种数字钟表等。

1）按照计数器中各个触发器状态更新情况的不同，计数器可分为两大类：一类称为同步计数器，另一类称为异步计数器。在同步计数器中，由于各个触发器都受同一时钟脉冲——输入计数脉冲的控制，因此它们状态的更新是同步的。异步计数器则不同，有的触发器直接受输入计数脉冲控制，有的则是将其他触发器的输出当作时钟脉冲，因此它们状态的更新有先有后，是异步的。

2）按计数功能的不同，计数器可分为加法、减法、可逆计数器。加法计数器随计数脉冲的输入递增计数。减法计数器随计数脉冲的输入递减计数。可逆计数器随计数脉冲的输入可增、可减地计数。

3）按照计数器中计数长度的不同，计数器可分为二进制、十进制、N（$N\geqslant 2$）进制计数器。一般来说，几个状态构成一个计数循环，就称为几进制计数器。严格来说，二进制和十进制计数器是 N 进制计数器的特例。

对于计数器的一位而言，电路有 N 个状态，该计数器就为 N 进制计数器。例如八进制计数器电路，一位八进制计数器应有 8 个状态，二位八进制计数器应有 8^2 个状态，n 位 8 进制计数器应有 8^n 个状态。

（1）二进制计数器　二进制计数器指按二进制进位规律进行计数的计数器，是各种计数器的基础，分为异步二进制计数器和同步二进制计数器。

1）异步二进制计数器。图 4-42 所示为由 4 个 JK 触发器组成的异步四位二进制加法计数器。

由图 4-42 可知，每个 CP 的下降沿 Q_0 翻转，每个 Q_0 的下降沿 Q_1 翻转，每个 Q_1 的下降沿 Q_2 翻转，每个 Q_2 的下降沿 Q_3 翻转。这样就得到了图 4-43 所示的波形图。表 4-20 给出了该计数器的状态变化情况。

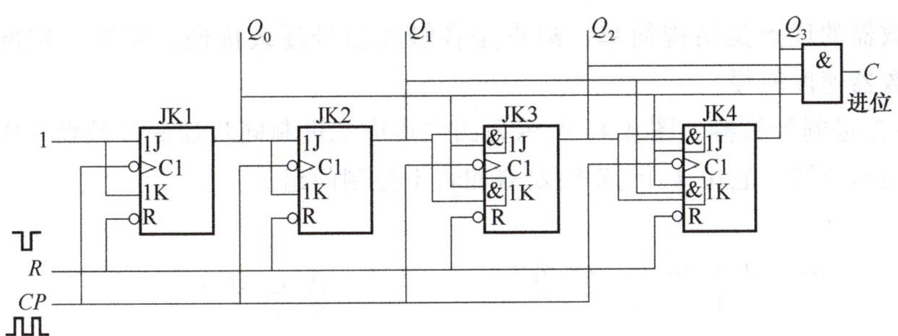

图 4-42　异步四位二进制加法计数器

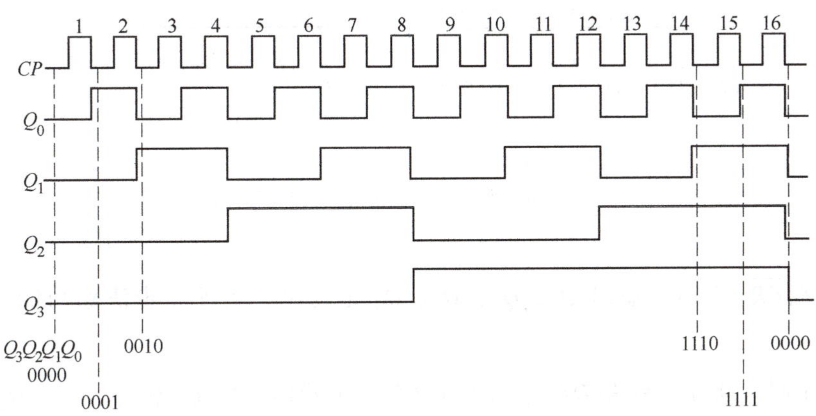

图 4-43　异步四位二进制加法计数器波形图

表 4-20　异步四位二进制加法计数器状态表

CP	Q_3	Q_2	Q_1	Q_0	C
0	0	0	0	0	0
1	0	0	0	1	0
2	0	0	1	0	0
3	0	0	1	1	0
4	0	1	0	0	0
5	0	1	0	1	0
6	0	1	1	0	0
7	0	1	1	1	0
8	1	0	0	0	0
9	1	0	0	1	0
10	1	0	1	0	0
11	1	0	1	1	0
12	1	1	0	0	0
13	1	1	0	1	0
14	1	1	1	0	0
15	1	1	1	1	1
16	0	0	0	0	0

异步计数器的优点是结构简单，缺点是各触发信号逐级传递，需要一定的传输延迟时间，所以计数器速度较慢。

2）同步二进制计数器。图 4-44 所示为四位集成二进制同步加法计数器 74LS161 的引脚图和逻辑功能示意图。它由 4 个 JK 触发器和若干控制门组成。

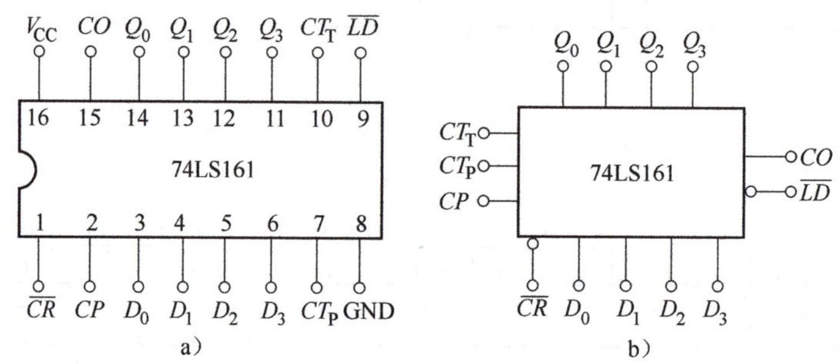

图 4-44　74LS161 的引脚图和逻辑功能示意图

a）引脚排列图　b）逻辑功能示意图

当复位端$\overline{CR}=0$时，输出 Q_0、Q_1、Q_2、Q_3 全为零，实现异步清除功能（又称复位功能）。

当$\overline{CR}=1$时，预置控制端$\overline{LD}=0$，并且 CP 为上升沿时，$Q_3Q_2Q_1Q_0=D_3D_2D_1D_0$，实现同步预置数功能。

当$\overline{CR}=\overline{LD}=1$且 $CT_P\cdot CT_T=0$ 时，输出 $Q_3Q_2Q_1Q_0$ 保持不变。

当$\overline{CR}=\overline{LD}=CT_P=CT_T=1$，并且 CP 为上升沿时，计数器才开始加法计数，实现计数功能。

（2）同步十进制加法计数器　十进制计数器与二进制计数器工作原理基本相同，只是将十进制数的每一位都用二进制数来表示（最常用的是采用 8421 码）。由于十进制数只有 0~9 共 10 个数码，因此采用四位二进制计数器来累计十进制数的每一位数时，只能取用 0000~1001，剩余的 1010~1111 要舍去不用。也就是说当计数到 9，即 4 个触发器的状态为 1001 时，再来一个计数脉冲，计数器不能像二进制计数器那样翻转成 1010，而必须返回到 0000，同时向另一组十进制计数器进位。其状态见表 4-21。

表 4-21　十进制计数器状态表

CP	Q_3	Q_2	Q_1	Q_0	十进制数
0	0	0	0	0	0
1	0	0	0	1	1
2	0	0	1	0	2
3	0	0	1	1	3
4	0	1	0	0	4
5	0	1	0	1	5
6	0	1	1	0	6

（续）

CP	Q_3	Q_2	Q_1	Q_0	十进制数
7	0	1	1	1	7
8	1	0	0	0	8
9	1	0	0	1	9
10	0	0	0	0	10

图 4-45 所示为由 4 个 JK 触发器组成的同步十进制加法计数器。CP 是输入计数脉冲，同时输入各触发器的时钟脉冲输入端，故称为同步计数器。其波形如图 4-46 所示。

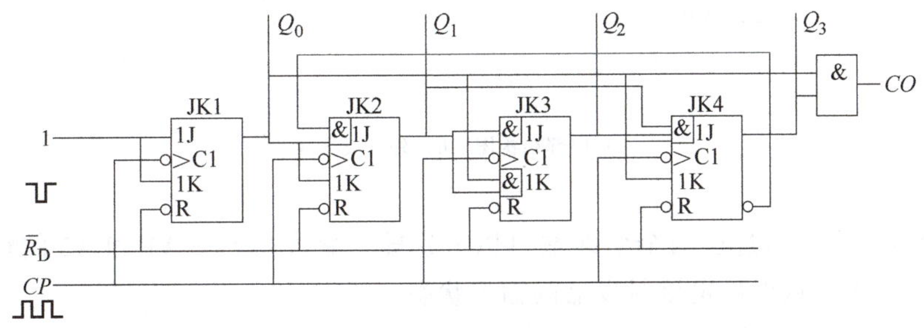

图 4-45　同步十进制加法计数器

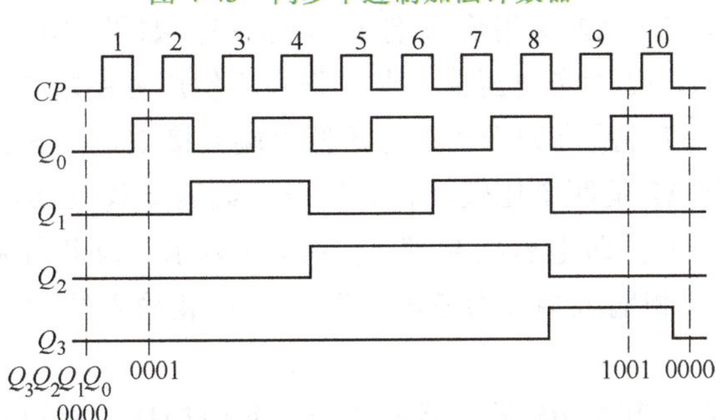

图 4-46　十进制同步加法计数器波形

五、集成定时器

（一）555 集成定时器

555 集成定时器是一种将模拟电路和数字电路集成于一体的电子器件，属于中规模集成电路。它使用方便，应用非常广泛。

1. 电路结构

555 集成定时器的内部结构如图 4-47a 所示，它包括以下几部分：1 个由 3 个阻值相等的电阻 R 组成的分压器，2 个电压比较器 A1 和 A2，1 个基本 RS 触发器，1 个晶体管开关。整个组件共有 8 个引线端，引脚排列如图 4-47b 所示。

A1 的同相输入端和 A2 的反相输入端分别接到分压器中间电阻的两端，使它们的电压被分别固定在 $2/3U_{CC}$ 和 $1/3U_{CC}$。这两个固定电压作为电压比较器的参考电压。A1 和 A2 的另

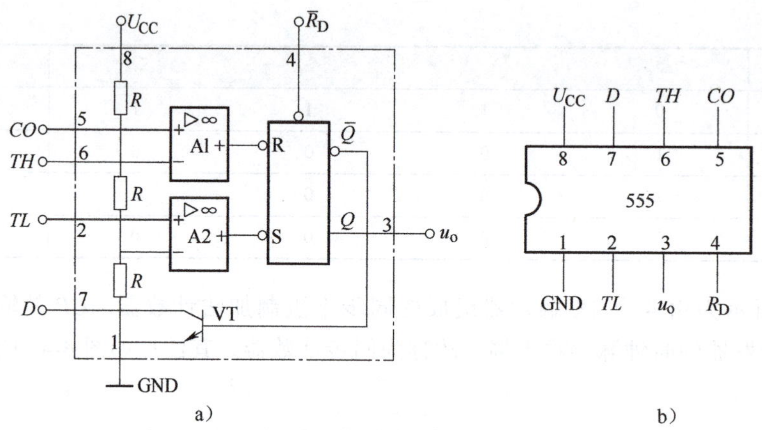

图 4-47　555 集成定时器

a）内部结构图　b）外引线排列图

一输入端分别引出，通过这两个引线端可以分别输入触发脉冲。A1 和 A2 的输出作为基本 RS 触发器的输入，从而确定该触发器的输出状态。

（1）分压器　分压器由 3 个 5kΩ 的电阻串联构成，为比较器 A1、A2 提供参考电压，A1 同相输入端 $V_+ = 2U_{CC}/3$，A2 反相输入端 $V_- = U_{CC}/3$。如果在电压控制端 5 另加控制电压，可以改变比较器 A1、A2 参考电压值。若工作中不使用控制端 5 时，则控制端 5 通过一个 0.01μF 的电容接地，以旁路高频干扰。分压器上端 8 接 U_{CC}，下端 1 接地。

（2）比较器　A1 和 A2 是两个比较器，分别由集成运算放大器构成。A1 的同相输入端“+”接到参考电压 V_+端上，即电压控制端 5，用 *CO* 表示。反相控制端“_”用 TH 表示，称为高触发端 6。A2 的反相输入端接参考电压端 V_-，同相输入端“+”用 TL 表示，称为低触发端 2。

（3）基本 RS 触发器　基本 RS 触发器由两个与非门构成，有可以从外部进行置 0 的复位端 4，当$\overline{R_D} = 0$ 时，使 $Q = 0$，$\overline{Q} = 1$。工作时，触发器的状态受比较器输出 V_{A1} 和 V_{A2} 的控制。

（4）晶体管开关　晶体管 VT 在此电路中作为开关使用，其状态受触发器$\overline{Q}$端控制。当$\overline{Q} = 0$ 时，VT 截止；当$\overline{Q} = 1$ 时，VT 饱和导通。

2. 引脚功能

6（*TH*）是高电平触发端。当 6 端的输入电压小于 2/3 U_{CC}时，A1 输出为高电平 1；大于 $2/3U_{CC}$时，A1 输出为低电平 0，使触发器置 0，即 $Q = 0$。

2（*TL*）是低电平触发端。当 2 端的输入电压大于 $1/3U_{CC}$时，A2 输出为高电平 1；小于 $1/3U_{CC}$时，A2 输出为低电平 0，使触发器置 1，即 $Q = 1$。

3（u_o）是定时器的输出端，即基本 RS 触发器的 *Q* 端。

4（$\overline{R}_D$）是复位端，是专门设置以便基本 RS 触发器可以从外部进行直接置 0。需要置 0 时，从 4 端输入负脉冲，即$\overline{R} = 0$ 时，$Q = 0$。

5（*CO*）是电压控制端，由此端可以外加一个电压以改变电压比较器的参考电压。不用时应经过 0.01μF 的电容接地，以防干扰的侵入。

7（D）是放电端，从晶体管的集电极引出。晶体管构成开关，其状态受$\overline{Q}$控制。$\overline{Q}=1$ 时，晶体管导通，为外接电容元件提供放电通路；$\overline{Q}=0$ 时，晶体管截止。

8（U_{CC}）是电源端，电压可在 4.5~18V 范围内工作。

1（GND）是接地端。

3. 逻辑状态

综上所述，555 集成定时器的状态见表 4-22。

表 4-22　555 集成定时器的状态

V_6	V_2	R	S	Q	$\overline{Q}$	晶体管
>2/3 U_{CC}	>1/3 U_{CC}	0	1	0	1	导通
<2/3 U_{CC}	<1/3 U_{CC}	1	0	1	0	截止
<2/3 U_{CC}	>1/3 U_{CC}	1	1	保持		保持

可见，集成定时器不仅提供了复位电平 $2/3U_{CC}$ 和置位电平 $1/3U_{CC}$，提供了可通过$\overline{R_D}$端直接从外部进行直接置 0 的基本 RS 触发器，还提供了一个状态受该触发器控制的晶体管开关，因此使用起来极为方便，应用范围非常广泛，只需通过外部适当的连线和接入合适的电阻、电容便能以多种方式工作。

（二）555 集成定时器构成的单稳态触发器

单稳态触发器是只有一个稳态的触发器。它的特点是：在外来触发信号的作用下，能够由稳态翻转成另一个暂稳状态。暂稳状态维持一定时间后，又会自动返回到稳态。

1. 电路结构

集成单稳态触发器有现成的产品可供选用，也可以由集成定时器来组成。由 555 集成定时器组成的单稳态触发器如图 4-48a 所示。R 和 C 是外接元件，两者的连接点接到高电平触发端 6 和放电端 7，R 的另一端接电源$+U_{CC}$，电容 C 的另一端接地。外来触发信号 u_I 采用负脉冲，由低电平触发端 2 输入，输出信号从输出端 3 输出。

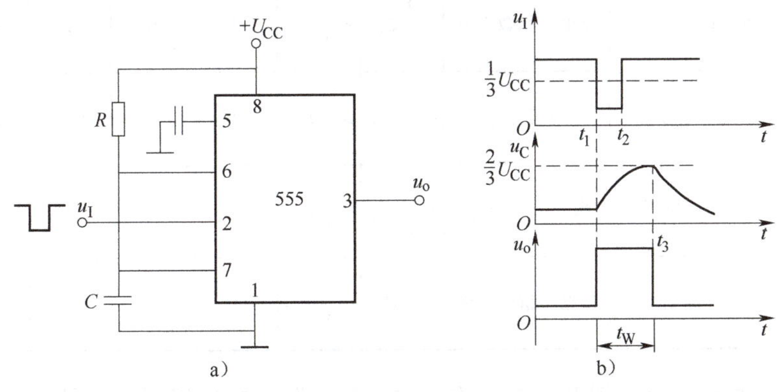

图 4-48　由 555 集成定时器组成的单稳态触发器

a）电路图　b）波形图

2. 工作原理

在触发脉冲未输入时，$u_o=Q=0$，这是触发器的稳态。因为在接通电源$+U_{CC}$瞬间：

1）若$Q=0$、$\overline{Q}=1$，则晶体管导通，$u_C\approx 0$，$u_6=u_C<2/3U_{CC}$，$u_2=u_i>1/3U_{CC}$，故$R=1$，$S=1$，基本RS触发器保持0态。

2）若$Q=1$、$\overline{Q}=0$，则晶体管截止，U_{CC}通过R对C充电。当$u_6=u_C$升到大于$2/3U_{CC}$时，$u_2=u_i$仍大于$1/3U_{CC}$，由状态表可知，$R=0$，$S=1$，基本RS触发器将翻转到0态，即$Q=0$、$\overline{Q}=1$。这时晶体管导通，u_C迅速放电，$u_6=u_C$下降。当$u_6=u_C<2/3U_{CC}$时，$u_2=u_i>1/3U_{CC}$，$R=1$，$S=1$，触发器保持0态不变。

可见，在稳态时，$u_o=Q=0$。若以稳定后作为计时的起点，则可分成以下几个阶段来分析其工作原理，对应的波形如图4-48b所示。

1）$t=0\sim t_1$时，u_i未输入，这时电路的状态已如前述，$u_o=0$。

2）$t=t_1\sim t_2$时，输入触发负脉冲。$u_2=u_i<1/3U_{CC}$，u_C不能突变，$u_6=u_C<2/3U_{CC}$；$R=1$，$S=0$，$u_o=Q=1$，进入暂稳状态。这时晶体管截止、电容C充电，u_C按指数上升。

3）$t=t_2\sim t_3$时，触发负脉冲过去。$u_2=u_i>1/3U_{CC}$，$u_6=u_C<2/3U_{CC}$；$R=1$，$S=0$，$u_o=Q$保持1，电容C继续充电。

4）$t=t_3$时，$u_6=u_C>2/3U_{CC}$。$u_2=u_i>1/3U_{CC}$；$R=0$，$S=1$，基本RS触发器自动翻转到$u_o=Q=0$，重新恢复稳态。这时晶体管导通，C迅速放电。

5）$t>t_3$后，$u_6=u_C<2/3U_{CC}$，$u_2=u_i>1/3U_{CC}$；$R=1$，$S=1$，$u_o=Q$保持0。

3. 逻辑状态

以上各阶段的状态汇总见表4-23。

表4-23　555集成定时器组成的单稳态触发器状态表

时间	u_i	u_C	$u_6=u_C$	$u_2=u_i$	R	S	$u_o=Q$	晶体管	状态
$0\sim t_1$	未输入，高电平	≈ 0	$<\frac{2}{3}U_{CC}$	$>\frac{1}{3}U_{CC}$	1	1	保持0	导通	稳态
t_1	负脉冲开始输入，低电平	≈ 0	$<\frac{2}{3}U_{CC}$	$<\frac{1}{3}U_{CC}$	1	0	1	截止	跳变
$t_1\sim t_2$	负脉冲，低电平	充电，指数上升	$<\frac{2}{3}U_{CC}$	$<\frac{1}{3}U_{CC}$	1	0	1	截止	暂稳
$t_2\sim t_3$	负脉冲过去，高电平	继续充电	$<\frac{2}{3}U_{CC}$	$>\frac{1}{3}U_{CC}$	1	1	保持1	截止	暂稳
t_3	负脉冲过去，高电平	刚大于$2/3U_{CC}$	$>\frac{2}{3}U_{CC}$	$>\frac{1}{3}U_{CC}$	0	1	0	导通	跳变
t_3后	负脉冲过去，高电平	放电、指数下降	$<\frac{2}{3}U_{CC}$	$>\frac{1}{3}U_{CC}$	1	1	保持0	导通	稳态

可见，这一单稳态触发器其稳定状态为0，在触发脉冲作用下，它翻转成暂稳状态1，输出矩形脉冲，脉冲宽度t_W即暂稳状态的持续时间，它与充电的时间常数τ有关。由于

$$u_C = U_{CC}\ (1-e^{-\frac{t}{\tau}})$$

将 $t=t_W$，$u_C=2/3U_{CC}$代入整理后得

$$e^{\frac{t_w}{\tau}}=3$$

两边取对数得

$$t_w=\tau\ln3=1.1RC$$

单稳态触发器在数字系统中一般用于定时（产生一定宽度的方波）、整形（把不规则的波形变换成宽度、幅度都相等的脉冲）、延时（使输入信号延迟一定时间后输出）。

（三）555 集成定时器构成的无稳态触发器

无稳态触发器也称多谐振荡器，是通过自激振荡能输出一定频率矩形脉冲的电子器件。在数字系统、微型计算机中，各种部件都用统一的时钟脉冲来定时操作，时钟脉冲一般由多谐振荡器来产生。

1. 电路结构

图 4-49a 所示为用 555 集成定时器组成的一种多谐振荡器电路。其中 R_1、R_2 和 C 为外接元件。

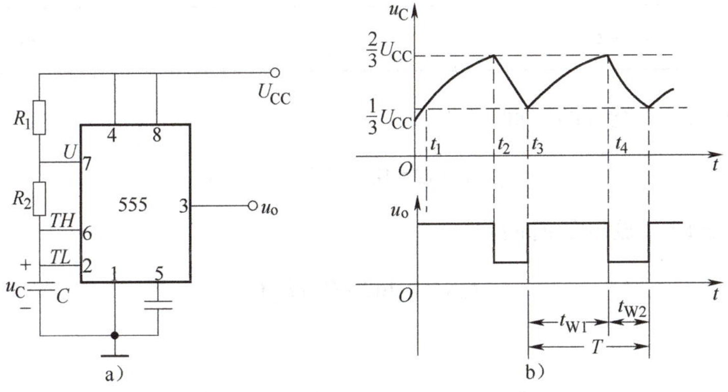

图 4-49　用 555 定时器组成的一种多谐振荡器电路

a）电路图　b）波形图

2. 工作原理

因为刚接通电源时，$u_C=0$（设电容 C 原先未充电），所以 $V_6=V_2<\frac{1}{3}U_{CC}$，由图可知，此时 $u_o=1$，定时器中的晶体管 VT 截止，电源 U_{CC}通过 R_1、R_2 对电容 C 充电，在 u_C 达到 $\frac{2}{3}U_{CC}$之前，$u_o=1$ 的状态保持不变。当 u_C 上升到$\frac{2}{3}U_{CC}$时，比较器 A1 输出低电平，使触发器置 0，定时器输出状态翻转，u_o 由 1 变 0。同时，$\overline{Q}$端的高电平使放电晶体管 VT 导通，使电容 C 通过 R_2 和 VT 放电，u_C 下降。在 u_C 下降到$\frac{1}{3}U_{CC}$之前，$u_o=0$ 的状态保持不变。当

u_C下降到$\frac{1}{3}U_{CC}$时，比较器 A2 输出高电平，使触发器置 1，定时器输出状态再次翻转，u_o由 0 变为 1。与此同时，$\overline{Q}$端的低电平使晶体管 VT 截止，于是电容 C 再次充电。如此不断反复，重复上述过程，在多谐振荡器的输出端就可得到一串矩形波脉冲信号。其工作波形如图 4-49b 所示。

3. 逻辑状态

以上各阶段的状态汇总见表 4-24。

表 4-24　555 集成定时器组成的无稳态触发器状态表

时间	u_C	R	S	$u_o=Q$	晶体管	状态
0	$u_C=0$	1	0	1	截止	开始
$0\sim t_1$	充电 $>\frac{1}{3}U_{CC}$	1	0	1	截止	过渡
$t_1\sim t_2$	充电，$\frac{1}{3}U_{CC}<u_C<\frac{2}{3}U_{CC}$	1	1	保持 1	截止	暂稳
t_2	$u_C\geqslant\frac{2}{3}U_{CC}$	0	1	0	导通	跳变
$t_2\sim t_3$	放电，$\frac{1}{3}U_{CC}<u_C<\frac{2}{3}U_{CC}$	1	1	保持 0	导通	暂稳
t_3	$u_C\leqslant\frac{1}{3}U_{CC}$	1	0	1	截止	跳变

第 1 个暂稳态即 C 充电的时间：

$$t_{W1}=\tau_1\ln2=0.7\ (R_1+R_2)\ C$$

第 2 个暂稳态即 C 放电的时间：

$$t_{W2}=\tau_2\ln2=0.7R_2C$$

振荡周期为

$$T=t_{W1}+t_{W2}=0.7(R_1+2R_2)C$$

方波宽度 t_{W1}与振荡周期 T 之比称为占空比或空宽比，即

$$k_{PDR}=\frac{t_{W1}}{T}=\frac{R_1+R_2}{R_1+2R_2}$$

显然，改变 R_1 和 R_2 的大小，尤其是改变 R_2 的大小即可改变占空比。

六、A-D 和 D-A 转换器

汽车在工作过程中，经常需要将传感器拾取的一些物理量如速度、温度、压力等模拟信号转换为汽车 ECU 能够识别和处理的数字信号，而经过 ECU 处理后的数字信号必须再转换为模拟信号，才能控制驱动装置以实现对控制对象的控制。以上过程的控制框图如图 4-50 所示。

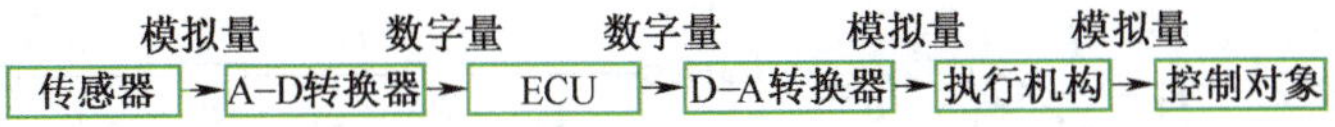

模拟量 → 数字量 → 数字量 → 模拟量 → 模拟量

传感器 → A-D转换器 → ECU → D-A转换器 → 执行机构 → 控制对象

图 4-50　模-数转换与数-模转换框图

将模拟信号转换为数字信号的装置称为模数转换器（简称 A-D 转换器），将数字信号转换为模拟信号的装置称为数模转换器（简称 D-A 转换器）。

（一）D-A 转换器

D-A 转换器是将数字量输入转换成模拟量输出的电子线路，它是数字处理系统与模拟系统的接口电路。D-A 转换器有多种电路类型，其中 T 型电阻 D-A 转换器是较常用的一种。

1. T 型电阻 D-A 转换器

（1）电路组成　图 4-51 所示为一个 4 位 T 型电阻 D-A 转换器。它主要由以下部分组成：

1）T 型电阻网络。T 型电阻网络由若干个 R 和 $2R$ 的电阻构成。

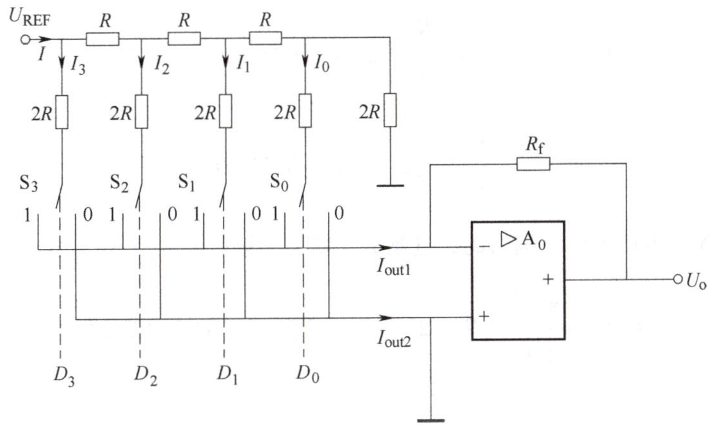

图 4-51　4 位 T 型电阻 D-A 转换器

2）模拟开关。模拟开关 S_3、S_2、S_1、S_0 的状态分别受输入数字信号 D_3、D_2、D_1、D_0 控制，即每一位二进制数码控制相应一个开关。以 D_3 为例，当 $D_3=1$ 时模拟开关 S_3 合向左边，支路电流 I_3 流向 I_{out1}；当 $D_3=0$ 时，S_3 合向右边，支路电流 I_3 流向 I_{out2}。

3）电流求和放大器。电流求和放大器对各位数字量所对应的电流进行求和，并转换成相应的模拟电压。

4）基准电压。基准电压用作基准的高精度电压 U_{REF}，电压稳定度要求极高，一般通过专门设计的稳压电路获得。

（2）工作原理　D-A 转换器的原理是由输入二进制数码的各位分别控制相应的模拟开关，通过电阻网络得到一个与二进制数码各位的权值成比例的电流，再经过运算放大器求和，转换成与输入二进制码成比例的模拟电压输出。

由图 4-51 可知，运算放大器采用反相输入方式连接，反相端为“虚地”。因此不论模拟开关接向左边还是右边，电阻 $2R$ 接模拟开关一侧的电位为零。其等效电路如图 4-52 所示。由图可知，从输入端看进去，整个电阻网络的等效电阻为 R，总电流为 $I=U_{REF}/R$，并且有

$I_3=\dfrac{I}{2^4}\times2^3$、$I_2=\dfrac{I}{2^4}\times2^2$、$I_1=\dfrac{I}{2^4}\times2^1$、$I_0=\dfrac{I}{2^4}\times2^0$，即每位支路电流与二进制权值成正比。

图 4-52 T 型电阻网络的等效电路

当每位开关合向左边时的支路电流由 I_{out1} 流出，开关合向右边时的支路电流由 I_{out2} 流出，故在输入不同的二进制数码时，流过 R_f 的电流 I_{out1} 的大小就不同。对于输入一个任意 4 位二进制数 $D_3D_2D_1D_0$ 有

$$I_{out1}=\frac{I}{24}\ (D_32^3+D_22^2+D_12^1+D_02^0)$$

运算放大器输出电压可表示为

$$U_o=-R_fI_{out1}=-\frac{R_fI}{2^4}(D_32^3+D_22^2+D_12^1+D_02^0)$$

$$=-\frac{U_{REF}R_f}{2^4R}(D_32^3+D_22^2+D_12^1+D_02^0)$$

可见输出的模拟电压正比于输入的二进制数字信号。依此类推,对于 n 位 D-A 转换器,则有

$$U_o=-\frac{U_{REF}R_f}{2^nR}(D_{n-1}2^{n-1}+D_{n-2}2^{n-2}+\cdots+D_12^1+D_02^0)$$

2. 集成 D-A 转换器举例

现以 CC7520 D-A 转换器为例，简单说明其应用。

CC7520 是用 CMOS 工艺制作的 10 位 D-A 转换器，其内部只包含 10 位 T 型电阻网络和 10 个 COMS 双向模拟开关，运算放大器需要外接。图 4-53a 所示为集成芯片引脚图。$D_0\sim D_9$ 为数据输入端，U_{DD} 为芯片电源端，U_{REF} 是基准电压输入端，R_f 为反馈输入端，I_{out1}、I_{out2} 为电流输出端。

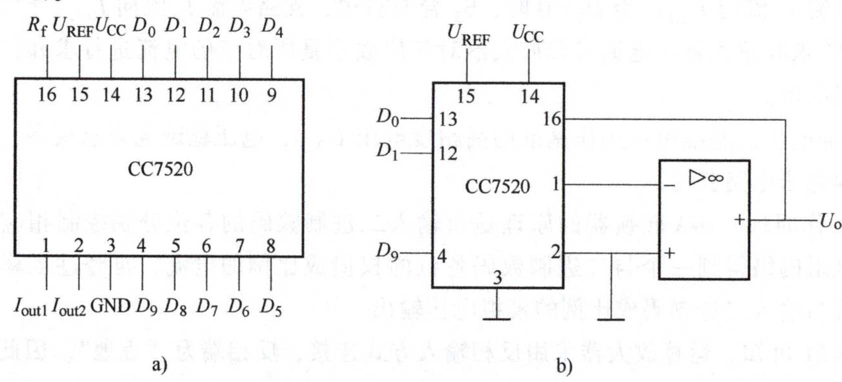

图 4-53 CC7520 D-A 转换器

a）引脚排列 b）基本应用电路

CC7520 的基本应用电路如图 4-53b 所示。CC7520 内部 16 脚与 1 脚之间接有一个电阻 R_f，且 $R_f=R=10k\Omega$，此时运算放大器输出电压为

$$U_o=-\frac{U_{REF}}{2^{10}}(D_9 2^9+D_8 2^8+\cdots+D_1 2^1+D_0 2^0)$$

（二）A-D 转换器

A-D 转换器与 D-A 转换器的作用相反，A-D 转换器是将输入的模拟量转换成数字量输出的电子电路，它是模拟系统与数字处理系统的接口电路。A-D 转换器的种类很多，逐次逼近型 A-D 转换器是常用的一种。

1. 逐次逼近型 A-D 转换器

（1）电路组成　图 4-54 所示为逐次逼近型 A-D 转换器的组成框图。它由顺序脉冲发生器、逐次逼近寄存器、D-A 转换器和电压比较器组成。

（2）工作原理　先设定一个数字量 D_A，并将 D_A 经 D-A 转换器转换成模拟量 U_A 后，与待转换的模拟量 U_X 比较，若比较结果 $U_A=U_X$，则可确定 U_X 所转换成的数字量为 D_A。

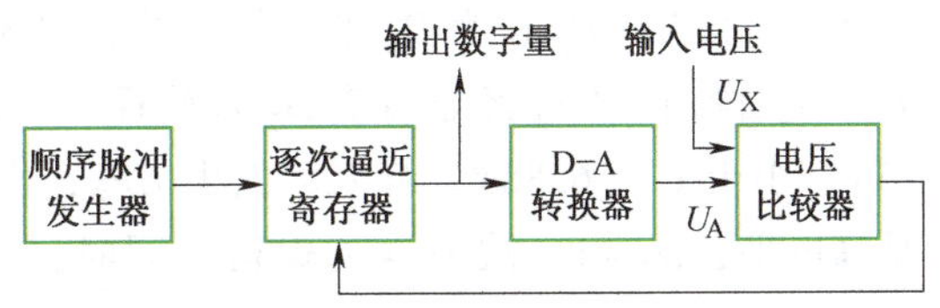

图 4-54　逐次逼近型 A-D 转换器的组成框图

若初次比较 $U_A\neq U_X$，则修改所设定的数字量 D_A 使其接近相等再进行比较，经多次修改、设定、比较……逐次逼近，直至 $U_A=U_X$ 或最接近 U_X 为止。这时最后的设定量 D_A 即是模拟量 U_X 转换成对应的数字量 D_X，确定输出，完成模-数转换过程。图 4-55 所示为 4 位逐次逼近型 A-D 转换器的原理图。

顺序脉冲发生器：由 5 位环形计数器构成，输出 5 个在时间上有一定先后顺序的 CP 脉冲，送给逐次逼近寄存器。

逐次逼近寄存器由 4 个 D 触发器构成，在顺序脉冲 $CP_1\sim CP_5$ 的推动下，记忆每次由电压比较器比较的结果，并进行修改设定向 D-A 转换器提供新的二进制输入数码。待转换的模拟电压 U_X 送到电压比较器的同相输入端，比较器的反相输入端为 D-A 转换器输出的模拟电压 U_A，将最终比较结果经 4 个 D 触发器以数字量的形式输出，从而完成 A-D 转换。

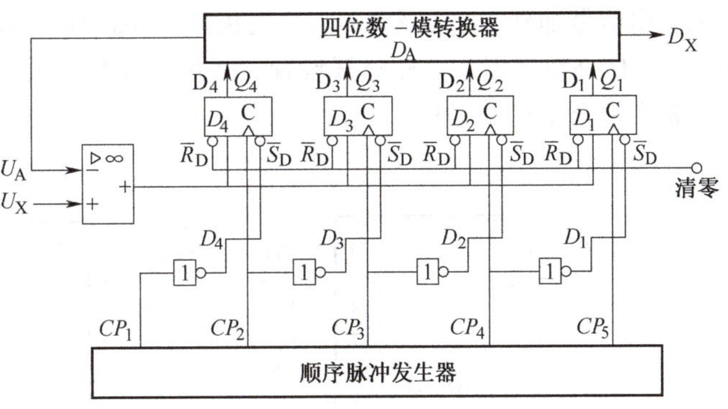

图 4-55　4 位逐次逼近型 A-D 转换器的原理图

如果 D-A 转换器为 4 位 T 型电阻网络，基准电压 $U_R=-10V$，待转换的模拟电压 $U_X=6.88V$，工作前各触发器清零。

工作时，首先由顺序脉冲发生器发出脉冲 $CP_1=1$，经非门使 D 触发器 F_4 直接置 1，于

是 $Q_4=1$，Q_3、Q_2、Q_1 保持 0 态。这一设定数字量经 DAC 转换成模拟量 U_A，由式 $U_O=-\frac{U_R R_F}{2^4 R}(2^3D_3+2^2D_2+2^1D_1+2^0D_0)$，且 $R_F=R$，可算出

$$U_A=-\frac{-10}{2^4}(2^3\times1+2^2\times0+2^1\times0+2^0\times0)\,\text{V}=5\text{V}$$

$U_A=5\text{V}$，小于 $U_X=6.88\text{V}$，说明该设定量 $D_A=1000$ 太小，下次比较时，该位数 $Q_4=1$ 应保留，同时应将第 3 位 Q_3 增为 1。

接着，由顺序脉冲分配器发出脉冲 CP_2，它供给 D_4 作为时钟脉冲。由于 $U_A<U_X$，电压比较器输出高电平，使 $D_4=1$，因此 D_4 状态不变，Q_4 仍保留为 1。同时，因为 CP_2 经非门使 D_3 直接置 1，故 $Q_4=1$，$Q_3=1$，$Q_2=0$，$Q_1=0$，即 $D_A=1100$，经数模转换器转换后 $U_A=7.5\text{V}$，大于 $U_X=6.88\text{V}$，说明该设定量 D_A 太大了，下次比较时，$Q_3=1$，应取消，变为 0，同时，将 Q_2 由 0 增至 1。

然后，发出 CP_3 作为 D_3 的时钟脉冲，因为 $U_A>U_X$，比较器输出为低电平，$D_3=0$，使得 $Q_3=0$。同时，CP_3 经非门使 D_2 直接置 1，故 $Q_4=1$，$Q_3=0$，$Q_2=1$，$Q_1=0$，这时，$U_A=6.25\text{V}$，小于 $U_X=6.88\text{V}$。继之，发出 CP_4，作为 D_2 的时钟脉冲，因为 $U_A<U_X$，比较器输出是高电平，$D_2=1$，故 $Q_2=1$ 保留。同时，因为 CP_4 使 D_1 直接置 1，故 $Q_4=1$，$Q_3=0$，$Q_2=1$，$Q_1=1$，这时，$U_A=6.875\text{V}$，略小于 U_X。

最后，发出 CP_5 作为 D_1 的时钟脉冲，由于 $U_A<U_X$，$D_1=1$，$Q_4=1$，$Q_3=0$，$Q_2=1$，$Q_1=1$ 不变，误差小于数字量的最低位，因此 $D_A=1011$ 即为由模拟量 6.88V 转换而来的数字量 D_X。

2. 集成 A-D 转换器举例

图 4-56 所示为 ADC0801 A-D 转换器的引脚排列和典型外部接线图。被转换的电压信号从 $U_{IN(+)}$ 和 $U_{IN(-)}$ 输入。$U_{IN(+)}$、$U_{IN(-)}$ 是输入级差分放大电路的两个输入端。如果输入电压为正，则信号加到 $U_{IN(+)}$ 端，$U_{IN(-)}$ 端接地（AGND）；如果为负，则反之。AGND 是模拟地端，DGND 是数字端。这样分开设置，目的是使数字电路的地电流不影响模拟信号回路，以防止寄生耦合造成的干扰。

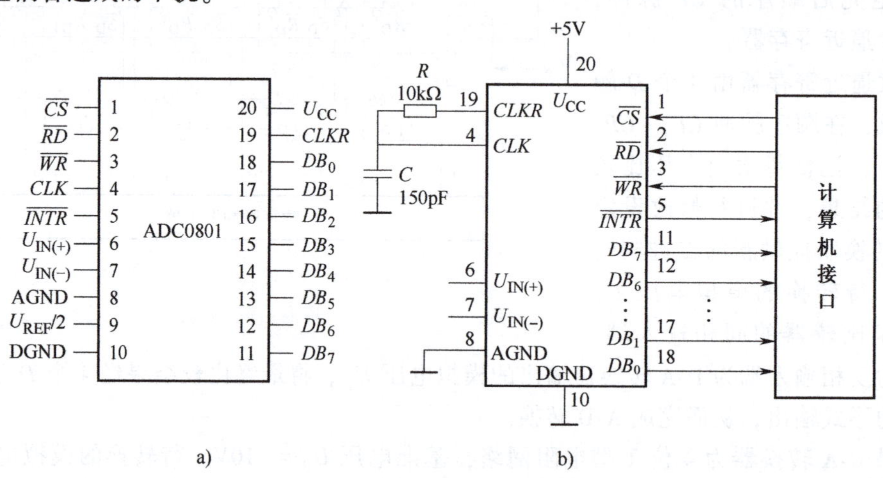

图 4-56 ADC0801 A-D 转换器

a）引脚排列 b）典型外部接线

参考电压可以由外部电路提供，从 $U_{REF}/2$ 端直接送入。当 U_{CC} 电源精确稳定时，也可作为电压基准。这时 ADC0801 芯片内部设有分压电路可自行提供 $U_{CC}/2$ 参考电压，$U_{REF}/2$ 端不必外接电源，悬空即可。

ADC0801 内部设有时钟电路，只要在外接 $CLKR$ 和 CLK 两端外接一个电阻和一个电容就可以产生 A-D 转换所需要的时钟，其振荡频率 $f_{CLK} \approx 1/(1.1RC)$。典型应用参数为 $R = 10\text{k}\Omega$，$C = 150\text{pF}$，$f_{CLK} \approx 600\text{kHz}$。若采用外部时钟，则可从 CLK 端送入，此时不接 R、C。

$\overline{CS}$是片选端，$\overline{WR}$是写控制端，当$\overline{CS}$和$\overline{WR}$同时有效时（无为低电平）启动 A-D 转换。$\overline{INTR}$是转换结束信号输出端。当本次转换已经完成，该端从高电平跳到低电平。$\overline{RD}$为转换结果读出控制端，当它与$\overline{CS}$同时为低电平时，输出数据锁存器 $DB_0 \sim DB_7$ 各端上出现 8 位并行二进制数码，表示 A-D 转换结果。ADC0801 每秒钟可转换 10000 次，即转换 1 次的时间为 100μs。

电路分析

1. 与门电路控制信号传送的工作原理

与门电路应用广泛，利用与门电路，可以控制信号的传送。例如，有一个 2 输入端与门（图 4-7），假定在输入端 B 送入一个持续的脉冲信号，而在输入端 A 输入一个控制信号，由与门逻辑关系可画出输出端 F 的输出信号波形，如图 4-57 所示。只有当 A 为 1 时，信号才能通过，在输出端 F 得到所需的脉冲信号，此时相当于门被打开。当 A 为 0 时，信号不能通过，无输出，相当于门被封锁。

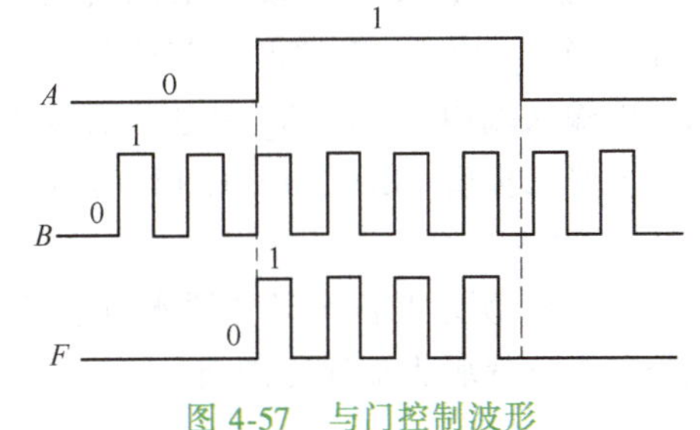

图 4-57 与门控制波形

2. 或门防盗报警电路工作原理

图 4-58 所示为两路防盗报警电路。该电路采用了一个 2 输入端的或门电路，S_1 和 S_2 为微动开关，可装在门和窗户上。当门和窗户都关上时，开关 S_1 和 S_2 闭合，或门输入端全部接地，$A=0$，$B=0$，输出低电平，警告灯不亮。如果门或窗任何一个被打开，相应的开关 S_1 或 S_2 断开，该或门输入端经 1kΩ 电阻接至 5V 电源，为高电平，故输出也为高电平，警告灯亮。输出端还可接音响电路实现声光同时报警。

3. 画出或门电路的输出波形

在图 4-8b 所示或门电路中，如果已知输入端 A、B 的输入波形，则根据或门电路的逻辑功能可以画出输出端 F 的波形，如图 4-59 所示。只要 A、B 中至少一个为高电平 1 时，信号就能通过，此时相当于门被打开。当 A、B 全为低电平 0 时，信号不能通过，无输出，相当于门被封锁。

4. 制动灯故障检测电路工作原理

图 4-60 所示为由与非门组成的汽车制动灯故障监测器电路。当警告灯亮时，提示驾驶人制动灯损坏。该电路用一块 CMOS 与非门集成电路 CD4011 接成非门的形式，用来自动监

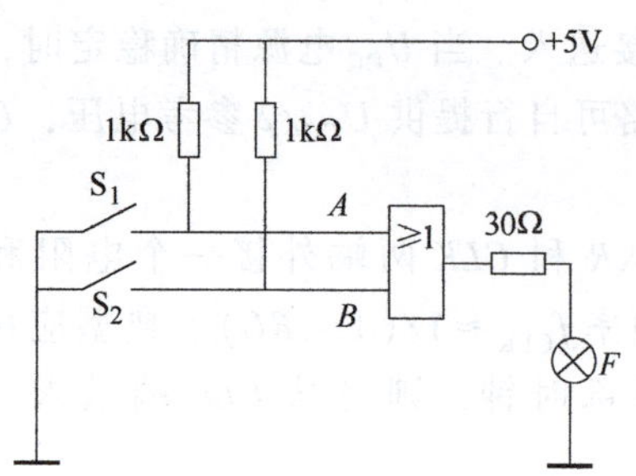

图 4-58 或门应用电路

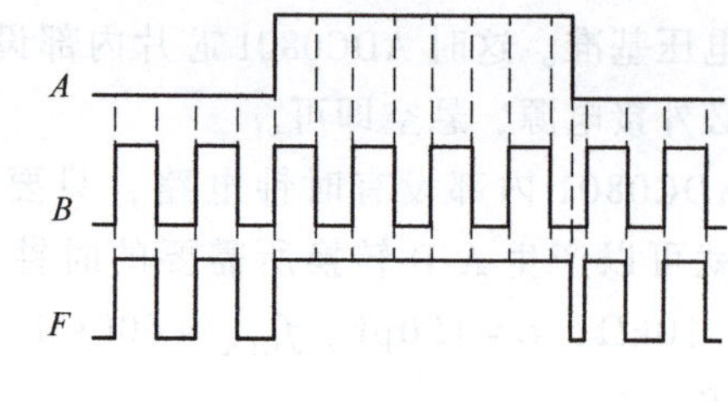

图 4-59 或门应用举例

测汽车制动灯的工作状况。在图中，X_{D1}、X_{D2}为尾部制动信号灯，LED_1 和 LED_2 为与 X_{D1}、X_{D2}对应的驾驶室内的工作指示灯，其工作状况和尾部信号灯相对应，S 为制动开关。

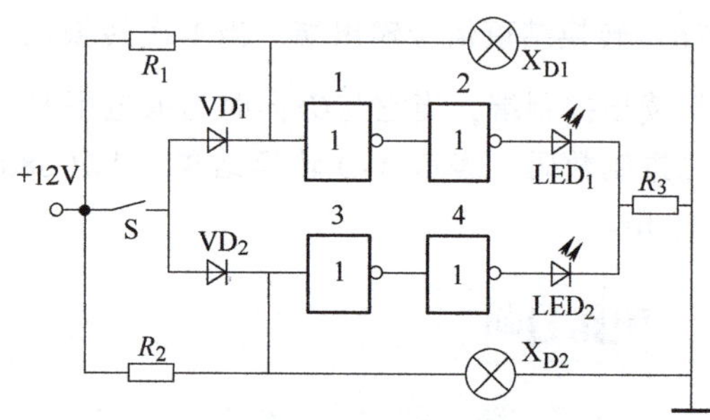

图 4-60 由与非门组成的汽车制动灯故障检测器电路

当信号灯 X_{D1}、X_{D2}完好时，由于灯丝阻值较小，故二极管和与非门 1、与非门 3 的输入端全为低电平，与非门 2、与非门 4 的输出端也为低电平，发光二极管 LED_1、LED_2 均不亮。当 X_{D1}或 X_{D2}断路时，与非门 1 或与非门 3 的输入端由于 R_1、R_2 和电源的接入变为高电平，与非门 2、与非门 4 的输出端为高电平，发光二极管 LED_1、LED_2 相应亮起。

5. 散热器水位过低报警电路工作原理

图 4-61 所示为汽车散热器水位过低报警电路。当散热器水位低于最低水位时发出声光报警，提醒驾驶人加注冷却液。

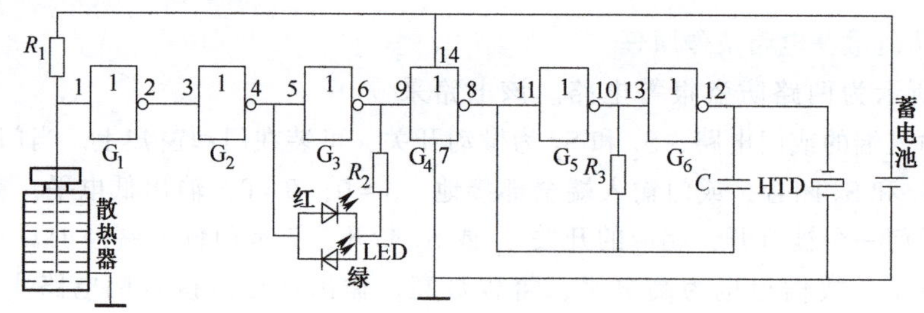

图 4-61 汽车散热器水位过低报警电路

6. 画出基本 RS 触发器的输出波形

若基本 RS 触发器输入信号波形如图 4-62 所示，根据其逻辑功能可画出其输出波形图，如图 4-62 所示。

7. 画出同步 RS 触发器的输出波形

若同步 RS 触发器的输入信号波形如图 4-63 所示，根据其真值表可画出其输出波形图，如图 4-63 所示。

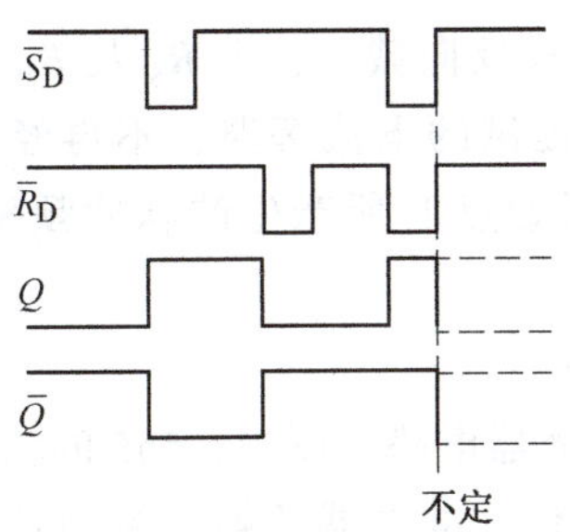

图 4-62　基本 RS 触发器的波形图

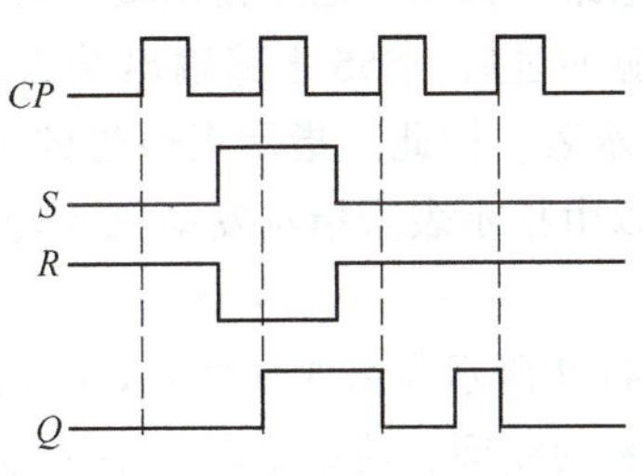

图 4-63　同步 RS 触发器的波形图

8. 画出 JK 触发器的输出波形

若 JK 触发器的输入信号 J、K 及 CP 波形如图 4-64 所示，设触发器的初始状态为 0，根据其逻辑功能可画出其输出波形，如图 4-64 所示。

9. 画出 D 触发器的输出波形

若 D 触发器的输入信号及 CP 波形如图 4-65 所示，设触发器的初始状态为 0，则其输出波形如图 4-65 所示。

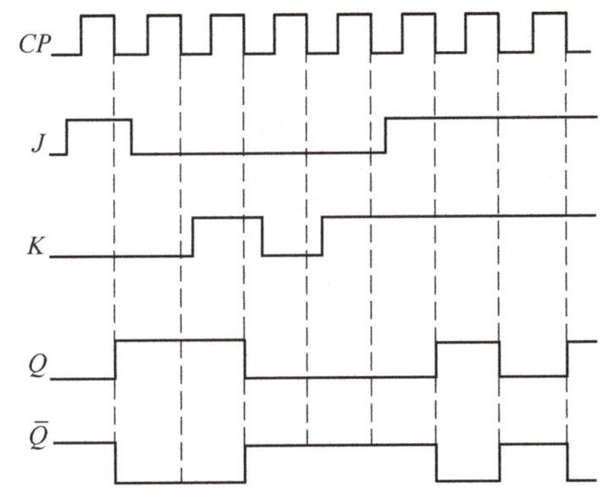

图 4-64　JK 触发器的波形图

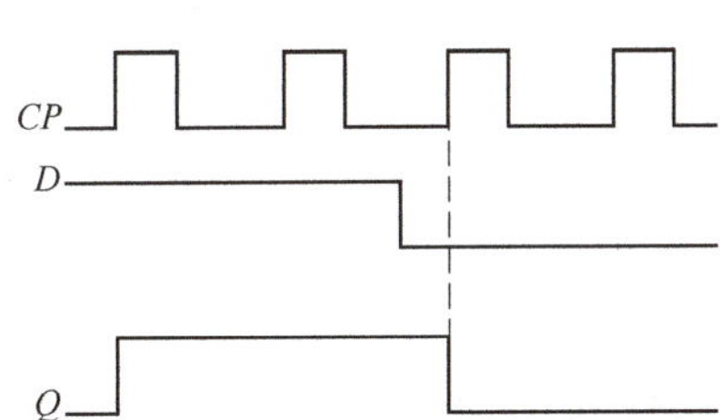

图 4-65　D 触发器的波形图

10. 555 集成定时器构成的发动机转速表工作原理

图 4-66 所示为发动机 555 转速表电路。其中，L_{IG} 为点火线圈一次绕组，P 为继电器触点。

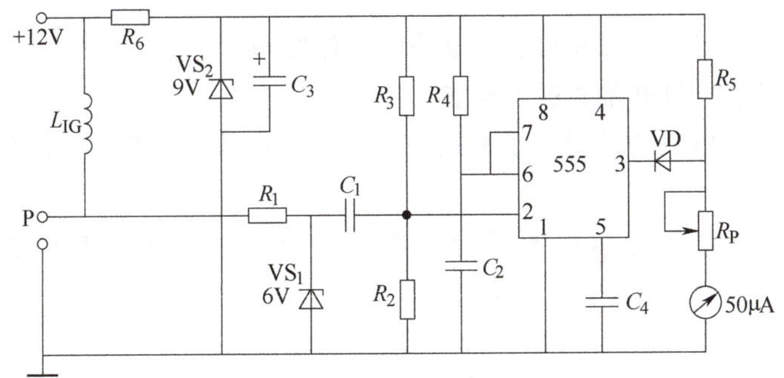

图 4-66　发动机 555 转速表电路

每当继电器触点断开而产生一个脉冲时，通过 R_1 和 VS_1 的钳位限幅，由 C_1 耦合去触

发555电路。在555电路输出端3脚输出高电平期间，VD反向截止，由R_5及R_P供给指示表。单脉冲过后，555电路输出端为低电平，VD将R_5提供的电流旁路，不再经过电位器R_P和指示表。因此，指示表通过的电流平均值与继电器触点P所产生的脉冲频率成正比，这就可以由指示表来指示发动机的转速。

11. 555集成定时器构成的汽车转向闪光器工作原理

图4-67所示为由555集成定时器构成的汽车转向闪光器电路。图中，555的输出端3接继电器K的线圈，使继电器按多谐振荡器的频率进行工作，继电器的触点接到转向灯的电源回路中，控制电源的通断，使转向灯按一定频率闪烁。闪光器灯亮时间由C_1的充电时间决定，灭灯时间由C_1的放电时间决定。闪光器的灯亮、灯灭周期（即多谐振荡器的振荡周期）为C_1充电和放电时间之和。通过适当选择R_A、R_B和C_1的值，即可取得一定的闪烁频率。

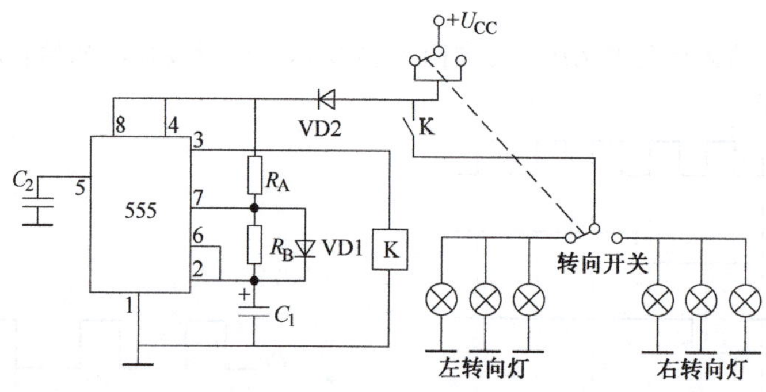

图4-67　由555集成定时器构成的汽车转向闪光器电路

一、基本逻辑门电路的测试

1. 训练目标

1）了解与门、或门、非门和与非门电路的工作原理。

2）进一步认识基本门电路的逻辑功能。

3）认识TTL集成电路的外形，了解用与非门组成各种门电路的电路形式。

2. 训练器材

通用电学试验台直流稳压电源部分、数字试验电路插板、万用表、TTL集成电路74LS00及导线若干。

3. 训练原理

门电路是数字电路的基础，也是组合成组合逻辑电路的基本单元。所谓“门”就是一种开关，控制信号通过或不通过。利用门电路的不同连接形式，可以实现一定的逻辑关系。

与门电路的逻辑功能为“有0为0，全1为1”，或门电路的逻辑功能为“有1为1，全0为0”，非门电路的逻辑功能是输出与输入的电平相反。常用的复合门电路有与非门、或非门、异或门等。与非门电路的逻辑功能为“有 0 为 1，全 1 为 0”。实际应用中经常用与非门及其组合构成各种基本门电路。

4. 训练内容与步骤

（1）认识 TTL 集成与非门 74LS00　图 4-68 所示为 TTL 集成与非门 74LS00（四二输入与非门）的引脚排列图，该电路有 14 脚，4 个独立与非门，其中 *A*、*B* 为输入端，*Y* 为输出端。1*A*、1*B* 和 1*Y* 为一个独立的与非门，其余依次类推。14 脚接电源，7 脚为接地端。反复观察，认真熟练。

（2）验证各种基本门电路的逻辑功能　在数字电路实验板上用 74LS00 组成如图 4-69a、b、c 所示的与门、或门和与非门电路，通过逻辑电平开关控制各输入端的高、低电平，通过输出指示灯观察输出端电平的高低。

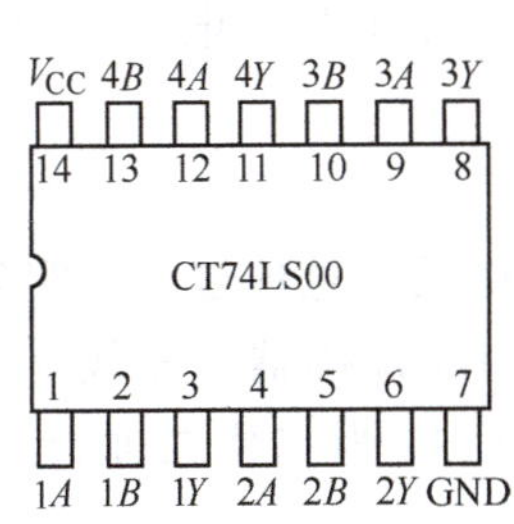

图 4-68　74LS00 的引脚排列图

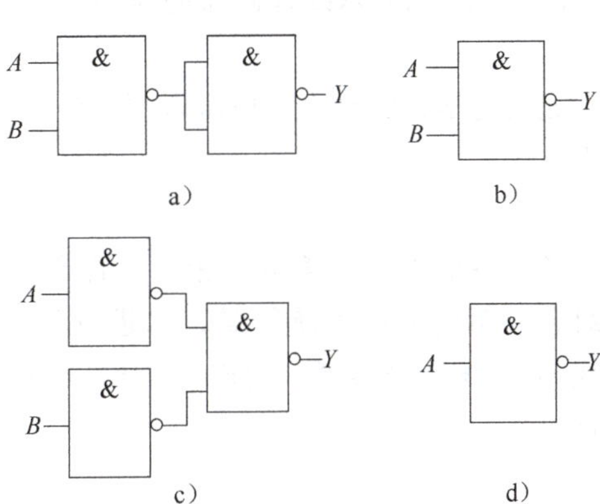

图 4-69　由与非门组成的实验电路

a）与门实验电路　b）与非门实验电路

c）或门实验电路　d）非门实验电路

针对图 4-69a、b、c 所示电路，输入表 4-25 所列的输入电平，观察输出情况并记录于表 4-25。

表 4-25　与门、或门及与非门电路逻辑功能测试电平

输　入		输入（*Y*）		
A	*B*	与非门	与门	或门
0	0			
0	1			
1	0			
1	1			

采用单端输入组成如图 4-69d 所示的非门电路，按表 4-26 所列输入电平输入信号，观察输出情况并记录于 4-26。

表 4-26　非门电路逻辑功能测试电平

输　入	*A*	0	1
输　出	*Y*		

5. 训练思考

1）由表4-25及表4-26的实验结果列出图4-69a、b、c和d的逻辑功能表达式。

2）表4-25及表4-26的实验结果是否符合相应的逻辑功能？

3）在实验中74LS00使用的引脚为什么要悬空？

二、三线-八线译码器的测试

1. 训练目标

1）熟悉译码器的工作原理及逻辑功能。

2）了解三线-八线译码器的应用。

2. 训练器材

通用电学试验台直流稳压电源部分、数字电路试验插板、TTL集成电路74LS138及导线若干。

3. 训练原理

译码器的作用与编码器相反，译码是将二进制代码变换成信息的过程，实现译码功能的组合逻辑电路称为译码器。二进制译码器可分为二线-四线译码器、三线-八线译码器、四线-十六线译码器等，它们的工作原理则是相同的。74LS138为三位二进制三线-八线译码器。

4. 训练内容与步骤

74LS138为三位二进制三线-八线译码器，其逻辑电路图及引脚排列如图4-70所示。

将74LS138的使能端 S_1、$\overline{S}_2$、$\overline{S}_3$ 及地址端 A_2、A_1、A_0 分别接到逻辑电平开关输出口，8个输出端 $\overline{Y}_7$ ~ $\overline{Y}_0$ 依次连接在逻辑电平显示器的8个输入口上，拨动逻辑电平开关，按表4-27逐项测试74LS138的逻辑功能。

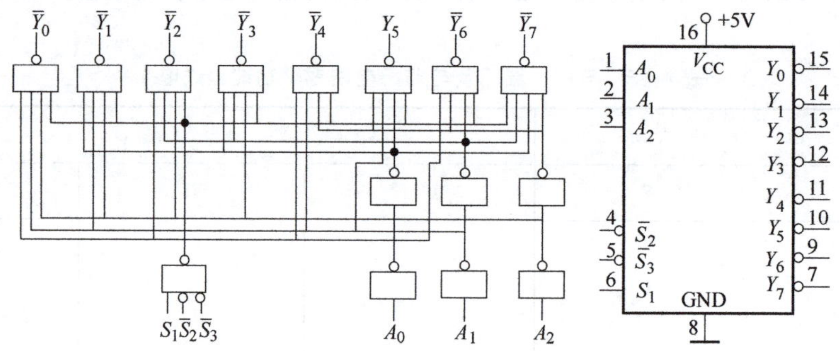

图4-70 74LS138逻辑电路图及引脚排列图

表4-27 74LS138逻辑功能测试结果

输入					输出							
S_1	$\overline{S}_2+\overline{S}_3$	A_2	A_1	A_0	$\overline{Y}_0$	$\overline{Y}_1$	$\overline{Y}_2$	$\overline{Y}_3$	$\overline{Y}_4$	$\overline{Y}_5$	$\overline{Y}_6$	$\overline{Y}_7$
1	0	0	0	0								
1	0	0	0	1								

（续）

输入					输出							
S_1	$\overline{S}_2+\overline{S}_3$	A_2	A_1	A_0	$\overline{Y}_0$	$\overline{Y}_1$	$\overline{Y}_2$	$\overline{Y}_3$	$\overline{Y}_4$	$\overline{Y}_5$	$\overline{Y}_6$	$\overline{Y}_7$
1	0	0	1	0								
1	0	0	1	1								
1	0	1	0	0								
1	0	1	0	1								
1	0	1	1	0								
1	0	1	1	1								
0	×	×	×	×								
×	1	×	×	×								

5. 思考练习

1）什么是译码？

2）简述 74LS138 的译码过程。

思考练习

1. 电子电路的信号有几种？各有什么特点？
2. 模拟电路和数字电路的研究重点是什么？
3. 脉冲信号的参数有哪些？各是什么含义？
4. 什么是 8421BCD 码？
5. 逻辑运算中有几种逻辑关系？各是什么？写出关系表达式及真值表。
6. 逻辑运算中的 1 和 0 与数码中的 1 和 0 有何区别？
7. 门电路的含义是什么？有哪几种？分别写出逻辑关系表达式、逻辑符号、逻辑功能及真值表。
8. 比较 TTL 集成电路与 CMOS 集成电路的特点。
9. 什么是三态门？三态门在汽车电路中有何应用？有何实际意义？
10. 正常工作状态下，TTL 集成门的高电平为多少？低电平为多少？
11. 写出两输入端与门、或门、与非门、或非门的逻辑表达式，并列出真值表、画出逻辑符号。
12. 什么是编码？编码器的功能是什么？优先编码器有什么优点？
13. 二进制译码和二-十进制译码有何不同？
14. 为什么说双稳态触发器具有记忆功能？
15. 触发器的基本特征是什么？
16. 什么是正逻辑和负逻辑？
17. 与门的多余输入端接地，输出结果会怎样？或门的多余输入端接高电平，输出结果会怎样？
18. 二进制数有何特点？为什么数字系统要用二进制数？
19. 三态与非门和与非门有哪些区别？

20. 什么是译码？译码器的功能是什么？

21. 组合逻辑电路的输出与什么有关？时序逻辑电路的特点是什么？

22. 比较基本RS触发器、同步RS触发器、JK触发器及D触发器的区别。

23. 何为空翻现象？何种触发器有空翻现象？何种触发器没有？

24. 数码寄存器和移位寄存器有何区别？

25. D-A转换器是由几部分组成的？各部分的作用是什么？

26. 简述555集成定时器的组成及作用。

27. 结合汽车电控系统说明为什么要进行数字信号和模拟信号间的相互转换。

28. 在图4-71中给出了输入信号A、B的波形，试画出与门输出$F=A\cdot B$、或门输出$F=A+B$及与非门输出$F=\overline{A\cdot B}$的波形。

29. 设同步RS触发器的初始状态为$Q=1$，CP、R、S端的输入波形如图4-72所示，试画出Q端的输出波形。

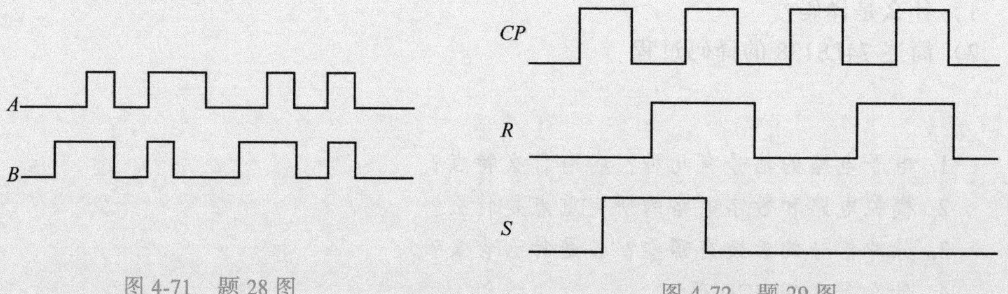

图4-71　题28图

图4-72　题29图

30. 设维持阻塞D触发器的初始状态为0，当D端和CP端的输入信号波形如图4-73所示时，试画出Q端的输出波形。

31. 设下降沿JK触发器的初始状态为$Q=0$，CP、J、K端的输入波形如图4-74所示，试画出Q端的输出波形。

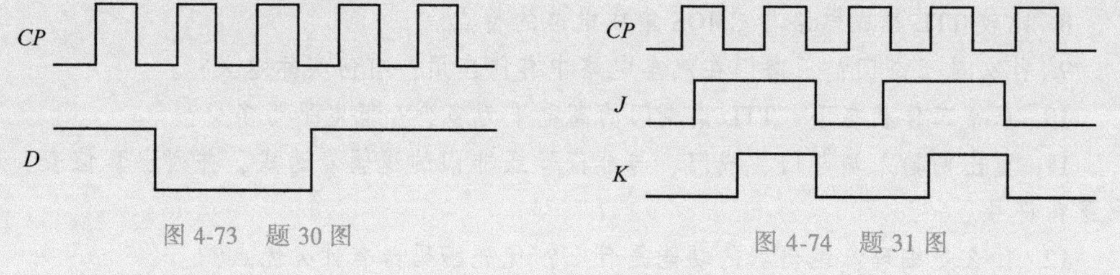

图4-73　题30图

图4-74　题31图

第5章

常用测量仪表及使用

学习目标

1）了解常用电工仪表的分类、准确度等级、电工仪表的符号和意义等。

2）了解模拟式万用表的工作原理，掌握模拟式万用表测量电阻、电流及电压的方法。

3）了解数字式万用表的基本结构，掌握数字式万用表测量电阻、电流及电压的方法。

4）掌握汽车专用数字万用表的基本使用方法，了解汽车专用数字万用表在汽车检修过程中的基本应用。

5）掌握双踪示波器的基本使用方法。

相关知识

一、电工仪表的基础知识

（一）电工仪表的分类

1. 按测量对象分类

电工仪表按测量对象的不同可分为电流表、电压表、功率表、电度表、电阻表等。

2. 按被测物理量分类

电工仪表按被测物理量的不同可分为交流表、直流表、交直流两用表等。

3. 按测量准确度分类

电工仪表按测量物理量的准确度的不同可分为7个等级：0.1级、0.2级、0.5级、1.0级、1.5级、2.5级和4.0级。

4. 按仪表的结构分类

电工仪表按结构不同可分为两类：电磁机械式仪表和电子数字式仪表。

5. 按工作原理分类

电磁机械式电工仪表按其工作原理可分为磁电式、电磁式、电动式和感应式等。

（二）电工仪表的等级

电工仪表的等级指在规定条件下使用时，可能产生的基本误差占满量程的百分数，它表示该电工仪表基本误差的大小。

在电工仪表的7个等级中，数字越小准确度越高，基本误差越小。在通常情况下，0.1

和 0.2 级仪表用作标准表，0.5~1.5 级仪表用作实验表，1.5~4.0 级仪表用于工程测量。

值得注意的是，同一只电工仪表在使用时，量程是否恰当会直接影响测量的准确度。用较小的量程测量比用较大的量程测量准确度高。因此通常选择量程时，应使读数占满量程的 2/3 以上，以减小测量误差。

（三）电工仪表的符号

各种电工仪表的表盘上有各种符号，表示的是该仪表的基本技术特性。常用电工仪表符号及其意义见表 5-1。

表 5-1　常用电工仪表符号及其意义

分类	符号	名称	分类	符号	名称	分类	符号	名称
电流种类	⎓	直流表	工作原理		磁电系仪表	工作位置	—	水平使用
	～	交流表			电动系仪表		⊓	
	≂	交直流两用表			铁磁电动系仪表		↑	垂直使用
	≋	三相交流表			电磁系仪表		⊥	
测量对象	Ⓐ	电流表			电磁系仪表（有磁屏蔽）	绝缘试验	ϟ	试验条件 2kV
	Ⓥ	电压表			整流系仪表		☆2	
	Ⓦ	功率表		Ⅲ	防外磁场能力第三等	准确度	0.5	0.5 级
	W·h	电能表		△B	使用条件 B 级		(0.5)	

（四）数字式仪表的显示位数

数字式仪表具有很高的灵敏度和准确度，显示直观清晰、功能完备、性能稳定、过载能力强，是汽车维修与检测常用的电子仪表。

数字式仪表是以十进制数码的方式显示被测值的。数字式仪表的位数指该仪表能完整显示出“0~9”这 10 个数码的位数。

数字式仪表的显示位数通常有 $3\frac{1}{2}$位、$3\frac{2}{3}$位、$3\frac{3}{4}$位、$4\frac{1}{2}$位、$4\frac{3}{4}$位、$5\frac{1}{2}$位、$6\frac{1}{2}$位、$7\frac{1}{2}$位、$8\frac{1}{2}$位共 9 种。辨别数字式仪表显示位数时要注意的是，能显示 0~9 中所有数字的位是整数位，分数位的数值是以最大显示值中最高位数字为分子，用满量程时最高位数字作分母。例如某数字仪表的最大显示值为±1999，满量程计数值为 2000，这表明该仪表有 3 个整数位，而分数位的分子是 1，分母是 2，故称为 $3\frac{1}{2}$位，读作“三位半”，其最高位只

能显示 0 或 1。其他依此类推。

二、模拟式万用表

模拟式万用表也称为指针式万用表，工作时以指针偏转来指示被测量的大小。它主要由磁电式测量机构（俗称表头）、测量线路和转换开关组成。测量时，通过转换形状的切换，选择相应的测量线路，将被测量转换成可由磁电式仪表直接接受的电流。磁电式仪表满偏电流小、灵敏度高。仪表外配高压探头，电压量程可扩大到 25kV。内电路中串联 0.5A 熔丝作保护。国产 MF 型万用表一般为 1.5~2.5 级。万用表的使用频率一般为 45~1000Hz，有的可以更宽一些。

现以 MF47 型万用表为例来说明其测量过程。图 5-1 所示为 MF47 型万用表的面板图及表盘。

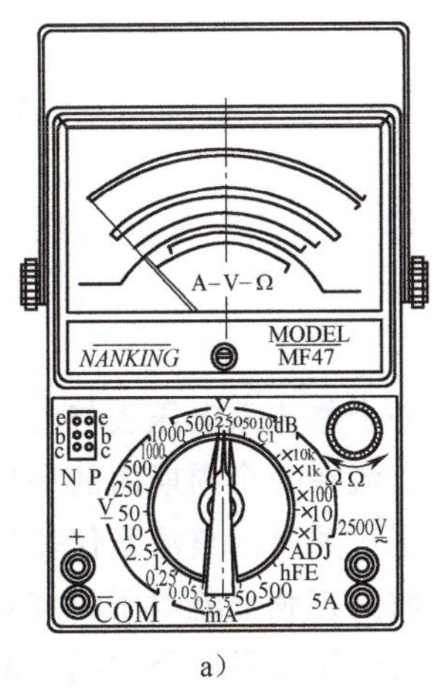

a)

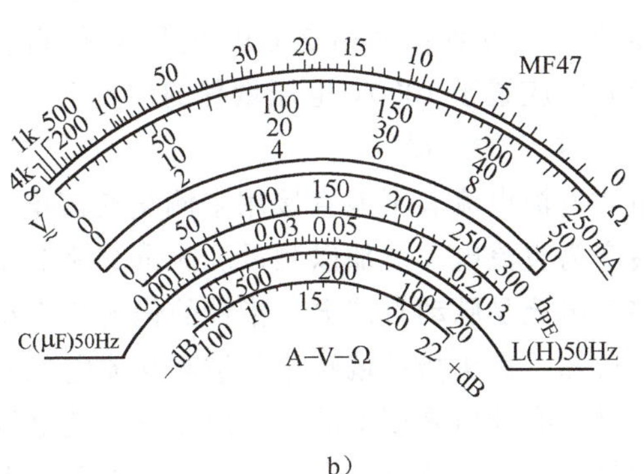

b)

图 5-1　MF47 型万用表的面板图及表盘

a）面板图　b）表盘

如图 5-1b 所示，表盘标度尺的刻度有的是均匀的，如直流电压、直流电流和交流电压共用刻度尺；有的是不均匀的，如电阻、晶体管共发射极直流电流放大系数、电感、电容及音频电平刻度尺等。

（一）物理量的测量

1. 直流电流的测量

万用表的直流电流测量实际上是利用一个多量程的直流电流表进行测量。由于表头的满偏转电流很小，所以采用分流电阻来扩大量程，一般万用表采用闭路抽头式环形分流电路。万用表的直流电流测量电路如图 5-2 所示。

图 5-2 所示电路的分流回路始终是闭合的。转换开关转换到不同位置，就可改变直流电流的量程，这和电流表并联分流电阻扩大量程的原理是一样的。

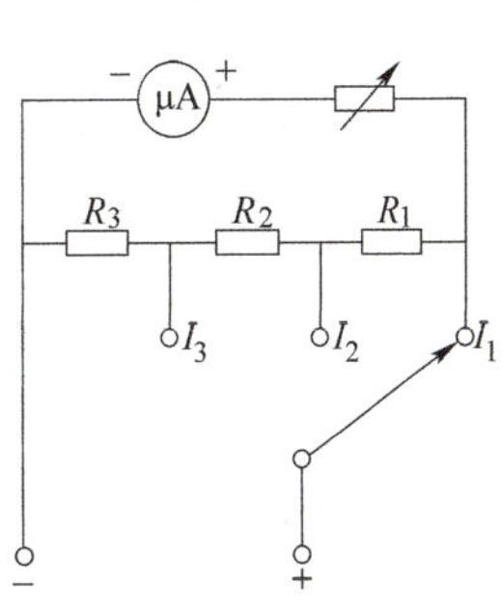

图 5-2　万用表的直流电流测量电路

测量 0.05~500mA 的直流电流时，先将转换开关旋至相应被测量的范围内，选好量程，再将测试表笔串入被测电路中进行测量。注意，插在“+”孔中的红表笔应接在被测电路的正极，插在“-”孔中的黑表笔应接在被测电路的负极。

2. 直流电压的测量

万用表测量直流电压的电路是一个多量程的直流电压表与电阻串联的电路。它通过转换开关来换接电路中与表头串联的不同分压电阻，以实现不同电压量程的转换。万用表直流电压的测量电路如图 5-3 所示。

测量 0.25~1000V 的直流电压时，先将转换开关旋至相应被测量的范围内，选好量程，再将测试表笔并入被测电路中进行测量。注意，插在“+”孔中的红表笔应接被测电路的正极，插在“-”孔中的黑表笔应接被测电路的负极。

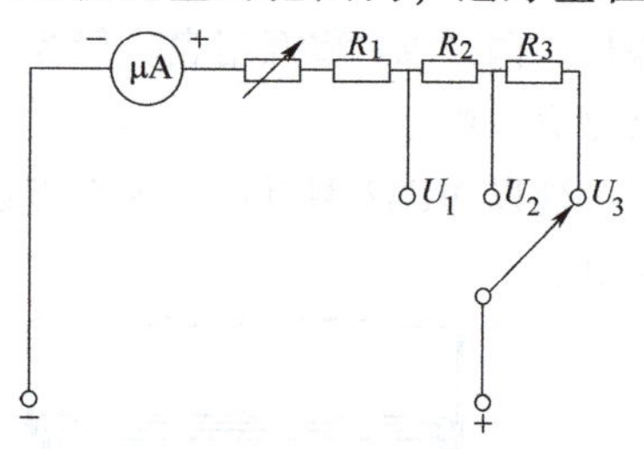

图 5-3 万用表直流电压的测量电路

值得注意的是，测量时的量程选择要合适，应使指针偏转在 2/3 量程左右。5A 和 2500V 量程为单独插孔，在使用 5A 直流电流插孔测量直流电流时，转换开关应置于 500mA 电流量程位置；使用 2500V 电压插孔测直流电压时，转换开关应置于 1000V 电压量程的位置上。

3. 交流电压的测量

磁电式直流电流表不能直接用来测量交流电，必须把交流电转变为直流电才能加以测量。测量交流电压的电路是一个整流系电压表与电阻并联的电路。整流电流是脉动直流电，指针的偏转角将正比于整流电流在一个周期内的平均值。由理论分析可知，表头指针偏转角与被测交流电流的有效值是正比关系。整流系仪表的刻度尺是按正弦量的有效值来刻度的，万用表测交流电压时，其读数是正弦交流电压的有效值，如果用来测量非正弦交流电，会产生很大的误差。万用表的交流电压测量电路如图 5-4 所示。

交流电压的测量方法与直流电压的测量方法相同，只是在使用 2500V 电压插孔测量交流电压时，转换开关需要置于交流 1000V 的量程位置上。为扩大交流电压的量程，在测量电路中需要串联附加电阻，万用表的交流电压档附加电阻与直流电压档共用。

4. 电阻的测量

万用表的直流电阻测量原理图如图 5-5 所示。

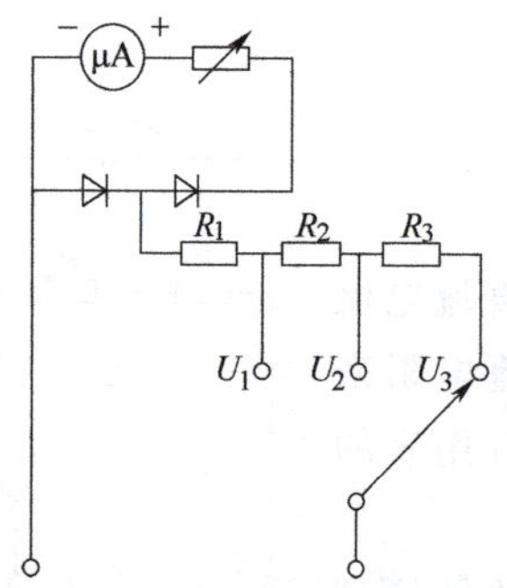

图 5-4 万用表的交流电压测量电路

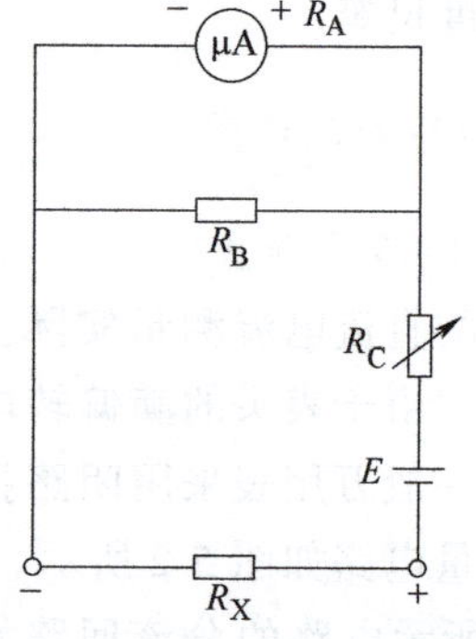

图 5-5 万用表的直流电阻测量原理

当被测量电阻 R_X 为 0（即把两表笔短接）时，回路中的电阻最小，电流最大，表针偏转到底，指示值为“0”。当被测电阻 R_X 为无穷大（即把两表笔开路）时，回路中的电阻最大，电流为零，表针不动，指示值为“∞”。所以，表盘上电阻档为“倒刻度值”。

MF47 型万用表电阻档具有 5 个量程，它们共用一条刻度线。由于量程之间是 10 倍关系，为保证测量准确，每次测量前首先要选好量程，然后必须调零，其方法是：将红、黑表笔短接，旋动调零旋钮，直到指针指示“0”为止。万用表的指针转角与被测量电阻一一对应，电阻刻度为非均匀刻度。

万用表调零可以调整测量机构的工作电流，使调零时的指针满偏，以减小误差。

5. 晶体管直流放大系数的测量

先将转换开关置于晶体管调节“ADJ”位置，短接红、黑表笔，调节欧姆调零旋钮，使指针指示在绿色晶体管刻度线的 300 刻度值上，然后将转换开关转到“h_{FE}”位置，将待测晶体管管脚根据其管型（NPN 或 PNP）分别插入晶体管测试座相应的“ebc”管座内，即可根据指针位置从绿色刻度线上读取该晶体管的直流放大系数。

（二）万用表使用方法及需要注意的问题

万用表的类型较多，面板上的旋钮、开关的布局也有所不同。所以在使用万用表之前必须仔细了解和熟悉各部件的作用，认真分清表盘上各条刻度对应的量，详细阅读使用说明书。

1. 机械调零

万用表在使用之前应检查表针是否在零位上。如果不在零位上，可用小螺钉旋具调节表盖上的调零器，进行机械调零，使表针指在零位。

2. 插孔标记

万用表面板上的插孔都有极性标记。注意，“+”插孔接表内电池的负极，而“-”插孔接表内电池的正极。

3. 量程选择

量程转换开关必须拨在需要测量的位置，不能拨错。要测量电压时，必须拨在要测量的直流电压或交流电压位置上，如果拨在电流或电阻档，将会损坏表头。

4. 量程选择遵循先大后小的原则

在测量电压或电流时，如果对被测电流或电压的大小无法判断，应先拨到最大量程上试测，防止表针打坏。然后，拨到合适的量程上测量，以减小测量误差。注意，不可带电转换量程开关。

5. 注意极性和连接方式

在测量直流电压、电流时，应注意正、负极极性，正、负表笔应分别与被测电压、电流的正、负极端相接。测电压时并联；测电流时把电路断开，把万用表串入电路。

6. 注意频率

测量交流电压、电流时，注意必须是正弦交流电压、电流，其频率不能超过万用表所允许的频率范围（见说明书）。

7. 测电阻时先调零

测量电阻时，首先要选择适当的倍率档，然后将表笔短接，调节调零旋钮，使表针指零，以确保测量的准确性。如果调零电位器不能将表针调到零位，说明电池电压不足，需要

更换新电池。另外，测量电阻时不能带电测量，以免损坏万用表。测量电阻时，每换一次量程，都必须重新调零。

8. 读数时注意被测量与刻度尺的对应

测量直流量时，读标有“DC”或“-”的刻度尺，测交流量时读标有“AC”或“~”的刻度尺，测电阻时读标有“Ω”的刻度尺。

9. 测量完毕关闭电源

有的万用表有电源开关，使用完毕时应关闭电源。无电源开关的万用表，在使用完毕时应将转换开关拨到交流电压最高档，防止他人误用而损坏万用表，也可防止误拨至电阻档时意外耗电。

三、数字式万用表

数字式万用表的结构包括面板、外壳、液晶显示器、测量电路及转换开关等。

数字式万用表采用数字化测量技术，把被测量转换成电压信号，并以数字形式加以显示。它是通过断续的方式进行测量的。数字式万用表是在模拟式万用表的基础上发展而来的。

（一）物理量的测量

1. 直流电压的测量

将功能量程选择开关旋至“DC/V”区域内恰当的量程档，红表笔插入“F/V/Ω”插孔，黑表笔插入“COM”插孔，然后将电源开关按下，即可测量直流电压。测量时，将两表笔与被测线路并联，液晶显示屏将显示被测直流电压值和红表笔所接端的极性。应该注意的是，在“F/V/Ω”和“COM”插孔之间标有“1000VDC 700AC MAX”，它表示最大直流被测电压不能超过1000V，最大交流电压有效值不能超过700V。所以，被测直流电压不能超过1000V，否则，可能会损坏仪表。

2. 交流电压的测量

将功能量程选择开关旋至“AC/V”区域内恰当的量程档，表笔的插法同上。按下电源开关就可测量有效值不超过700V或峰值不超过1000V的交流电压。测量时，除200V和700V的频率范围为40~100Hz外，其余的均为40~400Hz。

3. 直流电流的测量

将功能量程选择开关旋至“DC/A”区域内恰当的量程档，黑表笔插入“COM”插孔。如果最大被测电流为200mA，红表笔应插在“A”孔内；如果最大被测电流为20A，红表笔则应插在“20A”孔内。注意，测量直流电流时，万用表应与被测电路串联。

4. 交流电流的测量

将功能量程选择开关旋至“AC/A”区域内恰当的量程档，其余的操作与测量直流电流的相同。

5. 电阻的测量

将功能量程选择开关旋至“OHM”区域内恰当的量程档，黑表笔插入“COM”插孔，红表笔插入“F/V/Ω”插孔，按下电源开关即可进行电阻测量。

6. 电容的测量

将功能量程选择开关旋至“CAP”区域内恰当的量程档，按下电源开关，并将被测电容的两引线插入面板左端的“CX”插口，即可测量电容值。注意，在测量电容前要将电容放电。

7. 晶体管放大系数的测量

将功能量程选择开关旋至“hFE”档，并按下电源开关。根据被测晶体管的型号及管脚名称，将其插入到面板右下端的“NPN”或“PNP”的相应插孔中，显示屏就会显示出该晶体管放大系数的近似值。

（二）使用时需注意的问题

1）在测量直流电流时，数字万用表能自动转换或显示极性，若显示值为正值，说明电流流入红表笔。使用完毕时，应及时将红表笔从电流插孔中拔出，插入电压插孔，以免在电流档误测电压而导致万用表损坏。

2）测电阻时，如果被测电阻超出所选量程的最大值，万用表将显示过量程指示“1”，这时应选择更高的量程。对于大于 1MΩ 的电阻，要待几秒后读数才能稳定，这是正常的。

3）在用数字万用表的电阻档检测二极管、检查线路的通断时，红表笔所接的是万用表内电池的正极，黑表笔所接的是万用表内电池的负极，这与指针式万用表正好相反。

4）在测量电容时，两手不得接触电容的电极引线和表笔的金属端，否则，数字万用表将严重跳数，甚至过载。

四、汽车专用数字万用表

汽车专用数字万用表除了具备普通数字式万用表的所有功能外，还具有汽车专用项目的测试功能。使用汽车专用万用表是汽车维修工作者必须掌握的一项技能。

（一）基本构造

图 5-6 所示为汽车专用数字万用表的面板图。汽车专用万用表主要由数字及模拟显示屏、功能按钮、测试项目选择开关、温度测量插座、公用插座（用于测量电压、电阻、频率、闭合角、频宽比和转速等）、搭铁插座、电流测量插座等构成。另外，为了实现某些功能（例如测量温度、转速等），汽车专用数字万用表还配有一些配套件，如热电偶适配器、热电偶探头、电感式拾取器，以及 AC-DC 感应式电流夹钳（5~2000A 等）。

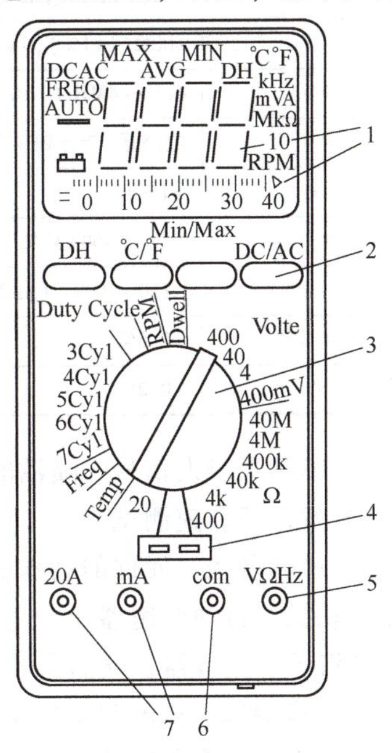

图 5-6 汽车专用数字万用表的面板图

1—四位数字及模拟量（棒型图）显示器 2—功能按钮 3—测试项目（功能）选择开关 4—测量温度插座 5—测量电压、电流、频率、闭合角、频宽比（占空比）及转速公用插座 6—公共搭铁插座 7—测量电流插座

（二）主要技术参数

汽车专用数字万用表的主要技术参数见表 5-2。

（三）基本功能

1）检测交/直流电压、频率、百分比（占空比）。

2）检测发电机最大、最小输出电压、电流（配合±400A 电流钳）。

3）电器元件消耗电流检测。

4）检测各类传感器：节气门位置传感器（TPS）、进气压力传感器（MAP）、空气流量传感器（MAF）、冷却液温度传感器（CTS）、车速传感器（VSS）、曲轴位置传感器（CKP）、爆燃传感器、氧传感器、凸轮轴位置传感器、ABS 车轮转速传感器等。

5）各类液、气体温度测量：空调空气出口温度、发动机排气温度、发动机进气温度、发动机冷却液温度、发动机润滑油温度、自动变速器油温度等。

6）点火触发脉冲信号检测。

表 5-2 汽车专用数字万用表的主要技术参数

主要功能	技术参数
直流电压	(400mV~400V) (1±0.5%) ,1000 (1±1%) V
直流电流	400(1±1%)mA,20(1±2%)A
交流电压	(400mV~400V) (1±1.2%) ,750 (1±1.5%) V
交流电流	400(1±1.5%)mA,20(1±2.5%)A
电阻	400Ω(1±1%),(4kΩ~4MΩ)(1±1%),40(1±2%)MΩ
频率	4kHz~4MHz(1±0.05%)最小输入 10Hz
音频	电路通、断音频信号测试
二极管的检测	±1%dgt
温度的检测	-18~(300±3)℃,(301~1100) (1±3%)℃
转速闭合	(150~3999) (1±3%)r/min,(400~1000) (1±0.6%)r/min
闭合角	±0.5%
频宽比	±0.2%

7）喷油器触发信号、喷油时间（ms）的测试。

8）发动机转速测试。

9）检测各控制元件的动作频率、占空比（百分比）、动作时间，如点火放大器、怠速控制电动机、自动变速器压力电磁阀、车轮防抱死装置电磁阀、电动燃油泵、冷起动喷油器、电液压力调节器、喷油器、废气再循环电磁阀、点火系统触发器等。

10）检测起动机的起动电压、电流（配合±400A 电流钳）。

11）点火闭合角测试。

12）电阻、电容测试。

13）真空/压力测试（配合真空/压力转换器），如发动机进气真空度、燃油压力、自动变速器油压、发动机润滑油压力、气缸压力、空调冷媒高/低压力、排气压力、各真空控制元件的真空度。

14）逻辑电平测试。

15）二极管及其通断测试。

16）其他功能：最大、最小和平均值显示、背光显示，数据保持、自动关机、相对值测试等。

EDA-230 型智能汽车专用数字万用表不仅可以对汽车常规电气系统（如发电机、起动机、灯光仪表电路、空调电路、音响电路）进行检测，还可以对汽车电控系统的各个部分进行测量。对这些系统的电路参数、元件性能、工作状况进行分析和测试，能够方便快捷地判断和排除汽车微机控制电路故障。选择合适的附件，还可以将汽车专用数字万用表的测试功能扩大，直接对汽车上的压力、真空、温度等物理量进行测试，这对判断、分析汽车电控系统的故障十分有利。

EDA-230 型智能汽车专用数字万用表还备有条形图显示功能，它可以模拟指针式万用表的显示，使测量过程更加方便，同时还具有智能化的多重显示和对各种测量数据的最大、最小和平均值记忆显示，不仅能反映各种数据的瞬时值，还可以动态记录在一段时间内数据变化的最大值、最小值和平均值。该功能可以用来检查充电过程的电压变化、喷油器在加速过程中的最大喷油量、冷却液温度在风扇开启前后的温度变化等。背光显示使 EDA-230 型智能汽车专用数字万用表在光线不良的情况下仍然可以清晰地看到仪表的显示数据，为在野外和夜间修车提供方便。

（四）使用方法

1. 信号频率的检测

将功能选择开关旋到频率档（Freq），公用插座（com）的测试线搭铁，VΩHz 插座的测试线接被测的信号线，此时在显示器上即可读取被测信号的频率。

2. 温度的检测

将功能选择开关旋到温度档（Temp），把温度探针插入温度检测插座，按动温度测量单位选择钮℃/F，把温度探针接触所测物体的表面，显示器即显示出所测的温度。

3. 闭合角的检测

将功能选择开关旋到相应发动机气缸数的闭合角测量位置（DWell），公用插座（com）的测试线搭铁，VΩHz 插座的测试线接点火线圈负极“-”接线柱，在发动机运转时显示器即能显示出点火线圈一次电流增长的时间（即闭合角，也称为导通角）。

4. 占空比的检测

将功能选择开关旋到占空比测量位置（Duty Cycle），公用插座（com）的测试线搭铁，VΩHz 插座的测试线接被测的信号线，显示器即显示出被电路一个工作循环（周期）中脉冲信号所保持时间的相对百分数，即占空比。

5. 转速的测量

将功能选择开关旋到转速档（RPM），将转速测量的专用插头插入公用插座和 VΩHz 插座，将感应式转速传感器的夹子夹到某一气缸的高压分线上，在发动机工作时显示器即显示出发动机的转速。

6. 起动机起动电流的检测

将功能选择开关旋到 400mV 档（1mV 相当于 1A），把霍尔效应式电流传感器的夹子夹到蓄电池的电源线上，按动最小/最大按钮（Min/Max），拆除点火线圈上的低压线插头，并转动发电机曲轴 2~3s，显示器即能显示出起动电流。

7. 氧传感器的检测

拆下氧传感器线束，将功能选择开关旋到4V档，按动DC-AC按钮并置于DC状态，然后按Min/Max按钮，使COM插座的测试线搭铁，VΩHz插座的测试线与氧传感器的跨接线相连，让发动机运转到快怠速（2000r/min），此时氧传感器的工作温度可达360℃以上。排气浓时，氧传感器的输出电压约为0.8V；排气稀时，输出电压为0.1~0.2V。当氧传感器的工作温度低于360℃时，无电压信号输出。

8. 喷油器喷油脉宽的测量

先将功能选择开关旋到占空比（Duty Cycle）位置，测量出喷油器喷油的占空比后，将功能选择开关置于频率档（Freq），测量出喷油器的工作频率，按照下式即可计算出喷油器喷油的脉冲宽度（即喷油时间）：

喷油脉宽=占空比(%)/工作频率(s)

（五）发动机电控系统万用表检测的注意事项

1）除在测试过程中特殊指明外，不能用指针式万用表测试ECU和传感器，应使用高阻抗数字式万用表，万用表内阻应不低于10MΩ。

2）先检查熔丝、易熔线和接线端子的状况，在排除这些地方的故障后才能用万用表进行检查。

3）在测量电压时，点火开关应接通（ON），蓄电池电压应不低于11V。

4）在用万用表检查防水型插接器时，应小心取下皮套，用测试表笔插入插接器检查时，不可对端子用力过大。检测时，测试表笔可以从带有配线的后端插入，也可以从没有配线的前端插入。

5）测量电阻时，要在垂直和水平方向轻轻摇动导线，以提高准确性。

6）检查电路断路故障时，应先脱开ECU和相应传感器的插接器，然后测量插接器相应端子间的电阻，以确定是否有断路或接触不良故障。

7）检查电路搭铁短路故障时，应拆开电路两端的插接器，然后测量插接器被测端子与车身（搭铁）之间的电阻值。电阻值大于1MΩ时为无故障。

五、双踪示波器

示波器是电器电子维修技术人员常用的设备，也是汽车维修人员必不可少的工具。示波器除了具备显示波形的功能外，还具有测量功能。使用示波器是汽车维修技术人员必须掌握的一项技能。

目前普遍使用的示波器是双踪示波器，它可同时观察和测定两种不同电信号的瞬变过程，以便进行定性和定量的测量、对比和分析和研究。现以YB4320（YB4320A、YB4340、YB4360功能相似）示波器为例说明其性能及使用方法。

（一）示波器的使用特性

1）频率范围：20MHz，双踪。

2）灵敏度高：最高偏转因数1mV/div。

3）显示屏幕大：6in 大屏，便于清晰观测信号波形。

4）标尺亮度：便于夜间观测。

5）交替扩展：正常（×1）和扩展（×5）。

6）INT：无需转换 CH1、CH2 选择开关即可得到稳定触发。

7）TV 同步：运用新的电视触发电路可以显示稳定的 TV-H 和 TV-V 信号。

8）自动聚焦：测量过程中聚焦电平可自动校正。

9）触发锁定：触发电路呈全自动同步状态，无需人工调节触发电平。

10）工作环境温度：0~40℃。

（二）示波器面板的功能

图 5-7 所示为 YB4320 示波器的面板图。按功能可分为电源、垂直控制、水平控制和触发 4 个区域和 3 个输入端口。现以面板标号说明其功用。

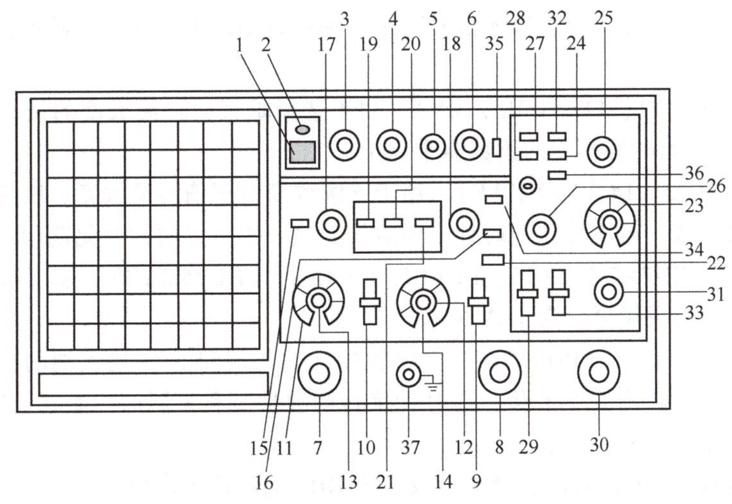

图 5-7　YB4320 示波器的面板图

1—电源开关　2—电源指示灯　3—亮度旋钮　4—聚焦控制旋钮　5—光迹旋转旋钮　6—刻度照明控制旋钮　7—通道 1 输入端　8—通道 2 输入端　9、10—交流-接地-直流耦合选择开关　11、12—衰减器转换开关　13、14—垂直微调旋钮　15、16—CH1×5 扩展、CH2×5 扩展　17、18—垂直移位旋钮　19—通道 1 选择按键　20—通道 2 选择按键　21—叠加按键　22—CH2 极性按键　23—扫描时间因数选择开关　24—X-Y 控制按键　25—扫描微调控制旋钮　26—水平移位旋钮　27—扩展控制按键　28—ALT 扩展按键　29—触发源选择开关　30—外触发输入插孔　31—触发电平控制旋钮　32—触发极性按键　33—触发方式选择旋钮　34—通道 1 输出　35—校准信号　36—光迹分离控制键　37—接地柱

1. 电源部分

将电源线插入交流电源插座，该插座下端装有熔丝。检查电压选择器上标明的额定电压，并使用相应的熔丝。

电源开关 1：将电源开头按键按下为开，弹出为关。

电源指示灯 2：电源接通时指示灯亮。

亮度旋钮3：顺时针旋转亮度增强，反之减弱。接通电源前将该旋钮逆时针旋转到底。

聚焦控制旋钮4：调节聚焦旋钮可使显示的轨迹达到清晰。

光迹旋转旋钮5：用于调节光迹与水平刻度线平行。

刻度照明控制旋钮6：用于调节屏幕刻度亮度，用于夜间操作。

2. 垂直偏转系统

通道1输入端7［CH1 INPUT（X）］：用于垂直方向信号的输入。在X-Y方式时输入端信号作为X轴信号。

通道2输入端8［CH1 INPUT（Y）］：同上。在X-Y方式时输入端信号作为Y轴信号。

交流-接地-直流耦合选择开关9、10（AC-GND-DC）：选择垂直放大器的耦合方式。

交流（AC）：在此方式时，信号经过一个电容器输入，输入信号的直流部分被阻隔，显示交流分量。

接地（GND）：在此方式时，垂直轴放大器输入端接地。

直流（DC）：在此方式时，输入信号直接送到垂直轴放大器输入端显示，信号中包含直流成分。

衰减器转换开关11、12（VOLT/DIV）：用于选择垂直偏转灵敏度的调节。如果使用的是10：1的探头，计算时屏幕上的读数需乘以10。

垂直微调旋钮13、14（VARIBLE）：用于连续改变电压偏转灵敏度。该旋钮在正常情况下应顺时针旋转到底。若将旋钮逆时针方向旋转到底，垂直方向的变化范围应大于2.5倍。

CH1×5扩展、CH2×5扩展15、16（CH1×5MAG、CH2×5MAG）：按下时，垂直方向的信号扩展5倍，最高灵敏度变为1mV/div。

垂直移位旋钮17、18（POSITION）：调节CH1输入端和CH2输入端的信号在屏幕中的垂直位置。顺时针旋转则波形上移，逆时针旋转则波形下移。同时，旋钮17当工作在X-Y方式时，该键用于Y方向的移位。

通道1选择按键19（CH1）：屏幕上仅显示CH1端的输入信号。

通道2选择按键20（CH2）：屏幕上仅显示CH2端的输入信号。

双踪选择19、20（DUAL）：同时按下CH1和CH2按键，屏幕上会出现双踪并自动以断续或交替方式同时显示CH1和CH2输入端的输入信号。

叠加21（ADD）：显示CH1和CH2输入端输入电压的代数和。

CH2极性按键22（INVERT）：按下按键时，CH2显示反相电压值。此位置功能与用于CH1的位置（18）是相关的。若按键（22）被按下，则输入CH2的信号是反相的。当比较不同极性的两个波形时，或者当CH1和CH2之间的信号有差别的波形要用ADD来测量时，用此按键很方便。

3. 水平方向部分

扫描时间因数选择开关23（TIME/DIV）：共20档，能在0.1μs/div～0.2s/div范围内选择扫描速率。

X-Y控制按键24：在X-Y工作方式时，垂直偏转信号接入CH2输入端，水平偏转信号接入CH1输入端。

扫描微调控制旋钮25（WARIBLE）：此旋钮顺时针旋转到底时处于校准位置，扫描由Time/Div开关指示。正常工作时，该旋钮位于校准位置。不在校准位置时，扫描因数连续变化，该旋钮沿逆时针方向旋转到底，扫描延迟低于 1/2.5。正常工作时，该旋钮应位于校准位置。

水平移位旋钮 26（POSITION）：用于调节轨迹在水平方向移动。顺时针旋转则波形向右移动，逆时针旋转则波形向左移动。

扩展控制按键 27（MAG×10）：按下时扫描因数扩展 10 倍。扫描时间是 TIME/DIV 开关指示数值的 1/10。

ALT 扩展按键 28（ALT-MAG）：按下扫描因数×1、×5 同时显示。此时要把放大部分移到屏幕中心，按下 ALT-MAG 键。

同时使用垂直双踪方式和水平 ALT-AMG 可在屏幕上同时显示四条光迹。

4. 触发部分

触发源选择开关 29（SOURCE）：内触发（INT）时，CH1 或 CH2 上的输入信号是触发信号。通道 2 触发（CH2）时，CH2 上的输入信号是触发信号。电源触发（LINE）时，电源频率成为触发信号。外触发（EXT）时，触发输入上的触发信号是外部信号，用于特殊信号触发。

外触发输入插孔 30（EXT INPUT）：用于外部触发信号的输入。

触发电平控制旋钮 31（TRIG LEVEL）：用于调节被测信号在某一电平触发同步。

触发极性按键 32（SLOPE）：用于选择信号的上升沿和下降沿触发。

触发方式选择旋钮 33（TRIG MODE）：

自动（AUTO）：在自动扫描方式时，扫描电路自动进行扫描。在没有信号输入或输入信号被触发同步时，屏幕仍然显示扫描线。

常态（NORM）：有触发信号才能扫描，否则屏幕上无扫描线显示。当输入信号的频率低于 20Hz 时，应该用常态触发方式。

TV-H：用于观察电视信号中行信号波形。

TV-V：用于观察电视信号中场信号波形。

注意：仅在触发信号为负同步信号时，TV-V 和 TV-H 同步。

Z 轴输入插接器（后面板）（Z AXIS INPUT）：Z 轴输入端，加入正信号时，辉度降低；加入负信号时，辉度增加。常态下的 $5V_{P-P}$ 的信号就能产生明显的调辉。

通道 1 输出 34（CH1 OUT）：通道 1 信号输出插接器，可以用于频率计数器输入信号。

标准信号 35（CAL）：电压幅度为 $0.5V_{p-p}$、频率为 1kHz 的方波信号。

光迹分离控制键 36。

接地柱 37：接地端。

（三）物理量的测量及步骤

1. 步骤

1）将亮度和聚焦设定到能够最佳显示的合适位置。

2）最大可能地显示波形，减小测量误差。

3）如果使用了探头，检查电容校正信号。

2. 基本物理量的测量

（1）直流电压测量　设定 AC-GND-DC 开关至 GND，将零电平定位到屏幕上的最佳位

置。将 Volts/Div 设定到合适的位置，然后将 AC-GND-DC 开关拨到 DC，直流信号将会产生偏移，DC 电压可通过刻度的总数乘以 Volts/Div 值的偏移后得到。

（2）交流电压测量 与测量直流电压一样，将零电平设定到屏幕任意一个方便的位置。如果探头有衰减，实际值应乘以衰减率。如果幅度 AC 信号被重叠在一个高直流电压上，AC 部分可通过 AC-GND-DC 开关设置到 AC。这将隔开信号的直流部分，仅耦合交流部分。

（3）频率和时间测量 将波形调整到方便观察的位置，观察波形一个周期的水平格数，再乘以 s/div 旋钮的指示值，即为周期。其倒数为频率。

时间差、上升（下降）沿、合成波形的同步、两个通道波形、电视同步信号的测量参阅相关说明书。

（四）主要技术指标

YB4320 示波器的技术指标见表 5-3、表 5-4 和表 5-5。

表 5-3 垂直系统

项　目	技术指标
CH1 和 CH2 的灵敏度	5mV/div~5V/div，按 1-2-5 步进，共 10 档（量程）（1mV/div~1V/div）
精度	×1：±5%、×5：±10%（室温）
可微调的垂直灵敏度	大于所标明的灵敏度值的 2.5 倍
频带宽度 5mV/div	DC：DC~20Mz −3dB；AC：10Hz~7MHz −3dB
扩展频带宽度 5mV/div	DC：DC~7Mz −3dB；AC：10Hz~7MHz −3dB
上冲	≤5%
上升时间	≤17.5ns
输入阻抗	1MΩ±2%，25pF±3pF 经探极 1MΩ±5 约 17p
最大输入电压	400V（DC+AC 峰值）
输入耦合系统	AC-GND-DC
工作系统	CH1：仅通道 1 工作。CH2：仅通道 2 工作。ADD：CH2 和 CH2 的总和 双踪：同时显示通道 1 和通道 2
转换	仅通道 2 的信号可转换

表 5-4 水平系统

项　目	技术指标
扫描方式	×1、×5。×1、×5 交替
扫描时间因数	0.1μs~0.2μs/div±5% 按 1-2-5 步进，共 20 档
扫描扩展	20ns/div~40ms/div
交替扩展扫描	最多四踪
光迹分档微调	≤1.5div

表 5-5　触发系统

<table>
<tr><th colspan="2">项目</th><th colspan="3">技 术 指 标</th></tr>
<tr><td colspan="2">触发方式</td><td colspan="3">自动，正常，TV-V，TV-H</td></tr>
<tr><td colspan="2">触发信号源</td><td colspan="3">INT，CH2，电源，外</td></tr>
<tr><td colspan="2">极性</td><td colspan="3">+，-</td></tr>
<tr><td colspan="2">耦合系统</td><td colspan="3">AC 耦合</td></tr>
<tr><td colspan="2" rowspan="2">TV 同步</td><td>内</td><td colspan="2">1div</td></tr>
<tr><td>外</td><td colspan="2">$1V_{p\text{-}p}$</td></tr>
<tr><td rowspan="3">灵敏度</td><td></td><td>频率</td><td>内</td><td>外</td></tr>
<tr><td>常态</td><td>10Hz~20MHz</td><td>2div</td><td>0.3V</td></tr>
<tr><td>自动</td><td>20Hz~20MHz</td><td>2div</td><td>0.3V</td></tr>
</table>

附　　录

附录 A　常用电阻器、电容器的标称值

电阻器和电容器的标称值应符合下表所列数值之一，或再乘以 10^n 倍（n 为正整数或负整数）。

E24 系列	E12 系列	E6 系列	E24 系列	E12 系列	E6 系列
允许偏差±5%	允许偏差±10%	允许偏差±20%	允许偏差±5%	允许偏差±10%	允许偏差±20%
1.0	1.0	1.0	3.3	4.7	
1.1	1.2	1.5	3.6	5.6	
1.2	1.5	2.2	3.9	6.8	
1.3	1.8	3.3	4.3	8.2	
1.5	2.2	4.7	4.7		
1.6	2.7	6.8	5.1		
1.8	3.3		5.6		
2.0	3.9		6.2		
2.2			6.8		
2.4			7.5		
2.7			8.2		
3.0			9.1		

注：1. 常用的固定电阻器分为线绕电阻器和非线绕电阻器两类。线绕电阻器的额定功率有 0.05、0.125、0.25、0.5、1、2、4、8、10、16、25、40、50、75、100、150、250、500W 等；非线绕电阻器的额定功率有 0.05、0.125、0.25、0.5、1、2、5、10、25、50、100W 等。

2. 电解质电容器的容量范围一般为 1~5000μF。直流工作电压有 6.3、10、16、25、32、50、60、100、160、200、300、450、500V 等。

附录 B　半导体分立器件

1. 国产半导体器件命名法（GB/T 249—2017）

第一部分		第二部分		第三部分		第四部分	第五部分
用阿拉伯数字表示器件的电极数目		用汉语拼音字母表示器件的材料和极性		用汉语拼音字母表示器件的类别		用阿拉伯数字表示登记顺序号	用汉语拼音字母表示规格号
符号	意义	符号	意义	符号	意义		
2	二极管	A B C D E	N 型，锗材料 P 型，锗材料 N 型，硅材料 P 型，硅材料 化合物或合金材料	P H V W C	小信号管 混频管 检波管 电压调整管和电压基准管 变容管		

（续）

第一部分		第二部分		第三部分		第四部分	第五部分
用阿拉伯数字表示器件的电极数目		用汉语拼音字母表示器件的材料和极性		用汉语拼音字母表示器件的类别		用阿拉伯数字表示登记顺序号	用汉语拼音字母表示规格号
符号	意义	符号	意义	符号	意义		
3	三极管	A	PNP 型，锗材料	Z	整流管		
		B	NPN 型，锗材料	L	整流堆		
		C	PNP 型，硅材料	S	隧道管		
		D	NPN 型，硅材料	K	开关管		
		E	化合物或合金材料	N	噪声管		
				F	限幅管		
				X	低频小功率晶体管($f_{\mathrm{a}}<3\mathrm{MHz},P_{\mathrm{a}}<1\mathrm{W}$)		
				G	高频小功率晶体管($f_{\mathrm{a}}\geq 3\mathrm{MHz},P_{\mathrm{a}}<1\mathrm{W}$)		
				D	低频大功率晶体管($f_{\mathrm{a}}<3\mathrm{MHz},P_{\mathrm{a}}\geq 1\mathrm{W}$)		
				A	高频大功率晶体管($f_{\mathrm{a}}\geq 3\mathrm{MHz},P_{\mathrm{a}}\geq 1\mathrm{W}$)		
				T	闸流管		
				Y	体效应管		
				B	雪崩管		
				J	阶跃恢复管		

2. 欧洲半导体分立器件型号命名法

第一部分		第二部分				第三部分		第四部分	
用英文字母表示器件使用的材料		用英文字母表示器件的类型及主要特性				用阿拉伯数字或英文字母加阿拉伯数字表示登记号		用英文字母对同一型号器件进行分档	
符号	意义	符号	意义	符号	意义	符号	意义	符号	意义
A	锗材料（禁带为 0.6~1.0eV）	A	检波二极管、开关二极管、混频二极管	M	封闭磁路中的霍尔元件	3位阿拉伯数字	代表通用半导体器件的登记序号	A	表示同一型号的半导体器件按某一参数进行分档的标志
B	硅材料（禁带为 1.0~1.3eV）	B	变容二极管	P	光敏器件			B	
C	砷化镓材料（禁带大于 1.3eV）	C	低频小功率晶体管（$R_{\eta}>15℃/\mathrm{W}$）	Q	发光器件			C	
D	锑化铟材料（禁带小于 0.6eV）	D	低频大功率晶体管（$R_{\eta}\leq 15℃/\mathrm{W}$）	R	小功率晶闸管（$R_{\eta}>15℃/\mathrm{W}$）			D	
E	复合材料	E	隧道二极管	S	小功率开关管（$R_{\eta}>15℃/\mathrm{W}$）	一个英文字母加两位阿拉伯数字	代表专用半导体器件的登记序号	E	
		F	高频小功率晶体管（$R_{\eta}>15℃/\mathrm{W}$）	T	大功率晶闸管（$R_{\eta}\leq 15℃/\mathrm{W}$）			⋮	
		G	复合器件及其他器件	U	大功率开关管（$R_{\eta}\leq 15℃/\mathrm{W}$）				
		H	磁敏二极管	X	倍增二极管				
		K	开放磁路中的霍尔元件	Y	整流二极管				
		L	高频大功率晶体管（$R_{\eta}\leq 15℃/\mathrm{W}$）	Z	稳压二极管				

3. 美国半导体分立器件型号命名法

第一部分		第二部分		第三部分		第四部分		第五部分	
用符号表示器件类别		用阿拉伯数字表示PN结数目		美国电子工业协会（EIA）注册标记		美国电子工业协会（EIA）登记号		用英文字母表示器件分档	
符号	意义	符号	意义	符号	意义	符号	意义	符号	意义
JAN或 J-	军用品 非军用品	1 2 3 n	二极管 晶体管 3个PN结器件 N个PN结器件	N	该器件已在美国电子工业协会（EIA）注册	多位数字	该器件在美国电子工业协会（EIA）注册	A B C D …	同一型号的不同档别

4. 日本半导体分立器件型号命名法

第一部分		第二部分		第三部分		第四部分		第五部分	
用阿拉伯数字表示器件有效电极数目或类型		日本电子工业协会（JEIA）注册标志		用英文字母表示器件使用材料极性和类型		器件在日本电子工业协会（JEIA）的登记号		同一型号的改进型产品标志	
符号	意义	符号	意义	符号	意义	符号	意义	符号	意义
0 1 2 3 … n	光敏二极管或晶体管及包括上述器件的组合管 二极管 晶体管或具有3个电极的其他器件 具有4个有效电极的器件 … 具有n个有效电极的器件	S	已在日本电子工业协会（JEIA）注册登记的半导体器件	A B C D F G H J K M	PNP高频晶体管 PNP低频晶体管 NPN高频晶体管 NPN低频晶体管 P门极晶闸管 N门极晶闸管 N基极单结晶体管 P沟道场效应晶体管 N沟道场效应晶体管 双向晶闸管	多位数字	这一器件在日本电子工业协会（JEIA）的注册登记号，性能相同，但同厂家生产的器件可使用同一登记号	A B C D …	表示这一器件是原型号产品的改进型

附录C 部分半导体器件型号和参数

1. 部分二极管的主要参数

类别	参数名称 型号	最大整流电流 I_{FM}/mA	最大正向电流 I_{FM}/mA	最大反向工作电压 U_{RM}/V	反向击穿电压 U_{RM}/V	最高工作频率 f_M/MHz	反向恢复时间 t_r/ns
小信号二极管	2AP1	16		20	40	150	
	2AP7	12		100	150	150	
	2AP11	25		10		40	

（续）

类别	参数名称 / 型号	最大整流电流 I_{FM}/mA	最大正向电流 I_{FM}/mA	最大反向工作电压 U_{RM}/V	反向击穿电压 U_{RM}/V	最高工作频率 f_M/MHz	反向恢复时间 t_r/ns
整流二极管	2CZ11A	1000		100			
	2CZ11H	1000		800			
	2CZ12A	3000		50			
	2CZ12G	3000		600			
开关二极管	2AK1		150	10	30		≤200
	2AK5		200	40	60		≤150
	2AK14		250	50	70		≤150
	2CK70A～E		10	A-20	A-30		≤3
				B-30	B-45		
	2CK72A～E		30	C-40	C-60		≤4
				D-50	D-75		
	2CK76A～E		200	E-60	E-90		≤5

2. 部分稳压管的主要参数

参数名称 / 型号	稳定电压 U_z/V	稳定电流 I_z/mA	最大稳定电流 I_{zM}/mA	动态电阻 r_z/Ω	电压温度系数 α_{uz}/（%/℃）	最大耗散功率 P_{zM}/W
2CW51	2.5～3.5	10	71	≤60	≥-0.09	0.25
2CW52	3.2～4.5		55	≤70	≥-0.08	
2CW53	4～5.8		41	≤50	-0.06～0.04	
2CW54	5.5～6.5		38	≤30	-0.03～0.05	
2CW55	7～8.8		27	≤15	≤0.07	
2CW56	8.5～9.5		26	≤20	≤0.08	
2CW59	10～11.8	5	20	≤30	≤0.09	0.25
2CW60	11.5～12.5		19	≤40		
2CW103	4～5.8	50	165	≤20	-0.06～0.04	1
2CW110	11.5～12.5	20	76	≤20	≤0.09	1
2CW113	16～19	10	52	≤40	≤0.11	1
2DW1A	5	30	240	≤20	-0.06～0.04	1
2DW6C	15	30	70	≤8	≤0.1	1
2DW7C	6.1～6.5	10	30	≤10	0.05	0.2

3. 部分晶体管的主要参数

类型	参数名称 / 型号	电流放大系数 β或 h_{fe}	穿透电流 I_{CEO}/μA	集电极最大允许电流 I_{CM}/mA	最大允许耗散功率 P_{CM}/mW	集射击穿电压 $U_{(BR)CEO}$/V	截止频率 f_T/MHz
低频小功率管	3AX51A	40～150	≤500	100	100	≥12	≥0.5
	3AX55A	30～150	≤1200	500	500	≥20	≥0.2
	3AX81A	30～250	≤1000	200	200	≥10	≥0.006
	3AX81B	40～200	≤700	200	200	≥15	≥0.006
	3CX200B	50～450	≤0.5	300	300	≥18	
	3DX200B	55～400	≤2	300	300	≥18	

（续）

类型	参数名称 / 型号	电流放大系数 β 或 h_{fe}	穿透电流 I_{CEO}/μA	集电极最大允许电流 I_{CM}/mA	最大允许耗散功率 P_{CM}/mW	集射击穿电压 $U_{(BR)CEO}$/V	截止频率 f_T/MHz
高频小功率管	3AG54A	≥30	≤300	30	100	≥15	≥30
	3AG80A	≥8	≤50	10	50	≥15	≥300
	3AG87A	≥10	≤50	50	300	≥15	≥500
	3CG100B	≥25	≤0.1	30	100	≥25	≥100
	3CG110B	≥25	≤0.1	50	300	≥30	≥100
	3CG120A	≥25	≤0.2	100	500	≥15	≥200
	3DG81A	≥30	≤0.1	50	300	≥12	≥1000
	3DG110A	≥30	≤0.1	50	300	≥20	≥150
	3DG120A	≥30	≤0.01	100	500	≥30	≥150
开关管	3DK8A	≥20		200	500	≥15	≥80
	3DK10A	≥20		1500	1500	≥20	≥100
	3DK28A	≥25		50	300	≥25	≥500
大功率管	3DD11A	≥10	≤3000	30×10^3	300×10^3	≥30	
	3DD15A	≥30	≤2000	5×10^3	50×10^3	≥60	

附录 D 半导体集成电路型号命名法

第0部分		第一部分		第二部分	第三部分		第四部分	
用字母表示器件符合国家标准		用字母表示器件的类型		用数字表示器件的系列和品种代号	用字母表示器件的工作温度		用字母表示器件的封装	
符号	意义	符号	意义		符号	意义	符号	意义
C	符合国家标准	T	TTL		C	0℃～70℃	F	多层陶瓷扁平
		H	HTL		G	-25℃～70℃	B	塑料扁平
		E	ECL		L	-25℃～80℃	H	黑瓷扁平
		C	CMOS		E	-40℃～85℃	D	多层陶瓷双列直插
		M	存储器		R	-55℃～85℃	J	黑瓷双列直插
		μ	微型机电路		M	-55℃～125℃	P	塑料双列直插
		F	线性放大器				S	塑料单列直插
		W	稳压器				K	金属菱形
		B	非线性电路				T	金属圆形
		J	接口电路				C	陶瓷片状载体
		AD	A-D 转换器				E	塑料片状载体
		DA	D-A 转换器				G	网格阵列
		D	音响电视电路					
		SC	通信专用电路					
		SS	敏感电路					
		SW	钟表电路					

附录E　部分半导体集成电路型号、参数和图形符号

1. TTL门电路、触发器和计数器的部分品种型号

类　型	型　号	名　称
反相器	74LS04（CT4004） 74LS05（CT4005） 74LS14（CT4014）	六反相器 六反相器（OC）[①] 六施密特反相器
与非门	74LS00（CT4000） 74LS20（CT4020） 74LS26（CT4026）	四二输入与非门 双四输入与非门 四二输入与非门（OC）
与门	74LS11（CT4011） 74LS15（CT4015）	三三输入与门 三三输入与门（OC）
或非门	74LS27（CT4027）	三三输入或非门
异或门	74LS86（CT4086）	四二输入异或门
三态驱动器	74LS240（CT4240） 74LS244（CT4244）	八反相三态输出缓冲器 八同相三态输出缓冲器
触发器	74LS74（CT4074） 74LS112（CT4112）	双D上升沿触发器 双JK下降沿触发器
单稳	74LS221（CT4221）	双单稳态触发器
计数器	74LS290（CT4290） 74LS293（CT4293） 74LS190（CT4190）	二-五-十进制计数器 四位二进制计数器 可预置的BCD同步加/减计数器

① OC指集电极开路门，工作时必须外接电阻，以使OC电路的电平被拉低时不会造成短路。

2. TTL和CMOS电路的输入、输出参数

参数名称 \ 类型	TTL		COMS	高速COMS
	74H系列	74LS系列	CC4000系列	54/74HC系列
输出高电平 $U_{OH(min)}$/V	2.4	2.7	4.95	4.95
输出低电平 $U_{OL(min)}$/V	0.4	0.5	0.05	0.05
输出高电平 $U_{OH(min)}$/V	0.4	0.4	0.51	4
输出低电平电流 $I_{OL(max)}$/mA	-1.6	-8	-0.51	-4
输入高电平 $U_{IH(min)}$/V	2	2	3.5	3.5
输入低电平 $U_{IH(max)}$/V	0.8	0.8	1.5	1
输出高电平电流 $I_{IH(max)}$/μA	40	20	0.1	1
输出低电平电流 $I_{IL(max)}$/μA	-1.6	-0.4	-0.1×10^{-3}	-1×10^{-3}

3. 部分集成运算放大器的主要参数

参数名称　　　　类型 型号	通用型 CF741	高精度型 CF7650	高阻型 CF3140	高速型 CF715	低功耗型 CF3078C
电源电压$\pm U_{CC}$（U_{DD}）/V	±15	±5	±15	±15	±6
开环差模电压增益A_0/dB	106	134	100	90	92
输入失调电压U_{IO}/mV	1	$\pm 7\times10^{-4}$	5	2	1.3
输入失调电流I_{IO}/nA	20	5×10^{-4}	5×10^{-4}	70	6
输入偏置电流I_{IB}/nA	80	1.5×10^{-3}	10^{-2}	400	60
最大共模输入电压U_{icmax}/V	±15	+2.6 −5.2	+12.5 −15.5	+12	+5.8 −5.5
最大差模输入电压U_{idmax}/V	±30		±8	±15	±6
共模抑制比K_{CMR}/dB	90	130	90	92	110
输入电阻r_i/MΩ	2	10^6	1.5×10^6	1	
单位增益宽度GB/MHz	1	2	4.5		
转换速率SR/（V/μs）	0.5	2.5	9	100（$A_u=-1$）	

4. 部分三端稳压器的主要参数

<table>
<tr><th>参数名称　　　　型号</th><th>CW7805</th><th>CW7815</th><th>CW78L05</th><th>CW78L15</th><th>CW7915</th><th>CW79L15</th></tr>
<tr><td>输出电压U_o/V</td><td>4.8~5.2</td><td>14.4~15.6</td><td>4.8~5.2</td><td>14.4~15.6</td><td colspan="2">−14.4~−15.6</td></tr>
<tr><td>最大输入电压U_{imax}/V</td><td>35</td><td>35</td><td>30</td><td>35</td><td>−35</td><td>−35</td></tr>
<tr><td>最大输出电流I_{omax}/A</td><td>1.5</td><td>1.5</td><td>0.1</td><td>0.1</td><td>1.5</td><td>0.1</td></tr>
<tr><td rowspan="2">输出电压变化量ΔU_o/mV（典型值，U_i变化引起）</td><td>3</td><td>11</td><td>55</td><td>130</td><td>11</td><td>200（最大值）</td></tr>
<tr><td>$U_i=7\sim25$V</td><td>$U_i=$
17.5~30V</td><td>$U_i=$
7~20V</td><td>$U_i=$
17.5~30V</td><td colspan="2">$U_i=$
−17.5~−30V</td></tr>
<tr><td rowspan="2">输出电压变化量ΔU_o/mV（典型值，I_o变化引起）</td><td>15</td><td>12</td><td>11</td><td>25</td><td>12</td><td>25</td></tr>
<tr><td colspan="2">$I_o=5$mA~1.5A</td><td colspan="2">$I_o=1\sim100$ mA</td><td>$I_o=$
5mA~1.5A</td><td>$I_o=$
1~100mA</td></tr>
<tr><td rowspan="2">输出电压变化量ΔU_o/(mV/℃)（典型值，温度变化引起）</td><td>±0.6</td><td>±0.8</td><td>−0.65</td><td>−1.3</td><td>1.0</td><td>−0.9</td></tr>
<tr><td colspan="6">$I_o=5$mA，0~125℃</td></tr>
</table>

5. 部分集成电路的图形符号

名　　称	新符号	旧符号	国外常用符号
集成运算放大器	▷A_0 − + +	− +	− +

（续）

名　称	新符号	旧符号	国外常用符号
与门	&		
或门	≥1	+	
非门	1		
与非门	&		
或非门	≥1	+	
异或门	=1	⊕	

参 考 文 献

[1] 孔繁瑞，臧雪岩. 汽车电工与电子学基础 [M]. 北京：中国人民大学出版社，2009.

[2] 孙余凯，吴永平，项绮明. 新型汽车电子元器件使用与检测 [M]. 北京：中国电力出版社，2009.

[3] 宋秀年，张俊祥，刘超. 汽车传感器原理与检测200例 [M]. 北京：中国电力出版社，2009.

[4] 唐介. 电工学（少学时）[M]. 北京：高等教育出版社，2006.